『十三五』國家重點圖書出版規劃項目
2011—2020年國家古籍整理出版規劃項目
2020年度國家出版基金資助項目
國家社會科學基金重大項目『國家圖書館藏未刊稿整理與研究』（13&ZD107）

國家圖書館藏未刊稿叢書

主編 劉玉才 陳紅彦

書札編

王懿榮往還書札（外三種）

（清）王懿榮 等 著
蘇揚劍 等 整理

鳳凰出版社

圖書在版編目（CIP）數據

王懿榮往還書札（外三種）/（清）王懿榮等著；蘇揚劍等整理. —南京：鳳凰出版社，2021.8

（國家圖書館藏未刊稿叢書/劉玉才，陳紅彥主編. 書札編）

ISBN 978-7-5506-3362-9

Ⅰ. ①王… Ⅱ. ①王… ②蘇… Ⅲ. ①王懿榮（1845—1900）—書信集 Ⅳ. ①K825.81

中國版本圖書館CIP數據核字（2020）第261630號

書　　名　王懿榮往還書札（外三種）
著　　者　（清）王懿榮等著　蘇揚劍等整理
責任編輯　孫　州　姜　嵩
裝幀設計　姜　嵩
出版發行　鳳凰出版社（原江蘇古籍出版社）
　　　　　發行部電話 025-83223462
出版社地址　江蘇省南京市中央路165號，郵編：210009
出版社網址　http://www.fhcbs.com
照　　排　南京新華豐製版有限公司
印　　刷　南京凱德印刷有限公司
　　　　　江蘇省南京市江寧濱江開放區寶象路16號，郵編：211161
開　　本　787毫米×1092毫米　1/16
印　　張　24
字　　數　330千字
版　　次　2021年8月第1版
印　　次　2021年8月第1次印刷
標準書號　ISBN 978-7-5506-3362-9
定　　價　95.00圓

《國家圖書館藏未刊稿叢書》編委會

序

中國國家圖書館以庋藏中國古籍善本宏富著稱，其中宋元舊槧、珍稀印本，向爲學界推重，頗獲利用。相較之下，約佔館藏善本總量三分之一的寫本類文獻，利用還遠遠不够，堪稱有待發掘的文獻寶藏。國圖藏寫本文獻以著作稿抄本爲主，兼及日記、書札、題跋、校語、文書檔案等類文字形式，因多爲唯一傳本，故有别於刊印文獻，具有獨特的文物、藝術和文獻價值。根據館方專家調查，〔一〕館藏宋元抄本即有十五部，明抄本則多達一千二百四十六部，其中一百七十餘部爲内府所抄。如宋仁宗親撰《洪範政鑒》，僅此一部内府抄本秘藏宫内，從無刊刻傳抄，彌足珍貴。明嘉靖間《永樂大典》抄本，世存殘卷亦以國圖收藏最夥。許多早期抄本與原本成書年代接近，而原本或有亡佚殘缺情形，抄本遂具有無可替代的校勘與輯佚價值。國圖所藏明清抄本中，著名學者、藏家抄本佔有相當比例，許多是影抄宋元舊本和珍稀本，僅毛晉汲古閣影抄本即有近八十部。在清抄本五千餘部中，還包括有盧文弨、鮑廷博、吴騫、翁方綱、陳鱣、黄丕烈、焦循、管庭芬、楊守敬、王國維等名家手稿本。著作類稿抄本之外，國家圖書館還藏有明清以至民國一百五十餘家日記稿抄本，三四百種書札文獻，數

〔一〕陳紅彦《國家圖書館藏抄本述略》，《國家圖書館學刊》，2016年第4期。

千款金石題跋，以及數量不菲的圖卷題詠、批校文字、文書檔案等類寫本文獻。上述寫本文獻，除部分著作抄本之外，大多未經刊行，均可歸爲未刊稿之列。

寫本文獻存量稀罕，往往具有孤本性質，加之多數未經整理，字迹辨識不易，閱覽亦不方便，這都成爲限制其發掘利用的重要原因。有鑒於此，我們組織國家圖書館古籍館與北京大學中文系合作的學術團隊，在對館藏寫本文獻全面調查的基礎上，首先選擇具有重要學術價值、讀者利用不便的未刊文獻，予以整理刊布。並在國家社科基金申請設立『國家圖書館藏未刊稿整理研究』重大課題，以保證整理研究工作的實施。經過課題組同人的共同努力，陸續完成部分階段性成果，今擬分作日記、書札、金石題跋、題贊手卷、中法漢學研究所、著作諸編，依次予以刊布。

《日記編》整理收録顔懋价、葉鈞、張廷濟、何紹基、趙宗建、黄彭年、江標七位清人未刊稿本日記。其中如黄彭年、江標，不僅參與過重大政治活動，在學術領域亦有較高成就，屬於政學兼通的重要歷史人物。黄彭年《黄陶樓先生日記》、江標《笘誃日記》所載均長達數十年，可稱一生行迹的詳盡記録，涉及朝章典故、交遊見聞、日常讀書生活等諸多内容，極其豐富。張廷濟《張叔未日記》、顔懋价《顔脩來日記》、葉鈞《壺中日記》、何紹基《東洲草堂日記》，雖然記述時間不長，但是内容各有所長，據之不僅可以考察日記主人的生平交遊，還可豐富清代學術史的場景。晚清藏書家趙宗建的《舊山樓日記》《非昔居士日記》《庚子非昔日記》，内容跨越清同治元年（1862）至光緒二十一年（1895）共三十多年的時間，記録了趙氏的日常生活、藏書收購及與衆多友人交遊情形，還有對圍剿太平軍的見聞記述，頗能反映江南地方士人的生活與眼界。

《書札編》從館藏各類書札文獻中選取黄彭年、趙宗建、張蔭桓、袁昶、王懿榮、吴重憙、繆荃孫、葉德輝等十餘家往還書札，予以整理刊布。因所涉人物都是晚清、民國間重要官員和學術文化界名流，書札内容豐富，且未經前人揭示，具有無可替代的文獻價值。如《黄子壽先生遺札》收録清光緒年間黄彭年在江蘇布政使任内與按察使朱之榛之間往來信件六十七通，涉及漕運與海運之流弊、來蘇流民之安置、正誼書院並藏書樓之籌建等諸多政務。黄彭年著述宏富，但大多未經刊布，本課題同時整理其日記、書札，預期將會推動學界對黄氏的深入研究。《趙宗建友朋書札》收録趙宗建光緒年間所撰詩歌、隨筆、抄經、墓誌銘、祝壽帖及其友人李芝綬、季錫疇的書札共一百四十餘件，不僅内容豐富，還可與《日記編》所收趙氏三種日記互相參照，促進學界對這位重要藏書家的全面研究。《袁昶友朋書札》收録劉履芬、丁丙、馮煦、孫詒讓、楊守敬、沈曾植、戴望、張謇、李文田、孫衣言、張鳴珂、張之洞、陸潤庠、王頌蔚、王懿榮、翁同龢等人信札二百餘通，袁昶親自整理粘貼爲十二巨册，涉及歷史人物衆多，堪稱是晚清學者的群體資料。《王懿榮往還書札》收録王懿榮與師友、親屬往還書札數百通，基本可以反映其後半生的主要經歷與交遊關係。王懿榮光緒年間授翰林院編修，三任國子監祭酒，博覽書史，精於鑒藏，與當世金石學者來往密切。書札所涉人物包括潘祖蔭、陳介祺、繆荃孫、吴大澂、盛昱、汪鳴鑾、孫汝梅、黄紹箕、吴重憙諸名流，以及女兒女婿等家人。書札内容多爲討論金石碑拓釋讀、古籍收藏、科舉學問，以及時務政治、爲人處世、家務瑣事，據之可以考察同光時期精英士大夫鑒藏金石之風尚，以及業餘生活趣味的豐富細節。《藝風堂同人尺牘》是晚清著名學者繆荃孫的友朋書札稿本集，收録惲祖翼、繆朝荃、劉炳照、吴慶坻、陳慶年等人致繆荃孫書札一百餘通。書札的撰寫時間多在光緒時期，内容比較廣泛，除家常瑣事之外，還涉及刻書、詩詞交往、方志編纂等方面，是研究繆荃孫學術交遊、晚清政治與文化教育的重要資料。葉德輝致松崎鶴雄書札（《郋園手札》）是著名學者葉德輝 1910 年至 1920 年間致日本學者松崎鶴雄的書信，涉及研治經學、小學等多方面内容，可稱現代中日學術交流史的重要文獻。

《書札編》收録書札出自名家之手，書法用箋考究，文獻價值之外，兼具有藝術觀賞價值，故採取録文整理與選擇影印結合的方式予以刊布。此外，我們還特邀白謙慎先生、薛龍春先生精選館藏十餘種名家尺牘，製作法書字帖，集爲《國家圖書館藏清代名家尺牘法書選刊》，以饗書法愛好者。

國圖收藏金石拓本豐富，題跋數量衆多。如宋元合璧拓本《廣政石經》即有名家題跋、批校百餘款，宋拓《嘉祐石經》亦有吴昌碩、丁晏、葉昌熾、沈曾植、羅振玉、陳寶琛、楊守敬、曹元忠、繆荃孫、柯劭忞等多人題跋和批校。《金石題跋編》甄選館藏金石題跋七十餘種，以拓本爲單位，撰寫提要，著録題名、拓本、裝幀、行款、書體、責任者、遞藏源流等項信息，並對題跋文字進行輯録整理，可爲金石證史、拓本源流研究、金石學者交遊研究提供全新的資料。

《題贊手卷編》率先刊布長達十六餘米的《明渤海孫氏積善堂題贊手卷》，該手卷是河北滄州孫楷第家族世守之寶，彙集明代前期朝廷重臣、翰苑侍從、書法名家四十三人的題贊墨迹，爲明代文化史、文學史、書法史研究的重要實物與文獻。諸家題贊，書法風格各異，可稱難得的藝術珍品。其中如明代第一大和尚姚廣孝的題贊，可能是其唯一的傳世手迹；而明初賢相『三楊』（楊士奇、楊榮、楊溥）和書法大家『二沈』（沈粲、沈度）的墨迹傳世甚罕，手卷所存可謂吉光片羽，彌足珍貴。此次刊布改卷裝爲經折裝，採用原版影印與題贊釋文相結合的整理方式，前半部分展示手卷原貌，後半部分爲題贊釋文、印章釋讀及題贊者小傳，既能滿足學術界對此珍貴文獻的研究需求，又可據之勾勒明初京師文化圈的面貌。

中法漢學研究所是法國中法教育基金委員會1941年在北京資助成立的漢學研究機構，設有民俗學組、語言歷史組、通檢組、圖書館、法文研究班等部門，開展文獻搜集整理和研究、翻譯工作。該研究所1953年撤離中國時，部分申請出關的圖書資料被中國政府徵購或没收，輾轉存藏於國家圖書館。《中法漢學研究所編》對其中曾毅公《五十年來之甲骨學》、陸翔《敦煌學著述考》、傅惜華《漢代畫像全集》三編、徐宗元《古今本竹書紀年合校》、柯昌泗《漢晋石刻略録》、羅常培《蒙古字韻跋》、魏建功《完全本王仁昫刊謬補缺切韻初次的討論》等未刊論著稿本以及神禡相關資料，進行整理研究，以求揭示這批珍貴稿本資料的學術價值，豐富敦煌學、甲骨學、民俗學等專題學術史，爲深入瞭解中法漢學研究所的學術活動，探究現代漢學研究史，提供文獻幫助。

著作稿抄本在國圖館藏寫本文獻中數量居多，近年頗有影印出版，加之閲覽方便，已漸爲學界所關注，因此未列爲本課題重點對象。不過考慮到有些著作稿抄本學術價值很高，甚至關涉重要學術論争，有必要予以刊布揭示，更便利學界研究，我們選擇方邁、王鳴盛、周廣業、孔廣栻、吴騫、王念孫、王引之、姚文田、李鋭、李文田等清代學者稿抄本予以影印，并分别撰寫研究解題。其中如李鋭《周易注疏校勘記》殘稿，是阮元主持纂修《十三經注疏校勘記》的重要文獻見證，有助於釐清當年校勘工作的緣起與修訂過程。《經義述聞》涉及王念孫、王引之父子著作權的争議，是清學研究界關注的熱門問題。爲便於展開深入研究，我們將國圖館藏《經義述聞》初刻、二刻、三刻所據稿本及《校書録》稿本合併影印。其餘諸家稿抄本，亦精彩紛呈，各有可觀。

以上未刊文獻，雖然形式有别，但是日記、書札、題跋及著作稿抄本内容多有關聯，甚至可以相互印證，子課題實際都是總課題的有機組成部分。我們希望通過對這批未刊文獻的發掘整理，爲學界提供第一手的資料，以推動明清以至近現代學術史研究的深入。在整理過程中，根據文獻樣式的不同，我們分别採取釋讀、點校、輯録、影印、解題、小傳等整理研究形式，以期最大限度地發揮未刊文獻的功用。因爲未刊文獻的隨意書寫特性，文字辨識、内容整理難度很高，整理成果想必仍有不少訛誤，期待學界同人不吝指正。此項整理研究工作得到國家圖書館古籍館、北京大學中文系的大力支持，浙江大學文化遺産研究院白謙慎先生、薛龍春教授在文字釋讀方面給予無私的幫助，鳳凰出版社慨允出版，謹表衷心感謝。

北京大學中文系、中國古文獻研究中心　劉玉才

二〇一八年五月

目録

王懿榮往還書札

王懿榮往還書札

（清）王懿榮等 著 蘇揚劍 整理

【整理者案】王懿榮（1845—1900）字正孺，號廉生，一作蓮生，山東福山縣人，寓居北京，清光緒六年（1880）進士，授翰林院編修，三爲國子監祭酒。晚清著名學者，工書擅拓，精於金石碑版的鑒藏與研究，以首次發現甲骨文聞名，被譽爲『甲骨文之父』。本書係王懿榮與友朋、族戚往還書札集，涉及國家圖書館藏數十種稿本，收録書札共計六百一十一通，包括王懿榮致陳介祺、潘祖蔭、盛昱、王瓘、繆荃孫、汪鳴鑾等書札三百六十七通；王懿榮致女兒書札五十六通。友朋潘祖蔭、繆荃孫、黄紹箕、吴大澂等致王懿榮書札一百三十六通；族戚致王懿榮書札五十二通。書札内容廣泛，涉及金石拓片、刻書編纂、家務瑣事等多方面，是研究王懿榮學術交遊、晚清士大夫社會政治生活的重要文獻。本書整理承蒙浙江大學薛龍春教授與同門張鴻鳴師弟幫助校訂文字，謹表衷心感謝。

一、王懿榮致陳介祺

陳介祺（1813—1884）字壽卿，號簠齋，山東濰縣人，清代著名金石學家。與王懿榮爲亦師亦友的忘年交。原題《王廉生致陳簠齋書札》，國家圖書館藏稿本，凡八册四十三通，作於同治十二年（1873）四月至光緒十年（1884）閏五月間。討論金石古籍的收藏、科舉以及爲人處世、家務瑣事等各類問題，可與《簠齋尺牘》所收陳介祺致王懿榮尺牘對照。

一〔一〕

壽翁世年伯大人坐下：

四月三日得賜諭并領金石各揚本。齊區二、鋘一、鳌鼎一、古兵廿一、造象十四，如數敂領。開函發讀，望而悉爲寶簠齋中一行翠墨，教惠兼至，感謝感謝！各拓本并元札，敞師河陽〔二〕及子年世丈〔三〕尚未及送觀，均來索讀。姪祇覺海岱雲烟盈我虚室，不復知人間有如許俗事矣。賜讀復吴退樓〔四〕書中所謂『天地以文字爲開塞，義理以文字爲顯晦』二語，隱然宣聖正名之恉。方今中原無事，正須以文氣化淩兢之餘。孟子有言『經正民興』，所關又豈淺鮮？學人不知古文，何論經

〔一〕此札時間爲同治十二年（1873）四月六日。

〔二〕潘祖蔭（1830—1890），清代書法家、藏書家。字伯寅，號少棠、鄭盦。吴縣（今江蘇蘇州）人，通經史，精楷法，藏金石甚富。有《攀古樓彝器圖釋》，輯有《滂喜齋叢書》《功順堂叢書》。王懿榮在書札中稱潘祖蔭爲『河陽師』『鄭盦師』。

〔三〕鮑康（1810—1881），字子年，號觀古閣主人，安徽歙縣人。道光十九年（1839）舉人，官至四川夔州知府。生平癖嗜泉幣，著有《泉説》《續泉説》《觀古閣泉説》。

〔四〕吴雲（1811—1883），字少甫，號平齋，晚號退樓主人，浙江歸安（今湖州）人。收藏鼎彝、碑帖、宋元古籍甚富。工書法。藏拓本達二百數，因愛王羲之《蘭亭序》，顔其齋『二百蘭亭齋』。

義？爲發浩歎！元藁敬録一紙，寄陝示清卿學使〔一〕，姪存此原本焉，正恐退樓曠懷頤養，意轉不在。是區鋘、鼇鼎已乞敝業師周先生〔二〕釋矣，庶千百載後，或可得其龘確。古兵亦請一繹之矣，説來再當轉呈。姪所録《南北朝存石目》，衹一帖賈之業，猥蒙鑒教，又畀以尊藏石目，使得入録，至幸至幸！清藁月内可出，再郵寄求教。仍當以已得拓本者録目呈閲，且有請益。新得古罍，文字吉祥，當以元文爲頌。承詢武氏石槨銘，聞係丁小蕘所得，已鈎刻矣。未悉是新出者，抑其所得孤本？新出想不須鈎刻，孤本則未見著録。舊稱石[illegible]刻石亦名石槨，當非此物。已函詢姪業師匡先生〔三〕矣。『荷簣』作『何饋』，及『丈人』等名俱出一石。又祥瑞圖新出者俱爲軒轅岱所訪出，日下碑估止攜一紙，爲人購去，已飭拓矣。容來時先得，當轉呈各一紙。如丈先得，亦希示知。滕縣所出永壽殘石，在朱子卿同部處見打本，聞爲典史高君所寶，近來此事幾成風氣。聞長笏臣年丈之世兄既取河南劉韜墓版元石，又遣人到黄石崖鑿大涅槃經偈，裂七石而下之。齊石爲人所得，頗心戚焉。如此紛紛效法，吾東二十年後甯有完石哉？尊藏彝器如遇有友拓時，尚乞存記賤名下一分。齊地埏埴海祠古瓦文之不易識，亦乞墨一紙，見惠爲幸。土物心藏，古訓有之，姪亦當隨時有所效力，以報惠惠。膠東食官金刃柄拓亦領到，前數忘陳，此補詳。凡尊藏姪已蒙拓寄者，必時存一目寄報。所缺彝器之著有齊字者，并六字刀及安陽、節墨刀拓，時望先惠。九蘭世兄〔四〕已晤言數次，不日即高捷南宮。山東此次中額甚

〔一〕吴大澂（1835—1902），初名大淳，字止敬，又字清卿，號恒軒，晚號愙齋，江蘇吴縣人，同治七年（1868）進士。學者、金石學家。善畫山水、花卉，精於篆書，金石鑒賞修養深厚。

〔二〕周悦讓，字孟伯，山東萊陽人。道光二十七年（1847）進士，精於經史考據，著有《倦游庵槧記》。王懿榮少年即拜周悦讓爲業師。

〔三〕匡源（1815—1881），字本如，號鶴泉，山東膠州人，道光二十年（1840）進士。晚清大臣，書畫家、教育家，曾主講濟南濼源書院。

〔四〕陳厚滋，字德樹，號九蘭，山東濰縣人，陳介祺嗣子。咸豐八年（1858）舉人，官山西候補知縣。克承家學，考訂金石文字。有《續十鐘山房印舉》。

寬。在徐東甫編修[一]家讀書之世大哥未出酬應，日内擬走訪一譚。中飴[二]家表兄將來，郎舅作同年矣。河陽之盂鼎未來，餘條繫另紙以當閑話。附上粤中新刻《説文》一部，仍舊平津館仿宋本，小變其舊，每字提行，以便檢查，其眉大可附録古文奇字，未始無用。至其後附刻黎姓《説文通檢》一部，爲書甚陋，然亦濟急適用。適用一節亦談經濟者之第一要着，伏乞筦納。又覓得大興孫氏所藏郘太叔車斧打本一，較攀古所著字稍完美。京師一春無雨，連日復陰姓不定，姪仍常當差、學業兩無所進，古文新義亦毫無所得。家君川署平安，藉慰遠注，時有養日。伏惟起居珍重，舉家歡欣，餘容再瀆。世年姪懿榮敏上，四月六日。

〔一〕徐會澧（1837—1905），字東甫，山東諸城人。同治七年（1868）進士，翰林院編修。爲陳介祺甥婿。

〔二〕吴重憙（1838—1918），字仲飴，號石庵，山東海豐（今無棣縣）人，同治元年（1862）舉人，官至工部郎中。與王懿榮爲姻親。

二[三]

壽翁世年伯大人：

九月二十日由鮑子年世丈處接奉賜諭，并承惠文登晋石暨尊齋藏石墨本十四種，衹領敏謝。伏想起居康娱爲頌。姪所輯《南北朝存石》猥蒙見教，又畀以寶墨多本入録，如此厚貺，何以克副。前索及姪所藏石金等物拓本，容即彙以奉鑒。即此後稍有見聞，亦必上瀆清聽。姪秋試出場，業師周孟伯先生以《禮》藝疏『在西』『在阼』二義可補高郵尚書所未發，是近日治經有得處。榜發出，童侍郎坐下以《春秋》一藝罪我，置副榜弟一。河陽師争之不得。比謁各師，竟無能舉其所長處，可知此中知我不盡矣。然甯爲雞口，勿爲牛後，亦深幸位我得地也。病中囈語，想長者不以此見責也，笑。卷刻後呈教。姪所輯有《漢石存》《晋字説》。司馬長元近出吾鄉，不禁狂喜，所得長于一第矣。二書脱稿當呈訓誨。晋石天下有數之

〔三〕此札時間爲同治十二年（1873）冬。

物，與秦石等，且正可藉此以正唐摹僞晋諸帖宋刻之謬，姪曾爲之譜而系之。姪與丈皆爲齊族，每思將上代器之屬齊造者彙其搨本，説而存之，亦齊人齊語之義。近乞周孟伯師遠徵張孝達説，願與吾丈共成之，非藉此以濫叨搨本。姪喜齊刀，曾刻印曰『齊吉金室』，是其志也。尊藏區鏌，可不吝墨一紙否？此非周、張釋之，余不得其精義耳。除河陽齊鏄已自著録，且非灼出于吾青齊間土者外，姪敢絮聒焉？姪所藏間有一二不習見之小品，姪現在抱疴，容癒後仍由年丈轉達也。姪見登州漢晋既有傳石，並起有《登州金石志》之意，此亦易成也。張允勷與姪累世舊姻，竟不得通一字，亦憾事也。輯《登州金石志》，此亦一幫手耳。李琹亭石門字，姪亦思得一精拓如丈寄年翁者，尚未得也。姪仰望教言十九年如兹，今幸不棄，又值姪病中，不自知其爲齊東野語也。叩〔一〕係年家子，故敢瀆陳之。敬敂福安。世年姪王懿榮草上，再敂。

〔一〕原文如此，可能爲『以』。

三〔二〕

壽翁世年伯大人春熹：

去冬從鮑子年丈處領到賜寄漢琴亭侯李夫人石門題字精打本，祗謝甚感！入春以來，伏想動作有福，舉家歡忻，不勝敂祝。姪供職照常。姪婦開年所患輕減，從此家務有人摒擋，稍可料理雅故。行卷年終刻訖，敬呈誨政。箋封正月訖工，元刻木印封板一具謹繳。箋封顔色飭工用足，仍不見好。此地工拙，不及南中，瑣屑微末，聊當芹獻，伏祈莞納。并行卷一册，仍就子年丈處信便時附上。今歲不復舉行鄉試，姪之留京與西去行止，均俟川中家諭爲定，俟定後再專函奉聞。二三月内專心料理《南北朝存石目》，寫定後即速呈覽，將於京師刻訖，然後西行。并刻朝鮮金秋史所輯《東古文存》一種，皆海東古文，自漢迄隋，向無傳本者，刻訖壹并呈教。前所乞尊藏區鏌各搨本及齊器，尚望不吝珠玉，區鏌尤要，是所叩禱。吳

〔二〕此札時間爲同治十三年（1874）正月廿九日。

清卿西去得『[illegible]二釿』一幣，誠爲創獲。西路碑版亦曾屬爲之，渠於此道略生，恐《褒斜開通》後一行及《惠安西表》一額，及《五瑞圖》一行小字未能如願，《耿勳》《侯獲》或可得也。《海東金石苑》年丈將次刻成，甚妙。楊又雲丈〔二〕處有燕翁稿本并刻石原文，只缺首一册，姪亦旋得故城題字精本及定界碑未挖改之舊本矣。山東所出永壽殘石至佳，想丈早已見之。丁小農都轉前所説武氏石槨銘，未知何如。軒轅岱新訪得《祥瑞圖》中之何饋杖人一幅，姪已見之。匆匆肅復，敂謝，祗請福安不盡。世年姪懿榮上，正月廿九日。

四〔一〕

壽翁世伯大人再覽：

前信物已封好，再撿篋笥，得舊存崔懃造像跋尾，不及重録，即以元稿乞正。此象敢再乞惠一寬紙極精打本，并石側法義兄弟廿五人題名數列及全石上下拓入。造象刻石佞佛求福，南北朝多有之，而名人絶少，此搨當與《楊大眼》裝成對幅，文人名將，擅絶一時。此後請不讓碑估借搨，鬃刷大椎，見而心畏。姪于金紋石理，愛若肌膚，因惜輒多忌護矣。姪所得尊藏石墨録呈一目，其未得者望存記之。匆匆再瀆，復請福安。姪懿榮，四月五日三鼓再上。

五

神龜二年崔懃造象跋尾

此象神龜二年崔懃所造，載鴻、鸖、鵾官秩甚詳，惟懃無官，似未出仕。故《北史》無傳。其稱爲東清河鄃人，與史《崔光傳》合。傳稱鴻爲劼弟子，劼是光子，鴻《傳》稱後以其伯光貴重當朝，疑傳此處必有脱誤，或伯即祖字之譌。傳不叙鴻父名，祗云劼弟子，又似勵、劼與鴻父同爲光子，鴻即光孫，則鴻于光不得稱伯。然光《傳》祗見勵、劼名，勵長于

〔一〕楊繼震（1820—1901），字幼雲，號蓮公，别署半緣道人，晚年自號又翁，精於鑒藏，以收藏空首幣著稱一時。

〔二〕此札時間爲同治十三年（1874）四月五日。

劼，若鴻父再爲劼弟，則鴻年最幼稚，不應及光俱在議定律令尚書上省三十人之中。疑鴻似爲劼從兄子，非光嫡孫，鴻父亦非劼弟，光與鴻之大父爲伯仲，爲鴻父之伯叔行。史傳于此牽叙不明，自相矛盾。懃於傳無考，以命名字義推之，自是勵、劼及鴻父之伯仲。鴻以延昌三年父憂解任，此象造于神龜二年，時鴻父已没。惜哉，鴻父名不可知矣。石叙鴻官秩與史本傳合，鴻以正光元年加前將軍，此前一年稱中堅將軍，足補傳缺。鶡即鴻弟，見鴻本傳。鸊亦當爲其弟，本傳無之。鸊、鶡官秩，史皆不及，賴此可補證之。至崔氏一家佞佛，自光已然，灼見史册。《十六國春秋》真本已亡，此猶存鴻之一事，且有足補史闕者，不重可寶也。懿榮草藁。

六[一]

前寄來鼎文箋紙，紅色不足，因用含英閣牋板，而含英所用之印紙作減料，此已是撥回重印之弟二次紙。下次當屬松竹齋辦，該鋪自有工作，不出兩事，當可用足。紙名上貢川。牋板請繪尊齋自藏花文不甚繁縟之器，因此間只一好刻手，爲延陵攜至秦中，故須以此試爲之。如佳，則再令其精雕繁文者。牋文用自藏之器最妙，因手札有不署款者，庶千百年後見此牋便可定爲誰氏書。又切不可以牋與人，經所云『惟名與器，不可以假人』。

京師友朋中竟無精拓手。姪所識有張少尉仲魚尚可，日内有事未來。稍緩當出敝藏，悉煩此公一搨，寄呈不誤。極薄棉紙，廠市無之，以皆新紙粗硬無棉性。如河陽所用者，衹尊漢閣法帖鋪對門一小無名紙局有，不足一刀，名曰『京皮』，姪所用是，亦絶不佳。久矣無汪六吉之弟十七刀也！如遇舊棉連絲紙，當爲丈彙寄來，佳拓第一須好紙。

豕形敦見《長安獲古編》，名彝。姪所藏者其近文字處絶無青緑，故未經人剔，姪自拓十紙先寄來。姪於手藝一道，天生未帶來，故拓極惡，心急手重。俟張友來，補拓十紙，下次

[一] 此札時間爲同治十三年（1874）四五月間。

多有鈐丈小印者，卻皆別家拓本，戟門全分皆出此册。中無創獲者，先于得此六册，後將戟門自搨全分盡數分贈友人。昨歲歸河陽六册事，乃一時尚氣。子年云少年任氣，事後必悔。戟門器當屬其乃郎拓之，寄來再呈。丙申角河陽不收，今歸景劍泉閣學。託言海東去者，廠人之言也。若李季雲所藏之宋復古卷、巨然卷，則真入朝鮮矣。

阮識、吴識所收僞器，今日看破者不一而足。老輩乃附會爲之説，甚至文理湊集不通者，亦謬爲之説，不知何故。此事雖其文有萬不能盡識者，然其間亦自有意義常例。吴小亭大令一時經師，所收如邾公華鐘原器，因阮識有釋爲周者，竟直刻成『周』字，亦何不繙書一看耶？此事南中人究竟隔膜。又張鳳眼、蘇氏昆仲輩所僞往往參湊套語，甚不通順，今之誤收者不得以不識古字爲謬，且以不通古文爲自欺矣。不獨以不識古字義理爲可恥，且以不識古刻面目爲盲于目矣。此等一看便知，則濫收者之從不讀書可知。既不讀書，要此何爲哉？

寄來，或有可觀者。

河陽師最重丈書，無論丈所寄何人書必索，盡數觀之。如此後丈有所委及所須姪拓本，祈另紙録示，便可抽出。又嘗得一漢官印，爲向來著録所無，《漢志》謂此無專官，然今日得見此印，是有專印矣。且官最清要，早歲得之，欲以此卜後來。今已壯不如人矣。然此印日在袖帶間，不使一日遠離，如高南阜『司馬相如』印也。兹拓一紙，不緻，當屬張友多上數十本。因土花過重，不欲去之，故拓不緻。

戟門〔一〕舊藏已贖歸，姪前有其全分，因去歲以燕翁〔二〕舊裝六大册歸河陽（因有所激而作之者，非其志也）〔三〕，內

〔一〕王錫棨（1833—1870），字戟門，號符齋，山東諸城人，晚清金石學家。幼承家學，精於金石鑒藏，以碑刻、青銅器、磚瓦最爲富贍，晚年尤喜藏古錢。爲王懿榮族叔，授其金石鑒藏之道。

〔二〕劉喜海（1793—1852），字吉甫，號燕庭，山東諸城人，嘉慶二十一年（1816）舉人。晚清道光、咸豐年間著名金石學家、古泉學家、藏書家。

〔三〕原札中的雙行小注改爲單行，以圓括號（）括出。以下同。

尊藏彝器遇有人拓時，希爲榮留一分。榮外間所得友人藏器打本稍有可取者，并新出土之知在某處者，必隨時墨一紙以聞。榮所藏石象尚有一尊，銅象尚有二尊，未拓呈，容并前拓者再重拓一分以寄呈。榮所藏泉文不多，然有出各家外者，已登《續泉匯》，容再各拓數紙呈閱。漢印亦附，有官印二名最奇。又有『濰道尉』一印，則鑿款矣。鏡亦間有新奇者，惜無好拓手。清卿拓器著手如玉，不知何故。渠此行以所得『二鉨』幣爲創獲。此間近出一尊，文亦平常習見，榮尚未到手。尊藏各種遇拓時存記榮一分，則感戴無既矣。內城南海敦叙堂內有大卣，比一人高，卣之大者無過此。往歲榮隨工作入得見之，惜止見蓋文，器則深不可入。箋封瑣屑，猥蒙齒及，益長慚愧。四月五日俄國籲請覲見，是日朝皇帝於紫光閣。

昔年除夕手七十金，將以抵宿債，過廠市，遇山西人攜一尊，狀若吳平齋所藏『愛作兄日壬』文器，式同而形異。此外作鳥形，而內泐犧形，有亞字。姪自所言，的是犧尊也。以十七金得之，其餘換京票抵賬。當日關閉，而此尊常在。茲拓五紙，容友來補拓再寄十五紙，各符廿紙之數。延陵爲繪一圖，攜入秦中刻版，尚未寄來。惟其蓋鋭口而豐內，文字顯然而手罔所措。延陵曾拓一紙，亦未緻。以上二器皆姪昔歲童年困乏時所得，不欲令河陽知，重添一番往返。姪所得零星小品亦未敢揭出，因不欲以素物殉人，祈爲姪秘之。

河陽性最急，一日不見古器則急，急則市儈有以挾持。而務求備類，恐不免有充數者厠其中，此事亦有前定。榮以爲不貪不急，真僞立見。延陵性好剔，每得一器，必手自洗剔，其模胡者剔之，即清晰者亦剔之，筆筆盡見乃止。其模胡者往往不得其踪跡，以意剔成一字。榮最畏之，此行贈言曰『請得器勿剔』。榮則愛此事若自衛肌膚，即土厚亦不肯去。此上二公，請丈便中致書，一勸其勿急，一勸其無剔。榮年輕齒淺，一係坐主，一係通譜，不敢冒言也，并勿謂姪言之。退樓所著書釋文中參雜賞鑒語，文頗不雅，如花梨坐子等事。

七〔一〕

壽翁年世伯大人左右：

六月二十一日接奉本月六日賜書，知月二日得姪五月二十二日夜病中復上之書。此次領到郎耶台秦石墨本一包，計二十四紙，内所賜一分單包兩面搨者，當即祇領敂謝矣。其弟二分兩面者遵即敬録原書，將命封寄清卿。此外單張之二十分擬即分寄清卿十分，屬其代銷，由清卿復信自答外，姪任銷十分，下次附便將原值復繳，酬吕工。如日下同人有以金石搨本來姪處議易者，當視其來件酌抵，不稱不與也。又賜録寄復鄭盦先生書，容細讀再當布臆。前屬寄清卿一書，封面有『幸勿著濕』字樣，未敢擅交順治門大内咸長館之塘務。適因清卿有書來，自其戚前陝甘學政汪編修鳴鑾處交下者。汪係清卿之親妹夫，又中表，同爲韓履卿先生之外孫，亦今之有志小學者。姪于作復時遵將屬寄恐濕之一件，并附以姪所照鈔節録丈所賜姪之長書，統由汪編修（號柳門）回便彙寄焉。此次所屬分寄各件，即當照録寄姪一信封寄，翌日與子年丈謀便妥寄，亦至速也。清卿只寄來泉拓本二（一『京一釿』，一『梁一釿』），餘則云不過殘瓦泉鏡，未及搨也。鄭盦先生則云已知其在陝近得一有字方鼎。丈前所賜姪長書，道古從原頭説起，又極其至處，真懸之國門無敢增易一字者，非姪謬譽，妄爲讚歎也。蓋姪亦爲此學者，得此祇覺聲入心通，皆我所欲言，而識見學力未至，欲吐不得者，竟詳晰出之，不自知其爲快何如也。姪試設二譬，以自道其所得之況：譬如習小學者，慣談俗本書内一二譌字，反復疑議，不得其解，又不敢妄下斷語；及得一古本正之，昭然發矇矣，此一種快也。又如釋鐘鼎古文，得一字能識之，而欲讀還如箝在口；忽有人來一語道破，實獲我心，且此字經此人識破後，即極之千百人無一異議者，的碻不磨，此又一種快也。此則謂釋之碻者，非漫演游移、荒忽執僞器而長言之者比。姪設此二喻以自譬讀丈書後所得之快，然乎否乎？豈謬譽而妄爲讚歎者乎？至丈文筆之古，乃日與三代

〔一〕此札時間爲同治十三年（1874）六月二十二日。

兩京文字盪滌使然，有不自知其然而然者。鄭盦先生聞有賜書必索觀，來索此次書，姪即將碎事數紙撤出送觀，已節録而刻之矣。并云丈所寄各處書，惟姪此一函無一字理不足者，其齊人之匿智與？姪恐今之金石家須引而置之莊嶽之間，使齊人傅之，日撻而求其齊者多矣。書博一笑。來示所謂古人之一事不可及已於此，然其所以能如此者，則聖人之學、先王之政，固有以貫乎一事之中者。博者事物，約者義理，因古人之器以求古人之心，此語誠然。姪嘗思古人造器，寓款識于其中，真神妙不可思議，真是古人用心之精，真秦詔所謂『其於久遠』之意。蓋器不過祭器、養器二事，其曰養器即食器，乃物之日與人相習者。古人象形指事，某器之宜作某事、某物之用，皆有款識志之，使人臨時自知、望文知義，習之既久，而家人婦孺見某器即知當爲某時、某事所須，有條不紊，久要不忘，且爲某物所宜，自然知文字，自然知義理，而文字義理亦自然久遠。物之日與人相習能久遠，人之覩物，知事明義，且能習慣久遠，自然解文義而不忘者，皆莫如此食器也。譬如今人酒肆具各種藥酒，而某酒當爲某器所盛，少易則亂味者，其酒壺口皆有暗記，其學徒至于成師，自然一望便明白，此即古人鑄器寓文之意，此養器之款識也。至祭器，則某器宜盛某物，宜某時升降，宜某事某廟，皆于款識寓之，使仁人孝子入廟，識器循文，按事知禮，自然不紊，皆賴有款識著之。而人之鄭重愛護久遠者，亦莫如其家之祭器。至《禮》云『銘者，所以論譔功德以事其先祖者也』，此又漸于著款識、象形指事外別增一義。其人及身有功德而作器尚祭，使後人已有象賢之意，而後人覩其器則能志其某祖之名，知其某祖之事爲其某祖之手澤，而家乘譜牒亦於此昭垂。且使後人望器而知某世某代朝廷國家之有某事，所以有抱器播遷之事，即至家國已非，而其器依然世守。故古人鑄一器而能使事物、義理、文字有自然久遠之意，以至今不没。此姪因古人之器以求古人之心者，所見如是。古人之一事而其用心之精深已如是。

又嘗謂最初文字只是象形，從古人身上説起，有義理而後有文字。從今人看古人，從今人求古學，則有形象而後有文字，有文字而後有聲音，有聲音而後有訓詁，有訓詁而後有義理。居今日而欲求義理，則非通訓詁不可，通訓詁非通聲音不可，通聲音非通文字不可，通文字非通形象不可，欲通其有形象之文字，則非鐘鼎古文不可，通鐘鼎古文則非見真古器文字不可，舍古器固無他屬。自有天地日月山川而外，物之古者，亦莫如此一片殘銅也。故又嘗謂古器之文不可强識，其時理使然。譬如古刀幣文字，紀地紀數之文，皆當時貴賤婦孺日習慣不求識而自識者，而今之通才博學反不能盡識者，其時理使然也。釋古器文有一字之確者，則人人聲入心通，可以證古經之一義，亦復人人自然無異議。若一人稍有疑迴，是其釋必有未碻切處，不然人同此心，一語道破，雖夷狄仇讎不能異詞也。若必執一器而逐字字字釋之，則其勢必有所不能，其理必有所不通，勢必至於穿鑿附會，强古人之文以就我之心曲，硬爲古人造言生事，如巫姑扶乩一般，真可大笑。故執一器而欲字字釋之，真大惑也。姪前年與張香濤同居時，嘗謂：『自朱子識破古文《尚書》爲僞，而國朝知爲今文《尚書》之學者數家是已。《尚書》爲經中之史，然欲治今文《尚書》，徒求古注不可，蓋漢人已不識古文矣。此非廣收古器文證之不可，斷無二義可通，止有古器文時代與之相近耳。欲治《尚書》而不知鐘鼎古文，猶隔膜也，吾輩何試爲之？』香濤云然。

姪嘗舉一事示之，出古器銘文內『文考』字作字者示之，香濤便悟之而大樂，蓋此字形絶似『甯』字，以知『甯王貽我大寶龜』『率甯人有兹疆土』，『甯王』『甯人』即『文王』『文人』（《詩》告于文字），此不俟前人煩言而解此猶淺也。又『敉甯武圖功』，前人反覆説之不明，不知此『甯』字亦是『文』字，若讀作『敉文武圖功』，又明白曉暢，不煩言而解矣。謂非古器文之有益於《尚書》乎？香濤因得『木曰從革』之義，言『從革』前人無至説。『革』爲『黄』字之誤，古器文『朱黄』『幽黄』，『黄』字形與篆文『革』字相近。新莽『大布黄千』，『黄』即『横』。今西人格物學書有『生金在礦，其性從横』語，因是知此與上文皆言物之性，而『炎上』與『潤下』相對成文，則『曲直』與『從横』『稼穡』亦相對成文。此言從古器文悟出，亦煞有至理也，故姪亦與古器文益親耳。《説文》俗之古書，古之俗書，欲識古文非通許書不可，然泥許書亦不可也，吾人藉此以通古文路徑可矣。

然姪究於齊器尤親，于器文之有齊字者亦親。丈便中若搨齊太是（宰僕）歸父器，爲姪留一紙，幸甚。新得武定、皇建、河清及眣僧文象字至佳。姪尚在治《南北朝存石目》未竟事。姪作事迂拘，亦不敢率爾成書。近一條一條細録細校之，誠恐有一字之誤耳。宇文仲玉象，張神遠、馬都愛象拓本俱領到，至精之品，謝謝。崔懃一象之官秩，容考定復上。其象爲改刻無疑，非必改刻官秩。此是當時改刻無疑，其側一段文是其證也。其原來正面文與側面題名屬一事，今正文與側判然兩事，然正文在崔懃之先，此是元來爲他氏所造一象。崔氏望族，累世好佛，其造象非止一處，可知此是造多而趕不及之時，硬磨去人家所造象而自刻其名。想磨去改刻者，當時亦必不止此一種，譬他唐宋碑有穿者，率皆磨去漢人碑石而刻之者也。故唐八都神壇碑近穿處真字下隱隱現隸書，即如此象之猶存上一層字首及左側題名者。然自是天下奇寶，造象中之至珎也。武氏石槨銘尚未見，祠堂新出石在友人王小宇處，見之而已，未得。孫氏之車飾非斧，因攀古名斧，姪即以其名説之，爲易懂耳。丈説非斧甚碻，至其文則非僞。廠市所售英蘭坡物，郘鐘未出，先出一撥無字小器，内此物在其中，土繡甚厚，止露二字，皆疑爲僞。孫氏以僞造舊本《瘞鶴銘》易得之，姪目擊其事。[illegible]去後，孫氏欲剔其字，姪言不可，乃以醋浸數日，出之，以小鎚震之，而繡片片落，得數字甚晰，而字口繡平。又浸數日，重震之，字畢出而不可搨，乃以柳木牙籤剔其中，又助以粗針乃出之。剔不無壞處。後郘鐘出，乃知與鐘果同一出也。攀古之斧，又郘鐘出數年後而廠人與漢洗等器雜自山西辦來，孫氏欲合之爲兩美，而攀古乃以重值易去，然更剔壞矣。然是左行之文，正與孫氏者相對，惜其不重歸一處也。箋以『含英』六字爲劣，語無太過處，此板在該鋪印時亦曾商之，渠不肯去其字號，姪云止須三字，注鼎足旁，渠只不願意，故未强之。然自丈來屬印此箋後，都人士紛然多用此箋，蓋其鋪自爲引重，亦京師人之信耳爲目也。匽侯鼎文易摹，故其鋪乃仿摹古圖様爲之。此鼎當年出于京城郊外，姪得之者，後以贈攀古，亦答報者。前所賜書屬族人精楷録底，刻尚未竟，容下次再寄，餘詳别紙。屬寄清卿書匯付蘇億年京平百金事，姪即作書告之，俟其復信來，或爲其京師所須，或仍須匯陝，再作道理。移書奉聞再兑京轉寄，皆須俟清卿來復信蘇億年收條爲定。連次所賜寄金石搨本録目一册復上。傳古小啓一事有數處向姪説者，姪亦以其送來實款者爲據。再聞，兹不先賫。晤中飴，已將來函示之。姪甫患滯下，始愈，得尊書乃脱然。姪此次復書冗長且皆俗字俗話，不欲成文理，只求自圓其説，亦長者前無犯無隱之義，不足存也，《孟子》有言『齊東野人之語也』。姪所藏各石乞人精拓，未竟，先以借張氏藏石二種墨本伴函，搨不緻，有人在此，不善搨也。餘俟再詳。肅復，先敂福安。六月二十二日，世姪懿榮拜復。

高麗紙無此薄滑而性硬者，取廠市及嘉平街參局如此等薄者較過，率骨軟無力。松竹齋主人張仰山見來示，即選高麗紙極薄者戲仿爲之，不佳且毛。匠人復言不噴水性軟，噴則面起毛，雖研不光。來様係彼國趙甯夏字惠人自製箋，贈都人士者。仰山言俟其常川隨使來京之半官半骨董商之吴逸梅、金石年者來時，詢爲何種，渠鋪試爲之。箋版粗闌，直上直下，刻深者即屬龍文齋良匠爲之，一八行、一五行，若高麗趙惠人箋式者爲兩板，只注尊齋二字款于每行末，刻成，用足紅花膏、上貢川印來，應用不誤。『吉日癸巳』封遵製，元款一旁『萬曆壬寅』，一旁『趙常吉臨』各四字，想係明人有此封而筠蘭室仿製者，原款二行之留與否？及『筠蘭室摹古』五字改寫尊齋製款，應寫如何幾字？請示。當先屬刻工刻好中間，兩旁及下款暫空，留以待示下補刻。

八〔一〕

壽翁世伯大人左右：

〔一〕此札時間爲同治十三年（1874）七月廿九日。

七月二十七日未刻接到徐足所帶七月十七日賜書，并爵拓本四十五種，内須挖改印者十六紙，并附印文十六，當即祇領，叩謝不盡，容補入所寄金石打本録目，復寄詧焉。秋來伏想起居康强，時有清娱爲頌。前次五月三四日雨中賜諭長言，已命舍姪録出，兹復上，乞詧存。又前六月二十一日所得六月六日賜諭及石拓廿四紙一封，榮自領刻石正背面兩紙精本，已由前函申謝外，其屬分銷十紙，遵元示一紙一金，現已全銷，得市平高銀十兩正，化散碎成定便寄。此次封交徐足帶呈，乞詧付吕工爲幸。拓實常工所不及，同人得者皆大歡憙稱快矣，乞語吕工悦之。其屬分寄清卿正背兩紙及代銷之十紙，共十二紙，已油紙厚裹備書詳陳，并説匯蘇七百金事，已于七月朔日由鮑丈處妥交袁子久舍人家專足，往西征糧臺去便帶陝矣。鮑丈説帖附閲，計此時已到陝。至與汪柳門編修前爲所寄一件，未知孰先後到也。此次尚未得有清卿信，其六月中回院歇伏，當必有所寄書來。高麗箋紙趙惠人所作者，容即詢庚生有存者否，容再復命。徐足所賫此函拆讀後，又悉月十二日有賜復一件并金石拓一封，内原目及外黏稿一封。詢徐，據云係在車便，與渠爲兩事。是日戌刻果得車便送來七月十一日所復七月九日徐足所帶六月二十二日姪所復書，獎勵逾分，深弗敢荷，謹當步趨自勉，不負諄諄爲務。此次賜書，内有寄鮑丈一書，當即送往，鮑丈復以元書相示，敝河陽師亦以尊函見諭。鮑丈當即以復書一件、油紙包好之羅文紙十張一捲，屬由姪處附徐足復上。又附以漢軍楊姓繼又雲世丈覓鮑處上寄信一件、鎛幣拓本原封一匣并寄，計鮑、楊兩信夾此函中，鎛拓匣、羅文卷并交徐足。此次又蒙賜寄邑中所出齊字古磚拓本五紙，又吕工精拓石象十二紙，均即敬領祇謝。隆施稠疊，有加無已。姪何人斯？如此摯愛，何以副耶？寄來原目一册亦收到，容再補録入册，再寄呈查，刻下此册蹔未及復上也。又屬寄語清卿傳古事甚悉，容即作書告之。其所得鳳翔出土方鼎及敦拓本均未見，當將尊意詢其近來所得并兩索其拓本焉，再當各録目往來記之。承惠齊太宰歸父盤、陳侯因資敦、陳侯鼎、陳孖匜各拓均收到，叩謝無已。姪此時將于所收彝器打本外，別分齊陳一册矣。再乞遇拓齊刀時，祈將尊藏六字刀及即墨、安陽刀各畀一本。胡石查屬言止乞六字刀拓一分，渠即以所得泉及印之精者爲報，幸許之。匯蘇七百金事，清卿尚無復音來，容來時再聞。高麗箋姪所見者不薄滑，寄來尊齋名印當即令坊附刻版之末行，當以白文者摹作朱文，則大小合式，不復加『乍』字，庶原文一氣，亦簡當也。『吉日癸巳』封未刻，即以原封作色樣發坊照印。東洋紙樣亦收到，容詢坊間有否，此二事統容再復。此次塹未及，因徐足住二日即行也。敝藏石當延友即仿此次吕拓并佛象全形徐爲之，但未能似否也。然數日作一本，當不至草率，容再呈。姪藏印無多，而自謂精罕。刻將製木櫝，櫝成便捎，當遇便將元印寄呈入録。所不敢吝，亦附以傳之。此次賜書及黏稿，河陽均屬録清底發刻矣，又附上高麗箋小對一，乞賜書誨之，即賞款叱名爲叩。又附上石印一。每讀丈所寄拓本，押角小印皆依鐘鼎古文加闌刻，如周印法，竊歎爲天下第一，爲自來刻印家所未知覺，健羨不已，固知檢篆圖文書式皆出自長者精神所寄，而如此刻手亦間世始有其人。下筆奏刀，動與古會，足爲有刻石印以來能復最古印法之禮，未悉其人尚在人間，抑或丈當年所覓何處名手所爲，均乞詳示。如其人尚在，今附上此印石及紐，尚不惡，可否祈丈爲看篆圖式陰文七字，爲姪覓此公一刻？如許之，祈將原石收存，不拘年限，不敢促迫。如無意爲之，祈仍擲還。姪深知此事之難，又須遇作者清興所至，不可强人所難，而自希冀之也。『王』字彝器古文多矣，『懿』字則阮《録》之豐姞敦中有之且的，印文即附裏印石焉，九頓至地。丈每來一印文，河陽必浼胡石查仿爲之，其所打拓本中者，是文理亦依爲之。雖有印之家與作者互自讚歎欲絶，以姪視之，不若也。且自姪能得此印後亦不敢炫賣與人，致生多事相煩惱，當自秘密之。印書事詳由車便復書中交九蘭二哥處寄呈，有鮑丈先寄之兩種各十本，庶不致徐足事繁重而偏勞也。計此次交徐足帶來鮑信一、羅文卷一、楊信一、鎛幣拓本匣一，姪此書一、印石一、小對一，市平小元寶銀重十兩一，乞詳查。姪生性迂拘，作事遲緩，然無作事大小，必期詳盡，信而無憾乃已。至有作不到處，則精力或有重難行，仍由九蘭二哥處車便分呈，且以爲此次車便之復也。其後各種，刷成再商諸東甫謀寄。邇時若值九蘭二哥未歸，則更便矣。姪昨在李若農學士文田處見其華山第四碑，有補雙鈎二葉，此張古餘故物，嘉道老輩金石家題志幾徧。又在同鄉人家見新出之伏生冢石，真如丈言唐以後物，蓋徵君之名已不合，且不古矣。據尚志堂中人于霖逢別紙所記，同出尚有建元二年一石模胡，未知確否。又有一石刻詩五言短章，有『卓哉伏夫子，係我漢家邦。石灰拭兩目，千載痛斷腸』，則俚俗不堪，如同盲詞，此則元、明以來淺人所爲，至猶以爲漢人所題，則不知所謂矣。然移卻太山行宫，即由其原冢作伏生祠，則此舉猶可人意，且以知伏生故冢所在，亦云幸也。姪書用紅紙，因内夾一稾格便於細字長書，省紙無算，請無過撝謙也。姪婦日内忽患去歲舊疾，延醫數人，而京師竟無一真名醫，其看病亦猶看模胡字者，甚可笑也。掌鐙後客始去，廳事夜三鼓爲之。姪不酒、不煙、不二女、不解爲利（然于宋人理學中言之，近止一欲未能克，獨貪宋元舊刻書與金石墨本耳，亦一欲限于天者矣。此外別欲有所發明所得古文字事，此次暫不及迫陳矣。敬叩頤安，合宅清吉。世愚姪懿榮，七月廿九日上。

九〔一〕

壽翁世伯大人左右：

今日午刻交徐吉帶去信、物件數，具詳封面間，一切已收到，及復寄各件暨各事，亦詳姪所上書函中矣。印書事，《古泉叢話》十本，據鄭盦先生來字云已由渠處備寄。又《鐙宧叢録》四十本，據來字云不索值，已飭坊印去矣。此次不及帶，後再寄。元札二附閲。又鮑丈一札亦附閲。又交下《[illegible]金釋文》十本、《海東金石苑》十本屬先帶呈。其外由鮑處寫一手條交姪付富文齋刷去，俱照來數，至刷後即依鮑札還渠。此次所帶之二十本扣抵，餘坊人照鮑刷元價開單交姪處轉呈，再由濰寄付外，此次多帶二十本書，已成厚包。深恐統交徐足，繁

〔一〕此札時間爲同治十三年（1874）七月廿九日。

也），故自覺神不乏。再博世伯大人一笑，即敏福安。七月廿九日三鼓，姪懿榮再拜。

十[一]

壽翁年世伯大人函丈：

七月之末既從尹車、徐足兩便各先後敬復，祇謝一切。其物亦分託兩便帶呈，刻想均邀鑒及矣。伏想近來起居康强，合宅歡娛爲祝。八月十一日傅冬來，賚到賜書并承惠聃敦拓本一紙，祇悉敬謝。又教正各書，仰見長者諄諄之心、拳拳之意，有加無已，不復敢以遊言告謝也。校本《叢録》亦領到，此次鄭盦先生所附刻尊復平齋及賜姪三書本，姪雖近在京師，竟未之先見。先生未示姪，故亦未請。實則請之稍有臆見，先生亦不受盡言，姪習知之，亦不敢率請也。如先刻《叢録》時，不牽連首尾作語録式是已。故索及復姪書，姪亦照以鈔去，止于其尾雙行夾注月日復某人書，或不致于原書之例有紊。今見丈所校本致吴平齋一書，又如此刻法（幸勿以姪言説之），又不解矣。先生不送人看，亦不下采芻蕘，故人亦不復進言，究之實亦無妨，不過姪迂拘之習耳。姪于六月中已取《叢録》各節搆而詳録一本，各别爲一行低注其下，附鄙見以羽翼之（無論致誰氏書，得者皆詳録，逐件逐條傅之），類詩家問答而變之，爲吾齊少長燕譚之語，此亦宋人語録體以古文一事，過此以往，未之或知也。尊書説實事實理，無一字落虚，故有可闡發解道者。然如此大呼，世人好古文奇字者又不解耶。此次丈先于姪所上書逐件訓誨詳至，覺鄙見似亦略有可采，當自删其閒文浮詞及語句之不飾且未達者，仍遵録并注原文于上，再復呈焉。姪嘗謂古人并無所謂奇字，止是因事付物，當時之人能文詞者，莫不識之。寖至後世，有浮詞虚義，輾轉失其本旨。漸至今日，一器偶出，真不可再識，誠所謂奇字矣。此由今而論也。惟古人之器所著之名字，竟有非常奇字，于銘文中不數見。見者，此真奇字也。細思之，當時亦可識，不過書名時已

〔一〕此札時間爲同治十三年（1874）八月十一日。

有使其後人名終將諱之義，或又在名子不以之例，或如元人押，各自具一法，人即同名，亦不復再如此耳，未諗然否。聃敦前數年在戟門族叔處見一拓本，疑之，未悉爲丈所藏。彼拓不緻，此則精，容再詳復。又附上舊來洋紙印暗花者大小兩摞，可用朱印蓋其上用之。前數年有印花小角著色者，爲人盡購之去矣。此友人近所贈，此瑣瑣也。龍文刻刷之紙尚未送來，鮑書亦暫未刷來，容再呈。又附上拓本五事，乞哂存。録目一本，亦附呈存查再示。清卿尚無書來。各示已俾晉鈔一分備寄之，且索其存原稿者，屬録寄。一切再復。别示所誨詳至，姪正坐是痛。姪于時文止喜宋五河、章雲李，取其實在，故輒解時人之困。承教，喜生于心，感甚幸甚。姪少怯弱，有積滯未化。雖性不湎酒，乃貪食。又不時少遇氣水停蓄或違寒暑，輒作惡五六日，亦旋愈；又或經年無一病，又或歲數病。近又患腹痛，四日猶未愈。然喜侍吾丈言，故不覺字之草率，文之悖謬也。傅冬云明日行，乃急書，請鑒宥之。不然姪不敢爲此率字，大不敬也。復叩福安。姪懿榮八月十一日夜力疾頓首。餘容再詳。

十一〔一〕

壽翁年世伯大人左右：

前于尹車（有鮑刻書交九蘭兄處付之）、徐、傅兩足便所上各書，想蒙鑒及。姪八月初患傷寒，十三日轉瘧，寒熱内作，每日酉戌間起，至子丑間止。病在陰分，暫不能提出，是以苦也，殆非人境，爲姪生平弟一場大病。刻在辰巳之際，今日稍覺清楚，惟力弱不支，勉以復書。近日京師戚友來問者，俱不及答以隻字矣。十五日中飴來視，姪未能見，渠交下七月晦日賜書并承惠紙樣半張。此紙此間不易覓，容愈後當與鮑丈諸同人商量醵資，遇尊處購紙之便，附乞代爲之，并與諸公訂寄京之資也。鮑刻諸書版在富文齋，故刷印先須商諸年翁，前得示後即索年丈一紙示該鋪人，比刷成，渠將書并刷價單送鮑

〔一〕此札時間爲同治十三年（1874）八月二十四日。

處，茲由鮑處將原單并書送姪處，謹用油紙裹好爲兩包，統交九蘭二兄處順便轉寄，遵前命也。今日又得畢姓所帶八月八日賜書，并司馬長元石門一紙，領到，謝謝。潘伯翁所録金文目乃屬姪同胡石查、祁瑞苻及中飴不頃刻而成，大家見解既不相同，又加以在旁促迫，不論分曉。姪早與中飴背譚及之，知必模胡一片也。潘事求速而不求細，故效力者亦畏之，而卒無當于事，此等事真不能如此辦法也。清卿有書來，琅耶石本已到，則小午閣學專差之力。柳門太史爲寄先前一書尚未到彼，渠有書向柳門處查矣。清卿有致丈書，蘇款已付，取有收條。姪力太不支，少累便喘，尚未復之。又此次交九蘭兄寄書之便，恐非空行所能帶，若附以清卿書，恐反遲延，容俟傅、徐之便，即日馳上。姪寫此信凡休息數十次，字句粗疏，只求達意，伏祈鑒諒，即敂福安。八月二十四日，姪懿榮力疾上書。餘事愈後再復，此病姪深自危，以不徒瘧之一事也。又叩。鮑札并書價原單附呈。

十二〔一〕

壽翁年世伯大人函丈：

姪初病時復兩書并續寄鮑刻書，又清卿學使復書想邀鑒及。姪自八月八日傷寒，十三日轉瘧，十八九日劇，其冷暖異常瘧，醫家名爲内瘧。每日自晚六點鐘發，十二點鐘止，不甚冷熱，發時祇氣喘欲絶，腰痛欲折。至九月初四日始已，又兼以瘟疹，病甚，自分恐不復能與丈千里筆談矣。今幸得庇生活，生則應作之事又多矣。刻如初生嬰兒，日不能正坐三時，少飯須杖行十餘步，作十餘名字輒須一休息，手戰腕弱，故此書來丈前，乞恕之，非敢懶也。近幸有雲南倪翰卿太守以補中益氣湯療之，幸有效。月十三日得本月二日賜書，重生後歡憙無量矣。復拜金文卌一紙、齊刀拓本六十八紙之賜，不止七發也，祇領叩謝。其齊刀拓本之第二分即將命與石查，其復報當不日即附呈。外，尊致潘札及《拓法論》一册、區鋘考尊釋

〔一〕此札時間爲同治十三年（1874）九月十五日。

并吳釋一冊，又收寄拓本目均收到，容再繳。區鋘當爲吾丈再索周孟伯先生釋之，清卿讀書稍遜，不能爲之諱也。子振世叔〔一〕《古鉨印文傳》五本收到，自領一本，謝謝。餘即當銷一金一冊，有再索者復聞。印爲《印舉》所無，刻以傳之，亦古文功臣也。況復出以妙筆刻印作譜，如此始不爲無用，亦丈之教也，必傳必傳。銷值再繳。此次一切不及詳復，稍愈後來足重重，當一一詳報。清卿書尚未復也。在京師與鄭盦先生、子年丈、石查同年居極近，均未報書，以寫數行須大半日且累重也。古鉨之可寶重于刀幣，止下彝器一等，（家諱）字許書從土，此可以例漢人書。若姪所見古鉨，其金者亦旁從金，玉者亦旁則從玉，止見打本便知印質之爲金爲玉，故有誤認從玉之『珎』爲『珍』字者，方知古人製字之精，敢以質之吾丈。姪病如此，有以觸之，猶見獵心喜也。敝藏印及各物等藉病謝客時當先拓呈，有一周印與彝器文等。尊藏周印，乞先拓各一以惠之，尤幸。丈此次賜書誨及讀書作人處世之道，長者拳拳之意甚深甚遠。姪之幸慶，不止古學得遇吾丈有進境也，種種容再復詳。姪作此數紙竭兩晝夜，不能紅帖細書爲歉。庚生云有高麗箋，由渠處自達。中飴將循序當差矣。翟文泉先生所校《易林》《穆天子傳》《古今人表》各種善本已刻，其家如有刷印讓人者，乞丈爲購一分，示直再奉。丈賜書及致各家札又諸道古之説，姪愈後彙爲一書，爲説羽翼之，自成一家言，打破前人所欲説不得者無數。且文字古簡，不比近人自刻所著稱古文集者，請丈樂觀其成，不自知其爲稿盈尺也。肅謝，敬叩頤安，合府清吉。九月十五日，姪懿榮力疾。

再者，姪所乞丈轉懇子振丈所刻印石（姪所選石）賤名，『榮』字爲器款所無，不能配合，乞改刻『福山王生永寶尊彝』八字，俱爲器款所有，祈丈爲察書賜篆（求書聯語當再索佳紙敬寄，先謝）。元石長方，或作兩行，外加一闌最妙；如長刻不可，或横刻作匾，如程木庵印，均乞鑒定爲禱。姪以爲仍長直作兩行，似器款也。『永寶尊彝』四字文理或嫌太板，

〔一〕陳佩綱，字子振，陳介祺族弟。客死吳大澂幕中。

即改作『所藏⁄寶彝器』四字可否？乞丈不責其干瀆，爲之教正，叩頭至地，再請福安。子振丈同此請安再謝。姪榮又頓首。

十三〔一〕

壽翁年世伯大人左右：

胡石查農部頃送來印拓一包，元札附呈，其刀幣隨後即拓以奉寄（其藏印不多，亦不甚精，刀幣有至佳者，現已自拓矣，尚未齊），姪已促之。又附上銀五兩，即轉交子振丈，外有清單呈閱。鮑未交來，潘交二兩，尚索一部也。姪病不見大效，醫家云心氣太虧，陰分不足，每夜分不能就寐，甚苦。病至一月，即鐵人亦磨亮耳。姪舊藏東武彝器文拓本六册，被敝師鄭盦先生易去。現在收集新拓真如新發户力求振作，亦稍稍幾數百種矣。稍愈亦自寫目呈閱（請不必示人，窮搜不足敵豪取）。有佗友之惠重分并見器自拓者，當陸續呈寄乞教，以爲土壤細流之助也。丈每次拓器，必以寄賜，姪皆別置一册，以諸家之拓無不遜此精美也。尚祈丈遇興拓器時，乞時時念姪不遺在邇也。姪藏一泉一竟之細，當悉以備墨呈覽，拓畢後隨得隨拓隨寄，則易事也。病中書不成字，又三四休息，勞而不恭，尚乞長者鑒諒鑒諒。雨中力疾又上，敬叩福安。姪懿榮頓首。

姪之女將與中飴之次子爲婚，敭生來提，姪嚴慈已許之，刻以姪病，尚未定議也。再聞。

姪所求子振丈刻長印，請仍以『福山王生⁄永寶尊彝』八字爲定，叩乞吾丈爲正篆。叩禱叩禱。姪榮叩。此紙在書耳封後，請以此爲定。

十四〔二〕

收到《古鉨印文傳》五册，每册銷價一兩，懿榮自領二

〔一〕此札時間爲同治十三年（1874）九月。

〔二〕此札時間爲同治十三年（1874）九月。

此）昌幣裂至十餘段而未斷（爲鉛泉之祖），亦强拓之，與䣄、𨏮二幣均從來未入譜録。姪所藏不及各家之多，又止收刀幣，亦不富，然有出各家外者，止特此耳（近入李竹丈《續古泉匯》矣）。造象梁石至罕，李笙漁有一尊，丈得其墨本否？如未得，姪有二本，當奉其一。此次病，未及檢付，去足在等故也。南中尚有一象，不知爲何人所藏。帖賈董姓帶來一紙，孫春山收去，尚未入姪録稿。孫氏之彝上一字乃𢿞字，下仍『父庚』，與李竹朋丈之小甗爲一時出土，當是一人所作。又近來收藏家最嫌明刀，姪酷嗜之，其背文有精奇者，令人不識，如彝器等。且有三四字者，姪所藏有未著録者，容盡拓以呈鑒，亦蒼姬古物也。姪病飲食稍進，止夜分不能寐，醫云心氣太虧，肝陽不穌，已吃一月藥，苦甚。晝則少動輒頭昏，既活則想做事，又不能出門，友朋筆譚，復之爲艱，故益悶損。再者，遇丈搨鐘時，望爲姪拓款一分，姪只求十一鐘款足矣（并邢鐘），不必專爲姪搨，亦不敢望全形者。姪無以爲報，遇拓而丈必爲姪致一款，欲則誠欲，安實不安也。鮑丈《古鉩册，謹寄銀貳兩（市平），潘伯寅先生留一册，交銀貳兩，還索一册，望附便即寄京，由榮處轉交，原札附呈。胡石查農部留一册，交銀壹兩，有札。鮑子年觀察留一册，直尚未交。計此次寄來銀五兩，各家原包有號，潘多交一兩，尚索一册。鮑暫未交，下欠一兩，容交來再由榮處奉寄。此後他友有索者，即照此值作書來索。乞轉致子振世叔。懿榮頓首。

十五〔一〕

壽翁年世伯大尊前：

病中聞子年丈説及丈近索其鏄化拓本，想欲合楊又雲所寄彙觀之，因於傅足來索復信時呼至窗前，令其瀕行時再來姪處一看再復，以寫依戀之忱。乃出姪所藏鏄貨三品，亟浼人拓以呈存，姪藏比化止此，而『代』字爲諸家及譜録所無，其所有皆『伐』字，較此多一畫也，亦土壤細流耳。又鉛恭（舊釋作

〔一〕此札時間爲同治十三年（1874）九月十七日。

印文傳》一部銷價促之，至今尚未交，不便再促（病人心急耳，姪向性亦如是，講交割清楚者）。此次不得彙寄，虛比傅足一日工夫。姪病中作字荒率，乃五六休息所成，乞諒姪不恭。病中囈語多矣，恐過時不省憶也。餘瘉詳復，再請福安。

姪懿榮百叩，十七日自辰至戌。

十六[一]

壽翁年世伯大人左右：

九月廿九日畢足來京，賚到本月十五日賜書，并收到藍布包京市平小元寶銀一百兩正，包内計兩紙封、又木匧一，封完如舊，又致吳清卿學使信一，瓦當文目一冊，内瓦當打本兩紙，又致鮑子年丈信一。遵示即將鮑信并木匧及瓦目、吳信逯交子年丈，由鮑處詳復。鮑子年丈有不欲拆閱木匧之意，尚未定，以封志完好，再封費事也。至藍布包内二紙封計共京市平小元寶銀一百兩正，即由四十九兩四錢（原號）之一封内提出第二錁小元寶一個，適符京平十金，先交鮑丈暫付印書之直，并元單送去，計下欠一兩三錢正，元直十一兩三錢也。鮑丈復云下欠一兩三錢不必再匯交，即以書價所欠之一兩復書，請丈就近劃交子振丈《古鉢印文傳》鮑銷前欠未能彙寄之一兩正。至富文刻字鋪向用常行京松，此次十金系足銀，其零欠之三錢，作爲富文找色，亦無須再寄。印書之直，自此兩清，元單并銷。至匯還清卿代交蘇億年之百金，除已銷秦刻石搨本直十金外，尚欠九十金，姪即依清卿元信將此九十金交住京之江蘇顧皞民工部肇熙收去，取有收條，俟作復并收條寄陝，得清卿復信收條後再聞。此次附呈竟拓本十六面一封，姪見在藏竟盡于此，續得隨拓以寄。印文亦十六，不緻，印泥不調，容愈再細搨重補再呈。刀幣磚瓦尚未拓齊，雜器尚未動手。惟讀《瓦録》後欲乞丈先拓惠即墨、三代二瓦、齊秦一瓦、魯漢七字瓦四紙，先以厭之饞之也。至琅邪台瓦，俟遇有時丈將拓之便，屬吕工爲姪墨一全分。工精太勞，瓦又繁難，姪或時出薄資酬

[一] 此札時間爲同治十三年（1874）九月廿九日。

之。不遇拓時，萬勿特爲搬弄，恐有擊撞。凡姪所得皆丈之惠也。此瓦姪尚可補幾種，見諸城人尚有存者。方赤先生舊藏一瓦，今歸繼又雲者，得其拓本否？可向索。丈索之即多分，無不速者。姪此時仍夜不能寐，解衣登床，汗下如雨，天曉即醒。晝則疲乏畏冷，未復元也。耳後如六七歲在家聞海風聲，尚未出房門。姪婦病小瘉，以姪病畏去。姪婦自三年前之乳瘡及去年傷寒，元氣總未復平。時又不自攝，感寒則腰疼，成舊疾矣。種承慈注，不勝叩謝感激，容再詳。肅叩福安。姪懿榮病中上。九月卅日〔一〕。

收到足京市平小元寶銀一百兩正，以九十兩匯還吳學使，得復再聞。以十兩劃還鮑觀察印書價，元單係十一兩三錢，鮑以一兩屬復抵子振丈印譜銷直，以三錢作爲找色，兩清（廉生經手）。

鮑札附呈。吳原信俟復後寄呈一閱。其尊與瓦皆僞，姪亦與丈所見同。寄鮑丈信有云近出一通文理之作僞者，甚然甚然，真令時輩聞之可畏也。石查同年屬言刀幣尚未拓齊，下次再呈。潘收葉器不少，皆火坑也。齊陳曼簠、宄敦皆歸之，廠市之尊及燕翁商婦甗、燕翁畢姬鬲亦收去。如未達知丈時，勿露姪言之。河陽師不欲人言渠大收重直之器也。寓從師淮父鼎，通州李氏質物，贖去矣。又聞遲畢足未來，又搨磚文三紙呈鑒。藏專又盡于此，續得再奉。磚既不奇，驟拓復未緻。姪病悶無事，督人爲之，亦排遣也。再附上壽老世伯大人。姪榮百叩。

〔一〕實爲九月廿九日，王懿榮誤記卅日，見第十八。

十七〔二〕

古鉨一旁從玉，打本姪所無，曾見家戟門比部所藏玉印有『君之寶珎』，一旁從玉。又其與張仰山（松竹主人）所分沈文忠家拓本内有印拓如許，曾有一印只識一從玉之『珎』。姪

〔二〕此札時間爲同治十三年（1874）九月廿九日。

近年始搜集古印鉩打本，當時俱未蓄也，止知爲『珎』字，渠等視爲『珍』字，以爲可笑。嗣後如有所得所見，即摹以呈。病中復事恐有未詳，即空譚，時恐有囈語，望長者鑒宥其不恭也。又聞藩署出磚三種，得有搨本，附呈三紙。聞郭槐堂作古，其六朝石未知有幾，祇見其一石也。其古器大概於丈復潘信中詳悉矣。復叩福安。姪懿榮，九月廿九日再上。

十八〔一〕

壽翁世伯大人函丈：

姪懿榮再啓，姪病初起，尚未復元，精神恍惚，聞畢足十月朔來索復，心急作書，誤以九月廿九日爲卅日，比寫訖詢之家人，仍廿九日也。詳富文書直事又誤以年丈別札附入，卅日早起翻紙堆得之，又作耳封附呈。精神惝恍而心志不亂，則復元必速，亦佳肇也。前書内遇有誤字，乞諒之，畏難不復拆前函易鮑札，即此再譚數事，亦甚樂。病中聞葉氏燼餘諸器之未燒損者，畢歸其婿彭岱霖（彭相之子，行八），含英閣蘇賈胡某先以三百金借與彭公子，葉氏乃漸由彭歸胡，胡乃徐徐出其佳者，以重直與河陽。其僞而未損者，胡由潘處打回則以賜復可也。其燼後有挑出數人博得小器古泉等物，陳寅生識其一，以廉直得範印數十事，如直歸鮑，陳與鮑戚，故不欺。筠青閣京人孫賈識其一，得其僞小器及古兵、刀幣之屬，則以重直炫人，内小泉李物累累。泉李仙後，朱麻道士以去，京師遂無刻僞者。刻以小泉李尋常僞物重買，燒損以作爲葉家燼餘而售之，京賈之愚如此可笑也。至作僞器、真器刻僞字者，京師之大乃無其人，猶不及陝賈之多此一層學問技藝也。又近七月絳州河岸聞出數器，止一器有合文人名，餘皆作尊敦、旅車彝之屬。西人有外行持一粗拓本無人名者，字極精，河陽尚未知，言之恐多牽矣。姪此時意專在三代古文，自得丈訓示後，益深嗜也。以其有裨經、子，可根據古義也。所重收拓本亦幾

〔一〕此札時間爲同治十三年（1874）十月初一日。

三四百種矣，亦自有等第分例，容再言之。近又得乾嘉老輩數拓，深悔前存之失，刻難遽復元，然所收亦有同樣復來者，又有出前存外者，亦頗可喜，俟寫目後再呈教。尚有未知名者，然河陽再借，亦不敢與，將守之如南阜老人『相如』一印矣。姪藏印如陽文之，則印如丈云文古於秦，則周矣（與阮《録》及竹朋丈之斝亞形内文相似），再叩福安。

姪尚藏有宋金元官印九，内有封號土印一，又銕物似印非印，文亦不可解。金印貞祐年款，則此次所得葉氏物。此無當於古文奇字，容再拓呈。漢印内之道尉印係鑿款。十月朔日雨，畢足未來取信，故能贅言。再上壽翁世伯大人函丈。姪榮叩。

再者，此次來銀係京市平足色小元寶，買物還帳常例止須京平松江，姪本意欲以來銀遷換松江京平，找平補色以應屬還印書等直，必可有盈無絀。惟京師松江成色之壞從來所無，雖自御史譚鈞培條陳出示後捶去鉛面，而錢鋪西賈銀蠹無論生熟地方，或更換錢文，或遷換成色，及託其分平破等，一經他手，先壓二分，總是元平不足，不論交情，預爲後來到渠鋪換錢地步。若遷換松江，則此鋪所云之高松江，易一鋪則必不成色；此鋪所云足京平，移一鋪又壓二分。往來遷駁，終使有銀者吃虧而後已。故找平補色看似贏餘，實爲虧短，以還帳時必又一番挑剔也。今從百兩内提出京平十兩，先還年翁經手刷書價銀，下短之一兩三錢，年翁既以所欠之一兩屬復匯來京，請丈抵其所欠《古鉩印文傳》銷直之一兩外，其零三錢年翁已與刻鋪作爲找補成色，無庸丈處再爲找給，此項所辦最爲平允。外，九十兩之京市平小元寶，依吴信移交顧工部收去，當即作復寄清卿具言明白。丈處匯來銀係京平足色小元寶，至買物常例止須京松便可。若付蘇億年時以來銀遷換作京松，所餘找平補色銀若許，望其存蓄，或異日再有經手之款留以補入，或俟瓦當文刻成添付尊處印書之資，悉惟所便。此次以姪經手，所言自不嫌其瑣屑求詳。姪性迂拘亦必如是，乃使經手者無憾。說理亦須持平，又豈獨此事哉？姪又叩。

十九〔一〕

壽翁年世伯大人坐下：

廿七日得月十二、三兩日賜復，姪九月望後三復上書。又得十四日雨夜中書，姪十月初吉復上之書，刻想已塵覽矣。此次賜寄齊六字刀拓本一（來拓本三，其二遵示分交鮑、胡二君）、古鉨打本五十紙（按元來朱字小數記缺第十五葉一紙，圓鉨朱墨本各一，在第五葉前因元次仍依，不別置，收目下次寄呈）、新得瓦鉨拓本二、隅陵之部印打本一（吴説聽之，渠去知此遠矣，此真古印）、戈拓本二、鼂磯島石拓本一紙，祗領敏謝。外，子振丈所賜《古鉢印文傳》一册遵領，祈轉致謝。又四册，以一補交潘處，以三册并武祠新出何饋一石畫像拓本遵寄清卿學使。振丈爲潘處所作印稿二紙，甚佩。此皆吾丈點定而振丈以健筆成之者，空前絶後，不獨配合見巧思雅制也。潘處交來白金四兩，屬附寄轉酬振丈，并元札一，乞查交。又景劍泉閣學交銀二兩，屬乞轉致振丈，求償《古鉢印文傳》二册，并元札統望迻交，遇便覆寄京師爲感。印石收到，蒙先許賜寫樣尤感。清卿處各事，姪已於月中詳復之。前次賜書有二次内屬録達二事，均録去，紙樣亦分車寄示。尚未得復。復來，又得見其收條暨新得舊商各物事，詳悉矣。前節于姪月初所復上書盡之，不再贅也。瓦搨一匧并元函，子年丈拆閲重封後（姪以病，故未出門，年丈又恐往返送觀費事，因未得寓目，潘已見之），適有袁小午侍郎差買京物過年之回便，同諸貨箱寄陝去，固甚便且妥速矣，必詳見鮑信。聃敦釋文一册略讀，得句讀便如撥雲開霧，頓釋疑竇矣。此次意猶未盡，愛不忍釋，且欲附説羽翼之。姑不交來足，下次同區鋘各册統呈，斷不敢致沉浮也。説一册收存。潘處徵刻尊札及各説，悉照原文。索之甚急，現已付寫手，俟後事竟，應存者姪自存，屬仍繳者仍繳也。若姪所摘録作吾少長問答，而姪注説之本，將來成就止呈吾丈，而姪自刻入抽刻叢書中。此次潘刻自有例，且持之急，不欲人多言也。振丈得吾丈批導，又得丈噓植

〔一〕此札時間爲同治十三年（1874）十月廿八日。

（亦名不虛傳），將來乞刻者必多。丈可爲酌一筆單，則尠矣。唯須真古文中所有之字始可刻（此層最高亦最精，兼可摒擋俗子，價不可廉），唯一有如律合例者，而丈又多勞瀆于中。然濟一族黨，且可使之漸通古文，且使今天地間印人中多此一種有根據之真古文印章，亦道在瓦礫所不廢也。姪病新瘥未復元之際，適有素所倚重在此作生、可爲姪助理俗事、經手鱗雜米鹽之族兄某，年才三十六七，少讀未成，去而學商販米，然素講戒欺求慊之志，交好止一二人者，忽化去。姪爲之經理，且與其夥清理平日瑣事，心累已極。姪婦一病輒年餘，此後又須檢點交好一人爲手足之，忽因之勞乏又犯瘧，廿六日丙刻來，今三日矣。尚不劇，較前次減。得賜書，誨愛兼至，又惠各拓，心境拓開，吐棄一切，唯手弱，一時或遺忘，未及詳復也。收目柬箋統容下次寄呈。鮑丈曾對人戲言：凡事皆有魔障，若姪與丈皆古器文中之魔障者。姪聞而樂之，此事非好讀書真知篤好者，未易得此魔障也。世之豪收博取、矜多誇人以爲雄者，不虛心不靜氣，將有他好或小有禍福便奪之矣。《漢志》藝文小學家言《蒼頡》多古字，俗師失其讀。宣帝時徵齊人能正讀者，張敞從受之，固知此事久屬吾齊也。近有以傳啓屬言者，姪先求其實，有以藏拓屬爲往還者，姪先問其報。總之不務實踐，索多以爲觀美者，皆徒視爲玩好者，誰能供之？其好之而不讀書者，爲無用。姪計自今年五月瀉，六月滯下，八月瘧，是以至今元氣未復而病復。雖曰寒暑易人，亦心力先虧之所致。姪爲人衹知自愛愛好，世不論窮通富貴，立定腳根要好，止在各人之自爲。人生腳踏實地是自討受用處，爲學作人種當如是，豈爲人哉？匡鶴泉先生來京，曾言及昔年嘉祥古墓中出金版、玉版各一具，字皆古文。有人説其文爲周册命魯武公文，今不知所歸。又有人得摹本者許送匡覽，尚未來。餘再贅及。肅謝，復叩頤安。世姪懿榮力疾上言，十月廿八日。

二十〔一〕

梁大同皓象拓本一（其像不能拓，乃雕木爲之，殊不緻）。

定遠將軍印文（葉氏物，廠賈所贈拓本，未知所歸）。

漢建安磚拓（姪新得自西賈生坑）。姪懿榮病中拜上。

銀一包四兩，元札附，潘謝子振丈。又一包二兩，元札附，景索《古鉩印傳》二冊（其將乞刻印一札附，恐雅名有古文所無，吴處三冊容寄去并告以例）。胡拓泉五事。（姪有小圓石，擬求振丈刻『福山王氏』四字，或郎耶，以別太原）。又方石，擬乞刻『齊吉金室金文』六字，先乞排類。前印文遵用氏字。姪榮叩。

〔一〕此札時間爲同治十三年（1874）十月廿八日。

二十一〔二〕

壽翁年世伯大人坐下：

前函封訖交徐足，適含英閣紙鋪因印紙尚未訖工，先送來前所印紙應用。姪前以其所送樣來如此紙紅色一般，大似胭脂水印，撥回飭其照『吉日癸巳』封紅色印行，渠已領辦能副，刻云紅色尚未調停得好。含英胡賈愛好，屬紙局先移他箋，封色相付即印新刻板者，是以尚未脱手。兹如其所言，先將前存紙一束呈納，可暫供數函之用。又清卿在寶雞得一虢號中作旅敦，路上遇便寄顧水部一信，內附此拓寄姪，外無信。前二書及袁便知尚未到，故渠未復也。拓本頃爲人取看，未即索回，不及寄呈鑒閱，容再上。清卿復信計不日亦必來矣。鮑丈得孫，甚喜。敝師河陽今日有旨，以侍郎候補，想亦心中大喜也。振丈爲刻八囍印，真吉祥矣，印到補官耳。再叩福安。世姪懿榮頓首上，十五日。

〔二〕此札時間爲同治十三年（1874）十一月十五日。

二十二〔一〕

壽翁年世伯大人坐下：

冬至前一日徐吉來，接奉十月晦、十一月朔所賜書，又一封爲十月十七日，爲敝藏竟印題記，內鐘拓本十一、紙十四、齊刀二種拓本六，除遵示分交鮑、胡兩處齊刀拓本各二紙屬復謝外，俱祇領叩謝矣。藏古册目一本領到留讀，俟有所見并夾籤注。又寄陝賈蘇七信，已交鮑丈彙寄，不至遲也。又前屬寄吴清卿學使武祠新出畫像暨《古鉢印文傳》三册，已由袁子久處寄去。吴處前信尚未見復。姪月杪藉傅足復上一書，刻想已蒙鑒閱。每次賜書以姪病軀爲念，種承拳注，誨愛備至，仰見長者殷殷之意有加無已，敢不敬承，以慰遠懷。姪十月廿六日瘧反復一次，此後脱然，惟仍未大復元。幸晚間汗止能睡，刻止畏風怕冷，觸之輒頭痛，終日披裘圍爐，遇陽和始敢出門。姪婦亦稍健旺。來示所教皆至理見道之語，不止以養心爲祛病計也。然疾爲子之所慎，保身亦須明哲之兼。姪生今卅年，以二十年讀書，稍知名理，自顧能守身矣，惟保身之道尚未得也。貞固幹事，古人所重，寒熱出入，後當自慎。凡與人家國，皆須有經濟之學，近想來德行文學亦須以經濟行之，不然芻靈耳。與立與權，立則經常，權則後世所謂經濟。大至天下後世，小至一事一物，即讀書博古皆須以静心參活想耳。至定識定力分先後，不分兩事。總之腳踏實地是自己討便宜處，看破此層，直打穿後壁矣。此語亦止有能就吾丈正之。壯而好學如日出之光，姪方當此年，家業世事正須從此時着力，將以後來事之臧否卜學之進退，不敢怠惰游忽，且負吾丈深愛至誼也。姪先世諱言析居，垂二百年，無人事之累。伯父四人及姪嚴親亦同産無憂，家事不敗。迄姪同堂兄弟二十一人，習尚不同，嗜好亦紛，視公産爲儻來，并祭田亦蕩然。止姪同胞兄弟二人尚止守住一庸字，衆則江河日下，尚不知胡底。兵燹四經，室亦飄摇，故姪須自知振作，竟如寒畯初起，尺土不堦也。族中積有四十餘秀才，亦自兵火後始四出教授，蓋在家無

〔一〕此札時間爲同治十三年（1874）冬至日。

一能餬口者。近年漸漸俱脱去煙酒之嗜，瘠土思勞，故今歲置高等者多，或亦長機。然欲顧大局，亦須爲爾先自樹立。姪嘗謂古器物銘有能至今存者，皆古人之神明不殺處。凡人一技一藝之長能傳後世者，亦皆其神不死處，此博弈之猶賢于己也。故求人才于近今，亦唯恐其不好名。好名便知自愛，人先知自愛，此愛好之心能定，則諸事始可與有成。三代既降，管、晏而後能言利者，止一劉宴。今朝廷須用府庫不充，求一真能言利之臣而不可得，何論其他？且其本人自以爲能自利矣，究之自利亦薄，並無自了之能，實皆無經濟之才耳。反是以觀，即德行文學亦須以經濟爲用，猶之白骨既具，無血不生者也。論今書者，動謂有骨有肉。姪嘗下一轉語，又須有血，即古文奇字中亦莫不如斯。故真古器文字，細看之即一畫粗具，亦若自具有性情者，蓋所謂真氣流行者也。故或象形，或會意，古人一筆無不生肖耳。

瓦拓本一匧鮑丈已拆閲寄陝，姪未得見，潘處見之。京師刻銅墨合子者，倡自陳寅生名文炳，鮑丈之戚、陳青園丈之外孫，實絶技。今踵行者徧市肆矣。然此輩少爲風氣所囿，致一筆時下院體，薰心如生，而能爲京話者少，刻篆隸數行便大可笑，未有能爲者。一二士夫能刻石者非曼即完，不能逃其本師家法，刻畫金石乃竟與真古文奇字消息絲毫不通，爲學不究本根，亦殊可噱。京師之僞器非人家舊收，即外間新來，此處竟無能者，并廠估亦自恨之。姪潘師刻尊札，已屬姪等將所得累年賜書屬覓人各鈔齊，校畢時送往閲雲發刻。此次賜書亦取閲過，尊恉姪亦藉此次來意申之矣。海豐吴丈金文册在舆生手，不知何故，堅不與人看，以姪舊戚至好，未許一寓目，亦自不了曉。又時慮人敗壞之故，姪將來彙敝藏寫册寄呈點定，有未見者即照點定處彙寄元拓本呈閲，示及亦可以所無補入，且可直述尊見以教，益復深幸。啓事姪已於前書詳陳。凡真好古者不在其力之能否，而在其心之切摯與否。姪總以先交約者爲定，再寄信東來。有來問者，姪皆如此云，并告以若非丈傳古心切且摯，詎肯以數十年心血所結、精力所聚，不名達官，不惜厚費，爲此數十百器以供今日鯫生之一目？其嘉惠後學、提倡古文之意亦至盡矣。姪今歲以本衙門則例，既成記名，捐納房差出，酌量點派，日内即有缺出，姪亦聽其自然，若幸充數，姪每對此數人云當請自隗始也。竟、印蒙賜題記，甚感，容再詳復。區鋘釋、聃敦釋，姪周師允以二十日前後往取，此次暫未及繳，下次當彙呈，必有以羽翼尊説，且不至遲稽。古器得尊釋如宋人注理書，脈絡貫通，不似乾嘉老輩，止執一字、不顧上下文者。爾時經師亦坐是病，故其飣餖處皆説理不足之故。劉碑估單中之銅梁王君名瓘，字小宇〔一〕，官工部主事，嘉慶庚申榜孫世兄也，與姪比鄰，性嗜碑版，其篆書爲胡甘伯同部〔二〕死後京師之冠，惟楷書近時又復無法，不嗜樸學及金文，性又儉約，而喜隨人醼游。姪嘗勸其篤學，然蜀人二百年來無經師，或亦例也。京師院體書自以李若農學士爲最，不惟通篆隸，其摺卷筆筆唐法規矩準繩，是有實在工夫者。姪潘先生處或有存者，何不索之，爲祜曾世兄〔三〕臨池一助？姪所存一開，舍弟攜之入蜀矣。其書宜今而不悖古，必傳之作，人亦孝友敦實行者。京師書畫刻石近尚無及趙撝叔者。撝叔刻石不善朱文，至白文則逼真漢人，曾爲姪刻二石并作一印規，劇佳，容再打呈并拓印規呈閲。近則愈出愈奇，不但好金石者爲絶學也。石查〔四〕畫小幅絹本，精美可玩，惟極懶且不能大幅。此次屬先呈其新得何伯瑜之六字刀一拓，其餘刀幣拓出者尚未歸類，云止待史仲辰刻一印耳。史仲辰乃廠估之善刻者，習鄧派，尚修潔。姪常覓其刻，惟查先爲查《説文》耳。

丈每來一印印文，敝師必仿爲之。子年丈有自説生平不慣學人之語。姪近覓仲辰作一印曰『廉生得來』，取《公羊》何注所稱齊人語，則不可移贈者矣。敝師札二附閲，有請子振

〔一〕王瓘（1847—？），字孝禹，四川銅梁人。擅刻印，工篆隸，以金石、書法名於時。

〔二〕胡澍（1825—1872），字荄甫，一字甘伯，號石生，安徽績溪人。咸豐九年（1859）舉人，工篆刻，擅篆隸。

〔三〕祜曾世兄即陳阜，爲陳介祺長孫。

〔四〕胡義贊（1831—1902），字淑襄，號石查，河南光山縣人。同治十二年（1873）舉人。精書畫、篆刻，好金石收藏，尤嗜古泉。

丈作印之事，似『先秦文字』一印，不應加以己字，不比簠齋之以齋名兼字者。姪不敢參預，或吾丈定之。振丈刻石不能移篆就石之大小，故敝師屬爲購石，姪當復以俟振丈説此二印須用石大小示樣來，當即寄往。姪蓄石多，不須購也，望轉致示復爲幸。江西人彭世翰介王小宇送來銀一兩，乞《古鉢印文傳》一部，望轉交，遇便寄下爲禱。姪乞振丈爲刻『齊吉金室金文』小印一方，須石大小，乞量示。姪自選有藏石能就規矩者，尚有所請，不敢瑣瀆，容從容詳陳。『福山王氏』一印擬仍用『生』字，以漢初吾東學人皆稱生，如經師之淄川田生、濟南伏生、轅固生、胡毋生之類，亦齊語之偏，不欲人移用者也。高麗箋胡賈領辦，因調停顔色，不及『吉日』封，印樣來看，姪曾駁之，許日内刷齊送來，刻促之尚未交，已挽徐足瀕行日再至姪處一行。些須小事，乞勿繫念。印來時徐足或不及待，即速交九蘭兄遇車便即馳呈，不至遲也。又拓本數事夾復目册中，即希莞存。拓泉尚未竣事，容再呈。今日冬至，京師初雪新冷，姪畏寒，手足崛强，又不能恭楷，非敢自飾其肆，乞鑒宥之。是日家祭謝客，盡一日之力力疾敬復，祇請福安。

世姪懿榮頓首上。（日長至，畏風，月半尚未薙髮）

皇上遇有天花之喜，十三日迎聖母娘娘於西華門，十五日送神出大清門，至棋盤街燒帛及法船等事，聞内府有奉到京師各娘娘廟送鮮石榴花塔二坐之旨，旋以所費須六萬金議止，上從之。黄縣相國謚文端，爲登州大臣得謚之始。户部捐銅局改名京捐局，并入山西司。中飴近酷好當差，逐日入署，惟工部近日習氣不盡善，然賢者爲之，自無足慮。梅卿隨員到陜西查辦事件，外間傳聞係四川事，尚未出京。竹翁日久無信來。何伯瑜將二十箱書畫到京住廠肆，多千金一件者。山東近日省運或否極將泰乎？京堂止畢東河先生一人，又連科未出鼎甲。姪多日未作楷，恐違程子可收放心之指，輒以近事書上，姪書行楷皆用一支筆，不數日便禿。

敝業師匡鶴泉先生來京，言及嘉祥曾出有魯武公金玉册命二，有得搨本者，未悉爲何年事。丈曾見之否？匡處能得油紙摹本，尚未見。姪病起勉爲楷書，如此木强。日長至夜，雨雪圍爐倚燭書上。

二十三〔一〕

壽翁年世伯大人坐下：

國服例用素箋，案頭未蓄，謹以寫石經十行格紙代之，祈鑒恕。又月餘未奉手教矣，昨姪處門者來言有潍足到此，言十七日行，如有寄尊處書，當以十六日來取。此次此足來，既未奉有賜諭，適門者亦忘詢此足姓氏，甚爲悶損。姪秉性迂拘，此次彙存應寄尊處物事甚多，俟下届將賜書來之一足再藉以復上。此足介在疑似，未敢遽交也。計見在存以待寄者，有周孟伯先生齊一鋘二釜釋、毛敦釋，并前存之尊釋、吴釋各一册，又吴清卿學使信二封，拓本一束，計漢石并封内金文若許，兹先以刷成之高麗箋四百餘繙敬以寄上，又紅捶箋百繙，共爲一包。先是未遽料有國制，故于高麗本色箋外備同格紅捶箋一分，爲新年揮灑之須。俟禮詔一下，姪又擬再仍元格刷藍行者百繙，因思箋板上有尊齋齋名，既嫌未便，而此箋紙包到時計應届年，明春正月二日即在臣庶二十七日除服之詔期内，則亦無須刷藍者矣。惟此次刻字手太不佳，高麗箋果不喫色，印貢川者足，一入高麗箋又變作此色矣，眼見如此，揆其紙性亦實使然耳。色不能更，刻字不佳，當於明春再鐫板以奉。洵如子年丈所云，今年刻工趕刻硃卷、朝殿卷，手已壞矣，蓋爲《泉匯》續集發也，附博一笑。瑣事不須置念，且仍書以賜姪，不日便復還耳。再博一笑。區鋘敦周先生釋亦有所得，元稿係手書，望七老人呵凍爲之，亦一趣也。惟屬姪上書求問幾鋘可盈一區，二區每各盛幾鋘，以盈口爲數，前僅言及頸，尚乞切示。此有禆經説，屬敬詢求復爲要。又二區及鋘並聃敦四搨本，周先生既釋後俱將元搨本留去，屬姪另向吾丈重索自存。姪情不能重索以回，悵惘者數日。撫匧無存，心甚迷惘，祇得恃愛冒瀆，仍乞惠賜精搨此四器各一紙，即乞丈賜款題志，俾後來人不得攫取，藉以爲枕中鴻寶。以姪所輯齊金文搨

〔一〕此札時間爲同治十三年（1874）十二月十五日。

墨中無此本，則上駟出門矣。然爲此四器各得一釋，想吾丈亦不責其瀆而斥爲多事也。凡釋器不禁立説異同，直須各抒己見，有稍確者便是可存，而浮文空説不與焉。凡此事未嘗讀線訂書者，固未許贊一辭也。今尊釋及周、吴釋具在，姪已督人鈔留一分，將從諸先生後附以臆説呈教，薄學淺植必無可取矣。姪於齊器此三器真世人所謂沉迷矣，又思將姪處寫定各釋再鈔一分，并附原搨，寄香濤學使説之。又恐其將來不復還搨本，容俟此次丈賜姪四紙後，再遇搨時有副本寄之可耳。究之人能釋器、文有援據，即費一分搨本，亦惟所願。亦不見元搨，僅據摹本，究差一層，是至理也。國事一切詳邸鈔，不復贅。明年爲光緒元年矣，當又有喜詔，故於此紙外再具丹以賀年憙。敬敏福安。世姪懿榮，十二月十五日上。（外高麗箋）

將來齊器釋文當都仿此自成一册。又清卿收到匯寄蘇估銀條一，呈閲。此事完訖，敬復命。

區鋘各釋彙寫一册呈閲，閲訖望以補賜搨本竝還。周釋又齊人齊語至各持一説，此事固不禁異同。簠齋吾丈師位，懿榮再拜。

二十四〔一〕

壽翁年世伯大人坐下：

國制例用素箋，遲兩日信足未來取信，未悉其姓爲某，又未悉其住止。凌晨乃以姪所上一書并高麗箋一封遣人送交九蘭兄邸寓，必悉此足住止，可附便寄，不至誤也。送信人甫回，而此足亦來，乃悉爲傅冬耳，屢來往此，必不荒唐，乃謹以吴清卿學使屬寄呈之信二件、漢石搨本一束，并各件均有目，金文在封内，李□表久見翟氏《隸篇》，稱『李壽刻石』；吴氏《筠清館金文》凡例内稱爲『李喬平道記』；時賈稱李禹表（因思《詩》云『不屬於毛』，『毛』即『表』省，『表』『裏』相對成文，附記）。早見著録，清卿以爲新獲，偶未諗耳。姪已告之汪柳門爲所致信，渠此信猶未接着，蓋陝西拔貢

〔一〕此札時間爲同治十三年（1874）十二月十八日。

某必俟其回三原時面交，亦滯矣哉。又胡石查屬上蠟封拓本五事，又二説乞教。又區鍈元釋藳一册、吳釋一册、周孟伯先生新釋手稿一册，内郙敦釋文，又敦釋原稿一册，均一一敬繳。周釋是其手書，姪區鍈敦拓四紙送周釋時，將元拓留去，報以此釋，屬再向丈索自存。姪情不能復向周索，日内顛倒夢想，如有所失，忽忽焉不能自禁，請丈速爲再賜一分，慰此饑渴。姪每遇似此事，輒作病數日，稍住恐有不禁向周門長跽請回之事。姪生小性率類此，非徒空言博笑也。各釋姪均鈔存，急意得搨本時再繹以敝意，平時有此往往數日不閲，忽去則無時或釋于懷，不勝叩禱乞至。盂鼎已至，然近日姪鄭盦師在内，常川期祭，不暇摩沙，姪等亦未得有精拓。其拓手皆十二三歲頑童，前有書云紙厚則不晰，薄則破，故拓未如意，乃不贈人。中飴派在演槓差事，日日入内。京師至今不雪，且寒暖不時，徒作狂風，想在《洪範五行傳》矣。各件均請督入，别紙具道年意。世姪懿榮叩上，十二月十八日。再，傅冬來言明晨卯行，因不及恭楷。

前函及各件封訖，静坐待傅足來取。敝師河陽又來索尊書去閲，竟將墨拓鉢之重分先索去矣。敝師細大不捐，傷哉。即以聞。姪再拜。

丈知我者，如有所委當不辭嫌疑。京師利途人多，河陽遂概視之，姪故處處矯之。前書對河陽所説，亦極以廉頑之意爲對，近人不可與經手出入者多。再，賜書一下，各處必來取閲，如有所語細事及所賜之重者，請别紙書之，既免絡繹，且可全交與諸公也。至叩至叩。

二十五[一]

壽翁年世伯大人坐下：

國服明詔二十七日而除，新正月例用吉紅箋敬賀春喜，惟動作有福，頤養康娱爲祝。去年十二月十八日傅足去後，二十日未刻琉璃廠宜古齋李敹泉賈來姪寓，交到書五包，然猶

〔一〕此札時間爲光緒元年（1875）正月廿五日。

未見信。據言，信及各件在曹竹銘比部手，即交未，深歎而去。即日申刻竹銘亦來，交到先交徐足所帶甲戌長至日戌刻賜書一件，敬悉一切。領到新得齊造邦刀、節墨刀、三字齊刀拓本七紙，姪敬領三紙自存，祇謝。又分三紙遵交鮑丈并將元信内尊説造邦等字釋文一節持告，屬并元拓元説續入《續匯》訖外，只餘六字刀一紙，遵交石查同年，并回字稱謝，元札附呈。來諭云各三紙，蓋拓者以節墨及三字無奇，止拓二分，而六字精拓仍三分也。尊釋『造』字確當不磨，較釋『遲』、釋『建』均精當。又賜及新得贛榆青口所出秦瓦及濰之西南營邱古城所出瓦拓本各一紙，敬謝。其重者各一紙，并遵示檢寄清卿，并據來書告以所出已詳。又屬告鮑丈《續泉匯》中可删去五銖雙龍一範，今議爲僞者，已告。又悉濰邑近有以水膠泥作僞瓦者。景氏丙申角已以三百金歸潘處，嬴季尊、豚卣，潘見來示，另紙欲購之，聞已逕達，函商吾丈，即在此次。李、丁、延三家拓，榮皆未蓄，聞歷下有可託者，惟拓必不緻。若其直公平，亦皆欲得之也。吴平齋拓本，潘處所得，不以贈人也。通州李氏所藏忽質忽購，未知定向。止識同部李荔邨一人去歲放江西糧道，與潘處係戚，以十爵贈别潘先生者是也。同時竹銘又交到十二月四日手書一、緑封一、畫册一、宋宅信一、聯一、銀四十兩。據云海味匣先已逕送潘處矣。伸函敬讀，祇悉一切。知前各信均已入覽，長者猶諄諄，時以姪病軀新適爲念，不勝感激。

書五包，已先於李賈手交來收過矣，所捎來尊致宋侍郎處信一、聯一，均元封，外有另紙簽記。惟銀包無封皮，拆開所纏麻繩，内點清足色高銀計大小五定，又十一件（元注卻寫十件）較平，則與來信所稱京二兩平絲毫不差，銀色亦符，即續夾一條寫清件數、平色、分兩，仍用皮紙封好，外加藍簽寫『奠儀』二字裹好。外，另紙紅簽照原包信聯封皮一律寫宋宅二字。廿一日因大風，廿二日辰姪親交鮑丈，敬代達懇祈轉致。多日未與復信，蓋宋大令已出京，而其三世兄則瘋矣。今日向鮑處索得收到條復呈。據鮑札云，自有函詳致尊齋。此宋宅信一、聯一、銀四十兩也。又緑洋皮布封一，拆後將尊致潘信一、藏古册目并傳古啓拓本一包，遵示面交潘處收去。拓本紅繩未拆未解，如元式，潘處當交下屬轉致信一，當時交下京城南官園謙吉昇號京二兩平足銀三十兩正，又煤市街阜康號匯票京平足銀四十兩正，共七十兩，屬存記，尚欠十兩。今日又面交補來十兩京平足銀，共成八十兩。又交來屬懇轉寄王西泉〔一〕兄筆資八兩，皆協同慶票，姪即照票取來，并元封交來足敬納，祈付收條，容復致潘處。據云已函詳尊處。前屬寄潘處以上各物加紅染封，時正值國服，因未便加，并聞。海味匣曹已逕先送去。此潘處信一，緑封内目册拓本全分各一也。又《八大山人畫册》一本，來時木面上一板中開膠裂，來信屬使人持至心僧一看，三十金即可與等説。惟心僧近來迥非疇昔，京師主顧既無，聞其枯窘異常，近自津門回，在津止售出貨一件，數十金，僅足往返盤費。而年底無聊，假得廠肆僞古器，屬其徒拓全形作計，一夕被竊，并僞器已去。現在所取廠貨，售人得直後往往不歸本，或久不售，又轉質人。因未便送看，恐其留去累贅。姪處友人則代爲此册吹嘘亦二三處，均未協。現暫存姪處，如再住月餘無人來議，當遵屬仍交竹銘手收住。此畫册一也。信面所記經竹銘交到者如此。信内有宜古齋兑銀二紙一封，内兑條二紙，據竹銘云此即渠帶來，已交姪手。尊致宋宅之銀四十兩是一事，當日竹銘交銀卻未索此兑票。今正曹曾爲李來言索還，姪以封内係二紙，每紙四十，既疑恐非宋款，又疑既二紙，必另是一項，當復以容函詢尊處詳復後，照信應交還或曹或李手再交，姪不擔錯也。因此二紙一封現尚存姪處，即祈詳速示知，是宋與否，或一或二或再，須向索者及此二紙應交何人手銷去，當據示遵辦，務請晰言之。西泉《聖教》册在李手，尚未見。鮑書已交，蘇信亦附，交鮑手轉達。竹銘匯與宜古事一條在尊函提及，詢曹，云歸渠處，與姪函無涉。又屬代置年物祭品各事，來信言又有目託李敹泉，勿複。此信廿日始交下，當詢李賈，

〔一〕王西泉（1833—1918），名石經，字君都，號西泉，山東濰縣人。二十歲中武秀才，擅篆印、摹拓。與陳介祺朝夕過從，得陳贊助，金石篆刻、書畫鑒別日精。

據云已面致，九蘭兄已辦齊，交車便寄來，無須姪處再置，不必複，即遵示不複置矣。又景劍泉丈〔一〕雪枝閣印樣一小封，已代交。又宜古李賈交來書五包，如信面符。小書一包，計四册。西泉印存一册，衹領，甚佩，祈轉達謝忱。《古鉢印文傳》三册，以二册交景處收去，兩清。所存一册，今據來示遵交江西彭君，前寄銀一兩來索已收到者，亦收去，清完矣，各札附呈。大書四包，計《隸篇》初印綿料紙本二部，來信言廿四金（是每部直十二金），或至廿金亦可（是每部十金）。京師往歲每部直在三四金，近直每部漸至六七金矣。此書初印與後印價相等，其玩印板本者則取初印，其講考據貪多者則舍初印而取後印，以再續一册中較初印本又多若干字。宜古此次帶來未訂者亦售六金一部，廠市訂本或六七金也。適吴清卿年終伻來有事，即將無套者一部交寄清卿屬留，并依來示或十二金或十金。清卿暫無此書，而李壽刻石之又在此内也。京師銷直不能如是，已寄去，容俟回信。計清卿欠款，前《古鉢印文傳》三本直三金，此次《隸篇》一部或十二及十金，如示告之，均待復書再聞。餘有套一部暫存姪處，俟人來議，據元直依示以告，此書五包也。雜事詳盡復繹。

賜書教以學古作人之道，實事求是，不厭精細，感刻無似。姪所患已大愈，惟體氣暫未完復，每日服潞黨參、何首烏、沙參各一兩，合煎甚效。姪病尚受補，近止未大健也，謹以告慰。王西泉先生刻手直入古法，非吾丈不能識此，往復展對，甚佩甚佩。此間人則酷嗜振老摹古，爲絶調也。王自作者，直是漢人正派。姪爲潘處致振丈筆資，知已收到，并景處《古鉢印文傳》均詧入矣。來示有將爲姪補齊所賜藏器各拓，厚貺如此，感甚幸甚。嘉祥古版知不可信，李藏大同石象紀元處非磨凹，自是古石。石查處已代致賜寄銅象拓本十事、石象拓本二。像古，字與文俱古，而搨墨精妙無雙，爲古人生色，愈增法相莊嚴，具三十六種好矣，九頓不足以謝。銅象字真者又少于石象，且可中按拱對，焚香静坐，此亦西方古先生，惜

〔一〕景劍泉，即景其浚（？—1884），號劍泉，貴州興義人。咸豐二年（1852）進士，晚清大臣。工書法，好收藏，精鑒賞。

未得見我至聖先師耳。瓦十五種各三紙，如數收訖，姪叩領一分，擇一分精晰者寄清卿，俾續入補刻，以一分交潘處收去。專三紙，姪自存二，以一附潘處瓦一分內交去，不以與清卿，省得誤入瓦類，俱遵屬矣。又賜新得郎邪台瓦已裂者拓二紙、兮田盤二紙，姪敏領一分，即以一分畀清卿。渠處年底一伻有事件解餉委員來，今春初告已回陝，所有一切信拓書一部各件俱彙交其伻賫回。清卿來信，有件皆交此人，不致誣也。姪所領各件容分詳寄目中再呈，以上敬復去歲賜書，及寄件之尚未詳復者，皆於此次復上。

連年來往手札，潘處均屬鈔齊取去發刊矣。真駟不及舌，附博一笑。光緒元年正月廿四日酉刻傳足來，交到總封一、賜書一，當即祇領。悉徐足、傳足客歲所帶各件均詧入。來諭所教皆名言至理，伏讀一過，未敢粗淺作率爾而對也。長者厚愛若此，未敢以躁氣乘之，容足去後，詳繹有得，始敢再言，以冀教益。李賈匯條二紙尚在此未付，或付，或係二事，仍須向索，尚祈速示爲幸。此次領到所賜區鋘拓六紙爲二分，當以一分寄張孝達，圖三紙、釋二本，釋當録復。寄來聃敦一紙、朱拓古鉢印五紙、墨拓八十六紙，當自存，不以贈人。姪平生癖此。磚拓一、印規四、信稿一、南公鼎齋印文一、搨目一本，敬叩謝內。來拓知無足當尊鑑，謹復收。此外吴信一、瓦拓百十紙、藏古目、碑目遵即封完，容商提塘關姓覓妥便寄往，再復。敝藏四矩似舊翻本，然銅質極朽敗，與戟門所藏一品銅精者別，四曲亦不同。石查刀得諸何氏？其銀蠟封則龜鈕（夙購于蘇州），似不過漢，銅封則葉氏燼餘物。漢畫[illegible]釋非篠，精當直截，當據以爲證即田器之說，補《論語》古注之一。惟盂鼎極大，石查只能畫小品六法，不能作圖，故清卿一去，《攀古款識》畫圖無人乃歇絕，石查作畫又只能臨人入妙，不善自出機軸，容與商之，或促其試爲之。拓則喜用淡墨。元信并給石查看過，姪潘師處亦取閱，拓法藏法已告之。惟小奚非適用之人，不延友，不索人來拓，恐終無法拓矣。賜件容再詳復寓寄目中。姪潘師屬爲先乞古鉨印，合周秦印朱墨拓之一編，元札呈閱并祈示拓直。此處各家似尚有索而賣之者。清卿處拓，搨手太不緻矣。高麗箋容印好敬納。些須小事，姪所樂供，不足齒及。後附之來諭當即送潘、飽閱後秘之，不但老成閱歷可垂爲法，又世受國恩，忠愛不忘，亦是作人古道。

京師牛痘一種，雖出，尚須再種一次，不然或隔數年及十年内必一複。姪前一女五歲種而複者，殤。姪妹三歲種，十三歲又複，甚險，幸而愈。姪大子二歲種，去年七歲在川而複，幸而愈。聞今上去年已出天花，則天下之福也。姪潘師此次交來沙南侯獲刻石搨本，前後二副爲二軸封好，屬交來足寄呈。又前屬乞子振爲選金文刻『壺天』二字印，并聞。又丈處爲所刻各印須石大小長短屬姪備，請先示，式之大小長短先示，下次即寄，此潘處祈復者。又景劍泉閣學復上致尊書一，頗仰慕，祈作復答之慰其意。又附上石四方，封好交來足，以符印稿之選用圖記者，又乞爲選金文『哲生』二字作字印，是其字也。『哲』字記得尊藏曾伯霥簠有之，祈示。餘詳其自書及印稿一函中。西泉兄及子振丈爲刻各印潤筆，祈丈爲書直明示之，渠較潘爲初交，不妨直言，且簡當也。渠又將以八十金索藏古册目并金文拓本，如寄潘者一分，種詳其致姪札中，均附閱。直塹未交來，祈示復。姪藏掌節印文曰『尚苻鉥』（以家諱，以此字代之）者係龜鈕，敬告，乞賜聯語。王工部瓘之祖名賡，字學坡，銅梁人，嘉慶庚申北榜，後官知縣。其曾名汝嘉，則檢討。高名恕，康熙間巡撫，亦川之舊姓也。計此次面交傅足復帶呈潘信二件在姪總封内，外沙南侯獲刻石二軸一封，又銀一大封，綿布包内共八十八兩。傳古啓直謙吉昇票取來京平足銀三十兩一包，阜康票取來京足四十兩一包，協同慶取來京足十兩一包，各包各號元平元件。又協同慶票一包八兩京足元件，致西泉先生轉交，均示收條。景處信一在總封内，外圖書石四方一封，餘詳姪所寄各元札。計清卿欠交尚未復者，《古鉢印文傳》三本，直三兩；《隸篇》一部或十金或十二金。計姪暫存者，《八大山人畫册》一、《隸篇》一部，尚未出脱。此次信未封，而銀已封好，忽姪潘師來有云，尊屬從姪或由彼處交瞿經孶三十兩，姪以未奉有手示且銀已封好，元包元件未便再拆再平，俟尊處有需京用之款，請再由濰寄來。姪向來任勞不任錯，故此次李賈匯條堅未付，如此同。姪爲人經手銀錢，節清節款，不畏繁折，爲人往復過手及暫存之件俱元包元件元平，雖直至窘，不絲毫假借通融及爲人顛倒挪易竝借匯，故不慣爲人存銀，心刻刻若畏失，自是可笑。往復出入，必取手條收復字樣，仍如事復之，以清楚了亮，爲事事近方板而小趣，然自是腳踏實地，當時繁重，後來自己樂易之。實際家君教姪兄弟常云爲人經手銀錢，須交代清楚，收復明白，有實據，不可致令人查，一錢與千金同，與人往還不可查人，致令人疑。姪兄弟生小習慣如此，以事本細，故致受污穢，無所得而有所失且大也。且亦人品節閑攸關，此事雖小，可以喻大。潘以瞿事有讓責之意，姪復云生性如此，可笑，若人苦其繁且知其苦，以爲雖不復使共此事，亦托懶之一道也。姪于至戚至友皆然，二十年矣，附博一笑。又交傅足帶銀，傅足欲代匯與郭姓，姪斷不肯，告以此中有關係，俱原封原件，若誤，唯爾是問。因又央求遵以元封妥帶，元包賫呈。又論及酒錢，索東直十千。姪云此太可笑，即匯號及吾登把兒頭皆有定例，何至若此？且爾受陳宅厚恩，何至若此？渠央求寫銀二兩，此八十八金似亦不直，姑從之，請見此信酌付，如何？信皮姑作活寫法。此叩福安，正月廿五日，竟一日夜，姪懿榮草上。

區鋘有尚浼西泉兄精拓之賜，先兩謝，并乞賜題志之。前五六年前在博古齋逢兩同鄉，皆濰人，一是宋次山丈之族人，一記似西泉先生，曾爲説洗有『長宜子孫也』等文，『也』字末一筆長幾一周作線，又有『弩字多不晰者』等語，果係此公否？便一詢之，作趣譚也。信完又及此語。

二十六〔一〕

壽翁年世伯大人坐下：

前月廿日傅足所帶銀、信、侯獲碑本等物刻想已入覽矣。姪以二月朔定議，移寓内城順治門内兵部洼中街西柵欄外迤西路北儘口内第二門，當日定局，擇于十五日眷屬全行移入。

〔一〕此札時間爲光緒元年（1875）二月十三日。

因連日僕僕，一城内外，搬運顛倒，或無下足處，一人操勞，無將伯也。百忙中於月之九日得正月廿七日賜書，悉諸城事各紙，此事能大能小，只在司牧者善爲之，若其騷然則切迫之災矣。近中聞畿輔紛紛移家入城者數處，經日始帖然，則亦職此之故風傳而去耳。亂離之後，人心已虚，值虚而荒，理所必然。屬寄清卿各件并函收入，即寄清卿處，近一摺差甫去，有二信，屬寄呈附納。此次賜西泉兄、子振丈印拓及譚炤金文各事，領謝，致石查者亦交去，竝屬復謝。此間人止慕振丈之摹金文，而不悉西泉先生之自出機軸尤爲神明，漢人撥蠟法也。先入爲主，此事亦然。初十日又從子年丈處得十九日賜書，并振丈賞及『乙亥』紀年一印，感謝無似。不片時而敝潘師即來字取尊函讀去，旋又將『乙亥』印借去。借者，攫之别名。乃使姪歡舞未竟一日，而未悉姪亦一意想惜顧之人，天下人孰不如此耶？附聞一笑，然吾丈及振丈高誼則没齒不忘也，容再圖報。鳳翔鼎事當便商清卿，并先索其拓數十紙。又屬爲孫女世兄擇婚事，當稍暇即商之東甫太史，此事必熟商之乃可。潘既取尊書閲，薦僕事尚未道及，何伯瑜信已交去，收條附閲。姪所以遷内城者，以舍姪來庶前在豫軍陣亡，姪之嫡堂姪，長房大宗也，其胞叔舍十八弟已得副將帶隊矣。此子殉難十年，而其所聘蓬萊張氏女亦姪舊戚，堅貞不去，今年過門，而姪城外房頭不敷，又與人同居不便，故移之城内，不止避囂已也。連日手忙腳亂，席地爲此，潦字不恭，請勿責其簡褻。一過三月則安閒如意矣。下次再詳復。此叩福安。世姪懿榮頓首上，二月十三日。

二十七〔一〕

壽翁年世伯大人左右：

三月二日酉刻由西城根郭匡侯觀察處交到二月十二日至十四日賜諭一件，敬悉傳足已於十一日晚始抵濰，所上各件均已照數鑒收矣。雙龍文範，已致子年丈删去矣。通州李氏器

〔一〕此札時間爲光緒元年（1875）三月十八日。

遵當留意求搨本。西泉兄《聖教》冊仍在李賈處，姪總未見，過往詢兩次，均云有人持去看，未在鋪也。若夏間仍未能銷，遵當與竹銘同年收回。《隸篇》即以前直與此次所示八金之直留姪處覓主，《八大山人畫册》亦存以待價，凡遇交好同道即代爲吹噓，成説再聞。來示所詢姪近況并教以爲己之學，至詳且盡，感佩不能言喻，種當身體力行，以期不負長者之諄諄也。姪已不服參烏之品，近亦稍覺充實。日内移居稍定，將收拾起舊事業，哼哼八比矣。移居半月乃就，一人躬親，亦疲乏之甚，以心力交用也。承示惠及新得殘瓦十紙，遵檢一分精者寄清卿，姪自領一分，叩謝。又五紙即遵交伯寅先生收去矣。又惠初拓新得魏興和孫思賓殘石象、齊乾明造象石坐各一紙，重以題記，敬以寶藏，九頓不足以謝。前收目中夾回所上各存拓，批示至詳，鑒定碻切，已將僞者分人，而以元示真者仍入復上，并附以戟門多字一敦蓋，請哂存。盂鼎伯寅先生仍未延人拓，石查諸公亦總未得至，尚是館童用事，惟尚未事大木疾捶耳。鼎圖姪雖至近，亦尚未得，想精拓則近年未必能有矣。伯寅先生未始以館僮爲劣也。來示已取看，然丈所言大椎加氈，深爲此鼎戰慄之説，姪卻爲此鼎心感矣。劍泉傳古啓款尚未付來，宜古齋李估收條二紙，悉與竹銘所交宋銀同爲一事，即日付之，即如命也。詢其爲西泉兄所作鋼刀，云尚未就。其與石畫閣此次同辦之貨，聞廠人云甚折本矣。屬代致劍泉丈所覓西泉兄新刻二印，即日交去，并屬復謝，潤筆二金及元札竝上。子振丈爲伯寅先生所作『壺天』二印，亦即日交去，屬復謝，潤筆三金敬奉，均乞詧入轉交爲幸。魏齊石屬致中飴、清卿各一拓，中飴者交去，所題記語深中中飴書法之偏，中飴好用偏鋒，老成之教，語妙而意摯矣。清卿者遵寄去，蘇七信并致交，何伯瑜信已即日飭交矣。

承惠新裝洋炤册一，精玅無雙，且見吾齊三器縮本真面目，不比形拓之有挪易遷就矣。惟洋炤爲前人所未有之奇，然甚當於用。即照行樂等事，遊子可以寄家慰親，老人可以寄外示子，亦至妙之用，而無傷於名理物數之大之細。伯寅先生云性不喜，子年丈則以爲三代法物不可褻以西洋近玩，似未免迂腐矣。姪則性近求是於理，不以中外物也。香濤嘗云：『西學占天、製器便用，即聖人復起亦所不斥。』甚然。然凡事當觀于其大也。答書復上，用紅箋以有底格，作字較多，故便之。且姪爲人子者，遇事取吉，亦微衷也。仲飴處《泥封考》索閱，尚未與，渠又派幫總辦禮儀，又日值殿班，不回家日多，故未及。已與姪訂姻，姪長女爲其次兒婦，將以國制除而通柬定親也。事定後，又與吾丈結一重姻好，幸附末光矣。方元仲拓一包遵交伯寅先生收去，其拓鐘乃照英蘭坡物影刻者，拓不緻，而墨又濕，故掩其毛邊之迹湊，難分別矣。伯寅先生花錢如水，近似少窘，得丈指示其所購器之真僞，逐件汰而退之，賈者傷心，亦可笑也。

又外函一，承屬姪暨姪婦爲孫女世兄代買各件并清單，俱領悉，種當遵辦，此微事不足獎勞，然不可不商，此種若花錢而無當，不敷用，則不如其已，故不厭其詳。姪于此事不在行，謹據姪婦言以對，并請詢之孫女世兄也。十錦洋縐百摺裙，時式者名花鼓鑲，其名如是，非有花也。花鼓鑲，若成衣鋪及街裁縫作者，皆粗而不結實，有宣南一帶南方人家女工者爲佳，賣花客人承辦。時興者無馬面，即要帶馬面者，馬面亦較老樣爲伶小，若有馬面而大者，皆老裙，估衣貨計無人要者矣。故時興者率無馬面。如帶馬面者，亦皆用小馬面，然皆在十兩外，亦有常價，不能差許多。成衣鋪與女工者價相埒，無八九兩内外者，約皆須十二三金，通行如是。因來單詢及并注明馬面要時樣者，故直陳之。惟近日洋縐等紬緞等物，若論顔色花樣，則較從前鮮明百倍；若論質地，則縐紬緞布較從前厚重細密者亦差百倍，布匹亦然，故不能執舊物以衡新産。然人心粗薄亦于此可見，而京師尤甚於外省，只顧外面顔色花樣矣，人物同然，八比亦然，惟古器則仍曰求真舊耳。此洋縐夏布洋布緞匹之通概也。緞子大似當年榜綾，顔色則各種新奇，凡緞匹染青及縐染青者，皆下一路者，以青色中皆用黑礬及石灰，故不及别色之耐久不碎，即收藏日久則自蘇。京師染坊以大順爲弟一，外省染貨及洋染皆從此出，此鋪爲福山吕姓所業百年者，其東家即姪之堂兄親家吕壽南兵部也，故姪知之甚悉。來單所開元青綢子即元青洋縐乎？凡染青及黑色者，俱不耐久收，此深知其底細也。京師黑紬黑縐等物及元青紅青者多，大婚采紬落色，估貨所爲，蓋數萬匹，而京鋪遂以攬用，近二三年恐未能驟了也。又所購首飾要時式者，包金等物要平頭用者，元單開注如是。京師時式不復平頭已多年矣，近日吴中飴二表嫂新來京師，次日即换頭面，姪婦所見而云然。久不興平頭，仕宦人家無梳平頭者，皆梳時式，故首飾亦隨時式，不能移易用之，而且樣式渺不相同矣。時式頭官名蘇州頭，纂名蘇纂，俗名卧龍船纂，式甚小而灣，以取輕便。少有髮者皆能梳真纂，無多髮者可戴假纂，不至墮落頭髮。蓋輕便之甚，故首飾翠花頭面皆隨之，皆取輕便。往歲首飾銀兩輕重，今一頭可分數頭之用，其輕便可想而知，此皆南人想法，以輕便文晞髮，以儉省爲妙，小之大概也。然頭取輕便，飾取儉省，亦有道也。京師覓平頭裝飾則覺老樣，且希見矣。至翠花摺裙則姪處有熟照顧之客人，即花婆，物有常價，且不二價，通行相同，姪婦即便爲之祇詢，首飾是仍要平頭者，平頭則非時式，要時式者，時式則無平頭，請詳示之，以便遵買。或此後從京先寄來假纂一枚看之，或仍用平頭者，因注詢及敢直陳，恐逕捎來則無用反誤矣。至紬布緞匹等物及打金銀首飾等物，則姪處皆託姪内兄黄賨三比部常辦，渠爲人誠實在行，又與諸鋪熟悉，挑揀價值在行，布帛之成色、金銀之分兩均熟悉。現由京政外同知在值，現辦通州海運，在通，月必來京數次，姪歷年辦此皆託此公，俟來示詳悉，當代託之，不費事也。以上各件俟定規時皆具單開并據元單呈閲。大約婦女裝飾皆由南而京，由京而東，比東方行時而南人已變易矣，故驟以京裝對吾東人言必奇閎，而南已鄙爲陳迹。故攜京裝至東，東必笑；若取東人至京師，則又必朝不待夕换頭改面矣。京飾洋蹔遠看卻精妙，近看其花文亦不及當年之精細及南鑿之光華矣，工人偷減無如此時者也。以上大概如是，此姪婦之言，屬敬聞，以對孫女世兄行言之者也。姪都不懂，并一身皆粗頭亂服，大有家半山先生之筆意，始備舉以當歲時記、方物志之一，博吾丈一時解頤耳。至應如何置辦，即望據此詳示，遵當種承也。

匡侯觀察聞有不引見即告休之意，然又暫不東歸，見次平丈亦如是説，未知其行期何月。日内又不見傅足、徐足來，無處寄信請示各事，甚悶。伯寅先生寄件及清卿續寄件别紙詳記，并望照入示復。劍丈傳古啓款日内尚未來。承振丈油素摹示漢印見寄，感甚。當即謀石寄，懇仿爲之，并别紙再詳，先謝。又時式不行排環，又屬購之時樣絨花即大絨花否？所云二兩餘者，是指其直否？此絨花即婚嫁大禮應用者否？若出門戴花則時式别線花作好者，如真花而雅，現止有一家作者稱絶，約數千京蚨一支，大禮則仍用點翠者。又洋紗者即洋布花否？亦有佳者。又草，纂圍亦然。如真花朵平素戴者，皆用線絨通平素無戴絨花者。信無便寄，故再縷詳，此復。匡侯兄所帶信因日内無濰便，故語未結。三月十五日未刻又奉到車便畢芬交來三月二日賜書一件。今年春寒異常，京師亦然，去冬大暖之故，此又春行冬令。聞起居偶然感寒並挾濕稍重，甚念，馳系之至。近日嗽熱稍減而覺憊，然感冒雖係小症，而不可令其綿延，不可不急發散，又不可過散。病雖微，不可不加意也。凡小處不經意最足誤人，伏望珍攝，日内想可元復。幸示及古鉢打本朱墨全册十三分一包領到，自領一分，敬謝。餘遵即代銷，尚可速成，當即以此款遵辦所示來箋等物，容再詳。裝法竝詳領悉。前止慮匡侯兄行無期，竟不意有此畢足快便，又各種須函詢，竟未前備，甚惜甚惜。又前示未語及此便，想亦值念未及也。潘處寄物各件詳别紙清開先附呈，然亦不多，請按單查入。畢足來言即擬行。姪移居後所蓄，已假川信，盼而未來，且黄寶三暫亦數日未由通進城，景款亦尚未來，竟未能先將布匹等物無須先商者趁此便發來，尤爲省快，甚惜甚惜，人事差池往往如是。景索傳古啓如檢齊，乞先寄交姪處存以要之，元札附呈。此次示中所云此次賜寄新得漢『千秋萬歲』殘瓦，齊出者，並拓十二紙並屬致潘、吴各一分者，及單致姪之『萬歲』字磚一分，徧檢無之，信封面亦未注及，想漏發矣。盂鼎圖潘言曾致精拓數紙，係由渠處自發者，且亦云記得恍惚，未知丈曾收否也。又云信未見復提及此者，或有漏，未可知也。伯寅先生性急，或長致此。侯獲碑本二軸已交去收訖，清卿書一、木夾册一，元封留覓便寄去不誤。《續匯》一節已告年丈。鮑處送來此次所寄書，内屬向東甫取助經孳一事，已撤下，即日交東甫。今午東甫來云即日向友湊集，三五日後即交來不誤，一時亦手中不便也。孫女世兄事已與詳悉之，當遵示留意。經孳辰已來，姪已告其候之。再，所示刻印及作畫等論，姪亦嘗如是云，真確論也。别紙七葉，議論深切時要，伯寅先生亦爲浩歎，亦曰：『夫言豈一端而已哉？』此次嘉順皇后大行禮，議禮臣有誤會意欲從簡者，已被惇邸力斥之，然真可謂烈女皇帝矣。先民有言，禮在則然。今日亦幸不議禮，不然種種棘手矣，又不僅儀注疏漏已也。屬注收字印于藏古册目，據目則姪所收尚寥寥，然承意太厚，懼不足副，使心不安，留爲後貺，將來或得以報惠。長者以身心所得誨我步履，周示之貺，又不僅此矣。幸附鄉後世晚戚末年家子，亦不敢參以客氣也。收目録訖，復呈藏書册目，亦注收附上。此目内缺距末一事，餘各件詳别紙，伏望照單查入。日來藉賀新居來縱談者多，此書乃三四起所成，故潦草益甚。『乙亥』小印領謝再三，皮封六十并簽復納。瞿經孳收條俟東甫交下後送去，再索復呈。所購各種示定後陸續奉上，瞿公先交一信竝呈。祇叩福安竝望珍衛，不盡欲言。三月十八日辰，姪懿榮復上。

外物單一分，瞿經孳刺史信一件，皮紙大封可盛東箋者六十，并紅簽藏古册目一本，拓目一本内夾拓本，又東海使者所贈東厚箋并封兩大束，敬附納，頗宜揮灑。再，姪前見所寄子年丈之新得琅耶秦鐵權全形者，其銅詔版拓緑色大幅者，甚羨之，如有存者請題款，爲賜一幅。姪系出琅耶，土物心藏，非直懸之爲觀美也。（如無，請勿勞爲幸。有外行見之謂爲青緞小帽帶翡翠帽花者，其比擬亦奇，附博一粲）吴清卿學使寄拓本一束（有横束，束紙有元注）。潘侍郎前後大小信五函，又屬先刻印一條附，又金箋一卷，附捆元札一紙，祈牓書，又金文六册有布套，又石印十二方，又寄子振丈銀三兩一封。附景劍泉閣學二札，竝寄西泉兄銀二兩一封。

二十八[一]

壽翁年世伯大人尊前：

前日交畢芬復書及各物等件，刻想已鑒收矣。二十日凌晨傅足來京師，又奉到十日賜書一件、拓瓦四紙、磚一紙，祇領叩謝。餘瓦二分八紙即遵命一交伯寅先生收去，一存寄清卿矣。所寄劍泉丈小封及石印一包，均如命致意。劍翁感激不盡，傳力二千即付。又復上西泉兄筆資四金，元包元札附呈，屬深謝也。此次示來，忻悉近履元復，初七日已出屋門，然病加於少愈，尚望隨時調攝，起居珍重爲幸。前信各件請示已盡，不再贅。東甫今晨交來松江京平卅金，六定一件，并元札持交經孳刺史收去，有收條一紙，又信一封復命。西泉兄刻『三祝吾盧』印，大似漢人鏡款，深佩深佩。登州文石當屬戚輩力購之，以娱長者。伯寅先生信一封，屬交傅足帶呈，均望詧入。此次寄清卿瓦并秦金石墨册均擬交經孳帶入秦中也。清卿許久無信來，蘇七新寄子年翁小品一包，無長物。

秋試又到，將收拾起舊事業矣。古人以男兒生三十，成名苦不早，況復無成哉？然爲人作事不以窮通異致，天本不靳人爲聖賢，人自不爲耳。匹夫而爲百世師，春秋以來，數百皇帝，今且不能盡舉其名，何況狀元宰相耶？姪自篆聯，每年揭于房門抱柱曰：『爲令子純臣，進退悉如吾意；愿天下萬世，人物各得其所。』藉以自記所欲，不敢以示人也，敬爲吾丈陳之。又姪二十九歲小照一軸，敬求賜題數字，爲榮蒙丈不棄，引爲忘年，然數年來書札往還，未得一拜尊顏，至今悵望。然姪此照不過一時紀思，至於果相似與否，初不自知也。想到百年後，人必以爲果是，則亦無從辨别耳。臨箋悵慕，不盡所言，敬叩福安。傅足言明晨即出都料理交代，一城内外盡一日而歸。挑燈敬復，不恭之至。榮頓首上。

[一] 此札時間爲光緒元年（1875）三四月。

二十九〔一〕

壽翁年世伯大人坐下：

月十四日辰刻有李姓車便來姪寓，交下三月廿八日賜書一，敬悉前件均蒙查入。範拓遵擇一分交子年丈入《續泉匯》，其一分姪祇領敬謝。印稿即交劍泉丈。李車言即去，立候復言，容瑣後詳。經孳收卅金去後至今未行，看來又將完矣。屬件已飭先考較價直與物質地之優劣，俟得示後當遵辦。景款未交，鉢拓已銷太半，東箋已飭坊照辦，另刻款字暨樣式高下矣。教言切實，往歲香濤亦作是説，而未如丈之透快也。中飴派幫總辦，日日入值，故前收去石象拓本後，至今尚未來復。捐納房又有缺眼，姪止静聽之，以俟有此金石福否。《嘉蔭簃款識法帖》（仍名清愛堂）在諸城，有人拓之，姪未見，言已缺二石，未悉在麗泉乃郎處或仍在劉家也。姪近得琅耶台『千萬』字瓦一角，爲諸人所贈。車便遲，信太促，字迹潦草，乞鑒諒。肅復，敬叩福安。姪懿榮上，四月十四日。

〔一〕此札時間爲光緒元年（1875）四月十四日。

三十〔二〕

壽翁年世伯大人節喜：

五月三日甯足至，得四月廿二日賜書，内瓦拓二分，遵以有題字者一分留寄清卿學使，其未題字者一分當即迻交伯寅先生，竝來取信閲訖矣。復云洋炤之法甚精，及鼎圖之當重刻，俟稍有力時再謀之也，屬轉達。日内因右腕作痛，此次未及奉書致謝。此次九瓦，真秦斯法，即漢瓦亦異常瓦，姪尚擬乞惠一分也。新拓艁像二分，李少石兵部來索一分，節近尚未取去，一分再待索，統容下次再復。清卿有書二、瓦録一册屬敬寄，四月晦日到也。又《隸篇》直十二金，并《古鉢印文傳》三册三金，二共十五金，竝交甯足帶呈，乞查入，分交賜復便

〔二〕此札時間爲光緒元年（1875）五月五日。

轉致也。《隸篇》尚存一部在此待銷，有議者尚未成，則不得此直，當以後直報命。《七家印譜》尚未借得，俟後即遍詢藏家再復。《爨寶子碑》新拓難入目，舊拓不習見，即舊拓中價亦懸殊，分有鄧跋與無鄧跋者，無者在前，則價尤昂。此間翻本數四，元石價不一，難懸擬，容當留意。《龍顏》則多無額陰。伯寅先生云海東古刻俟下次足來再當呈覽。京師三節皆京官費話之日，姪前後在此廿一年，年年如是。刻仍元氣未復，不免忙碌，大都平日疏於此事，乃臨時張皇耳。若伯寅先生則七年少農隨手拋去，一改官便不敷，較姪又兩樣說法矣。瞿經孳甫行，請于復清卿書中屬就近索之。此公於東甫未交前件事時乃疑姪故遲之，後則到手時因不止此一款一處，乃喫花酒、鬭戲子，盡罄其刻資。比出京，乃託韓芸舫中丞之孫芸孫者，亦京師所謂老琉璃，質其當票三紙，僅得二十金，芸孫中間爲九，扣作十八金，始持以去。子年丈、伯寅先生無不大怒者，難哉。刻想傳足已至，匆匆不及多言，敬叩節喜。姪懿榮頓首上，端五日。

三十一〔一〕

壽翁年世伯大人坐下：

十七日辰刻傳足來，接到月之六日賜書，刻想甯僕所帶銀信計查入矣，幸示復。此次木匣未來，兹所上各物内油紙、外皮紙重裹，傳足言無慮矣。經孳處書詳前。甯帶函兹遵致子年丈便詢竝傳候。東箋重依來樣款字印式交坊飭造，已送樣看過，稍勝前。惟正值端節前後，工歇未訖，致此次不得附呈。該價尚未計來覆核，因未以所彙鉢拓銷價留付，而以所得各元包先行寄繳，俟箋造訖，再請寄直無妨。姪才短心拘，深慮轇轕，不計往返拘泥之勞且瑣，止愿其各了各事，一清如洗耳。姪日用出入會計俱如是，生性所致，請勿笑其迂而責其瑣，幸甚幸甚。鉢拓清單并銀外封内詳，乞查納，又屬置各物照單如數，外封内詳，並直目乞竝各物點收查覆。又潘信一、碑本軸一、鮑信一屬轉呈，乞查閱。瓦文留一，祗謝。遵寄陝三並遵

〔一〕此札時間爲光緒元年（1875）五月十九日。

致屬精搨各刻，惟清卿一眼認定宣紙搨石甚麤難下，不悉何爲。額亦乞其倍之。《石門頌》額姪曾有二，已早分贈小與，此間習遇，當再購以贈西泉兄。六朝石五種十紙二分收到，前二分銷與王、彭，兹各補去，又交該直，即遵前示之數一律，惟均尚未交，且竝乞補全彙直拜上，容再繳。又潘屬索一分，此次所銷之前後各件内有姪未得者，已得之拓則皆詳於寄目矣。《裴岑》石本真而無精者，稍舊皆有描痕，新者如麻布，直見苔紙眼與布包撲字紋耳。《石門頌》則半直難出脱，此物應甚負當年購直。京師此石描失者皆出裱工于合所爲，此子當年外行時曾以賤直爲張松坪丈購得此石真宋搨本，後其學漸深而悔之，乃遍求此石本描失以欺人，甚令人作惡。此間纍纍有半舊而爲其弄壞者，真可惜也。張本姪曾賞之。此間稍雨，而工部門神庫、刑部司曹數處火，則早既甚之故也。魯節瓦許拓惠，瓦全分許拓惠，均叩感。敝藏『千萬』字瓦當拓數紙呈閲。此次夜作覆，姑未及。姪又一秦壺底文，竝後呈。東甫尚未見前款，容取後再復。先叩福安。懿榮草上，五月十九日亥。

外，銀十四兩、粉一包、布皮一包竝查納。又碑軸一長包，各信及單。包金鏨飾絨花等再購寄。

寄來古鉢打本十三册，除惠懿榮一册，屬勿庸繳直，前已領謝外，又十二册，元信屬每册拓工二金代銷，今銷過清目附覽：潘伯寅先生留二册，付直四金；胡石查户部留一册，付直二金；王孝禹工部留一册，付直二金；彭小屏刑部留一册，付直二金（彭係王經手，直銀合在一包付來）；孫春山兵部留一册，付直二金；李少石兵部留一册，付直二金。右銷七册，已得直十四金，原包寄呈，請查入。又含英閣胡子英上舍留一册，東箋即歸此鋪辦，屬其造訖照榮前造送元價按時價折銀核算（省得錢票有關閉事），先作一半呈樣，此直屬勿庸繳，即作定銀，俟造齊將價核準後，此二金作爲先付扣算，省得再往返費事。又寄吴清卿學使一册，直二金尚未寄來。寄川中銷二册，直四金尚未寄來。右四册一，待東箋造齊作價；三，未寄直來。又第十二册因内短一葉又印倒置二葉，係朱印倒二種，暫存或再繳、另補另易，乞示。

三十二〔一〕

壽翁年世伯大人坐下：

六月八日得五月廿四日賜諭一件，寄景閣學新刻印石一方，領悉一切。傅冬回，所上各件想近已至矣，李枚卿〔二〕京便所帶各物尚未接到。景處印當即移交，去後付來銀一兩、元札一，望轉致西泉先生，足費渠已付。清卿學使布包一，望督納，已切屬徐冬勿濕矣。所寄清卿各物均已達去，前信詳盡不再贅。東甫於前信到京時渠已得訃，故前項仍未交來，并聞。世姪敝藏『千萬』二字瓦拓二紙附納。餘再詳言，此敂福安。世姪懿榮草上，六月九日。西泉兄弟二部《隸篇》已售與城内福宅，直依來數八金，有中人，尚未付來，餘尚未得主，并聞。

〔一〕此札時間爲光緒元年（1875）六月九日。

〔二〕李貽良，號枚卿，山東利津人，李佐賢長子。李貽雋，號偉卿、味琴，李佐賢次子。李貽功，字樹勛，李佐賢族姪。李澤庚，字星甫，李佐賢族姪。以上諸人皆爲陳介祺所在的金石圈傳遞物品。

三十三〔三〕

壽翁年世伯大人坐下：

六月十四日由李枚卿比部處交到五月廿三日賜諭一件，並皓象石拓十五種、玉象一種各二分，計三十二紙，又《石門頌》描失本一，均領悉。時徐足已先去，計所帶各件刻想查入矣。六月廿九日傅足來，又奉到月十七日手示，種悉領到。魯節瓦拓本一、『豐』字古器拓本二，文字精美，究未悉何器。其有中横四乂一器，姪亦有小者，特無字耳。新得董僧侃名一，又吴氏近刻朱子《易·繫辭》稿帖四，叩謝無既。屬寄清卿學使各件遵數照收，當即覓便轉去，前所上各件，得此次書敬悉各收到。邇來尊體想大元復，溽暑伏祈起居珍重。事有拂意者望順聽之，此事雖古聖賢亦不能免，孟子所謂養氣先不動氣者是，況無大過慮，祈吾丈爲斯文斯道保重也。補寄石墨二種，其處土城陽徐北海□一石復出，前已寄過，遵撤存之。京

〔三〕此札時間爲光緒元年（1875）七月三日。

師竟大雨半月，終日陰晴不定，街衢泥濘之苦殊不便行步矣。彭、王二公暫尚未來，容即交去。連次所寄石墨，除第一次元有單外，後即節次録目存查，以防重複。計連次共收至六十三種（除複出之一種），較寄潘處六十五紙，計少二種，兹將存目寄奉查閲所缺校補爲幸。彭、王二君均冀得全分，以此次以後隨得隨寄便易，趁高齋正監人拓石，時不可失也。又前寫所藏石目亦依寫一分備查，以便拓補，均乞賜查爲幸。潘處杭連者聞亦留下。再拓曹望憘石時姪尚乞一拓，畫象之照畫法者一分，數年前在中飴處曾見之也。吳氏所刻朱子《易・繫辭》藁甚佳，刻帖刻先賢注經等蹟，勝于止講文翰者，況朱子之蹟、注經之藁乎？前人有收司馬《通鑑》藁、歐陽《集古録》稿，惜未得見。尊藏三札甚爲翹正，可見當時譚論之迹，不比詩賦一般僅得前人游藝一事也。刻手由後追前，必無佳理，時代使然，況近今更無佳手乎？姪嘗謂當時人書，當時匠人刻之，無論工拙皆勝于後人名匠摹刻萬分，天地止此一氣運，當時刻者手腕與寫者手腕不計工拙，皆息息相通，中有真氣，且能符寫者本色，以蘇、黄當時刻石之品，較以後人精摹從元蹟鈎下者，較之自見，雖精亦遜。姪嘗謂甚不取後人刻帖也。若翁鈎者，字似翁，錢刻者，字近錢，無怪閣帖先不必別其真僞，止此一部都似一手書，爲可笑耳。故益重此寒舍冷石也。姪近患痢，未甚重，年年患之。六月廿一日已録科，在病中，列第一，計出入八比中六閱月矣。餘事瑣屑，遵詳別紙。炎上滯下，不及恭楷，伏乞鑒原，敬請福安。七月三日午陰，姪懿榮百叩。

敝藏壺形若所圖温壺，下底正中有鼻鈕，不悉作何用。鼻旁有●銅丁，周圍以刀畫成數字不識。其●四圍作⊙，似藉成日字，計共五字⊙（回環不知從何起訖），止一亥字清楚可識，餘皆横斜作道，驟難辨識，似當時工匠劃成者。以亥字清晰，是小篆，故斷在秦之先後。深凹不易拓，拓每不緻，容下次多拓數紙備閲，此處忽未及也。姪力疾頓首。

塾款王留石拓目亦未核交，留抵王客人款，以上有餘或不足，俟彙總再核扣，可不必由東匯京。俟核扣清晰交代完結再聞。洋蹔絨花未購，遵作罷。如須用時寄示再辦，不爲瑣也。此處有可屬，然未必盡能如式入彀，此事人各有一愜心者。屬爲媒事已刻刻留心，祈勿念，必求全美。古鉢印印其一，遵領留作副，不敢却，叩謝。內缺一印，乞補完爲叩。又朱墨倒置反背者數印，皆當挖表作册，使無蹟。清卿留去一册，直二金，尚未寄來，俟後再聞。東甫以憂去官，已出京，前後款俱未付來，爲無干寄寫。銷鉢拓二册，直四金，遵留扣抵塾款。彭留石拓未補完，直尚未彙總核交，當留抵。含英估作紙法已喻之，東箋尚未送來。西泉兄《隸篇》已銷八金，詳前信，價尚未促來，以有中人，再聞；《聖教》總未見，去問則言有人持看；《八大山人畫册》，暫尚無問津者。匡老係敝人業師，去歲入京祝嘏，以與潘處世好，拜伯翁三次未見，亦未答，嗣潘將以杞伯敦事屬匡，乃邀飲即託之。去後數月無信，潘不快。又月餘，今年三月也，有信來，言得宋氏覆并圖以來，言索六百五十金。此事鄙人當時在旁，言太昂，此風不可長，非某所敢聞，潘乃力索之。事則潘、匡在京面議，而往來催信則屬鄙人司其事。潘得復寄銀去，匡有收條，即達宋氏，宋氏以敦入濟，持銀去，敦在匡處，有信來，使潘專人往取，濟無可靠堪送之人。潘亦言京無妥人，乃寫信交匡，轉交首府豫東屏先生之世兄、潘門弟子者，令其專人送敦至京，五月六日事。匡、豫至今無覆音，亦未見送敦人來，潘乃大急，語且及鄙人。因具言匡、豫無信，非鄙人所能遥制。潘又言不如還銀，然此事若匡自求售則可言之，否則滯礙難行，甚可笑也。若以交道論之，匡處稍緩，所不能强，（無便亦屬實，除非物主差人，誰肯擔此無謂之沉重？）；以勢力言之，匡亦休致之朝貴，當年聲施較潘大十倍不止；若以性欲速言之，則四月見信，敦已到省，即使專人去取，刻亦到矣。鄙人於匡爲業師，於潘乃坐師，兩處鄙人皆在弟子之列，一切等話所不能傳，況語言在盛氣淩人之間者哉？往見愛此等物者，皆道高性冷之人，若具如此性情，未免相反之甚，書博一解頤。望即丙之。

尊藏石象請擇一浄室秘院按朝代排木架供之（姪之古泉、

直尚未彙齊，而川銷之古鉢直已來，俟彙齊清付各塾款後開單寄閱，有餘再繳，一律清晰，省得瑣瀆往返也。傅足想已至，各事想查悉。姪盛熱卻未感受，入秋乃肝陽上沖，并脾弱，水穀不化，刻只祝九口矮屋不瘧已耳。姪頁卷謬爲時人贊，其第二藝惟評語太覺不稱，其人則素不識，似貫看漁洋雜説者，其評姪文則從此書出而錯一字耳。聞貴宗有藏桑梓之遺者，未悉有收先司農公手札在內否，祈詢之。西泉兄八金尚未來，大有八月節賬之意，旅人往往如是，俟來則下次竝繳矣。姪所藏壺底拓不緻，請辨之，場後當督人細拓呈閱。蓬萊葉氏所藏之敦乃姪家陳設之一，爲敝伯仲以十五千易人，言之慘然，而姪竝不知也。有老僕來此言其詳，且云一銅提梁卣、一壺均不知有字否，均於咸豐入黄縣矣。仲飴移居城內舊第，居然一新，甚快。姪自幼聞峩卿年丈所居此巷之名輒喜，日內止於病中見考，先生來説新星如何腔調，又不能不見，爲可笑耳。且云久居京城必有捷徑，復之云若有捷徑，豈至今日猶僕之隨人提考籃耶？有蓬萊人售古鐘，係後刻字，文不通，竝呈閱。匡爲潘古石及碑版拓本等事，皆好類爲之，故查時甚便），其有年款者，無論是象是坐，皆排比倫次；無年款之有象者，彙爲一架；無年款之大石歸碑屬歸一案倫列，小石歸一案倫列，案以類接，可不時查閱也。且後有所得，按年倫次便叙入矣。小石之尤小者厢一大木函彙其中，有年月者别置，印拓傳時亦可稽閲遺漏，且可自編一書也。未悉當否？姪又叩。

三十四〔一〕

壽翁年世伯大人坐下：

月廿二日午刻徐足至，得月十二日賜書，敬悉一是，屬致清卿書一、石墨包一，均收到，即覓便寄去不誤。此間入伏，大熱勝庚午。其止因熱而病且殞者，多山東作苦之賈人，不意吾東亦如是，不數見也。西人早測而言之，竟不誣。潘鄭盦交十金一錁并胡石查一札俱存，此次不即繳者，以王、彭石拓

〔一〕此札時間爲光緒元年（1875）七月廿四日。

購宋器至今未來，東人放差竟有四人，甚盛。北闈今年人數不多，山東名次在中牌，餘容再詳，復請福安，合第清吉。姪懿榮，七月廿四日上書。

三十五〔一〕

壽翁年世伯大人坐下：

姪出第二場，在場門見傅足，知有賜書。十七日回寓得讀七月廿五日手諭，并各件均領到。傅足明早出京，索信甚力，種未敢率復，容下次再陳，賜件先敏謝。李枚卿寄來是消件，竝聞潘付之石拓直先付王客人，銀數足，錢數暫未清，俟彭、王彙齊再清單奉閱。西泉兄書價八兩，福宅交來，藉上祈轉交，餘再縷詳。闈文呆如，必三兩日甚疲，故稍靜再詳復也（姪以病未復元耳），此叩福安。姪懿榮頓首，八月十七日。

〔一〕此札時間爲光緒元年（1875）八月十七日。

三十六〔二〕

壽翁年世伯大人坐下（承屬相攸事，極力盡心，不敢怳惚）：

傅足行之二日，徐足來，則十九日辰刻也。得九日賜書，并承惠子振丈依畫法拓曹石四紙，如此厚貺，何以克副，祇領敏謝。又屬寄清卿一函當并寄去。傅足索復時正以初出場，又了節事迫，未及詳復，甚歉。然亦知姪一身經營之苦，每次賜諭以姪病爲念，諭及養身及遇疾服方之當慎，諄切周至，甚感甚謝。二場遇雨，果冷甚，又以所帶皮衣適熱而二場去之，乃無禦寒之具，幸爾時火力上致，不覺其寒，則又壯年之故。然此萬二千人豈無毳學之人伺于其中，此夜在矮屋内乃深念之。姪壯年無成，文字極不如己意，敝師周先生云高人不入名場，甚然。在人不值一笑，在己可當一哭。河陽來詢場事，姪覆云『若虛各了對，盤陀不自知』，其言之無狀也。

〔二〕此札時間爲光緒元年（1875）八月廿日。

壺字容再細拓，卻非僞刻，河陽已見之，再呈。東武漢石内有姑莫古名，自不僞，特剔壞耳，字竟與銅器款相似，亦漢石之别品者，聞爲敝友尹慈經秀才收去矣。補鉢拓領，謝謝。前傳函中石目收到，容詳校再復。姪見煦堂所藏各器及泉幣矣，甚佳，特拓本尚未得耳。潘付銷石拓直十金（市平高銀），已付王客人九兩（京松），以高色改京平松江，加平加色，下餘銀一兩二錢二分（有换銀一帖，容彙時再寄），换錢十六千四百六十，先付之（因賒在先），尚欠其錢票若干（原欠五十八千），俟彭、王二直來再找付也。姪所墊之十七金因收到川銷鉢拓之四兩自抵，下餘俟二直彙來再核，兩項清付足後即清單呈閲。二直已促，尚未交，原片附呈。姪出場則核計節事，雖苦累，然自是少年應知之況。姪若早生二十年，若諸兄雖暫不悉此況，終必售蒙姑敦與人而已。敝藏泉化稍暇當盡拓以報。匡購敦已來，又幸脱此一難，誓不爲人司此等事矣，此中情事許多可笑。曹竹銘同年信已交傅足去，所帶西泉一款想已至。眼鏡事即商之含英再復。劍泉丈名印前已復，暫不欲刻。家嚴擬請子振丈或西泉兄刻『齊魯諸生』四字文，竝乞吾丈寫古文字付之（以器文此四字皆有），容再具石來叩懇也。姪場後屏去一切喫局，自了節事，刻尚未已，以種種須躬親也。（舊當幾七八千金，每節顛倒送利，只送字畫玉器，不送衣服，如是已十餘年，鮑丈來誏云此是第肆場矣。字畫卻有極佳者，年來已贖歸數事。家嚴在京前後廿餘年，不向人稱貸，皆出所藏以入質庫，故無外累，其質没者不計，計現在生息者，又七八千金之本利，不准賣票）草上左右，即叩福安。姪榮，八月廿日夜上。

三十七〔一〕

簠齋年世伯大人坐下：

九月十四日京師看紅録日報將半，傅足來，得賜書，歡憙無量。是日大抵不能對一人譚，得教言并古字打本，幸何

〔一〕此札時間爲光緒元年（1875）九月十五日。

如也。蓮池大師成道後，聞報録聲猶心怦怦然動，書生結習未忘，亦是不欺之誠如此，況將以此區區者博親歡乎？今日則村婦被逐矣，事之常也。前一日竹銘同年將移寓孫文起太守舊邸，薄暮忽來，言有事見商。值他出，諒此數日計不再來。此次寄賜蓬萊長安某磚四紙，節墨殘刀背字拓二紙，各遵示分交年丈共三紙，清卿書及蘇估信之屬寄者，遵即寄往，前信均未得復，皆由子年丈處用布封達去也。煦堂藏器約四十許，種類卻不備，精者殊多，其肥城四器不獨字奇，即器之色澤如水洗豆緑淡磁，從所未見。又其柄上有字者一卣，兩耳作人首形，奇古無儷，蓋當年紀武之器。至魯伯愈雙鬲一盤及其河南所得觶爵之殘破者，皆精美如新刻，又如砝藍俗物飾者，精至此極矣，有一列國鼎亦佳。當時由中街至後門三轉橋甚遠，及下車，其喬梓殷勤勸酌，曲盡世交之誼。未及録目，亦縱觀未暇。又古泉、古印紛來沓至，皆其宦吾鄉廿年來笏叟所得也。向其乞打本，至今尚未來，云其拓僕病，不假他手也。石查泉拓即致索，渠新派充陵差隨扈，即將行矣。姪此番呼負年逾三十，亦復無聊，將於近一月内椎拓泉石，以報舊惠之先施者。幼雲丈近亦爲姪拓藏泉，每五十一束一寄賜也。丈惠至厚，當先封寄，以博歲寒一粲。南鼎齋所用榴葵等花錢皆自製，不專一坊。『復旦鈞天』乃取其辛未賜聯元文以名，然似未愜。又好礬紙，含英已促之。子英與姪同到餘潤眼竟鋪去商，渠不甚如悉，未强，俟再覓一家商之，得則即寄。邸抄即當以姪所閲者隨足便寄閲，不需直也。爨刻魏本容購寄，不佳且昂，當借寄閲，不足存也。邾公釗鐘含英得自城内舊家，以字不能出，得直八十金。字字皆可辨，而其上似一層油光，則繡之經水磨者，字口内則紅緑如線，然堅不可出，胡估百方不能出，南鼎齋以八十金得之，以易煦堂之河南所得卣四字者，又一父甲爵。煦堂神手，能去古器繡，不傷字，如法出之佳甚，字無一傷者，且與尋常文不同，送其初拓一紙，旋令釋，復取回，容再索來二紙再寄。其出繡無别術，只擇上好生山查數枚，用滚水一沖，不使熟即出之，去皮及核，搗亂如泥，不和以水，趁濕敷繡處，俟其九分乾揭去，繡厚不見字處，用牙鏟輕啓即去，不去再敷。其字口内外及上敷之，九分乾揭去，用牙籤或竹針隨口剔之如泥濘然（云字口牙籤亦嫌重，竹針最上），不傷字，不傷邊銅。再用細毛短刷刷之，無不如意。云其妙處只在審山查之乾濕時火候合式耳。或可試之。潘先生性急，則試之不驗。胡石查用之，甚佩且秘。東武漢石已歸尹竹年，朱博頌德碑也，與本傳合，真物也，惜爲沙蝕過甚，稍剔壞耳。字與漢銅器文相類，爲漢石别種。西泉《聖教序》至今李佑未令見，聞其已售，又有云未售者，不悉然否。總未晤竹銘也，姪促之，則云已出看也。今日榜發，吾東正榜十人，京官止竹銘一人，副四人。福山脱科，姪不怨亦不悔，止白日許多無味之勉勸者爲無謂耳。此信燈下亂塗，只求盡言，其字之潦草，言或不壯，則誠之不可揜處，乞諒之。餘瑣詳别紙，又俟徐足再詳以付之。夷事亦消停。夷之謀人仍中華莠者龔名孝恭，聞係定盦先生子也。傳者云，未悉然否。聞此人有奇材。此敂福安。世姪懿榮，九月望日月上時上。

前賣王客人物，銀九兩，錢五十八千，見前信。潘銷石拓直高銀市平十兩（有來信一紙存之，俟清算後彙寄），即以此十兩加平加色改爲松江京平，付王客人九兩，餘一兩二錢二分，換錢十六千四百六十，即先付王客人，下欠再補，刻尚未補。又賣物由姪墊付，見前來示作京松十七兩，以川銷鉢拓二本直四兩先收用，下俟别直歸時自再扣抵。王、彭銷石拓各一分，每分六十三種（前信言每種一錢五分），每分計直銀九兩四錢五分。許即交，尚未來，來當扣抵，并以其羡換銀，計當京票欠王客人之數者還王客人並自抵。王札呈閲，係姪弟二次促之者，彭亦王經手，不久當即來，統俟清算，竝各元單奉閲，有盈卻甚少，再聞。吴處未得復，鉢拓一分、石拓二分直尚未來，來或竝前羡統遵付枚卿，渠有信云得示如此，瑣瑣竝請聞。

鐘文陸□之孫。（第二字非高，其一旁似作，左旁又有偏旁，亦非終字，文甚佳。潘寄字未全，延拓剔後頗清晰。郙未悉出于陸終否，偶不憶）頃又見寄潘書，知振丈拓曹畫已寄來（第二函新墨一包中提及，潘屬索）。陵縣新出魏武定元

復書呈閱。吴信封好即由塘便達去。兩次屬購物單及畢芬交銀十五兩及前各清單別函呈查，并餘銀少許均請收。此間各款首尾完結，止清卿鉢石二項未寄來，久未得渠信。又胡估造箋未訖，前鉢拓二金尚懸未核也。此外均清楚矣。此次種種語未及詳復，因姪婦近於九月廿六、七連日忽然咯血，成盆作塊，勢甚危險，幸稍止。渠連年乳巖傷寒，形容骨立，虧損不堪。近以肝旺，得此疾，姪家從未經過其勢。咯血大口輕於大口，女輕于男，然此婦病羸所不堪也。姪幸請岳家内眷來一人照料，連日藥皆奏效，或無慮也。姪今歲出魯芝友先生名琪光房，首、二、三場批得太過，幾五六行，不須聞也。總司批『有離奇語，亦優劣竝見』之語，闈中未拆便知爲榮文，則吾鄉牟陌人先生及乾嘉間胡稚威皆爲之矣，姪卻不介意。而婦乃抑鬱致疾，此婦之俗如此，然姪之攻苦食啖，此婦知之，故傷之深也。潘寄金文六册，交畢芬手，屬姪提及。姪又借揭長笏臣丈節墨與六字刀合背一種成二紙，寄呈。此則極罕見，然理自有之，姪極賞而人不信也，當可存，即不妥亦數百年前物，姪借玩之，長則極年十月渤海太守王偃志石，見揭本，尚未得。西泉《聖教序》聞李估已售出，此的信，但直則未曉。小節墨刀拓本背[glyph]即廿之省，古人省字不拘例也，況在鍾官、施之鼓鑄者？三字刀背亦有此字，小節墨刀則少。三字刀背文[glyph]者較常品殊厚，面又平，故可改刻。九字刀背每爲此[glyph]，蓋其初作僞者，用此[glyph]背文之三字刀刻之，後隨沿之，可笑也。足來每促信，云即取，及寫出必以促迫急就而潦草，乃寫出竟延擱一日不來取，遂使函中多露出一般急躁草率之意，又每不備答，然亦不自揜其過。拆封重繕，恐彼又即來也，故輒書其背。

三十八[一]

壽翁年世伯大人坐下：

十月三日畢芬來，得九月十九日賜書，七日由丁姓車便得九月十日賜書，各揭如數叩領，感謝感謝。潘信即遵交，有

[一] 此札時間爲光緒元年（1875）十月初九日。

秘，此皆婦未病以前事。徐告信尚未來。京報一束查入留閲。姪心境紛如，百般焦灼中，乞吾丈再拓郎邪秦權時，爲惠一翠墨，若俗所謂帽式者也，至叩至叩。信蹟至此，潦草不恭已極，尚望原鑒。專復，敬叩福安。姪名正肅，十月初九日亥正。

十月初七日，曹竹銘來銀一包六十兩，云係西泉兄屬宜古李賈所售《聖教序》帖價，竝稱銀平色俱不甚足。李估已去，因係元包交來，竝云西泉兄有屬交姪處之語，未見西泉兄信，竹銘既交，因暫存，静候復信，當交何便，元封寄呈，祈示復。姪又拜。

三十九〔一〕

壽翁年世伯大人坐下：

月七日傅足來，接奉十月廿五日賜書，并承惠秦鐵權拓本竝全圖，使姪夙願一夕得償，如此厚愛，何以克副！畢芬所

〔一〕此札時間爲光緒元年（1875）十一月十日。

上各件敬悉，如數督納，忙碌中尚未致誤，或亦涵容而獎勵之辭。然奈月餘姪婦病仍未癒，計九月廿六日連夕大口咯血，幸以藥止，半月且健，乃其不知自養，肝木克肺，動與家人孩提輩作惡。又於十月廿六日、正一月卅日也復患，則氣逆而嗽，一咯一口，勢甚危險，其嗽且至今未癒。已約其家人内眷至，住一月且去矣。姪生卅歲，種種虛名，生長寒門，動履頗悉自慎，嗜好一無如諸兄群從者，而享用亦萬未如一。身爲外任子弟，出入無一自暢，有非寒素所能堪之處。場中試文糊名，人每先知，遂使壯不如人。飲食男女，生性守約，誓不御二女，而一妻動輒垂危，使不能如意，明知天所磨厲，使我將成人道，無如踐性，亦大非易。姪生平無不可對人言之事，爲友朋所信，故不嫌其褻瀆，爲吾丈絮聒也。然於出處小節則必謹，乃持敬之功，廿年來止佩吾丈一人，即如説帖小文也。人之歲月所遣，爲時豈能不分静躁，動輒易其常？而吾丈自與姪通書以來，以及見與諸老輩函答之件，皆始終如一，首尾不苟，此外諸先生所不能也。此事雖小，可以喻大，則主敬守一之素，

非姪輩淺人所能假託摹擬也。清卿有書來，致丈三大紙，乞并附致其石搨寄陝之件，來此信時尚未悉其已至否也。致姪書中尚未提及。榜發即出省矣。所收之陝石有僞者，清卿於此所得尚淺也。紅布洋染爲真紅洋布，色極鮮豔，見日輒變，遇潮亦花，至京染真紅絶不變，價亦昂於洋染，此大順所夙擅者，此雜色稍貴，然劇值。其染料不但紅花，且收拾南紙鋪之切餘紅紙條子，姪所見者。來示因傅力即行，未及託，並再詢要洋紅乎？京真紅乎？祈酌示，當轉屬也。日内亦尚未及往詢也，故不具復。西泉直六十金仍暫存敝處，鄭盦先生説有潤敬歸，下次寄。聞濰縣有新同好名高嘉鈺者，見碑叟劉太持其拓本，磚則佳，金多僞也。丈見之否？此固小巫也。病人未已，匆匆種未致詳。煦堂鐘拓其精者當致一紙來，此公亦朝夕往西山去料量地畝，不常睹面，其老翁所藏泉幣亦未見。齊刀何贗本如丈言。高郵王氏藏書具出廠肆，於乾隆間各家經説稍備，精鈔手校者多，爲匡公購去，然其餘每種多有手蹟、札記，姪故質衣得百餘金，物祇嘉靖本《三禮》精完自憙也。家君任所有西席吴以選得縣官北上，備言缺分太清苦，每年不過千二百金，又裁去規費若干，此次帶三百金求贖一票字畫，當尚未議妥也。計本百金，利將二百餘，姪先與之一本一利，尚未許，俟其主估來尚當加少許矣。又從諸兄購得先司農公手澤，當時來往諸札皆手自草藁，又有雜記一紙，云『淫可斷，惟書淫不可斷』，得無謂小子今日乎？附博長者一笑。此紙上達計將及歲晚矣。肅此，敬叩福安。世姪懿榮拜上，十一月十日。

清卿得一史頌敦，又一中阜敦，云將寄一分與丈，未悉此包内具否。又叩。京報一捆并上。

四十〔一〕

壽翁年世伯大人坐下：

此書到時計正新年，恭叩新喜。例用紅箋，月前由鮑丈處交下惠寄古化刀拓十九紙，祇領叩謝。内刀拓無與前複者，

〔一〕此札時間爲光緒元年（1875）十二月十一日。

報接前撥者續上，祈查入。知明年延東甫兄授諸位世兄讀，甚佩。東甫工夫純熟，心地醇美，爲吾鄉駐京詞林第一，姪所素知也，必可相長。惜古經句讀自漢以來迄無專門，今人囫圇讀去者幾千餘年。乾隆間武氏虚谷《經讀考異》已是嚆矢，惜無老師逐經依例爲之，以惠後學也。如寶應朱氏説《尚書》「今予命汝句一無起穢以自臭」等句，「一」字屬下讀。又有某氏《孟子》「其妻歸告其妾」句「曰」字至「今若此」屬下等處，皆精確不磨而本經古義昭晰矣。如此等尤爲可喜也。西泉存款尚元封扃置，因與虞琴不習見，仍屬竹銘轉達，當仍屬竹銘代交。姪與虞琴世姪至熟，惟不常見耳。今日往訪，又未值也。竹銘移于文起舊居，且就虞琴館，尤爲妥便也，容再聞。《八大山人册》容交畢傅足，此人未悉，不比子振丈、西泉兄之潤筆爲易捎也。尊書聯容向其假來，即遵示鈎刻，已是明春事，刻下工人將歇去矣。質書畫事，家嚴寄銀少許，竟出得二票，故物重逢，亦是一快，惟子全重耳。即墨所出三代瓦乞二種各先惠一紙，以其係在三代者，故思每種得其居首者，爲壓

圓首圓足三好之安陽、□陽背十二、十三兩幣，雖殘缺不完，乃歷來著録所無，是吾丈創獲，至足珍也。惜《續泉匯》已成，未得譜入，然李、鮑兩丈好古而不甚信小學，致釋字及考文跋尾均未愜鄙人心肊，亦自是一家言，不敢薄也。前譜魯陽圓首大小三品，「魯」字誤釋，當從石查釋作「衡」字爲長。再背文其小一等者明曰「十二朱」，則稍大者背文之字爲「兩」字無疑，乃釋爲「宰」字，又云當是爲宰者所鑄，是何文理也？釋古文不得以八比用意法行之也。且「兩」字與《説文》意合，意，《説文》已别言之矣。此次丈所得之二品上十二、十三當是記號，數下字仍記幣之分兩，數日義至悉也。十二月十日又得長至日賜書并新得古敦拓本二，敢再拜謝。前足想早抵濰，清卿寄件附姪書上，想均查入。紅布已託大順，是用真紅，是洋紅，請示一信。西泉兄、子振丈二處，潘鄭盦先生均有潤筆屬轉寄。子振丈二金、西泉兄八金，前足走後始交來，今以元封元件封好交來足帶呈，乞轉交，示復便轉致。子振丈則以曹畫故，而西泉兄則大印之惠也。又京

卷物也。見之三年，故思之甚，千萬千萬。姪又得一山西所出之小秦前鼎（又得一『千秋萬歲』西瓦，尚奇），以配秦前之壺，惜字少而細淺模糊，拓不甚顯也。有一□字，真如丈說，與泉幣文同者矣，容再拓上。長笏丈已簡廣西臬司。延鐘當致精拓一紙上，餘器姪尚未得其一紙，因祈人之忙真是從古未有，而又無友助杯者。匆匆泐此，敬叩春喜新安，合府新喜。乙亥十二月十一日，姪懿榮頓首上。是日户部京察過堂，姪新薙髮，聽點受風，未及恭楷，乞恕之。柯孝廉劭忞信一，乞飭交爲感。

西泉一項，來示屬詢虞琴欲用時就近交之，頃與竹銘商，竹銘元片呈閱，日内即移交竹銘，仍由渠設法寄濰也。簠齋年世伯大人，姪榮再拜上。

四十一〔一〕

壽翁年世伯大人：

新喜春來，時有養日。伏惟起居康娱，即事多欣爲祝。去臘祠壹日後，得奉十二月四日賜諭，并承厚貺尊藏金文全分，立照册目據補，遂使窶人暴富，如此推愛，何以克副。當日領到，祇有遥向泥謝耳。清卿年終信尚未至，或恐年内經手人積壓。然開年已五日，尚未交來。所寄要件一包，容即覓妥便速寄，其差一二日内即來，亦未定也。新得秦詔殘瓦墨本見示，真斯相書之筆情茂美者，較琅耶石字縮小，較銅版放大。且石堅銅澀，泥性松膩，故筆意如新發于硎，秦篆如此，歎觀止矣。世人近好習篆書，餉以此紙，當知古法之至者，雖千百年後猶能新時人耳目，使之忍俊不禁有如此者。吾丈昔得鐵權，謂年來大集斯相書，而有以感之，何其餉之不一耶？姪每得賜書，訓迪周詳，皆中人款綮，正以匡姪所不逮，後生之得仰賴老成，正復在此。人之識見固出于閱歷，然非真於心性融洽、理氣貫通，亦不能令人鼓舞懽忻，歎爲語之從心頭發也。聖門問道，同是一事，所答輒不同，豈是聖人故爲博辨反難，亦如扁鵲越人之洞見病者之五藏六腑，中人癥結，對針下藥耳。姪

〔一〕此札時間爲光緒二年（1876）正月四日。

若淺嘗及囫圇讀過，亦不能作是語謊對之，重負吾丈耳。高郵王氏藏書，大部及精校本已爲有力者挾之以去，其餘零星單行本、國朝各家刻書之初印及有二王先生點閲者，當細檢其隸經學、小學、金石類者一二種奉芹，惟皆小品，無大部居者，其常行習見物亦不以奉瀆也，容再呈寄。其書目則書肆而其家人開箱簿對者，蕪雜不堪入目，則非王氏之原本，姪亦盡見之，市人且執以爲賣貨底本，真不直一錢矣。小本、單本書則直寫爲零本多少本耳。古人作書，直是心畫，故能啓絡後人，千載常新。姪於秦詔瓦不能不再三贊歎也。《續泉匯》商之鮑丈，云已寄近梅大紙精裝者一分，板片已交枚卿寄山東。此間存有小紙粗裝者三分、大紙者一分，是否仍寄吴中，酌示爲要。石查印已刻訖，屬上圜泉拓本四紙，祈查入。姪年内得二瓦範，尚未搨上，又得一印，字不可識，容再拓呈。得一剛卯，尚是真品，皆零星小物。爲家嚴購得一沈石田細筆《和香亭卷》，是流傳有序之蹟，計直六十金。蘇七有寄年翁『幼泉』『重一兩十四銖』，年翁讓與石查，皆真而不精。姪又得一細字鼎，若清卿所得平安鼎形，止蓋文是三四字，惜模糊不清，只辨一[illegible]，又[illegible]字耳，細淺已甚，亦容拓呈。甯足恩恩索書，姪家人病仍有未已者，不及細復，先請福安，并敂春憙。想傳、徐等足不日來，當再詳陳也。竝問合府新喜。世姪懿榮，正月四日上。

大順本缸所染真南紅洋布無現成者，其發行貨皆南去，此間行内皆洋紅，京師人止認洋紅，以色嬌而價稍廉，不管其變色及不耐久，而南人則認京染真南紅也。故行内中不存現，大順蘇掌櫃已爲丈選得好細圓線之洋布大匹者，云一開缸便染第一匹，色須趁暖，故年終不能入缸，俟下次即先寄呈，仍照行價，作爲姪所需者，一樣先染一匹求正，如合再染有花之洋布一匹。東箋、眼鏡已促胡估報命，統容下次。新正其人俱不暇，亦京師之習氣也。《八大山人册》下次封寄，父辛盉蓋、距末二拓本尚乞補賜。京報一束竝上。楊協卿年内無疾而化，其宋本書不悉將來如何，京師金石尚可見，惟宋本則一紙俱無。

四十二[一]

壽翁年世伯大人：

春喜新正，甯足回東之便，附呈一函，想已查及。近傅足來詢有書上否，兹就便再陳一切。春來想起居康强，纂著日密爲頌。姪入春託庇平安，姪婦病雖未癒，已稍勝去冬，種乞寬念。惟川中三越月未見家信，刻正盼切也。清卿年終無書來，本月四日始從顧工部處得其去歲冬月九日自秦州試院一書，據稱年内未能即趕回三原度歲，則年終固應無書至矣。石拓一包由子年丈交袁小午侍郎，託一引見四頭官帶去，此去年八月杪事。嗣於九月廿四日附便又照一信，渠此次來信據云九月一信已接到，八月石刻一包尚未收過，此又係陝官待其回三原始面交矣，先寄後到，往往如是，故年終未得其覆。清卿在試院，此信據稱所得鈎、鏡、玉印、銅石造象、泥封等物甚多，行次俱未及搨。其刻工爲渠刻金文等事，瓦乃刻七十餘種，將以瓦、鈎寄都門，使姪選工監刻，在此督其事，而資仍由渠出。渠行次一工不暇兼顧，亦其勢也。《長安獲古編》原板既歸寶文徐估，子年丈當日囑榮議購，渠昂其直，今老徐既化去，其子乃來求售，榮復云陝中已覆刻，罷論。今清卿來書云尚未墨板，擬回京再辦此事。榮就近商，同子年丈議，此間以廉直得元刻板片，清卿來再補之，卻亦事半功倍，刻尚未議妥。姪近得瓦一、專一、印一、秦鼎一，太模胡，拓不緻，非秦，仍戰國器，俱拓呈閱。大順京染真紅洋布一大匹，權作新春芹獻，祈哂存勿斥爲幸，瑣屑不成敬意也。此所謂京真紅，較洋紅染值爲貴，而不及洋紅之能銷，下坊人乃自珍重耳，云其色正而耐云云，榮所未悉也。又京報一束，乞留閱。石查未得他物，只購有明人嚴嵩、馬士英、阮大鋮三札，以三十金售與潘先生。榮以百金賒得梁真定舊藏吴仲圭《草亭詩意畫卷》一，將以合前所得松泉圖卷爲承歡之助。家君最喜梅沙彌畫，而真品亦寥寥也。父辛盉、距末二拓本千萬叩乞補賜，以補厚貺完美之意。此後如有新得，隨得隨拓，賜則易之也。榮未悉此二種

[一] 此札時間爲光緒二年（1876）二月十五日。

則已，悉之而仍闕如，此心仍懸懸也。高郵王氏零本書竇森彙在三大簏，俟其鋪夥撿清，當敬奉吾丈一二種，以資清覽，容再奉。然簏中皆零本，尚有金石書及小品説經書，雖非秘本，皆經其兩先生閲定，今雜在時文本頭中耳，故書估須分别撿出耳。唐蓉石中書新好古泉，近從其鄉公車得安陽、即墨刀，竇四、六化，精而甚夥。姪以東人而安陽刀竟尚未得一緻者，止一柄不見字者，收之多年，亦因吾東易得而忽略之甚耳。《映房寺記》亦濰之古石，榮尚未見拓本，吾丈曷不購此石歸尊齋耶？見郭子嘉《濰縣金石志》知之。由鮑丈處交來清卿寄吾丈信一件附上，金文巨包俟摺差來再交去，不敢由塘寄也。户部袁小午侍郎有條陳停捐之舉。洋人於正月初與京部院各堂通往拜刺，名如新庶常者，字甚大，聞有借洋人一千萬兩，每月利五釐之説。山東結局向歸甲班管者十許年，近因積習日久，群議章程，十三日在老館定局，星五丈例應輪管，争而未得，恐此後更難奉讓。去歲值局者以千金止報五百金，六十幾分虛報至九十餘分，查結者又背結局自買私結至五千金。甚矣，士夫之無廉恥久矣！京師無雪，刻又不雨，糧價昂貴。專此，敬叩福安。世年姪懿榮上，二月十五日。

紅布一包，京報一束，吴信一件，拓本四紙。

四十三〔一〕

壽翁年世伯大人大喜：

三月十六日傅足來，得三月四日手書，并領到拓磚七、瓦器七、瓦一、石五、小節墨刀四，即以其二寄石查收去，屬謝。又瓦當二十，即以寄陝交清卿。凡榮自領者俱叩謝不盡。又西泉兄屬代銷墨一榼，并如數收到，且欣悉正月十三日吾丈有毓麟之慶，承示所取名，義甚古而切。又悉祜曾世兄高列郡庠，從此詩禮代有傳人，至博取科第定在指顧。又聞丈曾於正月感寒，刻又因不寐患目，此信到時想有憙勿藥，將顛倒此文以祝之矣。賤軀入春惟畏寒，自慎，天稍暖便覺暢適，姪

〔一〕此札時間爲光緒二年（1876）三月十九日。

婦亦稍勝去年。又驅子女輩入學就傅，稍又安静，可自攝故耳。以前所上各信各物，俱蒙查及，甚幸。姪今年尚未收拾舊業，稍一伏案，以一春總未静坐，人事繁雜，衹緣川中有家信來，家嚴諭以今秋舍妹出閣，此缺十分清苦，加以三年未遷，夙負未償，又遇此喜事，而舊日衣物蕩然。雖婚嫁稱家之有無，而衣飾一種一樣，亦不爲多，尚須五六百金。龍安年入不過千二百金，既逢此舉，則全力以赴，不及接濟京寓，因命姪自己在外支持摒擋，且須打算日用，故一春只與利賈沫口，未遑正事。又以去年歲終正在延企未慰，兹又重労，刻已安置妥協，四月初將摒除一切，料理秋事矣。清卿書一、紙封一、蘇七信一（清卿寄來）、鮑信二，乞查入。高郵王氏書，寶森尚未部署，下次寄。東箋已促之。吴卷尚的，已寄川。唐蓉石名寶鑑，直隸静海人，辛亥舉人，中書同知。即墨周瓦、邑距末、父辛盉遇便請拓惠，不亟之，衹欲補足耳。屬寄清卿金文一包，已交其門人晏公寄去，以清卿有信屬交此人故也。清卿於三月十二日寄到京平足銀一百兩，有信屬轉寄，以抵金文之請，並報石拓、鉢拓，前欠共計石拓數目當出自尊諭，兹以元信呈閲，閲訖附還，并賜收此百金一字，容轉復。據彼函當以其有羨餘少許，乞拓泥封耳，種乞查照。所屬代買紅洋布、藥丸紅結，姪即從清卿寄項中提出購之，外有清單，請閲悉也。傅足此次既攜此吴款來，必索腳力，因利乘便，并布藥及《八大山人册》竝以交付帶呈，省得後來再分重費，故合并責勞外各物有單請閲收。西泉屬代銷之墨，現在京師舊墨價昂，皆因庶常編檢忽然講説卷摺必用新舊墨配合始佳，因此毁卻真舊墨不少，亦黑雲一劫也。惟廠肆定真明墨價值每墨一兩抵銀四兩許，康熙御製一兩抵二兩許，乾隆御製每兩抵一兩許，若家藏款者減半。遇明墨則易銷，本朝以御製爲重。此價一出，而淀園所出爲人家藏者率出以易銀，此槎河山莊墨有數家陳列者，與此等皆不在上駟，容探其值若何，但恐不能制勝也。捌兩拾兩之數均不能到，俟有訊者或於再來信時示一看，或於人問時再一函商均可，請代復爲幸。大順染紅布無再深者，稍深則洋紅矣，彼説云云。前次洋布既出芹獻，似太瑣屑，不足齒及，萬勿見斥。請收還繳直之命，不勝惶恐。姪尚説實話之人，萬不客氣。此亦是去歲樂事有餘之證，若移至今春，并力索亦不能報矣，亦博一笑。煦堂鐘剔出後，索來一紙，呈納。姪又得登州古磚四五枚，容再拓。日内紛冗，不多復，乞鑒宥。計此次付傅足物，《八大山人畫册》一（前板面原裂）、鮑信二、蘇信一、吴信一、紙包二。吴寄京平足銀一百兩，内提出京平十兩七錢（元寶一枚），餘京平八十九兩三錢，銀包仍元封一，提銀所買洋染紅布一匹包一，羌活丸四十九，又解瘟丹五十丸包一，内并附生絲紅帽結五枚，每枚京當十錢一千二百文一枚，家家皆然，未免太貴，先儘餘錢六千買五枚呈閲，是否？各鋪俱無線結，云定打而直又倍于生絲者，未悉妥否。如妥，乞示及再買。已提出小元寶一枚重十兩七錢，除補布價，公砝計用去各直及有清單外，下餘市平足銀四兩九錢七分，不復并入大包，即存姪處，留佐下次買紅結或及他物再報。此叩福安大憙，祜曾世兄同此道賀。三月十九日，姪懿榮頓首。

尊藏刀範、寶化範正背乞各賜一拓本，以其爲三代物也。秦漢範暫未請。姪亦性癖印石，京師之大，無一二爲紐者。曾得洞石一紐，太不緻，聞濰之胥倫及子振丈均工作紐，乞屬祜曾兄清課之餘遣人商諸二公，無拘何位，乞賜一飾。原石見方，後或刻狻猊或獅或辟邪，止不可爲牛、羊、狗、象耳。不求細，只求圓熟。潤筆示知，即敬奉轉付，瑣瀆叩浼。戟門先生令郎念庭來京駐數日，以閏月無騐，與其姪赴保陽，刻尚未回。河陽以尊札悉其至京，屬羅致其欲出脱之物。渠變産而挾重資，來則肥馬快車，雅俗之物無所不買，暫尚恐不售物也。其古泉所得劇佳，過濰亦有所得。來僅一晤，乞其陽文卣拓本二，以其一奉入。劉氏尖首刀刀上畫小刀者，渠得之矣。姪又拜。

京平十兩七錢，合公砝平十兩五錢三分。紅洋布一匹，銀公砝平四兩四錢。找回銀公砝平六兩一錢八分，又换銀一兩一錢三分，合錢十五千九百四十，餘銀四兩九錢七分。羌活丸四十九，四千八百文。解瘟丹五十丸，三千文。油皮紙一千六百文（包物用），生絲紅帽結五枚六千，每結一枚錢一千二百文，仍餘錢四百文。

廿日晨，傅冬來，力言銀包恐道上不妥，不敢帶，前次曾蒙面斥云云。渠自云在此拆兑，或郭或張，到家元平元兑，毫無遲誤，如有稍失，惟渠是問。

再啓者，新出土磚有質地太粗而鬆者，拂手即落零星磚末，字淺而不經久，未悉合蠟之法如何上蠟。似上蠟則紙質稍凝，可以耐久，乞示蠟法，切切。

四十四〔一〕

壽翁年世伯大人坐下：

四月九日得朔日賜書竝收到瓦器鉥字二、距末字一，祗領叩謝。吴處信一竝手收條一，均同前金文包附交其門人晏孝廉西去，循其所屬，爲妥便也。前上各件俱蒙查及，慰快無似。孫女世兄相攸事，容再縷陳。刻因來書於初九日到，即屬含英製箋，前數月已壓平而未印，因其忙考試季也。信到當屬其先成數百寄來，俟交來再作復。奈至昨日爲住京本家春試者看録，日來城内避囂，今已報罷，而傅足適來促信行，言竹銘喜事當先行，因概不及叙。草草先復，行腳在門，伏乞鑒宥。肅謝，敬叩福安，並問合第清吉。世姪懿榮頓首。

又田家信一封，乞飭交。又西泉槎河墨一匣，共甫有出四兩有奇，止能至五兩者，餘未至此數，乞示悉如何，或再留以待乞示，種再叩詳。

傅足此番止顧爲人報喜，忽來索復甚急。適有族人落第者在坐，又雜客滿堂，未及縷復即付。以東來匆匆，竟將邸抄忘卻。茲去之次日，柯氏昆仲將有歸便，先將邸抄一包帶呈。含英東箋到時即覓公車回便馳呈，不誤也。前餘銀仍存姪處，留備購物，或含英箋到，並前鉥拓二金，彙以與之清算也。清卿得漢元興竟，即翁氏《兩漢金石記》所著之元壽竟，此竟摹本甚多，皆以舊竟元銅翻沙，甚白而模胡，非見竟不便信也。簠齋年世伯大人坐下，姪懿榮頓首。

〔一〕此札時間爲光緒二年（1876）四月。

先容。又一金，乞代飭紀買濰城藥鋪所賣陽和解凝膏者，即如錢數購之。姪婦乳嚴後有流注，三年未化，今始破口，在腋下肋上，幸不着緊要穴也。姪聞黄縣人盛稱濰市有此物，且久著名者。蒙姑敦已以四百五十金爲鄭盦先生購來京邸，經手者蓬萊慕芝四也。東箋含英送樣來看，版樣一如前屬，字亦稍具形似，總未得法，惟[illegible]字下二横畫爲中一畫直貫去，幾成星字矣，旋駁回，飭去中貫之一小微畫。姪又持屬史工修飭之，史工稍知篆者，已略具規模，蓋至是凡三易藁矣。如此小事，足見京肆刻手之劣也。樣二束先送來看者不算資，即移奉入，暫以備用，『齋』誤若星，『𠥓齋』爲『簠星』，『簠』音同『福』，則幾可藉祝福星矣，亦可博一噱也。其已宷定後者，現已改好，正在刷印，以五百張糊一布榼，飭其先來千張成二榼，下次信便可附上矣。即當以鉢拓含英自留者二金折之，並姪處所存之四金許，按直核計，先付之，後俟見箋（定本千張者）時再印若干，酌示可也。姪得登州古磚十許事，下便再上，惟土物愛，厥心藏，邇來亦惟吾丈

四十五〔一〕

壽翁年世伯大人坐下：

月端七日由李枚卿比部處交到四月廿五日賜書，竝領到齊刀化拓本十二、古印打本四、六朝石搨本二紙，感謝感謝。枚卿丈又得六字刀、節墨安邦刀一，皆吾齊古物，健羨健羨！枚卿處送信人不索復，適於十二日傅足未賫函來索書，甚便甚便。計此刻柯鳳孫昆仲已抵里，所寄邸抄應查入矣。此次又寄來二束，自四月望至今日者尾續之。承示西泉屬代銷槎河墨五兩或可增與否，代定早付直應之云云，遵即函商索者再四，又得加一兩，計京平松江六金。傅足來云索復，屬其略候片刻，索來即交該足帶上，祈轉飭交，力當浼西泉付也。又姪乞刻一『日光室』三字齋名印。此三字金文皆有之，『日』字、『室』字多，至『光』字則可以跳（平齋物）字器文分出之，姪無此器拓本，乞吾丈屬草藁也。姪蓄有佳石，示知大小，當奉瀆，希

〔一〕此札時間爲光緒二年（1876）五月十二日。

真盛德事也。朱注《中庸》『活潑』二字，聖愚衹分此心地，多一番活潑便是生機，少爲滯塞便非通相，即老氏所謂善果、佛家所謂功德，只當得活潑潑地一語，即俗人所羡因果善報，皆從此一點生機現出，故聖門止説一『仁』字，足括一切矣。姪雖不才，於一切力能與人方便者無不爲之以方便，必待富貴而後行，真無能行之一日矣。小成大成隨時隨事可也，甚佩甚服。復上小方石一，即遵尊裁代浼西泉兄依古金文刻『日光室』三字，祈吾丈草稿以配合及擇字，非吾丈指示不能神與古會也。姪名齋室以『日光』二字，取中壘《説苑》『壯而好學，如日中之光』一語以自勵，不取鏡語，萊陽周孟伯曾爲文以銘之，種祈費神，感且不朽，姪尚無仿金文者一種印也。近來濰人胥姓刻印亦多圓美，勝京師刻手，知皆爲吾丈所沾溉也。又上高郵王氏《丁亥詩鈔》一册，祈先收存閲，其零本别種寶森懶於開箱，總未能排，出便於往揀也，屢促之矣。經生家多不能詩，此則直通漢魏，石渠先生詩亦止此一卷也。其大印則無書不然，『淮海世家』似明人舊物，若自刻則太淺而無及姪爲篤好也。此叩福安。竹銘居然狀頭，東府前此所無。

姪懿榮頓首，五月十二日。

四十六〔一〕

壽翁年世伯大人坐下：

閏月八日傅足來京，接奉前月廿五日賜書，領悉種切，蒙賜代購程氏陽和解凝膏一斤一兩，如此瑣屑，上瀆左右，深爲皇悚，不盡感謝。姪婦流注既潰，刻尚未收口，惟日服陽和湯竝敷此膏，幸而精神未減，惟發燒作嗽兩惡竝見，爲可慮耳。姪入夏則壯適異常，是天蓄之，又將使喫三場粥飯也。生平結下此緣，是亦幾生修到耳。京師亢旱，設壇屢禱不雨，聞此次所請鐵牌係銀牌，未悉何代物，上鐫『不忙』二字，窺厥意恉，或將降大雨於其後耶？謡言可以不作矣。聞吾鄉亦未透雨，西府尤甚。又聞丈有作米餅濟荒之舉，日領者動動千人，

〔一〕此札時間爲光緒二年（1876）閏五月十一日。

味矣，老輩亦不論及此事也。吾鄉狀元，國朝先有四人，皆一縣必二，竹銘則東府未有之奇，然濰縣二甲前列者，勝於別府，固知久而必出此一舉也。此後濰必尚有人接踵，祜曾則明德之後，且國朝善果一説最速最靈，較前代尤顯，久有人説矣。古鉢六拓，又不識何器一拓，均領到，至謝。果何器耶？竟不能名，且亦不詳其義，足見古學失傳久矣。銀鉢一字尤精，亦不能辨識。今年聞讀卷者言弟三之馮公本擬元，吴興相國旋又疑之，毛宰亦以鼎元須字黑大者勝，乃倉猝而定竹銘，真是命也。然吾鄉竟得四弟一，覆元、狀元、傳臚、朝元，亦從來未有之奇也，修山左館者頗自負。京報一束，請收閲。蜀中新出漢刻已向香濤索之，尚未來也。鄭盦先生一函呈閲。又清卿一書，竝上含英閣造來東箋二千張，竝糊匣四個，元開價值共銀九兩四錢，除去渠自收古拓一本抵去二兩，又將尊存前吴寄項除前買各物，已有清單外，計存銀市平足紋四兩九錢七分，付之。又令其升色作爲京松五兩一錢六分六釐，照元單所開元價計前後二共收去七兩一錢六分，尚欠其二兩二錢四釐。此次信到，又以尊函示之。以其不工，又與之核減元價一兩，刻計浄欠一兩二錢三分四釐矣，計此時暫無尊處存項，容復。再遇別存再付，刻姪處計存尊項止四百文京當十矣。外有單呈閲。京師之大，近來諸工作皆無細膩工緻如意者，窺其大局無不草草，學問經濟亦然，自是氣運。即下至小物稱極細者，細校亦是粗形，何也？復叩福安。世姪懿榮草上，閏月十一日。

四十七[一]

壽翁年世伯大人坐下：

前信及各件交傅足三日矣，頃來云各物已交車便，渠因赴涿州，甫回將行，又詢有書如否，因將新報四本再上。京雨甚微，不足三寸。次屏丈有典試粤東之命，傅冬大約遲此喜報，又候數日耳。聞人言又得陰文『四朱』數枚，未悉信否，此大約與宋元嘉磚同出耳。劉宋墓物東府既出，何不見

〔一〕此札時間爲光緒二年（1876）閏五月十四日。

一劉宋古刻耶？『革曲』二字未悉何義，就潘信得詳其制，亦不識何用也。考試差題（『雅頌各得其所』『泗濱浮磬』『嶧陽孤桐』『賦得罨畫溪光碧玉泉得洲字』）。再請福安。世姪懿榮，閏月十四日上。

四十八〔一〕

壽翁年世伯大人坐下：

六月廿六日傅足來京，接奉此次賜諭，並領到古範搨本四紙，齊刀搨本六紙，敬謝敬謝。又收到寄付含英閣紙直如數，當即付去收清。得書具悉家鄉荒旱如此，可憂可慮。此則宗族里黨中各賴有仁人君子一二人爲之酌劑保護，各村各縣能各如此聯屬，亂可不作。否則趁此爲善舉，亦可自衛。陰善陰德，周漢已見此字面，我朝果報之説行，乃歷歷不爽，刻則事半功倍矣。士夫祗譚經濟，然此正經濟中之一事也。清卿寄呈碑本，紙包下方磨損一洞，陝西道上所爲，恐透中間，以紙糊之護之，請查入。『日光』一語子政取以證壯年，『中』字是此句裏眼，尊説謹佩。姪取以名齋，止取三字便讀，未免牽混，然業師周孟伯先曾爲書而銘之，文内悉如尊指爲之清叙，而牓書仍三字，故印文仍請符之，如長方石式不相宜，乞再示式，當寄請也。竹丈百年天上，聞之悲悼。年翁舌本木强（微聞宦囊北來時，其壻爲之行鹽折本，此老不欲人知，而心事因以不遂云云），奈何。京報一包附上，敬請福安。世姪懿榮上，六月廿七日。

四十九〔二〕

壽翁年世伯大人坐下：

八月朔日傅足來，得七月廿日賜書，並即墨所出兩瓦搨，榮於是有三代瓦文，願已足矣。蘇億年信當即飭人送交信局，

〔一〕此札時間爲光緒二年（1876）六月廿七日。

〔二〕此札時間爲光緒二年（1876）八月三日。

局較提塘爲妥且便。例資四百，恰如尾存符合，即以與之，甚有趣也，信票覆呈查閲。吾東荒旱，人心不靖。聞青州一帶已有兵彈壓，李相以夷務到煙台，刻聞尚未回津。京師陰雨連綿，幸尚不大，天氣陡冷，如十月之交。姪日内料理場具。姪婦所患已愈，入秋又作腹瀉，藥鐺累年不去，亦一累也。清卿暫無信，前得信言及學政交卸後尚乞假赴蘇省親，至此間總在明春矣。此次賜書已送鄭盦先生閲過。聞紱翁小疾尚未癒，日内尚未通書，不及據復。祜曾世兄想已赴濟秋試，延煦堂秋日病甚，未出户。其所藏器姪已得有搨本，場後當檢以奉補，姪已得有副也。京闈添棚號五百，心頗慰之。京報一包奉納，草復不恭，肅叩福安。姪懿榮頓首上，八月三日。

五十〔一〕

壽翁年世伯大人坐下：

從鮑年丈處得節墨刀拓本一紙，拜賜敬謝。姪三場完事，已自解脱，心地頓覺清凉。進第一場，姪婦又觸舊癥，吐紅大作，刻尚未愈，出場忙寄節、視醫藥，心殊惡，不及細陳。附上京報一包，乞查入。下次縷縷詳叙不遲，敬請福安。姪懿榮頓首上，八月十九日。

祜曾世兄元旌抵里矣，賀賀。鄭盦先生于役西陵，仲飴日行請訓，已去二日矣，屬以告并聞。姪拜。

五十一〔二〕

壽翁年世伯大人坐下：

久未得書，聞料理賑局，日日勤勞，愛人盛德，遜聽敬佩。姪秋試七躓，場後又以婦病，至今未暇奉函，斷仄無似。昨從鮑年丈處得奉所賜臨淄石象搨墨三紙，祗領叩謝。姪近尚無所得，京報一束奉覽。清卿有信寄姪，言即交卸，行向南去

〔一〕此札時間爲光緒二年（1876）八月十九日。

〔二〕此札時間爲光緒二年（1876）十一月一日。

矣。有匯寄尊款百金見存姪處，未見手答，不敢逕交傅足，如何存寄之處，尚望示悉，敬以待命。清卿元信尚未復，此次不及呈閱。恩恩泐上，敬叩福安。姪懿榮，十一月一日上。

五十二[一]

壽翁年世伯大人坐下：

十二月十日傅足交到十一月廿三日賜諭，敬悉一切。清卿一款，遵即移交李子嘉編修，得有收條呈繳。清卿信附并呈閱，閱後擲還。含英閣月初交來箋紙油紙一包，信一，姪初未悉，因前示未及，胡子英又西去，得示曉然。其紙已來，即交傅足帶呈。京師物價翔貴，吾丈籌畫賑濟不遺餘力，盛德在人，甚深佩禱。姪公私猬適，姪婦咯血勞傷，幸過冬至，嗽總未愈，尚未敢保，如此沉疴一秋冬矣。諺云：『破屋病妻，人生累事。』姪本租居，祗有一妻，乃悉其況矣。京師古器尚無所見，有西人崔姓書估來濰，一冬頃歸，見所得漢印皆僞，止六字刀、小即墨刀尚可，書則只何義門手批《三體唐詩》致真，皆濰物也。又韓姓由濟而昌樂而濰，得有宋刻《真西山讀書記》，尚未見。卻得文泉丈五經歲徧齋校書三種，《穆天子傳》《易林》《古今人表》爲一函，即姪曩所求者，旋爲王松溪舍人以一兩六錢得去，姪仍未得也，望便中賜爲物色并轉懇西泉宗兄爲禱。香濤以明年正月至，聞《吹角壩石》渠已取來，將來并《上庸長》一搨一并寄奉也。其在川刻《建炎以來繫年要録》二百卷，李心傳者，向無刻本。又刻李燾《續資治通鑑長編》九百餘卷，募費萬金，想一二年未能藏事，刻交書局已動手矣。清卿明春亦即來京，此間書籍字畫金石有河陽、延陵、清河三公，餘人不必復問矣。姪亦須遂居城外，與香濤同居，舍妹往來亦便，刻尚未定局，亦有西去省親之意，均在明年矣。肅叩福安。姪榮頓首，十四日上。

[一]此札時間爲光緒二年(1876)十二月十四日。

五十三〔一〕

壽翁年世伯大人坐下：

去冬曾奉一函并李子嘉編修收條、含英閣箋一捆，想已查入。新春惟興居多福爲頌。姪春來頑適，姪婦沉疴亦漸有起色。廠市竟毫無所見，祇京畿近出尖首刀數百，市上纍纍，數日間旋爲人捋盡。敝鄭盦師得二百餘品，姪亦得有二十餘品，內惟有一魚形者尚佳，餘則『王』字、『吉』字尚屬成文，此種惟一筆半筆省文者多，不悉古人何以獨此種簡率也。年翁心事不適，已口不能言，鮑母則奄若朝露。人生窮富，只在轉瞬，乃心境即遂以變遷。聞二老相對，只欷歔垂涕，亦可傷也。清卿信一，沈鹿坪世兄信一，均呈閱。又邸抄一束。匆匆草上。即敏春安，合第清福。姪懿榮頓首，正月廿九日。

京師亦無新聞，祇物價翔貴，米照去春加倍，肉則一千五六百文一斤，春初天津一營有變兵，聞東潰，旋聞已潛伏無事。郭雲仙西去，聞其名目曰『謝罪使』。家鄉荒春，想飢民仍復不少。鄭盦先生乞假養疴數日。清卿須三月來，香濤日內即至，當爲索《上庸長》石打本。又拜。

〔一〕此札時間爲光緒三年（1877）正月廿九日。

五十四〔二〕

壽翁世年伯大人坐下：

於寄潘鄭盦先生書中蒙存注，感謝感謝。久未得賜書矣，比想動作有福，實惠及人爲頌。此間來者喧言賑事，以吾丈精力過人，行善不怠，受者謂陳宅粥獨濃厚，故就食者多，而吾丈日益忙爲辭，姪等遥聽英名，欽佩。姪以婦病爲累，比來轉劇，恐不復瘥。年翁老境更不堪問，有書一件屬上。京報附呈。草泐，肅叩福安。姪懿榮頓首，四月十三日。

得漢印一，上一字不識，下畫一鳥，尚奇，未及拓。

〔二〕此札時間爲光緒三年（1877）四月十三日。

五十五[一]

壽翁年世伯大人坐下：

月初公車回濰，曾上一函并邸抄一包，又鮑年丈一函，想鑑閱。姪一切如常，姪婦病仍未癒，累人如此。數晤棣生世叔，聞盛惠濟人米粥，而後又濟以麥，敦善行而不怠，是以爲後輩師表也。見所寄年翁古陶器打本，古人制作不苟，然亦足徵齊魯異品。京師古器無新出者，姪得一印、數十泉，亦無大邦文物，似較别地爲勝，此亦一端，敢祈惠姪一分，至叩至禱。廠肆亦無所見，惟曾笙巢觀察循例入見，輒出其舊藏售人，亦皆書畫，有王叔明《夏日山居》一軸，見《江村消夏録》，爲延煦堂[二]以二百金購去。又李昇《卧雪圖》，笙公曾以此名齋，竟是僞蹟，餘則國朝四王巨軸。聞有宋槧多本，尚未見也。姪得有元槧《隋書》，明庫册廢紙印本，尚完好。以病婦爲累，未得拓墨，故新收各泉及印未試墨，無伴函者。李偉卿來此，爲枚卿夫婦覓人題主事也。年翁病乃不支，猶手貼拓本，可謂篤好，看來同好者地下人將日以多，亦至黯然也。清卿日内可到，尚未來，其弟又中高魁，自是佳境。聞昨日子振世丈來京，亦尚未見。仲飴又薦而未中。今年中者，外省書家甚多，而東省則一二人，不如去年矣。肅上，即敂節安。世愚姪懿榮頓首，四月廿三日。

[一] 此札時間爲光緒三年（1877）四月廿三日。

[二] 許延暄，字煦堂，滿族人，精鑒藏。與潘祖蔭、王懿榮等多有金石交遊往還。

五十六[三]

壽翁年世伯大人坐下：

傅足又來，未得賜諭，甚念。此想起居康娱，頤敉納福爲頌。姪入夏以來爲病婦所累，無可告苦，以一人身兼童僕、媪婢，復以焦灼其心，不意離堂上六千里外，其苦有如此者。病者已篤，勢將不起，然餘生熬人，是有定命。姪生平無欺心

[三] 此札時間爲光緒三年（1877）六月十四日。

之學，是以清興毫無。鄭盦先生、清卿學使徒以筆談，未暇聚也。清卿所得小品極佳，其『詔發』二字印，依尊説定是秦印，確當不移，不惟字體似之。姪謂裝詔版搨本時，直可拓此印一紅一墨附於後也。仲飴陵差時出，日無暇晷，不數見，惟香濤以近戚時來排遣耳。姪婦倘從此不起，姪料理事畢，將攜一子一女西省入蜀，大小有所怙恃，庶此心得定，則一路隴蜀秦關，當或小有所得，以舒此積結沈鬱也。京報一束，例呈清覽。五夜悶損，挑燈書上，呻吟滿耳矣。敬叩福安。世姪懿榮上，六月十四日。

清卿得徐同柏金文拓本，內有尊書，得見曩時筆墨。又從商城周相國家得見當時館賦寫本，純是唐賢結體，謹購藏一開，心佩首頫。并此附聞。

姪婦連年所患，屢瀕於危，然終以幸免，此次已是危象，盛夏以陽和湯加重參芪，每服竝茸四錢，而外治適得尊信賜購之陽和膏，內又微加以麝香末，竟日奏功收口，此所謂屬有天幸。此膏存蓄，而戚友來乞者亦以濟之，甚感謝也。承垂詢，謹謝。惟其中乾而外不强，仍作嗽。婦女輩往往肝盛，不知自惜也。潘札呈閱，如其送銀來，如何存置？傅足每以道上驚恐，不敢帶也。潘性最急，交銀來後，必日日索表册，姪復以俟東信竝册來，再交易不遲也。三代瓦，暇仍乞檢搨見惠。尊藏彝器外，範印專瓦皆有三代者冠其選，惟竟則無最古者，且亦從來未聞，想鑑亦非晚出後或古則無字耶？再上壽老世伯大人坐下。姪榮再復六月十四日來書。（來足已加酒力如命）

五十七〔一〕

壽翁年世伯大人坐下：

七月十九日夜傅足來，得七月八日賜書，並領到杞鼎、晉磚兩墨本，敬悉祇謝。聞萊屬飢民重活，群上牓書，争題德門，愚魯天真，感動如此，欽悚莫名。且聞經年佈置，井井有法，實惠及人，鄉曲推服，衆口一辭。大君子處事，於朝於

〔一〕此札時間爲光緒三年（1877）七月廿一日。

鄉，衹此一理一義，經濟、實學，良不分也。清卿已來，所得已略見之。不盡見者，以姪爲病婦所累，一人左右，不遑出門也。鮑丈謂幣範亦九字刀之流，洵然，『[illegible]釿』向屬方肩圓胯，此則圓肩，與『安邑釿』同，顯係改刻，且皮色亦新。唐符亦多未妥。幣範亦與常見之[illegible]正幣形寬狹不類。古物之奇，不出理外，此則古泉之學未深者所爲也。子振丈來此，暫住南學，姪以病人不得外顧，因與清卿熟商，已延入慈幼堂安置。月脩二金，應酬鐵筆，聽其自便，此暫爲託足之所，清卿濟人甚勇，亦云與吾丈道誼兼篤也。杞鼎乃東土物，楚弓楚得，是用快羡。黔陬專字文俱美，今年見廠市人持河南所出一專，形製與此相若，前後俱斷失，中一段從一『陽』字起，存字三行，亦行三兩字不等，曰『陽遂富貴必宜子孫』，下皆半行，字不能得矣，亦未購得。敝河陽師以六百廿金得師命日庚敦。京師古物，無物不昂。姪婦今日昏去二次，姪在前屋守夜，無聊已極，信筆復此，看來不此之夜，亦不出三日。幸諸事完備，其母家人亦來此守視。計得病七年，病甚一載，姪勞已極。行止暫尚未定，已復矣。柏舟舊藏吴仲圭《松泉圖卷》後跋爲高詹事，『江上獨旦，王横雲尚書寄以相慰者』，詹事志之，見當時交誼篤雅。此後惟望吾丈時錫教言，爲惠拓墨，庶此秋夜風雨，篝獨燈坐，得藉以自遣也。《上庸長神道》亦向香濤、舍妹倩索得，以事未及取來，下次再奉。此外，蜀刻閒來爲之檢點，自可分副餉呈。兹附邸抄一束，乞收閱。心事焚如，筆墨拉雜，不恭已極，復請福安，鑒恕萬分。姪懿榮頓首，七月廿一日亥刻，猶爲夫婦俱存之人，未到曉鐘，不悉如何。

沈信已交，説明後，由東甫太史來京之便補寄，信内遺漏，再覆。再前所懇西泉兄所作金文『日光室』三字，紫長方獅紐一石，又曾覓刻紐一小石，如未刻，或已刻，祈下次飭交傅足帶下，省得姪西行後便難交寄也，瑣瀆惶悚，至感至叩。

五十八〔一〕

壽翁年世伯大人坐下：

久未奉覆示，想起居康娱爲頌。姪八月四日果有糟糠之痛，七年之病至此，雖鐵石人亦不支矣。姪上有老親，姪婦以少年短折，致高堂馳系，實爲家庭罪人。謹依古經不成喪之誼，不開弔，不受賻，現諸事妥叙，待車便北上，即顧四騾負歸安厝矣。兒女輩暫送其外家撫養，姪内兄任固安南岸同知也，幸而有此。姪仍居舊寓，待川署來命，歲尾年頭，恐不能啓行也。前二石望附便賜寄。清卿赴泮辦賑，聞有齊刀範拓之寄，前適以事未得往鑒，幸惠一紙。姪獨旦閑居，悲感亦人情也。肅請福安。姪期懿榮頓首，九月望日。

又鮑年翁屢轉寄呈徐沅卿太守所得『[illegible]一釿』幣拓本一，附呈。清卿既有此範，沅卿又得此幣，實則同出一原，皆蘇七所爲，然不敢遥寄簠齋、臆園也。兩物均乏古趣，此一望而知，未悉吾丈以爲然否？山西、河南、陝西皆大饑，朝廷遣官發賑不已，然民困深矣。復上簠齋年世伯大人，九月十七日，榮又拜。

〔一〕此札時間爲光緒三年（1877）九月十七日。

五十九〔二〕

壽翁年世伯大人坐下：

姪京寓，去年所歷，幾不堪問，姪婦之事重荷賜賻，當即叩領，復謝。知丈賑務甫完，又有整頓書院之舉，是以京書不及作答，而所屬清卿諸事，渠又在清化一帶籌賑未返，姪出京之前三日，渠自河南還都，甫住一日即向津門，匆匆一譚，諸未及詳。姪在都乞假，以三月廿九日攜一男一女、僕從三人出都，沿途所經河陝之間，連年饑旱，十室九空，率五六村絶無人煙，道殣相望，鳶吞狗噬，及人相食，無復人境，稍見一二婦孺，率皆鮮衣整履，而鵠面鶉形，無復生色，其衣履蓋無處

〔二〕此札時間爲光緒四年（1878）七月廿七日。

售計耳。佛家所言善劫，更慘於兵火矣，豈人力耶？然追究數十年來太平畺吏，抑誰之咎耶？以五月朔日抵陝，麥餅每斤直錢百五六十文。訪蘇七於撫轅東門永和齋，閉門，訪知蘇賈甫老去六日，而六日竟不能復蘇矣（《左氏傳》）。見其次子及孫。既在事中，便無長物，惟持一漢竟，外圓内方，界中有兩道細字者，不精；一失蓋之好時漢鼎及漢印來。漢印多習見者，然皆真品。一大泉反章之破爲兩半者，餘無他品，索價亦較京師爲昂。又有游手馬呈瑞者，與蘇氏孫俱來見，清卿在陝所得諸物多出此人手，蘇七與蘇四不睦，蘇四物亦經此人手，此人又四走各鄉，挾一至精之『日出大光』竟來，又一貨泉文鐎斗，又駝紐一部曲將印。姪時資斧告乏，俱未議及。馬、蘇又引向一鋪，亦見數物，皆小品，然未持一彝器見示。據云近中若出或新出土或舊家所出，渠皆知之，渠從吾丈及子年丈書中久悉姪名，不相欺也。其人皆可取，即譚吐亦較京賈爲佳，究竟内行也。肆中彝器皆真器僞字，字體較蘇刻爲謹嚴有本，且止通套子，『某作器萬年子孫等用』諸語，亦不多填習見緐文，惟人名率皆可識，又皆有所本，此其漏洞矣。字體皆團結瘦長一路。餘則泥封、莽十布，皆僞。得極精古泉、斷甓，小攤亦多有之，無奇者，然皆真品，姪亦稍得數種。以五月九日西向入蜀，一路山川險惡，非北人所能耐。入褒斜谷，過觀音堂、雞頭關，斗絶人寰，求死不得，雖去漢刻摩崖不遠，真無心走訪矣。所過人家自此以往牆壁每多花紋專，有字者少。褒城土人云，吴學使過，此曾發其二，皆有文字者。清卿抵京，正值姪婦病重之時，姪家事粗畢，清卿又以賑務遠去，卒卒未獲細談也。

以六月六日安抵江油縣龍安府行署，署中自姪嚴慈親以下托芘平安。姪此行提攜細弱，一路冒暑長征，歷險阻之區，經瘟疫之地，大小幸無疾苦，均堪告慰。龍安缺分，每年所入不啻二千金，清苦萬狀，私累不堪，惟四屬清静，公事從容，家嚴藉此稍可養静，向無人事於外，是以六載不遷。姪明春仍復隻身北上，不續不納，從此擺脱清楚，亦殊樂事。子振丈，姪在京時，清卿以書約往津門同辦善舉，此後尚未得消息，清卿云得力不少。姪此行，各物仍存京師，茲彙道上此間兩處所得拓以呈鑒。六千里紙墨往還，亦人生樂事也。別單以詳所出，川中碑版暫無新出者。龍安自移鎮江油，借考棚爲行署，今年值學使按臨，又自考棚外移，行署即官店也，十分逼仄，而學使又忽以病緩期，暫不得還。天氣炎蒸，姪初到又不服水土，匆遽上書，不成文字，止求辭達，真惡札也。此處産箋紙，而質地不佳，即此紅紙便是土産，餘可知矣。又無棉連絲，行匧攜一二條，止拓泉即畢，拓本不得已用粉連矣。潘先生又權少農廠肆，多添三分年成，年翁老去，姪與石査遠引，春山別有所圖，無復抗手，然而耗財，然亦必有所得也。自江油輾轉寄上，敬叩福安。世年姪期懿榮叩上，七月廿七日。合府清吉。家嚴命筆請安。

陽陵侯印，五字制作精美，長安。

錢紐印紐，五銖合文，失印，成都。

又無文。

此成都市上舍弟所得，無一存印者，土人又往往磨去上下以充古錢，不可不別，在錢紐印中又是一種形製。

五銖範母泥，長安道上。

五銖錢文專，褒城。

花紋專，畫魚，江油。

又魚，同。

乘馬畫象專，江油。

又，同。

又，同。

利後子孫專，正者，圍之得全度，江油。

又花文殘，同。

又，同。

江油龍氏稻田中所出，質甚松，易碎，千餘年來水所居也，江油各磚皆鄰河壩一帶田中所出。

億年無疆瓦，得自江油熊氏。

漢并二字殘瓦，長安道上。

康甯二字殘瓦（十二字之殘者），同。

開皇張欽皓象，得自黽池槐柎溎村，字太泐，就石可辨，又無細紙可淺拓，去英豪鎮五里即杜詩石壕也。

端平元寶鐵錢，成都。

榮頓首上。

六十〔一〕

壽翁年世伯大人坐下：

前在龍安曾上一書，去年夏秋間事也。伏想起居康畺，動作有福爲頌。姪以今年閏月廿四日由龍安北上，中途遇雨，六月三日抵都，因録科等事逼近，即移入東城，借寓盛庶常伯希宅，肅恭親王曾孫也。前寄京箱籠，此來篋笥皆寄城外，有四川新出晋石一、梁石一，均有副本，出場後當以緘納。途中所得零星古器，有一圓印，上有大環，文曰『黃神越章天帝神之印』，乃漢人道家印，所謂『佩之入山，不遇魑魅』者也；又圜幣，舊釋『濟陰』二字者，其實碻非『濟』字；一傳形[illegible]，數正文，乃爲姪行匧甲觀，餘則漢錢、泉範、專瓦，無足奇者，統俟場後拓上。拙著《南北朝存石目》已四次脱稾，刻又重編，有額者從額，無者細酌原文命名。聞濰縣北縣有一[illegible]佛碑，俗名也，是魏是齊，請録文見示。有新得石象亦請示及，場後即付手民也。姪到京後始見邸鈔，家嚴有調署成都之事，比得家書，已於五月朔日到官，一切託芘平安，並以告慰。八年龍安，非此不足以清積累。惟首府事緐，四川又新政紛興，姪既喜且念耳。仲飴親家刻尚未行，舁生又得晋差，姪來此亦僅晤兩三面也。聞傳足忽來小寓中，匆遽上此一書，敬叩頤安。姻世姪懿榮叩上，七月十八日。明日録科。

〔一〕此札時間爲光緒五年（1879）七月十八日。

六十一〔二〕

姪頃悤悤宿此，不及走謁，明春再當詣叩。試卷三本、瑣記

〔二〕此札時間爲光緒六年（1880）冬。

一紙呈閱，店中借筆，肅上壽翁世伯大人。世姻姪懿榮頓首。

六十二[一]

賜諭祗悉，秦瓦詔拓册精美無似，不但『文字之福』也。叩領謝甚。清卿在三姓、渾春一帶募兵，而餉又中止，在彼皮閣，亦是新聞。天寒珍攝，千萬千萬。明春當具紅氈白柬，登堂行館禮也，肅謝。壽翁世伯大人頤安。姪懿榮頓首，店中無筆，草率乞宥。

京友託求秦詔及瓦詔拓本，每二分，各種石造象一分，請依傳古小啓繳直，明春面取。懿榮自求秦瓦詔拓本一分。京朝所議夷務不見邸抄，俄約展限兩月，聞有日本國事（海上之師），紙墨不便，再當面譚也（已召左相）。政府與言路相水火，遇事特命三王、兩尚書定議，曾使時有電報，由俄至上海三天可到。梅閣學請造鐵甲船，劉銘傳請開鐵路。行次草肅。

[一] 此札時間爲光緒六年（1880）冬。

六十三[二]

晨起匆匆就道，未及叩辭，遊子之心西行甚亟，伻來得示，謹悉蘇信遵當面交不誤。傳古目收悉，即請飭友如目檢，此單全分兩分，一分乃漢軍張觀察所乞，一分川中所求。張款到京即屬其交東甫前輩手也。統容抵都門時詳陳，西泉委件當往寀之，旅店借筆，肅復簠齋姻世伯大前輩大人，姪懿榮頓首。

六十四[三]

簠齋姻世伯大前輩大人坐下：

國制例用素啓，月前在濰飲食教誨，雅愛備摯，至客店夜譚，稻田追書，昔賢風趣，重見今日。抵都爲人言之，皆東望傾倒也。計入京門，近將半月，因得川書，命爲兒輩延師，致書東去，連日候復，是以稽遲，溽暑遄征，知不免矣。西泉委

[二] 此札時間爲光緒六年（1880）冬。
[三] 此札時間爲光緒七年（1881）三月廿九日。

件，其畫贋本，不復爲購，已有專書。廠中佳物見唐解元《南游圖》紙本長卷，爲張吉人太守購去。又見德寶押貨中有一唐畫紙本小軸、明拓《争坐藁》、宋拓《祭姪稿》，皆佳品，題記亦夥。何瑗玉甫由此間南去，聞所攜皆宋元高名人物，悉皆重直，一色贋鼎，甚可笑也。左相北來，有帶來阿克蘇新出漢石兩段墨本，亦永壽年款，乃四年八月也，爲龜兹左將軍劉平國刻石，此於裴岑、侯獲外又多一種矣。榮匆匆將去，未及購之。京師苦旱，近日微雨。姪往年德寶押當已盡贖出，尚有二匧宋元板書及先伯所欠一債尚未清楚，除此則無債一身輕矣，此已屬二十年來所夢不到之事境也。漢軍張觀察翼願依傳古啓例購全拓一分，前單已示之，如可，一乞寄京，請用血料小木箱封好，作一清單計直并腳力若干寄東甫前輩處，屬其碻交盛匠胡同北口內路西楊大井胡同西口路北楊（桂山先生之後）宅內工部王（官名）瓘字小宇手，渠當依直交東甫還繳，如零星見寄，則按種批直，隨批隨繳。四川知縣于飛卿同鄉（官名）騰亦乞一分全拓，亦照張說，由徐交王，唯其直則須俟王函到川，始能照復北來，亦隨來隨寄，決不誤不遲也。（零寄則須重油紙包，整寄則須木箱，以寄川路遠，又託引見出差諸官爲來往串帶也，姪不在此，故稍不便，姪自乞鏡拓并鏡範三紙，以成一事，至叩至叩）鄭堪先生得三塤及各匋完器數事，則皆齊人之詐，而南人不復返矣，又不能實言之也。連日客來如織，行人困乏，塵土滿襟，拉雜肅書，專叩頤安。九蘭哥、祜曾世兄不另具謝。三月廿九日，姪懿榮頓首上。

六十五[一]

壽翁世姻伯大人：

姪於四月十五日由京啓行，瀕行，尹慈經茂才又寄一塤來，文與前不同，乃韶塤也，文劇佳，而質破，同時渠并寄一枚與潘鄭堪先生，卻完整，文與此同，似有剔痕（見拓本便知，器卻真，與姪一相同，恐或無字，渠仿之，不必言，見拓

[一] 此札時間爲光緒七年（1881）四月十五日。

本自知），不如此之精也。姪每見東物外出，心必作惡數日。渠所得太室文三墳（有陽文）則僞者，大小不等，榮亦得此僞者四，回京寄呈，一笑。（皆從姪一器繙沙，且作陽文）潘乃大喜，寄銀與尹，屬多購東物。此吾齊樂器，明明有『韶』字（潘釋『昭』字，非，若告以此字，東物無噍類矣），紛紛爲外人所有，則可惜也。請加意物色之。青州河岸所出，尹（此公好外交）寄潘信言尚有異文者，不知何等。即頌頤安。姪懿榮頓首，四月望日倚裝。

六十六〔一〕

簠齋姻世伯大人年喜：

姪東西馳騁，一行三月，今日甫抵京門。前賜函已寄香濤中丞，倘能如意造福，則仁人之言，其利溥矣。長安、河南及先在成都年餘，皆有創獲，從容拓上。負擔未弛，行人將去，匆匆泐佈，字迹不恭，伏祈鑒宥，并頌合府新喜。姻世姪懿榮頓首，十二月十四日。

〔一〕此札時間爲光緒八年（1882）十二月十四日。

六十七〔二〕

簠齋姻年世伯大前輩大人坐下：

八月朔日奉到六月廿八日賜書，并收到劍印各打本如數，并蒙獎藉逾分，拜嘉無已，感悚交深。姪館試後因得川中家諭，命以買宅卜居，逐日忙碌，尚無頭緒。京師夏間大雨，家家屋漏，不減辛未年也。就中曾由東甫前輩處肅上各函及拓本等，想陸續可到。內有潘尚書所寄五十金，屬求毛公鼎拓本者，又有姪所上傳古四匣拓直照單之市足銀二百六十金，收條并以呈覽。敝藏劍蒙釋『自』字，的當不磨，又係通例，而其名又不可識，當詳思而縱説之。潘尚書亦有釋，并所索全拓，人便匆迫，容再續報。吾子行《三十五舉》、桂未谷《續

〔二〕此札時間爲光緒九年（1883）八月四日。

三十五舉》，亦即購上。又有《再續三十五舉》者，驟忘其人，亦容再聞。姪尚有懇者，傳古全拓内聞有續補，曾寄張彦謀觀察補入者，王孝玉工部處有一單，敢乞賜姪，亦一續補之，以爲全豹。又瓦量詔字今二十紙，姪所收全分内者仍前十七紙，亦乞補三紙，後得可補者，想尊處必有區别志記，姪不知缺何種也。泥封内無皇帝信璽一種，三代鉩文止一種，今稱二種，亦祈補入，信璽請格外再賜一紙。古陶内缺鉩文『陳□』一大陽文二字者一種。又見念庭所攜尊賜新得周鉩，有『子樂子』及形，龔定庵所稱海上□月鉢類者，近年所得出前拓外者，敢求仍如前條，一朱一墨爲一紙者備賜之，如此瑣瀆，丈恕之，勿怒其煩也。潘尚書處并乞早復，免其屬詢。姪今年花錢不少，字畫皆奉家嚴命購者，有《蓮華經》第五卷，松雪書者，五百廿金，烟客寫經（有戊申年尊題），覃谿寫經，又唐人寫經；又以三百金得景氏北宋拓《九成宫》；百金得《岳麓寺碑》（多二百九十餘字）、宋拓明庫裝有板橋題之《道因碑》，又《不空和尚碑》，又臨淄馬氏古陶全器，一瓦鼎、一大瓦豆、大登十五、小登十餘、罍五，曲阜周公廟出土一鼎二字、曲阜某家之『輔伯戚父』四行字大鼎、煦堂之『魯土□父』二簠，統再拓上。如此看者，秋節將近，避臺高築，按劍疾視，彼惡敢當，必出此矣，然猶不至此，附博一笑。敬寬書稿尚求數本，前惠二册，一寄香濤，一寄河南巡撫鹿滋軒，川中來索，竟無之也。念庭在此大累。麗珍杳然總不見面。煦堂之僕劉二帶得煦堂要售之物，小件彜器字少者及字畫數事，將東走黄縣，西赴雒洛，估販並下。仲飴時有信來，表嫂親家太太夏間時出房門稍坐，亦不甚厭煩，家人伺候，自是佳況，并以慰念。少山校刻印林先生遺集將竣事，餘容再上。肅叩頤安。姻世姪懿榮謹啓，八月四日。元嘉造象一紙奉鑒。

六十八[一]

簠齋姻世伯大前輩大人：

[一] 此札時間爲光緒九年（1883）八月。

六十九〔一〕

簠齋姻年伯大前輩大人坐下：

前從東甫洗馬處上一書，晨間送去，濰足業已早發，所差頃刻，不知遲到幾日，人事每每如此。前索吾邱子行《三十五舉》，今並桂續及姚再續者一并納入。吾邱、桂氏皆吾鄉先喆，當時開山，所見太少，至姚丈此書，羌無故實，不足稱引。榮能三續之，一夕可就，且不蹈常襲，故書成，當請吾丈是正之也。姚刻吾邱書校義精審，尚是可取。劍拓全形二紙、單文二紙，拓者心荒不緻，先以呈繳，容當細拓小紙再寄。尊釋『自』字非『寶』字，既屬古例，頓開鄙臆，只在眼前，都未諗也。又從王小宇工部處索得尊寄張觀察書，内有補寄拓物名目，不及重録，即以原書籍上，祈照書爲榮補之，以釋遺珠之憾。（寄張書，閲後見還轉繳）拓者工直并望示知，即當補上。再皇帝信璽封泥及三代封泥二（止有一），陶上陳氏鉢，姪僥倖留館，筆墨稍可庋閣，自冬徂夏，俗事都未料理，蜀中又促以買宅、爲大兒説婦事，種未就也。煦堂使人來拓姪所得器，藉所就者先上二種。姪路過寶雞，禱於陳倉陳寶之神，所得古劍在焉，請以釋之。東甫、小宇傳古單已覓來，微有不同。于大令覆件將到，容再清理。肅請頤安，

姻世姪懿榮啓。

劍一請釋，一面重文曰『永寶用劍』。

鐵泉範一。

方鼎一。

盉一，字在鋬内，得之川中。

父庚觚一。

象形古圓鉢，元嘉象石，六朝殘石，開皇、聖曆等小銅碑再拓上。又泥封只一奇者。入秋則暇，從容俟教，此乞先復。

姪懿榮頓首。

〔一〕此札時間爲光緒九年（1883）八月廿五日。

又『子樂子』後得各璽均求一紙，是又在補寄張書所稱外者，屬瀆冒昧，伏祈鑒恕。潘尚書催問毛鼎拓本事，榮又從福山得『三銖』石範，至精，容再拓呈。今日星五丈召飲樂椿園，匆匆作此，仍面懇徐洗馬便上。肅叩頤安。姻年世姪懿榮謹啓，八月廿五日。

七十〔一〕

簠齋年世伯大人坐下：

前數上書未得賜覆，悉吾丈年來有孔懷之戚，是以不復屬瀆，近想起居康亹，潭第清吉爲頌。姪仍羈閑曹，鰥潛自適，茲因傅足東歸之便，附上行卷二册，以祈教誨。又四川所拓高頤雙闕畫象全分及闕上新出横列廿四字，伏望查納。如其北上，付一收字可矣，不必擾及管城，惟六朝小石有後得者，仍欲乞以入録，再前拓之齊刀各範、青州之塤及古陶之字多者，

〔一〕此札時間爲光緒十年（1884）三月廿九日。

請屬拓工檢齊，姪擬依傳古小啓舊例問直償之，此屬侍史爲之可矣，亦不敢擾及管城也。姪年來所得，後即彙上。專請頤安。姪懿榮頓首，三月廿九日。

七十一〔二〕

簠齋世年姻伯大前輩大人坐下：

杜生錫九於四月晦日到京，得讀月望惠書，祇悉一切，於所言近事，種承縷復，至教悱惻，後進所佩。使時賢知此，豈復至有今日之困？不勝憤懣。法越之事業已議龢，争之者卅一人，各有見解，外間迄不得其詳也。石拓二封，遵已迻交，拓直十四金當交杜生代上。頃得濰車所帶寄示一片中，屬吴壻買布一事，未悉前事，聊復詢之杜生，據云誠有此事，渠誤以單開王宅爲孝緒舍人處，已由渠處代辦妥貼，價已由拓直（京平足色）拆付矣，此請即由杜生手條算可也。石拓多於敝前日

〔二〕此札時間爲光緒十年（1884）五月。

所得，遵以秦石二紙、漢畫二紙提出，當將姪前所存以下各石原包易交敝房師，省得姪再檢閱，吾丈再檢補也。此次寄來《說文》二種、《書目答問》原刻一種（《輶軒語》容再檢川匧），謹以納上。又姪所得殘卣一器拓本一紙，即阮《録》之所謂『繼彝』也。字既非『繼』，器亦非彝，此淀園燼餘也，言之浩歎。又西賈所寄一破竟並拓呈閱。香濤既蒙召入，又使出督粵海，外省疆吏空缺許多，仍係署缺，未有替人，雖曰詳慎，然人壯枯窘，已概可知，此誰之過歟？滬報所録中外各事，有真有僞，當分別觀之，不可泥也。潘尚書二百金一款，東甫侍講已交姪手，姪已作書詢之，此項如何寄處，或蓄以待之，尚未得復。安邱王君所持賜書總未見來，竟未得復，《論語集説》卻憑空由東甫處交下。此書乃糊卻『通志堂』三字印，以充舊本者，其下口魚尾處篇篇脱線，京市此類甚多，肆估皆能辨之，不能以示法家少爲推引也。鄭堪尚書在家，大患目疾，其性躁所致，果來催《印舉》，幸有以復之矣。姪所求古鉢朱墨本，即在昔年所編小册之外者，如上□行□大夫鉢（杜估曾作一僞者，售潘尚書），又子（次字似）藥子，又一大園者等類，祈尊酌，自小册所編以後新得者，補寄惠之可也。餘委件陸續答上，此叩頤安。姪前所上二疏邸鈔有誤字，謹以原本録呈大教。姪懿榮謹啓。

法越和局五條已詳滬報，不具述。法使届期更派許竹篔名景澄，戊辰翰林也。朝邑有協辦之命，聞今日尚未下。和局之定，起於李相（合肥），劾之者二十餘人，原摺俱發給自看，内惟編修梁鼎芬『十可殺』一疏發與樞廷一閲，旋即索上，未給李看也。現有要事，仍待醇邸出始定，徐小山太學究矣，屢爲人所賣，其獃氣可掬，處此世道獃則不堪矣。朝議初怒唐而輕徐，此時則怒徐而輕唐，然利害均未可預定。閲訖付丙。

七十二[一]

簠齋姻年世伯大前輩大人坐下：

〔一〕此札時間爲光緒十年（1884）閏五月七日。

閏月四日得前月廿三日賜書，并領到惠寄新得艁象、古兵二種打本，至感至謝。夏至前姪適病瘧，上溯甲戌事已十年，脾之主信竟如天道耶？此番既發在夏，至前因亦較輕，惟年力漸退，氣亦漸弱，病輕而苦倍之，此亦人生之境理應如此。杜估東回，曾上一書，當邀清鑒。盛伯熙、周蕙生以利誘之，一使其導取槐堂藏石，一使其導取翰生藏印，然郭石、高印，吾東所出者也，商人重利，百方利導，終將不守。姪生平未曾挣得一錢，卅年消費，出自俯畜，然明年倖得一差，無此力也。丈幸設法圈禁之，不使其北遷，吾東幸甚。若長者能自取之，人貴適志，請亦勿恨其居奇也。承示印譜底終，刷甚不緻。邢匠乃刻手，與刷手屬兩事也。且刷竟不能純用墨，非煙不行，墨有旁瀋，煙則膩而不滓也。香濤來，在和議既成之後，樞府譯署無所經置，又適京朝言官交劾粵督，故有此命，然粵之較晉，事難倍之。滇、粵二撫已報啓程，滇狡而粵乃甚猷，猷得可笑。幼樵之行，竟同謫處中間情事，非一言所能畢，亦其人之所自取，不足深惜。左相之來，朝廷優容之意至矣，大政仍一秉承醇邸和衷，上聞而後行之，惟丹青二老老將至矣。《輶軒語》原刻一册納上，以贈文孫世講。鄭堪尚書病目，兕觥已爲其所得。京師天久不雨，糧貴疫雜，甚是可慮。姪近無所得，稍見即拓上也。闌堉人甚沖和聰明，惟體弱，又不專嗜學問，尚是少年未解後悔之時，再長則自亟亟，不須董也。力疾叩復，即請頤安。姪懿榮謹啓。閏月七日。

聞東省挖河，有得古鑄國器者，已見人所持來拓本數事，拓既不精，字亦剔損，盖字本娟細，土繡又多，遂至於此，然究竟東土物也。此次所示古兵打本，一字在脊，正是鑄物上數種造器者之名，當是同時所出，此外尚有他器否？鄭堪尚書屬求黄神宗伯一石打本，姪亦自求寬紙拓者二張，入前拓彙存。前賜初拓有題字者，紙小，另裝入漢碑類矣。

二、王懿榮致潘祖蔭

國家圖書館藏稿本，無稱謂，據内容判斷收信人爲潘祖蔭，作於光緒十二年（1886）左右。

潘祖蔭（1830—1890），字伯寅，號少棠、鄭盦，出生於吴縣（今江蘇蘇州）潘氏文化世家。咸豐二年（1852）探花，授翰林院編修，仕途通達，地位尊顯。著名書法家、藏書家。通經史，精楷法，藏金石甚富。編有《攀古樓彝器圖釋》，輯有《滂喜齋叢書》《功順堂叢書》。同治十二年（1873）順天鄉試，王懿榮中副榜，潘祖蔭爲該科副考官。光緒五年（1879）王懿榮中舉，覆試考卷欽定一等第七名，潘祖蔭爲該科覆試閲卷大臣。王懿榮早年即以金石學才華爲潘氏賞識，稱其『年伯大人』；光緒五年（1879）中舉後，改稱潘氏『夫子大人』。

一

《續考古圖》一部領到，敂謝。伯熙已回，榮尚未知，因先生尚未上館也，或者歇乏乎？何貞老詩云『下山三日夢猶勞』是也。不知上方山之遼専帶得與否，極可玩也。薈生以玻璃合嵌之者即此。繙檢拓本，師命分贈盛、周二分各一（榮自一分歸類矣，不須再懇），新得尊拓本不知夾於何處，猶俸票也，頃欲送之不得，故急肅復夫子大人，門人榮上。

二

賜示祇悉，尊極精拓本領謝。其二紙當分與伯熙、薈生。昨日佳節，遊山人必不下山，必能詩者詩、能文者文。今日故與鄭先生俱未回，回路須三日也。張獨鵰當與商之，其甗入志（蓬萊出），其鼎則非其土出，即以尊恉函告之。肅復夫子大人，門生名正叩。

師臧亢敦，『王在周』（吴《録》釋『魯』）下分明是『味爽』二字（吴《録》釋『都晉』，『都』字屬上讀），此與阮《録》戊寅父丁鼎釋文同一可笑。阮録又將□字誤作□二字（此上此間均應有剥文，未見此拓，不可知耳），此或拓本模胡，或原器剥蝕繡爛，均不可知。以允敦證之，其爲『昧爽』二字亦無疑也。且文從字順如此，昔之人罔聞，知其不可以道里計如此。師臧□一器類此者，何器耶？示知爲叩。

三

拓本領到，祇謝。薈生昨日未刻長逝矣，可哀也。如此等聰明人，不可多得。榮明日午後將往唁之耳。伯熙遊山，歸而大病，昨又哭薈生去。肅復夫子大人，榮敬。

四

賜諭祇悉。榮昨往哭薈生，遇感則慟，歸而作暈。又唁安圃，車不能出前門，繞灣大走，結實人不過悶極，若榮病軀竟不耐也。到薈生處，龍芝生在彼。聾子言其臨去時，將分送各位之印譜，一一手題、封識完然，可憐也夫！然人生苦境，速死爲愈，佛家所謂歸真，殆不虛謬。孔子聖人，天地生死總不説破。吾師前屬言之，人生必有此一日，不至其時，總以爲無此一日；及至其時，不但本人難受，旁人亦爲之一齊難受，不可解也。伯兮病想未愈，不然早來説薈生下場矣。榮則群僕紛散，近如伯兮，未及通詢也。拓本領謝，此物竟比人之壽長，不知魏晋，安論唐宋哉！人生如此等事，不傷身，不害世，亦從吾所好，玩而老焉足矣，歐陽文忠之言是也。肅復夫子大人，門人名正叩。

五

前示祇悉。榮以出門，未即肅復爲罪。下人紛散，又未能詣送。古陶字乃真品，廿字亦原來者，斷不僞也，其僞則致多字矣。匾聯今晨領到，先代允勤泥謝。其人以宣紙乞書巨匾，其意欲鈎刻後，仍以宣紙者裝而存之，黃紙刻後便無之矣，且懼其褻也。鄉間有劉文清爲人書『惠迪堂』三字，一刻木，一原紙，有兩家同此一字號者，以三十金購此家之紙本，不與，榮親見之。薈生拓物一分以去，劉二草率異常，紙墨可惜矣。六鉨朱墨本各一分納上，此榮所抽厘税也，其拓去胥工遠甚。肅復夫子大人，榮叩。

六

賜示祇悉。小幣拓本有致佳者，有新鮮者，如字者，是正面則至奇矣，當爲舊譜所無，若背面亦一奇也。其餘未暇繙譜，異品甚多。此物之有裨古文，與鐘鼎同功，又無同範者，見輒收之，不能與人分之者也。吾師所得種類極夥，亦必須立一目，以考某種之有無，否則見之驟疑爲有，亦驟疑爲無，有疑已有而通無者，有類若無而又多有者，此門生閲歷有得之言也。必一類爲一包，每包書明内幾品，若續入，則續添記之，其有異文者並於包面大字批記之，否則散漫而無紀矣。孫文楷之物，榮所得拓本不全，隨得者隨分副以奉矣。聞次經回，將爲吾師議之，必有以報也。吾師彝器目録曾命編録之，伯熙、薈生、中弢亦力促之，榮亦暇爲之。金文各家目與宋本書目並重，一可以見流傳之有緒，一可以稽隨時之隱見，又可以知舊譜所箸之存佚，又可以知後出之多寡，又可以知今天下共有之若干。榮早思及此，當亦及此暇爲之，惟此次北旋，剛值中秋節，部署春間大事，拖欠千頭萬緒，以致昏頭搭腦，病本在眩暈，而此事雖不煩躊躇，頗費唇齒，尚未竟也。稍暇當盡拓周秦圜法呈覽。（清卿器目，榮亦能編之，俱未啓匧，紛如蟲蟻。壽老小品亦有不在全目者）允勸拓本來亦必速，登州正在院考，書估、古董客麕集郡城，想其近日必披剔不暇矣。敬復夫子大人，門生名心叩。

七

賜諭祇悉。小幣拓本一包，内有劇佳者。此物與鼎彝同一可貴，榮向所未全，謹領祇謝。松溪已登車赴通，其兄穆庵拓已向説，渠身邊即有一全分目，爲薈生曾索及拓來，未及付與，又扃諸行匧以去，急未能取，容渠到煙台時即寄回呈納。烏魚穗、魚蛋亦即寄來（魚穗有濃湯者，如葛仙米作法，有和蛋炒者，如桂花魚翅者），作法已作書詢諸福山人，即榮所喫人家。張允勷專，榮以前所得者不全，未在手下（穆庵亦不全，皆辛巳年所得，又六年矣），其全分在東，已祈爲吾師先寄一分。渠尚有求吾師書件，輪局信便甚速，舍弟在家，不久即寄來者矣。中飴許久無信來。肅復夫子大人，門生名正肅。

八

賜示祇悉。高氏所藏漢石，當年曾爲膠州匡先生題過，因以知之，拓本未得，即祈惠分一紙爲叩。聞王西泉云，渠有二種，未悉皆屬漢石耶？抑又別有一種，其一種則未之見也。念庭鏟幣未有拓本，戟翁有限，念庭又益以數十，質没於京庫耳。去諸城巴山莊七百里，人便極少。蘭畦在家，亦未通信。渠所得趙、高二估之幣碎數段，龕之木櫝，不能出拓，云將浼濰匠粘合之再拓，是以目見而未有拓本也。圓肩方足一類，字爲舊譜所無。張允勷鼎全形一紙，蓬萊所出『長安樂』、福山所出『大吉日』二種專各一具，敬奉鈞鑒，真野人與塊矣，伏祈哂存。未能恭楷，尚求鑒宥。肅復夫子大人，門生名正叩。

九

賜諭并高氏漢石搨本領到，敬謝。漢石拓不如從前，唐石備物耳，渠亦只此二石矣。肅復夫子大人，門生名正叩。

十

夫子大人鈞坐：

前肅復一函，後又奉到賜書並彝器搨本三事，祇領敬謝。煦堂二器往歲親見，致真之品。新得鄭虢仲某某鼎，文字甚美，又駕此二器而上之矣。文登舍親于氏書究竟歸吾師否？購之太貴，捨之可惜，得之乃又無甚奇異，此物類是。榮等昏迷，加以病困，匍匐將事，一切外事皆一聽鄉族長者之所爲。不孝惟有刻意地工，并力厝事，然尚恐有精神不到之處，特先事苦不自覺耳。後年安葬，氣體能復，尚可後圖補救，然罪已重矣。月杪當可竣事，以紓鈞廑。諸鄉唁者，亦頗以土物帶餉，皆埏埴之屬，複者當攜以分奉，惟三銖一範，譜中所無，只得一器，搨以呈鑒，此殆漢武幸祠之罘所棄置者，出弊村北古牟城西溝中，此則以重金置之，爲弊邑文物所關也，亦持此可以遠薦竹老，近酧壽翁。餘者來告紛紛，尚無實見。鈞體目疾想已元復，不勝敬系之至。榮所苦仍未脱體，援遵前命，以大字書上。郎亭南下，窓齋北還，諒均次第如律令矣。祇叩福安。門人（在苫）懿榮稽上，六月望日。

十一

次經信并孫模山信，又所示上吾師一書呈閲并繳還。簠齋後來亦常得山農物，山農之物佚者必多矣，甚矣，礦之不可開也！肅上夫子大人函丈，門人名正叩。

十二

夫子大人鈞坐：

榮於十五日奉先靈東下，由通雇船，河中阻風二日，自津乘坐輪船，海中阻霧一日，於廿五日始得抵里。幸託福芘，一路平穩。艤唱悲酸，停舟昏悶，自罪人處之尤屬不堪，況以榮之連年孽病，暈眩萬狀，皆此生未歷之境。昔吾師南中寄書與榮，有言『四十年來有如一夢，再想重作此夢，此生不可復得』之語，當時談之，即如《出師》《陳情》《祭十二郎文》諸作，時人所謂『古文三墮淚』者，被吾師一語括盡。此中事境，亦爲榮之耳鳴，自聞之而自知之耳。正在作函，適得京寓所寄夏至日賜諭，并陶搨三百卌五紙領到，祇謝。次經所購景明造象乃是真品，此非京肆所有，其字體如簠齋所得，諸象多同，諒自是東產，渠以暴得稱奇耳。榮家山七遭兵燹，先人弊廬昆仲雜處，皆在瓦礫之中，只餘廳事五間壁立孤孑。先靈暫停於此，開門見山，然去山又遠，祇滋僻陋而已。見在日夜督造丙舍，造成即廬於此間，擬以六月廿二日恭辦葬事，七月下浣榮隻身北省，舍弟留東。頃甫抵里五日，一切尚無見聞。李山農在之罘開礦，尚未動手，其山迤邐，不止一峰，海中可見全勝，且多產鐵，若其開挖，必有所見。當年東觀刻石必非與之罘刻石同在一處，以其山甚綿亘，可望而知也。如有所聞，再以奉告。于四公子書放之可惜，購之太昂，其人已出京否？匆匆肅復，即叩鈞安。門生（在苫）懿榮謹上，五月卅日。

十三

韓涅金拓本一，此從吾師新釋。此幣大約與涅金二字同坑新出，近來數數見之。

孫模山，青州人，在濟南鹽商茅家處館，去此殆九百餘里，未通音問。此與蓬萊張允勷、黄縣諸丁最近，皆百里内外，可徐徐訪之。又一從姪在甯海當鋪作生，言曾見本州常姓質過一大銅器，陽文字，此必漢洗；又二鼎，已教以拓法，令其訪去，惟贖歸一二年矣。當鋪皆黄縣諸丁所開，其鋪當有銅器，滿則出售，而不與東家者，以東家持去，便不算本錢耳。念庭來只見一面，言及高文翰不日即來，爲薈生羅致漢印百餘鈕，有佳者居奇甚，至聞其逝去，價亦未大落。九蘭高卧不起，晚間會客，故印譜及拓片率無成，然得古泉佳品無算，亦不能拓。大古鉩皮劉三得之，陳、郭相争，執價不下，京城電報一去，遂歸郭。郭者號申堂，乃匡侯觀察之弟，名焕之，新好而有大力者也，又好明墨。鉩已有僞者，念庭持來打本即僞者，并言同出者尚有二字一玉鉩，則未見拓本也。念庭已窮，自言無所得。蘭谿未來，允勷大病，因無回信。松溪之鋪一齊折本，乃暴窮。舍弟十五日起身由旱路回京，必過濰縣矣。陸篤齋贈新刻仿宋《石林奏議》一種，念庭贈竇東皋七言聯一付。門生每回東，必有所得，物莫不聚於所好也。舍弟亦好而無法，因亦無新得。夫子大人，門生名叩凍肅復。

十四

賜示敬悉。劉二並未見過此物，只言得者曾親送濟南與渠，而渠已出門，在路劫時矣。（此純是吹話，濰人豈肯向濟南送與渠哉？）若其有拓本，不知當如何飛揚鼓動，以厭利心，再圖誑騙，此虚語也。此次所出，不止一器，皆極大，聞有八字者，在皮劉三（濰之土估）手（販銅挑子得自臨淄，以百五十文得之，以六十千售與皮劉三，皮劉三要千金，真可笑，此濰人所詫爲奇事也）。九蘭與之講論，不識已得與否。尹伯元憑空花錢打電報問王西泉，此事無西泉干涉，西泉萬不肯空花數金與之閑談，無怪其不復也（聞其不復）。門生聞郭姓及在徐撫家教館，新來之陳姓言之歷歷。西泉爲門生購得元朝大石官印（山東官，亦最奇，此種價廉，故能購之也），已在針車，日内即當進城，且有此次所出拓本全分，特尚未交（皆濰人言，榮前數日始知而向未書，尚未知行焉否也）。内若有重分，即以分奉鈞鑒。劉二、伯元只知其一，清卿亦只聞其一，豈知尚多哉？門生與吾師向無欺飾，欺飾則不言其尚多，昨亦不先言之矣。師每得外來拓本重分，必先分副以賜，不敢背也。負者不祥，專此叩復。門人名正肅。

十五

榮昨日到薈生處，歸甚遲。仲飴有專人來，明日走。罍罍正在繙撿，撿出即上，不敢遲誤。不在總類，是以須繙，榮之匧笥亦不亂也。信及印拓繳上，此苗篆不甚古，留之以備一種可也，帶此一紙耶？（細視之乃絹）此復夫子大人，榮肅復。

十六

川中滷漆帽架、紅豆木帽架各一具，敬納。漆片者極爲簡便易帶，舍弟攜之歸里贈人，以此種俗陋，不以登大雅之堂也。隨後尚有，容檢到再奉，連日謝送，薈生又遣劉二來盡拓銅器，搬運坐對，非身嘗不知其苦。拓本檢得即上。肅復夫子大人，門生名正叩。

十七

賜示祇悉，厚奩對收到，當即移交，若䉪處尚有舍弟款字信鄉，乞吾師轉浼者，與此一氣送去，祈便中并賜一詢。罍罍拓已繙索（臨走時所得，未歸類），索得登即呈納（此物榮有重分），不稍遲誤。張允勷封一、匾一，祈吾師書，并附上。連日試出，爲謝送者，歸仍不支。草上夫子大人，門生名正叩。

十八

唐石及玉印拓本領謝。自見大鉨，此種皆瑣屑矣。地不愛寶，焉知此後不有更大者哉？昨見清卿所攜山農拓本全分，不如吾師有重器，然其鼎敦件件精，多有簠齋所不如者。然地不愛寶，焉知此後不有更精者哉？榮乃列在伯熙所編小藏家内，然如薔生之印、清卿之器，亦不免爲小藏家也。肅上夫子大人，門生名正肅。

十九

清卿前日在城内夜談，甚説二劍之僞，難得難得。遲伯熙未至，而劉二跟踪來矣，持漢印百餘枚，極壞，清卿選其廿五枚也。松溪昨有信至，磚拓亦來，正擬送呈。其兄穆庵不善搨事，視之不出色，遠不如張獨鵬。獨鵬信尚未來也。菜雞即當謀之，惜非秋令耳，秋令小雞初長者嫩。肅復夫子大人（原信附呈），門生名正肅。

二十

夫子大人鈞坐：

天保、武平二象拓本領謝，皆屬真品，不過字稍習見，萬非次經，門生遵即入録矣。聞其所攜三石，其一爲何？急未得見。松溪求賜題拓本，原紙呈上。（畫象大專一面破者，仍乞搨賜，乃求其全）允勷信至今未來，渠常有病，是以遲遲。聞濰縣陳九蘭獲古鉨無算，且極大，不知碻否？已飛書詢之，濰客不來，想九蘭絆之矣。敬請鈞安，門人名正叩。

二十一

松溪拓本收到，容即寄之。濰縣古鉨事，劉二來，言之恍惚，後聞郭虞琴中書薰之言，乃真事也，且云不一而足。然濰物每一真者出，必有無數僞者隨之，當早購一真本視之，以防其猝至而爲其所亂也。濰縣無輪便，但等針車、布車耳。肅復夫子大人，門人名正叩。

二十二

拓本領到，衹謝。此字文雖習見，而别有意趣，其結體又是一種，甚美甚美。伯熙、中弢昨俱來，娓娓談薈生後事。犟子因一譜得二十金，遂以千印爲大奇貨，將挾歸，打而售之，不知除此數人外，再無要者，折本必矣。其佳物俱未出脱，但恐其終必出之，不得其所耳。王、張書未來，王、高、杜、劉人亦未來，陝估人無書，渠等不知門生近在何處耳。肅復夫子大人，門生榮叩。

二十三

黄公鼎又見之矣，伯熙昨有信，説得極有趣也。拓本領謝，白躬父一鬲，勝於無『作』字者，與東武舊器可匹敵矣。

象形字一鼎亦佳，記得與師舊藏一卣字絶相似。薈生今日開奠，榮未能去，香濤下人要走，催寫信也。高、杜俱未來，張、王信未到。肅復夫子大人，榮叩。

二十四

崔子忠畫，容即覓出送呈，請吾師刻之，備歲朝之一種耳。尊撰厚庵序文已清出一底，伯熙連日在可莊處，尚未到門生寓來也，已傳示之矣。專復夫子大人，榮叩。

二十五

書收到，非説部，榮亦未一啓也。[illegible]父辛拓本一紙，係師藏者何物耶？祈示。又舊拓本一紙，有重分奉上，記得吾師有此一卣，字較此大，即阮《録》中物耶？肅復夫子大人，門生名正叩。

二十六

榮所得陰文專拓出，呈閲，乃『梁适』二字，人名，時代不能早也。又延熹鍾一，字在口上，出萊州。又關中二鼎拓本各一紙，並納上。此與罍畢同捎來者，亦可備一種矣。求賜補拓鐘文開單附上。此叩夫子大人鈞安，門生名正叩。

二十七

明日不雪，敬當趨叩，榮不茹葷酒，只賜一粥而已。專叩夫子大人福安，榮叩。

三、王懿榮致盛昱

國家圖書館藏稿本。愛新覺羅·盛昱（1850—1900）字伯熙，號韻蒔，一號意園。滿洲鑲白旗，素武親王豪格七世孫。光緒三年（1877）進士，授翰林院編修、文淵閣校理，光緒十年（1884）遷國子監祭酒。與王懿榮爲至交。

一

弟處所看抄報極全者每月幾千文？請飭其送兄處一分，按月照數付直，即煩門者囑咐之，至禱至禱。又錢可廬説帖、陳石士説帖有重者，兩人祈各分惠一紙（首尾完具者一葉足矣），將以備數也。此頌伯兮二弟春禧，兄榮頓首。

二

昨示種種照辦，清卿前輩處即當詢之再聞。《濤音集》與未谷札兩事幸惠付，將裝治。尹少年兩日未來。其心方熱，如阿二之於前門挖河也。中弢、弼臣連日間至，兄回拜兩日客，即料理軸本大總類矣。藉此自弊。此復伯兮吾弟，兄榮頓首。

三

弟乃窮人，尚可一拼，兄則罪人，心力俱瘁矣，從此不復能收物。去放差期限尚四五年，焉知其不即死耶？地下古物累累，但無書耳。老高售與鄭堪師一周泥封、一文信（吕不韋）四曲泉，西泉售與一鉨（薈生失之可惜，然百金）、一齊威王（因咨）戈，皆絶品也。（匽戈亦真）亡人無以爲寶。鄭東甫已入學，兄四月十二日不能走，漆不及乾也。楊風子究竟尚外行，且無錢，可趁此并力爲之，遲則可惜，必悔之矣。兄負人有利息錢二百五十金，亦疚心之事也。文運如此，兄其應運而死乎？亦自命不凡矣。（《北山録》香濤所購，此公若在京，見此亦必大風，且與人鬧氣也）伯兮二弟，名。

四

（前缺）印。邸昨未收到。濰人有一真鉨，動輒千百僞者出矣。此鉨原來真者已是二枚，文同字小異耳，其一在臨淄。二石納上，請再煩黄先生一刻，兄走前尚欲攜以去也。藍印泥、黄印泥有售者否？兄病甚，然奮志欲去庭前枯木。近來其上截枯朽欲斷，恐壞我屋，且哭及胡效三兄也。先以酒酹而告之矣。伯兮吾弟，棘人榮上。

五

（前缺）矣。兄百廿日不吐，初二日忽大嘔，病之反復如此，未悉何故。計已六閲月，尚無人境，奈何。此致伯兮二弟，兄榮頓首。

六

示悉。香濤請訓，昨宿兄處，即晚飯爲餞。渠屬延博泉一人來聚，以便早歇。厚菴聞博泉之言，移四簋來助談，渠亦滂沱而下，食未半，香濤睡去。今日不出城，在丹青二老處晚飯，歸來夜話。有人餉以四簋，渠又餉我，吾弟何不過來，我二人同享，以待渠歸，大可一談。（弟作層中之層，不亦妙耶？）惟不識其醒歸乎？抑睡而回耶？一笑。紙收到。名心頓首。

七

香濤大悖，天天申飭。謝仲阿丁外艱。家母舅方平先生老矣。兄所置多與弟同，何也？仲飴昨已到，滋軒將歸山東，闈墨竟難驟見矣。我輩閑人除卻窮字外，竟别無毛病也。盛大人，名頓首。

八

厚庵、蕙生詩俱來，厚庵又云恒興錢鋪存有代售黄子久、王叔明、唐六如三畫，渠作一札亦存兄處，俟弟來即遣人持渠札到彼一取，即送到，可以看而議價（此與元畫看焉而已）。劉二來京，帶二匧來（即商邱叔器）。二黑石可以畀我，我以壽山一付抵之。兄已購得《周禮》《孟子》十行二種，配三傳。買書花錢不支，病又間作，何日同蕙生到此？吴少年可侍坐，兄往來其際也。書不成字，總是不癒。伯兮二弟，兄榮頓首。

九

潘師屬轉贈鈕《説文校録》一部，并云見弟文博洽可喜，惟不必引子貞説。此何説也？兄不知之矣。李和順眼核如何，《樂書》大劣，其單竟無可欲者。川中行李來到矣，快極。子猷寄劉平國石拓來，其『淳于作誦』一塊，竟無之矣。病稍紓。兄名頓首。

十

（前缺）前件即代覆。年與陽均、芊生説起，忽然猛省，是已是已。大風兄昨持番生敦來，約允拓去。伯兮二弟，榮頓首。

十一

三花三盆付挑，藉上樹丈處，即煩吾弟栽好飭人送去。此三株者兄皆未栽，恐不在行，其本甚粗大。乃（後缺）

十二

陳焯、李堂何人耶？此非我太陋，渠自不能令人灼知耳。如要其説帖，我多有之，可分贈（後缺）

十三

蘇四來信，豆冏敦已爲吾弟有矣。今日以粤電及千金百川通票交剌麻矣。郘氏以四百金之雲麾碑暫存兄處，屬與吾弟共商議。

十四

中弢來札送閲，不知渠見何異，書來索此物，兄適出門，未復，請由弟處移去。楊目一本并繳，兄已留底，不必重書矣，可即還之。名頓首。

十五

《繫年要録》四校本一部奉納，《抱朴子》明刻甚夥，令孩輩鈔呈附上。即復伯兮二弟，兄榮頓首。

十六

一劍、六鉨打本奉納，劍乃屬家人拓之，劉二草率不足觀也。伯羲吾弟，兄榮頓首。

十七

潘師屬贈打本一封，希查入。薈生回來否？慈經見過否？兄只見一次，後未來也。伯兮弟，兄名。

十八

闈題想已知悉，即請示我，《左傳》卷子當慫恿河陽取之。即送盛二大人。所患如何？奬兄弟皆病矣。

十九

伯元屬上拓本三事，越拓越乏，李山農不可及也。此送伯熙二弟，兄榮頓首。

二十

《雍志》一本，清儀閣、平安館金文目一本并一假觀。初五日爲子荷前輩幫忙，不能到風兄處。伯希二弟，兄名頓首。

二十一

周先生詩寫上。伯元到濟，次經信來，有説帖納入。兄前日夢遺，至今不豫。伯兮弟，兄榮頓首。

古董一事，兄從此一樣不能買矣，不但心境，抑且力限之也，徐徐。（楊風子元板韻草書不可不盡取之也，難在湊得一氣）弟自知之，歸去讀禮廬中（現造），爲《禮記正義》（先草長編），集《管子》古今注，此三年中草創之耳。若其死也，斯已而矣。又拜。

二十二

（前缺）總之，人至三四十歲時忽然有病，病且經年累月不休，即是大悖，不如其死也。請問厚安，渠較兄尚晚病許多年矣。慈經果有信來，張信渠不敢自行投遞，則吾弟前説趙老七代交之説，至美無疵矣。今將元信并次經來信送（後缺）

《雍經籍考》付下一看即繳，兄寫本有誤字。不能作書，此强爲之。（念庭有十一兩密字錢，送我一個，不要緊的，我乃無之，請告之）伯熙二弟，兄病人頓首。

二十三

黄子久畫細讀三五日，究竟大寶，然已非完璧，內有孟津得時舊日割去者，有孟津以後不知何人割去者，畫心筍縫不接處凡三四，則大美忌完，誠可惜矣。然非兄得之，旁人不解重裝法，照裝則謬，改裝則須别開生面，此事竟非吾不辨也。不但古畫如此，即四王長（後缺）

二十四

（前缺）園是否能留，兄亦恐此鎮府之寶流落於吴興老爹手矣。夜來不静，欲早還之。兄今年誓不收一物，乃既得《魏志》，而大蘇回，又有零星不情之舉。對鬲已來，所謂『打破頭以扇子煽』者，此其是矣！此其是矣！安得有人以吾爲喇麻哉？此致伯希二弟，兄名頓首。

二十五

粵東電信頃到，華蓋可以暫活矣，惟尚未交來，不悉何處匯號耳。屬先告執事，兄近日爲先嚴大祥，出城住數日，廟祭過十五日始回寓。亮陰之義，古人上下通用之也。此致伯熙二弟，兄頓首。

二十六

得此確據甚喜，當揭《結綺亭集》〔一〕查之。去年除夕得明人《本朝分省人物考》一部，此數日在屋圍爐看雍乾老輩八比。昨中〔二〕

〔一〕原文如此，當作《鮚埼亭集》。
〔二〕此處可能有闕文。

同請吾弟暢談，省得屢訪不遇。兄連日斃得滿身蟎斑，中戕生癤盈頭。此送盛大人。

二十七

示悉。若改日，請偏勞，一面招呼慶和（初八、九日均可乎？初十日則李學士請也），一面再下帖傳知各處也，請辦後示知。晉石乃係神道，非墓志，無文理，字極壞（只四行），好在一封俱完全，以其爲城陽人（山東故物），兄已浼人設法購之，潘不知也，秘之。此復伯羲二弟，兄名頓首。

二十八

俞德父户部所藏之崔青蚓青鳥蟠桃小幅，聞筆彩以十金購去，弟見之否？晨訪不遇，聞昨日賭錢，因而高卧，有之否？票五兩奉上，乞轉交，至謝。《霜月皇極帖》，弟遲此一步，使兄多費四十金，并倍上一本『三監』《皇甫》也，噫！我輩之病不貴流打，而貴静養，不可逐日跑廠也，切切。

趙松雪此本十七帖乃含英閣送來，索價云昂（未説數），已斥其僞，并示以德珎廿金之説，渠云不然，但索還甚急，亦未説出山東人發賣字樣，然種種皆真，款尤佳也。款下二印，當時打者甚規矩。（以此證之，『趙氏子昂』四字印不止有富［？］〔一〕之一塊，此似玉印，與本册前葉所打『子昂』印異，其餘各葉所打『子昂』及『松雪齋』六字印皆真，皆非寫時所打，是當時粗人後來加印，以真印亂打者，即色與款下印不類，卻真舊）

二十九

下人俱是生手，遂爾謝客（聞二娘到弟處矣）。望弟同二娘枉臨一談，如何？昨書來，兄正在腹痛不了時也。伯兮二弟，名頓首，廿七日。

〔一〕原稿漫漶不清或不能辨認之字用方框符號□，如疑作某字，則用［？］。全文同。

三十

詩竟作成，大壯門墻之色，東家某不贅謝也。山東腳子只明日一次，東甫先生所改文尚未交下，甚急。兄今日送竇文靖師神牌入祠，歸寫壽屏四幅。小丁説宛平相國畫册李三老已出四十金，貴哉！盛二先生。

三十一

劉二已來，其物不悉在何處，兄只得其造像一尊，李和順所轉售出者，渠竟未隨粤人去也。孫缺唇亦來，魏志哉，魏志哉。

夾板内羅紋箋注出矣，鑒閱便悉，兄所收範集不但無尺牘二卷，並少外集四卷，上當矣，亦宋刻明印染紙。中弢爲我所補年譜、遺事、褒賢録五本，乃在舊目之外，元天歷間刻本與此不合，陸目云即從此繙出也。宋元槧板至明必存，兄有南雍元刻本《隋書》，只抽出五六篇配入庫册紙本，餘毫無殘缺。

卣兄有拓本（新寄得）。皮刀王字真洪容齋所謂天品也，弟如暇可便中來此一看。伯兮二弟，兄榮頓首。

三十二

所事有準信否？此亦兄之小葫蘆也。年底又見何物？小劉云何？兄挨門送銀，僕僕兩日始畢。後日便静坐習字，以爲喫館張本。盛大人。

三十三

闊劉花銷須若干，祈示知，到時遵付。兄有花鏡一具，未知是遺在上房或山上屋？乞飭查付爲感。盛大人。

三十四

厚菴病如何？兄不能走視之。每日晨間出街一溜，吾弟之教也。此送伯兮二弟，兄榮頓首。

三十五

潘師有贈吾弟搨本，原函奉納。伯兮二弟，榮頓首。

三十六

賤恙小痛，安排出門，車夫忽散，又可保敉。參二匣一包如數收到，價容即繳。復謝伯兮二弟，懿榮頓首。

三十七

有人贈兄鮮荔枝（太不多也），分奉四枚，宜速嚼之，香味尚未盡減也。伯兮二弟，榮頓首。

三十八

和詩請速見示，鳳孫來索之也。杭畫棋花祈裹付下走。便上伯羲二弟，懿榮頓首。

三十九

和章雋永淵雅，冠絶一時，將來裝池成卷，數十年後不知誰家要折若干錢矣。昔某名公每作一字，必熟看之，云『惜我不即死，死便值錢』，卻有此理。弼臣詩昨日來，伯元信今日到，納上。慧生函請飭交。伯兮吾弟，兄榮頓首。

四十

記得從前拙刻《疑年録》内，弟曾語我以有一處人名如七十老公之謔（大約是元人）。近中翰文借印此書，兄擬趁此修改。病中不能繙書，如尚記得，祈示知；如不甚記憶，日内到兄處，逐一繙之，至要至要。近來花錢如泥，皆古物爲祟（半賒半現，已屬不支），亦病中之一魔障也，便中可來一觀之。伯兮二弟，榮頓首。

四十一

示悉，病宜加敉，不可大意。兄之初病不止藥誤，亦自家大意所致，悔之折骨，然已晚矣。自十六日不寐一宵，後連睡數日，精神大健，似有好意，突於廿日至廿三日一連三宿不寐，廿四日竟大嘔吐，計百廿日未犯此症，不知何故又來，並非調敉不善。昨夜又不寐，竟一連四宿，皆去年一年所無也，憊甚憊甚。永寶匽敦，兄未見之，然心最喜匽器，當年一小破鼎，鄭堪先生易去，甚悔。清卿處兄甫有信去，恐信到渠已行，且伯圜又悖矣，亦並不來，奈之何哉！《玉臺新詠》不但非活字板，乃又翻小宛堂本者，兄最先見之。《郘目》止數葉未竟，明後日送來與弟解病悶也。得一明抄《齊乘》，甚樂。伯兮二弟，兄榮頓首。

四十二

繆事即以原函移去，弟所説奉去一書，卻尚未交兄處也。新城一卷，主人必欲求弟一字爲榮，渠明日即走，兄力疾爲之，專使送來，即請速一揮灑，能事迫促，勿相責也。昨日疾作，今日少紓，來人守候。伯兮吾弟，兄榮頓首。

四十三

劉平國、沙南侯獲二碑本賜下，再遲則弟處自亦無之。《周易傳義》借我一繙，廠荒真境，必能各紓所得，亟欲讀和詩，且將裝池。此謝伯兮二弟，兄懿榮頓首。

四十四

連日作麼生？有所得有所見聞乎？兄每四日一不睡，不睡之次日作苦，睡則次日可談矣。服潘中丞方也。松溪將移兄處，又多一談友矣。宴敦『東多』，『多』即『移』字，東遷之器也。凡辵旁古人添省無定。伯兮吾弟，榮頓首。

四十五

蕙生夫人幛分四金，一券納上，費神至謝。清卿、伯元俱來矣，趁此公請潘師，邀清卿作陪，可乎？一切兄當辦帖。火餕湯席仍祈吾弟偏勞，我往濟不行也。此頌伯兮二弟年喜。兄榮頓首。

四十六

均甫以月之五日怛然化去矣。李詹事所題之劉平國刻石裝本取回否？明日仲弢帶埃及石搨本於尊齋看之。此字兄總疑其不甚古也，不過與彝器文同時，特爾時彼國之一種字耳，如何如何？榮頓首。

四十七

如覓得帶絨頭好花樣的洋布，叫甚麼名子，幸告我一聲。此上盛二大人，名頓首。

四十八

兄無時不暇，暇輒寫白摺耳。仲弢頃在此，要押《文選》及《通鑑紀事本末》。盛二大人。

四十九

謝南川先生之孫病口瘡，屬轉向吾弟乞取山東柿霜，有之乎？盛二大人，榮頓首。

五十

詩律真細，格亦甚高，惟弟七韻重一『江右』之『江』字，末韻重一『得』字，『得』字易改，『江』字甚可惜也，兄當再與鳳孫商之。《銅琴鐵劍樓書目》〔一〕後半發下寫手待鈔，并爲弟補小學一類也，切切。此送盛二大人。

五十一

文登石一筐，蠔殼身帶蠣殼一具納上。潘師晨間談及新借木齋一厨甚佳，將以宴客，兄當復以伯兮、中弢意欲公迎師駕，即又請吾弟定日。此送盛大人。

〔一〕原文如此。當作『《鐵琴銅劍樓書目》』。

五十二

潘師送來劉平國刻石裝潢一軸，屬弟寫釋文，以兄督催，尚在兄處。今日澤春解元到館，仲常二爺及銕峰三爺陪之，并兄四人，皆老副榜，可笑人也。鑄九以《海岱人文》寄我，只鄧鍾岳與王啓涑（漁洋公季子）知名，亦復佳。李中堂舊玉共給卅五金，尚不肯售，弟爲我酌之，兄窮人也，贖貸無厭，宜其屢空，渠堅索六十金，奈何？黄太保、趙繼鼎二札可以給我矣，兄不但任直，且拆下後仍爲弟裝副一律，使不露拆去痕跡，切切。押契之事請速籌之，兄且指此得李中堂之玉，不但贖當還賬也。伯兮吾弟，名叩。

五十三

潘師屬贈甗搨本一紙納上。劉博泉前輩屬向吾弟借《八旗通志人物門》一閱，未悉尊處有此書否？能轉借否？此留伯羲二弟覽及，兄榮頓首。

四、王懿榮致汪鳴鑾

汪鳴鑾（1839—1907）字柳門，號郋亭，一作郇亭，錢塘（今杭州）人，僑寓吴門。同治四年（1865）進士，清末大臣、藏書家。與吴大澂爲表兄弟。曾肄業於張之洞創設之廣雅書院。汪鳴鑾爲官山東時，江標爲其幕賓。

一

星軺還朝，聞之甚喜，惟晚一病經年，近又感冒，幾如大傷寒，致枉顧，未先迎迓，至以爲歉。家祖叢書弟三函補呈，即祈鑒入，稍愈當再詣談，不盡欲言。肅上郎亭吾師年老前輩大人，晚榮頓首。

二

亢旱達穌，伏望珍攝，甚念甚念。黎峒丸蒙費神輾轉購覓見惠，感謝至不可言。病婦痧後結瘰應用，是以瀆求。題名已得一本，原件繳上，芸閣、蒲孫俱入藥籠，甚佩精鑒。肅謝郎老前輩年大人，晚榮頓首。

三

前日見少軒，云將爲公診，未悉近日興居何似，至爲馳系。晚感寒，十日未能出門，正公在執持文衡時也，近始霍然。天寒，伏希珍衛。肅上郎亭年老前輩大人，榮頓首。

四

示悉，興居亟宜珍重，不勝馳系，稍暇當從容請聞。復頌郎老前輩大人晚安，榮頓首。

五

示下適赴天甯寺，未克即復爲歉。帖體詩四本奉覽。肅上柳門年老前輩大人，晚懿榮頓首。

六

昨譚甚快，送上寄清卿前輩信一件、京松三十金（恒和銀票不至關閉，然亦求速用）、幛一包，敬祈費神轉寄爲叩。此後如再有友朋屬轉寄者應交何處，尚望示知，統希驗入。肅上郎亭老前輩年大人，晚懿榮頓首。

七

闈墨題名多本，敬謝。尤鳳邱畫一幅，頗精緻，真品也。昨與之議定廿金，不貴。又扇三柄，則索四金一柄，稍貴矣，皆清妙齋物（少頃，渠來詣，前不用者即還之）。此賈乃裱背出身，與定府及鄂宅通市，較廠市之真古玩鋪稍廉，常熟與晚常與之交易。若裝潢不新及須配合子者，可使其立致之也，至便。少頃，其夥尚持來數種（有幾輔人物書畫），晚先與之斷價，我公少待。如不出門，渠逕詣門下呈閱，可留則留，否即退還，令其再浼。所謂議定者，乃斷其直，非鑿留其物也。書則翰文少遲亦來。此復郎亭年前輩老夫子大人，名心頓首。

八

示悉，吕紀字廷振，鄞人，弘治間仁智殿供奉，官錦衣衛指揮，能以畫諫。藍瑛字田叔，亦曰蝶叟，錢唐人，天啓間傳浙派者，其子深亦能畫，入國朝矣。適在噉飴，忘之。肅復郎老前輩老夫子大人，通家晚生懿榮頓首。

九

清妙送來戴明説山水一軸，價十二金，國朝滄州人，其畫曾入御賞者。此雙款畫。勵文恪公（記不清楚是否『文恪』）静海人，六金，未悉可入選否？此與尤求小軸、貢扇均一家物，留否即酌示之。此上郎老前輩，晚心頓首。

十

得示驚喜，惟恐太白錯認魯公耳。前日一宿未睡，匆匆了事，乃大不堪，若遇故人，更覺愧對矣，有一二語可印證否？祈密示我如何？鼎甲白摺奉上。復上郎亭先生，名心頓首。

十一

翰文齋送來已釘者《玉函山房》一部，説定九金（大約非山東板），甚廉，請鑒閱，實可充送。若再要三部，可屬其趕釘包好貼籤也。此上郎老前輩老夫子大人，名心頓首，初九日。

十二

委購之件已飭辦去，明日報命。家刻叢書奉上兩分，每分四套，此亦山東土産，可以搭配分送，即希哂納。闈墨及題名尚乞再賜數本。此上郎亭年前輩老夫子大人，晚榮頓首。

十三

示下，昨先出門，歸遲，未及肅復爲罪。《孔叢子》七卷本奉覽，此種宋元明本七卷者，晚俱見過，十卷者則陋本矣。此非僞書，亦非《孔叢》，《孔叢》久佚，是曰《孔藂》，蓼侯之子也。所以有《連叢》之名，孔臧之賦，萊陽周先生説也。敬復郎亭年老前輩老夫子大人，晚榮頓首。

法書千萬留賜三兩開，以爲將來典型，至懇至懇，再請晚安，榮又拜。

十四

麓臺司農畫二軸繳上，皆贋作，不必計直矣。何日清暇，示知，將訂期恭請。此上郎老前輩年老夫子大人，晚榮頓首。

十五

河圖昨領到，有寄清兄一書，請附去。敬上郎亭年老前輩大人，晚懿榮頓首。

十六

中飴卸署開歸道，現回開封府任。此復郎亭前輩老夫子大人，年晚懿榮頓首上。

十七

頃樵野見過，云有事屬晚轉懇執事。接派醇邸祠差，内有原派司員延齡一名（此人某亦識之，豫東屏中丞之姪也），千祈蟬聯勿撤，其人妥貼勤能，且係慶邸妹婿（醇祠即係慶邸照料）云云。晚照屬奉聞，即惟鑒酌。宋本各書及以外各種，明早奉上。專呈郎亭先生坐下，名頓首。付丙。廿五日申。

五、王懿榮致王瓘

國家圖書館藏稿本《名人書札》二十四册，其中大部爲王懿榮致王瓘書札，多達一百六十九通。王瓘（1847—？），字孝禹，四川銅梁人。擅刻印，工篆隸，因功名未達，生活寒素，蒙王懿榮提攜，以金石、書法名於時。王懿榮雖年長王瓘二歲，卻以宗親對待，按輩分尊稱其爲世叔。因書札多未署日期，今以原藏順序排列。

一

（前缺）日便去，但待吾丈一諾耳。尚有先像，乞賜蒙題，由清妙齋逕呈。此上孝禹三丈，姪制名頓首。

二

碑額篆訖發下，至謝。小宇世叔大人，姪榮頓首。

三

饗對二付，中官所求篆書，望即賜捉刀，傍晚來取，明日可帶入也。小宇世叔大人，姪懿榮頓首。

四

擬請朱少翁爲姪婦及小女一診。姪將出門，當使舍姪在家恭陪，馬錢望酌定從豐，一數告知下走，臨時如何交法，并告

之詳爲叩。姪傍晚便回寓，請早臨是幸。此上小宇世叔大人，

姪榮頓首。

五

《鄭固》二舊本，請速賜借一看，以有一舊本，欲買得之也。此送王小宇老爺。

六

昨論古齋送《房碑》來矣，姪適出門，知必係長者閱市一次矣（以前從雲説過，尚未出來，然多）。未悉《柳像》一軸有消息否？翹盼之至。姪與三劉不熟，且廠物見姪則貴，吾丈一賜講定（能以必得爲幸，不管價值，此亦一毛病也），則諸事諧矣，至懇至懇！小雨世三叔大人，制名頓首。

七

駖從刻已回京耶？鑒請之事有消息否？積雪悶損，特此一詢。《柳麻子像》已來，特不知價耳（貴則不要，不比《寇天師》也）。小宇三叔大人，姪制名頓首。

八

老閻碑事如何？有消息耶？盼之甚切。積雪，不能出城。渠之主雇乃朱九丹，得勿謀奪之耶？小宇世三叔大人，姪制名頓首。

九

昨歸得手示，并奉到《嵩高靈廟碑》一本，此事竟成，非吾丈之力不及此，所添亦屬有限，容再補上銀券二兩，以乞轉付，不至遲也。何日在家？示知一期，仍欲詣胡丈處同一縱談，再遲恐有妙高之行也。小宇世三叔大人，姪制名頓首。

十

我補老閻二兩一券納上，請轉交清晰。舊搨『剖』字未勒

《嵩高靈廟碑》一紙奉贈。此上小宇世三丈，姪制名頓首。

十一

丈曾爲姪題《劉平國碑》裝軸一，未蓋用名印，乞賜交來人帶回一鈐，即繳，至叩至叩。所乞捉刀篆簽要緊，能早擲下爲感，無論工拙也，再謝。小宇世叔大人，姪制名頓首。

十二

唐李陽冰《怡亭銘》拓本一，祈鑒入。吴氏《詩小傳》可得乎？日内游廠否？頃訪春山不值，聞至含英矣。吴氏著書七種，請聞其目。專復敬上筱宇尊兄，宗弟懿榮頓首。

外唐刻石拓本一紙，送後身大井胡同楊宅，工部王大老爺。

十三

上當用秀毫票銀一兩，乞犒紀綱磨墨之勞。老叔爲我淘神，只有叩請而已。孝玉世叔大人，姪榮頓首。

十四

入皆名未定者，有尊印二記者無假，敝藏各石亦在其中，思之着急，亦可笑也。春山尤多。孝玉世丈春喜，姪懿榮頓首。

十五

元押二收到，謝謝。刻正拓衛瓦，容并拓本十許（彝器鏡件）及《暉福寺碑》檢定并價，明晨一齊送上，無以報此盛意也。筱宇尊兄，弟榮頓首。

十六

孝禹世叔大人：

樊七回，得手書，感不可言。南半截胡同之房，上房三間萬不敷住，而米市胡同之房去潤人太近，大非場前所宜，且近更須避嫌，此公則仍不悟也。其實地方則適如我願，亦姪堂上之所喜也。將來置買房屋亦多半在此一帶，城内則西城根一帶，化石橋敝坐師殷侍郎所住卓家房亦將轉典，在川中知之，亦不貰也。萬望與子元弟爲我分勞，至感至感！老爹恐不耐俗務耳。實則姪場後亦須尋覓買房，因嚴命迫於置房，實將告歸，貴省不能久住，水土不服也。若買則不嫌與濶人近，官且告休，而況避人乎？姪上房非五間不可，有隨身法寶，乃忍饑受寒所致，不能暫離，此我輩此生在天地間之自覓苦境也。如實無他處，即乞與子元弟爲我將米市胡同一宅定之，價在十五金内外，多則不支，其實亦住過場後再説，故暫不計直耳。示萬邦信封寄我十個，裝入信封帶下爲禱。姪十三、四兩日先行進城，相見不遠，子元弟不另，即請侍安。姪榮頓首，初四日。

十七

孝玉世丈大人侍右：

十月五日得八月廿日賜書并拓紙一包，銅章二事（一伯兮大人者，一錫厚庵，爲錫子猷鑄者，兹仍逕寄付矣），收到祇悉（後缺）

十八

拙著時所須者，山東益都之雲門山、河南鞏縣之石窟寺、洛陽之龍門山（所得不全，然已概具之矣）、直隸之磁州耳。請丈與同志者爲我聚之（四處能全即可刻矣），止取其目（必親見拓本乃定之），并不必攫其墨本也。又上小宇世丈，懿榮頓首。

十九

姪婦奉求世嬸大人賜薦一女媒，好顧女僕（此時打雜老媽約一月幾千，請秘示），請開示姪住址，令其前來，速則尤感。承善當之書，如一切回片、回信均領到，費神，謝謝。此次姪有復寄彦謀、西泉信，請交去。西泉信仍交東甫翰林處爲妥，姪已言明。鑄銅章下欠若干，請示數，由丈借交東甫寄去，得尊信，姪再由川繳還。彦謀所定拓本來，請即照數向彦謀措付，交東甫寄去（要收條）。其另一分之于姓者乃宜賓知縣于騰，敝同鄉，非舍親，其拓本來，請用油紙裹好裝匣（如原來有匣更好，必結實），請交四川解餉官寄川，姪得所示價數即由川匯寄執事，再由東甫寄灘，來往不過三閱月，斷不遲誤。此紙或來時即請東甫先生一看，或據以寄灘也。舍弟所患已痛，《雲峰》全分謝謝，并謝存注。《賈公闕》前已寄來，尚有蓄者，容併《高頤》小橫闕一并寄上，此次信内不及容納耳。《丁房闕》前拓未全，乃試拓者二，寄翁、寄潘，此次又浼人拓去，姪尚未蓄。忠州去此五六百里，甚遲遲也。一切乃敝兄弟攤錢顧人往爲之。家嚴不准函託該處官長，懼有擾攘，故新都王稚子闕其一尚可訪，竟、磚莫致之也，甚爲悶急。賈（中書令）、楊（侍中）、李（業）三闕拓得多分，費錢不支，三張作爲一分，擬寄京銷數十分，作爲每分一兩五錢，當可出售，此非學傳古筆意，惟不拓則已，拓必多分，而多分則難自收藏，用費又鉅，此簠齋之不能不收拓費，真實理也。當贈吾丈四分，寄京託銷者亦交文林（所謂發行）、富華等處，朋友則不託也。所寄與丈及胡二弟《制義靈樞》當已到，有銕老信請送去吉丈（又延熙堂兄）與胡二弟處。家嚴年内亦將有信，求飭交也。信便匆匆，號期所迫，瓦尚未及拓。劉二見之否？郡齋刻書不少，《夏小正》《弟子職》乃石洲、菉友物，信内竟不及捎也。姪所用下人楊俊來此，每節約二三十金，豐衣美食，忽然見鹿滋軒〔一〕方伯來此，是他同縣，大爲高興，向姪苦苦告假，以不服水土要回京，怕死爲辭，留之不可而去。聞其往投未收，又不得回，乃向諸下人湊盤川，姪又賞之四兩，買馬北上，此人不堪與于升等，來京必仍討飯，不必理他。姪所存東西萬勿爲其冒支，又恐其扇惑潘家廟二兄來支，統以不見姪面不交爲辭。請先囑咐貴下人，其來不須理他，瑣屑奉聞。幼樵、東甫、伯潛、再同，姪均有信寄之。前所要刻書也，以前由匯號、由餉便所託寄各書，想均寄到矣。此請侍

〔一〕鹿傳霖（1836—1910），字潤萬，又字滋（芝）軒，號迂叟。直隸（今河北）定興人，同治元年（1862）進士，晚清名臣。原配張氏，爲張之洞姐姐。三子鹿濂理娶王懿榮胞弟王懿棨女。

福雙安，姪榮頓首，十月五日。

二十

書扇感謝無地。陸鳳石二扇乞丈篆書。『雲灑』即鳳石雅號也，當稱先生大人。小分書不帶波磔，如武梁祠畫簽者，著款尤雅。眠藥領到，百叩。絅齋之曾祀仲雲丈所著書封面二紙，乞一捉刀，以速爲叩。今晚來取，能許之否？有人便即攜以南下也。此上小宇世叔大人，姪榮頓首。

二十一

《書譜》并《封祀壇碑》二本藉紀并繳，欲送去，恐奴子遇雨污損也。簽子寫壞，何不重易之？姪可再寫也。青老畫久見之，索八金，還之。畫真，小印亦真，款墨新於畫，乃册頁改表，無款之頁仿題者，美中不足，即此是也。張《志》早寄午橋，復信，且回云不要也。舊玉何妨攜以示我？孝玉世丈大人，姪懿榮頓首。（得《西狹頌》《郙閣頌》極舊本，何不來看？廿五六日則恩派聽戲）

二十二

昨送鄧玉老出大門，爲長堂流風所襲，今日作頭痛，又須服藥一帖，叔賜我何方耶？擬裝翁顏諸泉拓，如許惠之竟拓在手下可彙賜，以便再爲一册，使舊本歸一氣，甚叩。當檢復數種複者復奉上，以與六希，或以新拓補之。此請小與世叔同（無意之中寫出同字，丙子同年必矣）好大人，姪榮頓首。

二十三

信一封，閱後封之，錢五千，望即刻仍遣前人去，不可緩。姪意在執事，思補過也，且知之悉，勿遲。官僚雅集杯，香濤欲看之，曷以示姪？當爲説客。姪名頓首。

二十四

特遣車敬詣，請枉過，即在舍下早飯，勿卻爲幸。此上小與世丈大人，姪懿榮頓首。寫小篆字筆（書封面）請帶一枝。

二十五

春聯特來走領，先謝。此後尊書必饒多福澤氣，而秦硯亦勿勞玉纖纖矣。復通一信呈查，不必專人，可覓車廠之便，年前寄往至妥。小與世丈大人，榮頓首。

二十六

藏本精者誠如尊諭，真僞參半，然一時頗迷戀也。《古鉩印文傳》奉初印本一册，乞哂納。再往濰索則二次印本矣，不足報。小與世叔大人，懿榮頓首。

二十七

姪重收拓本，如新發户等，須仗有老雙款名人對，方能壯門面，故嗜舊本爲甚。昨許惠之舊搨漢器在阮《録》者，望付下，容再謝。此外如有舊本與篆法無益裨者，尚望檢賜，是無猒也。今日晚間借尊袍褂一用，明早午前復上。此請小與世叔大人，榮頓首。

二十八

子年丈屬致精拓秦權一，即乞查入。此上小與世丈大人，榮頓首。

二十九

丈今日出門否？《首山舍利塔碑》裝本，（若此者尚有何物？）如一金，請爲姪留之（已假四金，去老師臺禮二金，餘二金，購此後尚擬買膏藥及皮紙糊窗也）。雜搨許惠，亦望賜甚殷。詣倪翰丈又未遇（見潘園七先生）。下午休息，累極（出門坐車二日覺累）。孝禹吾叔大人，榮頓首。

三十

日來欲整次漢碑，乞將姪前次所草漢碑目付下一觀，至要至要。昨晚謁匡鶴泉先生，歸遲受風，作頭痛，得搨本或可瘉。此請小與世叔大人晨安，榮頓首。

三十一

胡、蘇同到廠，姪自歸矣。欲贈六希鏡拓，時望先付我一看。六希欲作横幅，不専門于此，或可以姪處新而精拓者易之也。此上小與世丈大人，榮頓首。十三日中。

三十二

十一日想重勞矣，榮尚未如此，得暇何不枉過一譚？許惠楊太夫人蔡君花卉，不勝盼念。周吉甫硃箋大對，便中乞一揮灑。小與尊丈大人，姪懿榮拜。

三十三

今日仍請倪丈來診，送倪丈去後，丈何妨少在姪處盤桓，可觀《古鉩印文傳》也。尊藏舊拓彝器片祈攜來對觀，觀畢仍

請即攜回，不敢留閲，轉以壓心耳。此請小宇尊丈大人，榮力疾頓首。

三十四

協條想正在揮灑，至感至感！今晚必須送去矣。午間敝師河陽又派同石查録金文，子年丈又得《金輪寺舍利塔銘》打本四紙，贈石查一紙。丈何不向索一紙耶？此上小與叔丈，榮頓首。

三十五

門對望即擲付來手，再謝。小與世丈大人，榮頓首。

三十六

劉叟之徒來，吾丈竟先得若許，甚羨甚羨。書聯望發下爲感。此上小與尊丈大人，姪榮頓首。

三十七

協卿值條望丈即爲書之，連日五次許今晚送去也。此姪之累丈，容再謝。小與世叔大人，懿榮頓首。

三十八

昨搨本一包收到，示中有大海一言，知丈無戲語，甚感謝也。姪擬初三日出門，初四日入署，仍未復元，不得不然。日内仍服倪丈方，初四日往拜倪丈面求賜（是日内尊袍褂假一天？姪衣裳在質庫），頃示感謝。丈得此不足成一隊解人哉？賜姪則叨光多矣，將選之易之。有人許寄黄縣魏《志》，來時當以奉納。非所爲報，我輩元不在此（傳古小啓在石查處，取來并目統移呈，已飭王二去）。此復小與世叔大人，懿榮頓首。

三十九

許賜磚搨二粘本及惠書齋額即交下走，謝甚謝甚。此上筱宇世叔大人，姪榮頓首。

四十

篆幅發下，叩叩。有端老七輓聯一分，送布聯來矣。文在此封内，速藻尤感。大喜即容走賀。小宇世叔大人，姪名頓首。

四十一

伯兮精神不好（大約時瘟，語細而喘，其屋又太熱也），吾丈午後千萬挾少伯以往。姪午後有事，不先前去。方藥望丈同伯兮酌之。姪榮頓首。

四十二

關防文一紙，即乞賜篆付刻，并請速藻。來人守候，再謝。小宇世叔大人，姪榮頓首。

四十三

今晨外報只雲南等處二件，仍無北洋。遇有便即速奉聞，斷不遲誤，無論北洋。早晚彦謀總宜在本署早報之計算日子，早起服也。吏部以本署行文文到之日算，不管外間奏報也。『相在爾室』，帶上『詩云』二字，彥謀訃未接到也。今崇烈在津用賤名送幛矣。紙二卷納上，俱寫『戩穀』二大字，叩頌之。得暇來譚。此復小宇世叔大人必元，名頓首。

四十四

張志至謝。丁拓不在手下，即日覓出送閲。對子發下爲感，再謝。此上小宇世叔大人，姪榮頓首。

四十五

扇乞速藻（紈扇一幅也）。明日堂期，將攜以交之，至懇至叩，瑣瀆瑣瀆，晚間來領。小宇世叔大人，姪期懿榮頓首。

四十六

今日在家恭候枉臨，看《三體石經》。許惠《孔褒碑》能攜來否？小宇世叔大人，姪榮頓首。

四十七

昨事歸途一賜辦否？如妥，即交下走裹回，至叩。適有人出城，此一便也。如須以後送到，即乞早遣价擲下爲盼。此上小宇世叔大人，姪制名頓首。

四十八

尹釋三字俱合，惟第二字不是，祈賜一悟如何？小宇世叔大人，姪期榮頓首。

四十九

格紙領謝。廣聚匾額前日聚豐來促，前後二面已寫付之，尚用再寫耶？示知遵辦。專復小宇世叔大人，姪名頓首。

五十

孝玉世丈大人左右：

移署之日先後得由蘇門惠書并筆七支。前此上海東洋刻書之惠，廖大今攜帶之件均已叩領，費神極矣，九頓不足以謝。復書仍由協號寄，吴注如來示，想不至誤，但恐書到而執事已北上也，已請彦兄閱後重寄京師云云。移居叢雜，宋元嘉象容下次搨上。又得一本漢印譜，約有三百五十八方，内一官印佳者，曰『弄狗厨印』。有『當塗令』等印尚佳，不知誰人所集也。小甌屬向侯菊坡再言，事乃無復音，請告之。胡子元北闈恐有迴避，下河南場乎？四川場規極壞，鹿方伯將力整頓之，未悉能如志否。歷年真不像話也。天下試事竟止有北闈可稱乾净，吾輩從此出身，頗可慰也。外省舉人則動以京闈爲菲，真可咲也。香濤在晋，亦必將整頓之矣。特四川士習太壞，大恐生事。劉二果然利心甚重，不安其居，如熙堂所云。姪看其人不如改行做生意，跟人似不行也。石塢家兄來，想未值，所寄之物屬其留交老孀大人，必可見也。有程覃叔（祖誥）信一封，請交去。北闈三場恐必有算學（《御製數理精藴》前十册可繙，皆講古算書也），行話須有之，如有邊防（備倭，《明史》及戚南塘書可綜觀之），先以射覆，不悉如何。執事不可不預爲一繙閱也。述之仲方、松溪，想必群集，松甫、季樵何所云云，念甚念甚。肅請元安，姪棨頓首，五月廿三日。

五十一

孝玉世丈大人：

前後寄書所浼各節，種盼惠音，然五千里來去迢迢，尚未到也。綿連紙四張收到，謝謝。銅碑尚未及拓，所得瓦類待暇搨呈，鑒納爲幸。挑花各件當趁餉便納上，前撥已行，後起尚未見單，函内不能裝也。見何種、得何種？請種種示及。貴省於古物則斷港絶流，自來不出，不爲陋也。惟學棚書肆多有刻經學、小學各在行書以鬻學子，此則香濤閣學德政，總以數學使提唱，爲他省所無，將來後二十年，學人輩起，其功不在李冰以下也。外單各件，費神飭送，確取收條見賜爲感。再同太史必以涂金銅碑拓本寄之，前已專函向索《李則志》矣。《南北朝存石目》已四次清稿，甚爲害手。有丈所印記而未爲改正其名者，閲之甚爲恨恨。再者去年爲我所買龍門小造象全分一包，當時未揭，帶之西來，按次比對，乃該估誤包，内皆重分，有重至三四分者，彙總不足廿事，諒係當日誤檢，然破費工夫（來京又無此閑情矣，可惜可惜），不得即爲叙補，又未嘗不思及執事，爲之恨恨。天監、廣政兩摩崖各上一紙，請查入。有號期可詢之賜覆，其來必速，有餉便，問香濤處可悉，則衆物之表裏精粗無不到。章氏書面請早寄來，此信到京大約近年節矣，即頌年喜侍福，合潭福壽。外單及各信請如數飭交，至叩至叩。世姪懿榮頓首，十一月九日。

五十二

塲期已近，想元功精進爲頌。香濤彝器千支字説一藁，祈檢付是幸，近日想必料理此種矣。姪又病痢，十許日而瘉，氣弱不支。小宇世叔大人，榮頓首。

五十三

彭小屏兄《古鉢印文傳》一册奉入，即示復。乞書聯條，祈付下走。小與世叔大人，榮頓首。

五十四

壽翁有託銷古鉢打本，一朱一墨，請速來看，遲則無及。并請告春山，且轉告渭賓，勿謂言之不預也。小與世叔大人元安，懿榮頓首。王老爺，大井胡同。

五十五

竹丈四書如取回，祈代一詢。香濤將有贈件，俟取來再送呈也。四川新出漢上庸長司馬君臺神道，宋人著録，兹又出也。感寒卧病。上小禹尊丈，榮力疾上。

五十六

許給張允勷《石鼓》《石門》等刻將寄信，乞付下，覆當報命。《文料觸機》乞爲姪購一部，價若干，示知即奉。先未知價，故不即上也。此上小與仁丈大人，世姪榮頓首。王老爺，大井胡同楊宅，工部。

五十七

請撥閑一日枉臨敝寓，分校陳寄各石拓本。缺者此次可索補，并清核數目寄知也。濰足初三四日行，其項留抵京款矣，不東寄也。此請小與世叔大人元安，姪榮頓首。

五十八

走賀未晤。山東陵縣新出《渤海太守王偃墓志》，見之否？係魏武定元年十月十八日。陳款望便付爲荷，六十三紙（每紙一錢五分，計九兩四錢五分）。李枚卿片附閱，計日濰足來，好作答也。迫促不安，乞恕之。小與尊丈即元，榮頓首。

五十九

財盛館當日迄未能到，已令歉然。實則候謨公至，次日始至，當日又不能不候也。使我不誠於伯高，奈何？聞前有清恙，想已元復。香濤楹聯蒙賜書，謝甚。翌日當屬其奉《上庸長神道》墨本爲報也。許賜鉤弋祠專、日華宮專拓本撿出，便中攜之過我如何？黄古原六條如何？紙本則妙。小與世叔大人，姪榮頓首。

六十

晨示領悉。《四書》中《孟子》一册，明經廠本也，敬獻，祈查入。鈎弋祠、日華宮磚許惠墨本者如何？孝禹世丈大人，懿榮頓首。

六十一

又許久不晤，病婦日篤，不得出門，心事紛如，以視吾丈真霄壤矣。竹老處舊板大字《四書》祈付首册以睹，可否？肅上孝玉尊丈大人，懿榮頓首。

六十二

四件均乞代篆，姪自填款。潘二先生一幅，求以工速爲叩。病妻日甚。此上小與世叔大人，姪榮頓首。

六十三

吉事又竟，賀賀。姪深得罪山谷矣，如何來接，即請佈置（格外帶兩水紅或紅大包袱來，以便裹攜其物）。江都謝儀望備出，同作一函，即日遣送（面議），姪不復出盤腳矣。種種陰騭，不復多囑，即賀大喜。姪心頓首。

六十四

前許賞交代揮各件如就，即交來手。此謝小宇世叔大人，姪榮頓首。

病者日危，奈何！不得出城，暇如入署，請過我一譚，代懇事件。

菘畦之醋既在屏置，今日又叨盛宴，來示種種，想好事已諧，必子孫衆多矣。世嬸大人定能使松畦不意，敬佩敬賀。又拜。

六十五

賜筵敬領，同家兄祇謝大喜。今日本擬走賀，風大甚，少遲，當持春聯乞書。通信想已發，復謝孝禹世丈大人。姪榮頓首，敬供二千，取其雙也。

六十六

敝魯師書籤之小《臨文便覽》，丈處有之，幸速借我一用。此上孝禹世叔大人，名正頓首。

六十七

場門此時想擁擠不堪。送來聯一，春山乞尊款。又額一，乞捉刀篆書，後留跋尾餘地。總遇壽事，以後有便來，先存之可也。碑目校出付下，裹付爲幸，省得飛去簽子。丈後得之若干，亦乞勿簁，待姪清本後再乞校補。此請小與世叔大人，姪榮頓首。

六十八

『脩學齋』一額如書就，乞付。潘件屬代謝。此上小與世叔大人，姪榮頓首。

六十九

連日想忙不可言。兹有紙一卷，係敝師潘伯寅先生屬代乞篆書，擬刻小匾，并懇速藻，勿庸署款。元函呈閲，先此代謝。此上小與世叔大人，姪懿榮頓首，十一日。

七十

《竹葉碑》既承見惠，望付下走，至謝。此上小與仁丈大人，姪懿榮頓首。

七十一

日内想已忙畢。前乞書各件，内有潘鄭盦先生奉懇之件，敢乞速藻。又李竹翁碑目校訖并望發下。竹翁病勢不減，恐枚卿一旦來索之急。種種來擾，如何如何。蔡先生永和磚硯望精搨三五紙畀我，以有永和年款，不厭其多也。此請小與世叔大人元安，姪懿榮頓首。

七十二

八月七日備飯及魚子等物，而丈迄未來，顧君到石丈處，知已赴差次，渴想之至。今送來孟氏祠堂對并紙，望即賜一篆，爲日已久，渠來頻催，望速藻，初八日或來領也。小宇世叔大人，姪制榮頓首。

七十三

楊勰卿贈我新刻吴讓之分篆二體銘各一分，即以轉奉小雨仁弟笑納。兄榮頓首。

七十四

孝玉世丈：

今日發此信時乃在蒲台河南岸，天寒早行之苦，鰥夫所慣受也。行抵鹽山縣屬之王樹鎮，於野寺中得一北齊皓像殘石一尊，即拓以奉覽。銘詞非剥蝕，乃磨滅，僅存年月，其磨去久矣。如今又削去神廟舊匾之款，重新還愿，古今之情一也，可以慰道路之苦矣。相煩各事别紙開上，覆信交抄手胡匯興樓，種種以速批答，至叩至叩。十一月十二日懿榮上。

七十五

日本譜叙當印寫上吉名，二扇附納。福善真是朋友，望叔先與一字，爲姪留之，日内即送利换票。以後各件皆如此，并乞先言之，至感至感！姪八月十六日舍姪在家完婚，本月初八日次兒在省續娶，而此初六日舍姪女在此過門守節，所費不支，一時迸集，至今節賬尚未一理也。生平窮困，無逾今年矣，嗟嗟。然手鑪仍望其即日作價償取。至叩至叩。

七十六

桂軸鐘拓二副，藉紀拜上。閲帖臺達不收，藉聞。敬復孝禹吾弟，懿榮頓首。

七十七

小宇仁弟節喜：

犧彝拓本望發下爲妙。廿伯丈已作古人，弟曾得其字否？今日一往慟之，殊恨恨也。此行。兄榮頓首。

七十八

許代浼叔度兄寫蘭，兹送來紙十幅，又十幅内一横條，各有文在内，祈勞大筆，篆隸兼有之，俱請不必署款，亦無須印記，以兄『有香草美人』小印施之此處，甚相宜也。燕居不敢褻大名，亦敬愛之一道耳。字幅小注書名亦不必書，留空與兄補之，初十日走領。此謝筱宇棣台大人，兄榮頓首。

七十九

《隋志》蓋望發下，謝謝。兄新得此志，曾以尊藏校過，是覆刻本否？祈示。此上小宇仁弟，兄榮頓首。

八十

春陰無事，頗宜促談，昨走訪不值，今日或有暇，請示知，彼此過從均可。此上筱宇仁兄大人，弟懿榮頓首，二月晦。大井胡同楊宅，王老爺。

八十一

姪看過不復記憶者，豈止《侯獲》一石？碑本二册收到，乞書之件望速藻爲感，姪指此濟急也，至屬至禱！此復小與尊丈大人，懿榮頓首。

八十二

倪丈今日無暇，許明日遣車敬迓可也。仰山處墻上掛一爵（即清卿陽文父癸）、一（未記是鼎是敦）文有庚午字（亦丹拓），二種全形小幅，乞丈爲詢之。若在二金内即爲揭之，甚禱。又清秘閣内存有木匣裝三字齊刀背〇，若在十一二千，亦祈小與吾丈代爲購之，切切。榮頓首。

八十三

屏如揮訖，望付下，姪擬補格後，末行仍雙行篆注誤字也。畫格後今日仍請補之耳。此上小與世丈大人，姪榮頓首。

八十四

昨示下適未歸，不得即復爲歉。奉上古鉢拓本精者一分，不缺不倒，望即交前途，值三金。如尊項便時，日内一并擲下可也，緣壽丈有須用處耳，不敢促也。此請小與世叔大人，姪懿榮頓首，廿一日辰。

八十五

車即供奉，尊褂附繳。有袍乎？如假自友人，請暫勿還，明日尚擬統假一光。小與世丈大人，懿榮頓首。

八十六

今日晚局，趁此時尚早，何不作札并邀研秋乎？渠此時高卧未起，必未出門也。連日遲劉叟不來。此請孝禹世丈大人叔安，姪榮頓首。王少老爺，大井胡同。

八十七

《說文句讀》一部奉納，此讀《說文》入門以至成家皆不能廢者，足見吾齊小學之精如此。石查昨以覆刻之《司馬元興志》見示，尚十分珍重，是爲帖賈巧言所誤者。尊處有粗墨頭，祈先付少許，便飭王二研送備用，少頃姪即到廠取來粗墨也。如有金文舊拓，仍祈分惠，以治窮人頭風，笑笑（昨送格屏，祈速藻爲幸）。此請小與世叔大人，榮頓首。

八十八

春山藏古印打訖，望交下走。一二日内祈見顧，有四字奉瀆。此上孝禹世丈大人，姪懿榮頓首。

八十九

日前無款篆對望擲下填款。昨所乞齋額，速藻尤感，年前尚擬裝掛。榮再頓首。

九十

昨奉懇代購兩事如妥，即祈付下走領回。該價（石章價即所説，李像講定若干）示知即繳，不遲不誤。此上孝禹世丈大人，期懿榮頓首。

九十一

前懇吾丈代求敝魯師爲家嚴賜書名片及舍弟名，未諗已代懇否？將刻以攜之，姪又自求敝師書聯，故不敢瑣瀆也（深恐姪明年來時，敝師已得試差出都，不及再求也。敝師生二人今日情況可謂沆瀣一氣矣）。此上小禹尊丈大人，姪榮頓首。

九十二

陳簠齋丈有寄清卿新近精拓之琅耶臺足本，望過我一商，此送小雨世丈大人，懿榮頓首。少遲不及，賤恙小愈，尚未脱然。

九十三

賤恙承垂念，甚感。寫扇寫經書，省得持扇入平康也。丈謂不可寫不見字書之字，甚是，特金石家不應作是語。陳簠齋治園所得唐石已有之。稍好當求見老世嬸。小與世叔大人，姪懿榮頓首。

九十四

近患滯下，甚苦，不能見客，復不能正坐，手不及束帶，奈何奈何。鮑年丈屬送來《海東金石存》《論泉絶句》各一本即納。此請小與世丈大人晨安，姪懿榮頓首。

九十五

姪爲鄭東甫之太夫人作壽聯，十六字耳，廿六日須備送，敬祈老丈於明日晨間下署時千萬過我，一爲捉刀，至急至禱，姪午後尚有酬應耳。小宇世老丈，姪榮頓首。有新出《陽三老碑》，漢刻也，可來看。

九十六

叩請即捉刀書『格言輯要』四篆字，董先生所求也，明晨遣人來取。又求篆『海岱人文』四字，如潘尚書所刻木印大，即將刻黄楊木印也，二寸建方可矣。日内有所見聞乎？姪僡不可支，大約將病，窮之所致也，笑笑。此上小宇世丈大人，名叩。

九十七

石查説尊從今晚如有暇，請至到彼觀造象打本。外一單欲留者。讓。小宇世叔大人，姪榮頓首。

九十八

信已寫畢，家嚴命寄上紋銀拾伍兩正，敬祈費神賜爲代買本色鏡面哈喇一丈，其色以帶竹葉青及近白者爲佳，千萬不要帶紅頭及帶藕花色者，至叩至叩。如錢不敷，賜墊，示知即繳。購妥請包裹，仍交此次解餉委員廖大令名培基號滋厚者回便帶下，不至誤也。其來拜及送此信時，請先煩尊管詢其住址，并問行期以告，并屬云有回件可來取也。瑣瀆不堪，恃愛鑒宥爲幸。屬辦之件已飭人趕工，下次餉便可報命矣。又上孝禹世丈大人，姪榮又拜。

九十九

孝玉世丈大人侍右：

頃從協號信復肅上一函，并贖所當書銀二百卅六兩正，計邀鑒查。俗事干瀆，深抱不安。

一〇〇

昨與雲門爲伯兮公祝，失候甚歉。李卷篆出擲付爲幸。別件如就，統求賜也。何日枉臨？盼盼。此上小宇世叔大人，姪榮頓首。

一〇一

昨日重勞，感叩無似。姪記性爲俗冗所擾，竟忘記將山左館春聯一并乞書，『聖賢桑梓，海岱文章』八字，又四匾或兩字或三字均可。今日下午鞠扇請即交下，姪所乞十扇乞早發，便□史生趕寫，爲日無既矣。松谿志卷、趙文卿書封面一并送上，即請同賜一揮，趙自來衣冠叩謝也。此上小宇世叔大人，姪名頓首。

一〇二

委件當力圖吹嘘，并速報命。再上長聯一付，并小件數事一律乞書（下聯原書得一聯者，語句亦顛倒）。墨如不足，示知即速送來。何日進城？藉圖良晤，姪日來力疾收拾房屋也。此上小宇世丈大人，姪心頓首。

一〇三

藍對金碟并交下走，曾萬聚印色乞代購一合，值即繳。此謝孝玉世叔大人，懿榮頓首。

一〇四

蘭溪送五種大碑打本來入録。姪目不敢久視，久便眩，轉請丈日内過我一談，有未入録之小品亦希帶來。此請小宇世丈大人，姪名心頓首。

一〇五

又封面三葉仍請篆書，將來仍以印本奉報也。兩面大小字皆篆書。小宇世叔大人，榮頓首。

一〇六

丈與燮鈞何以誤認之？款字與印章尤謬劣。《黄羊黄羔造象》拓本留意代購爲叩。小宇世叔大人，姪榮頓首。

一〇七

今日直督有三摺，不知有帶彦謀夾片否？敬聞。富潤軒之朱竹垞，老臉僞作也，不知。

一〇八

遣人走領，明年一齊叩謝，又書封面一紙并上。此謝小宇世叔大人，姪榮頓首，廿七日。

一〇九

沂水漢石現歸一某姓字伯康者，與姪故門人丁亦康翰編爲親家，曾得其精拓有小印者二分，兹以一分奉贈，即希查入。又副本一分，亦勝市拓，乞一并哂存。年事不濬，在家心慌，并有病婦，睡不安坐不穩也。專上小宇世丈大人，姪制名頓首。

一一〇

又逢餉便，捎來《制萂靈樞》二部，請以一部轉交胡子元弟，又家刻各種吉人丈所無者，亦以畀之。吉老所須，亦止《東古文存》與《木皮子》二種耳。宋估子𤣹自陝西回京帶有何物？有新出造象可入録者否？藤條脱粗細二種，舍弟已爲代選。世孀所索剌花各件，女兒亦遵命監製矣，并布及大綢者二類也。尚有孝敬川産各件，容再覓餉便帶上。此次迫促，來不及也。此信到，又當在協號九月上浣一次信後矣。豆豉并附上，豆瓣醬再帶。潘先生信由協號遞，并有拓本。此處竟無楝絲紙，甚悶。肅請雙安，懿榮頓首。

再懇者，請即賜便一詢敝房師繆小山先生回京否？住何處？如得其住址，又煩枉拜晤面時，請以此紙所話轉告。繆師有屬姪所索逋紙，現已到手，存在姪處。既得住址示知，當即由協號繳上。先請代達，又叩。切切。

一一一

孝玉尊丈大人：

十一月廿日得賜書二函并筆十一支，承善當單一紙，六吉棉紙二張，祗領，謝謝。如此瑣瀆，何以酬德，惟有默祝春秋聯捷，多男多福而已。曹竹銘、胡石查、潘先生塤俱悉之矣，王得榜水利、長笏丈訃音亦悉之，承注種囑，銘感無既，語語真摯，藥石之言也。承代購《雲峰》全分，請即以承善購之。姪館卷課賦日日爲之。小女又求買一蘇州女帽有花朵者，封賜函寄爲叩。《南北朝存石目》叔所前注有印記有墨點，而未訂正其名，使我害手，眼看不能寫，思之悵悵。現已弟四次清藁，其名未訂正及未見拓本者，别爲備入存查一本，便陸續歸補也。《于孝顯碑》有之矣，不須買。用吴荷屋老年字敬復，即頌年喜。姪懿榮頓首，十一月廿二日。《廣武將軍碑》至今未得，春山所得鄭康成名玉印乃僞物，何自寶若此。

一一二

祈年尚未把晤，有張安國祖母、柯鳳孫老翁輓聯二付，非姪作不可。然萬不能寫真字，千祈過我一篆，火燒眉毛，切盼切盼。姪今日、明日均在家，即祈枉臨，在令興早飯也，兼有拓本。即請小宇世叔大人春安，姪榮頓首。

一一三

日内因節事窮忙，未及詣前，未悉興居何似？漸次復元與否？殊深馳系。《建初石門》一軸涂就納上，乞查入。又印郵二册，皆小鉨印，此文古樸，得非訪古之前一宗也，即以奉贈。日前惠賜金吉石二拓，祈揭贈封交下走。姪新得一鉨，容再打上，較此二本所收均勝百倍也。尚古餘物俱存當鋪，其一物，千乞爲我留意。此上孝玉世丈禮次，姪名頓首，十二日。

一一四

李文田殿試卷刻本請買一本，封函内可擲寄，至要。第二子習顔體書，因來索此。次經又寄一塤與鄭堪，出前二塤外，字文奇極，奇哉。

一一五

孝玉世叔大人侍右：

成都府科試不在本署駐府試院（與舉場坒連），姪今日仍在試院隨侍，尚未回署，十三日始掛長榜也。川估廖姓自陝來，姪得造象一石（此正光四年），拓本一紙（夾書内），先以寄上，前在陝所得無年月一尊，尚未及拓也。壽丈、西泉有信物託寄否？盼盼。來此多日，不見惠音，真悶悶也。又得漢印數事，内有牙印二，又一穿帶，至奇，所得尚便宜，惟總未能作賦用功，爲可慮也。又得一盉，劇佳。京師師友親戚，姪俱有信寄之而不復，則亦不復寄之矣。爲幼樵得一『綸』字銅印，佳甚，亦未寄之也。姪在試院，患滯下數日，已瘉。崧甫、述之、叔賢、付方、竹山、季樵常見否？松溪來否？亟欲知其消息，請皆以此函相示爲叩。舍弟刻《東古文存》四本，丈及崧甫、述之各留其一，以一分交潘鄭堪先生，説信下次再上也。姪承嚴親命，搜成屬府試落卷之可取者，頭目如在桶底，真所謂昏頭打腦也。於手腳忙迫之際捉筆作此，趁協號信便拜上。松溪若來，姪尚有專寄他也。彦謨得何妙否？劉二來否？如何？吉人丈、胡家兩弟常見否？《制義靈樞》太厚，信中尚未能帶也。今日又見唐人寫經一紙，尚未購妥。姪又得《漁洋詩學》一册，宗叔鶴舉所購。渠有一張丈五長之石田畫卷，天下絶品也，此乃真是粗沈矣。即請侍安，姪榮頓首，八月八日。

一一六

碩卿書面、又家刻先祖遺著《正俗備用字解》書面，千萬乞速藻見寄，所浼各件當次第承惠矣。家君志在明年一定北上，買宅事請懇彦謨兄費心，至感。渠年終與金軍通信時，家兄名季寅（道）、舍弟二人一鴻發（總兵）、一懿桀（知州）請連類言之，一爲增重，不獨前所託之明世兄鑑縛也。萬里從戎，深懼其小忤而首領不保，非徒作請託比也。備豫不虞，古之善教也。請以此紙示彦兄，不别致書。全寫科名記陳仲魚對策，第二次函中奉上，爲聯捷及第對策第一之祝。含英閣筆有秃者，可告子英。寫刻江鄭堂《漢學師承記》等書四本附函奉贈。《南北朝存石目》四次清藁，外别有目一本，乃存查備。

拙刻《周公年表》大紙初印本奉贈一册，祈查入。承惠各拓本及僞朱跋一副拓本，祈檢及，因與鄙意合也。雨中悶甚不支。敬上筱宇老弟，小兄榮頓首，廿八。

一一七

屬致倪工部札并頭纓、陶集均送去，復函及《詩小傳》來，元函呈閲。《詩小傳》拜領，謝謝。外附呈季念鼎、蟬紋尊搨本各一，季念可補《長安獲古編》之一兩紙，均得自商人傳搨，非兄故與弟以草藁也，祈諒之。此上小雨宗大弟，王兄榮頓首。外周印打本一，希世之寶也。

一一八

頃即出門，請於晚間無事移步來弟舍燈下一談，容陳一切。扇拓收到。敬復筱宇大弟，宗小兄榮頓首。

一一九

頃將出門，又須與弟有面談之件，望撥冗過我一商爲盼。此速孝禹大弟，懿榮頓首。

一二〇

盩厔鼎兄已見之。近日忙碌，不及游敂也。敬復孝禹吾弟，宗小兄榮頓首。

一二一

弟之二場題紙存否？有人屬兄來轉乞也，不言其人。此請孝禹大弟早安，懿榮頓首。

一二二

庖人昨來一名，住下矣。吾弟所留畫象之鳳，聞有題字，何物耶？望持來一看。此送小宇大弟，兄榮頓首。

一二三

頃有師命，望將尊藏《積古齋阮識》付借一閱，速速爲禱。小宇大弟，兄榮頓首。

一二四

喜聯一付，望弟爲篆八言，集《易林》爲之甚玅，廿七日喜事須送，明早望擲下，或今晚尤玅，便造款也。能事促迫，不情之請。孝禹大弟，榮頓首。

一二五

《李寶》《道瑹》兩象早已著録，兄并有之，《張暉□》亦有之。清卿屬注《李憲志》闕字，望弟代注爲幸。兄所有已入箱籠，懶於重開。東碑日内亦須撿出，緣剛入籠也。吴信擕來否？敬上筱禹弟，兄榮頓首。

一二六

孝玉世叔坐下：

所事如何？初四日見面，能於背静處面交否？盼盼，謝謝。姪山東新居門旁掛聯，擬仿古人桃符之意，用吉語刻木。捎來黄紙原樣一分，後面注明聯語，叩求賜書，字以粗大爲工，格已折疊。又肅王之三子初五日完婚，喜對一付亦請捉刀，不可與上次聯文重複，姪記得亦有集《易林》句者。二者皆請於初四日下午交在門房，姪便遣人來取，一係期迫，一係輪船將停也。送上墨一瓶，有盈無絀，即請晚間一揮灑之，叩記無算。專此，即頌侍福。姪名心頓首，十一月三日。

一二七

京松廿四金，票一紙，敬繳，祈查入。磁器二件，甚難脱手，請減值，或可速，惟酌之。書封面四，請賜書，以濃至二整爲妙，字體在石鼓彝器之間，以小篆行之，尊案筆墨如意，不難作也，并祈速藻。明日走取，當以新印各種爲敬，小韓要賣也。尚有一簽再上。此叩小宇世叔大人侍福，姪榮力疾頓首。

一二八

壽卿丈寄來晋魏等石十餘分，并兄所著《存石目》，望速過我一觀。少頃鮑丈及河陽夫子傳觀矣。小宇仁弟，榮頓首。

一二九

前家兄所寄來之《西門豹祠堂碑》打本，頃以敬古堂宋估新拓本校之，多出無數字，前後數十年乃已若此。書聞孝禹弟，懿榮頓首。

一三〇

梁處寫書人望喚之來，竟非此不可也。陳寄鮑秦瓦、周瓦五十餘種，頃持去，不及送小宇弟觀也。榮頓首。

一三一

文從有暇，請帶蘇字及《魏建義橋碑》過我一談爲快。昨奉到延光殘石齋象三紙，謝謝。兄近來又動拓本之興矣。敬上小宇仁弟，兄榮頓首。

一三二

頃失候爲歉，承轉借注疏，祈交下走領回爲禱，并有所查趫字古義也，在《詩·魯頌·泮水》。敬上孝玉舍弟，懿榮頓首。

一三三

許惠延光殘石新打本到手否？盼切盼切。今日又得何佳拓耶？兄酬應終日，薄暮言旋，委頓異常，失候，罪罪。敬上小宇仁弟左右，榮頓首。

一三四

春山扇一柄，屬就近送，乞一揮。此上筱宇尊兄，懿榮頓首。

一三五

許惠吴荷屋先生所藏唐志，望即畀我，惟錠觀之，自償其勞也。弟此時作麽生？仿兄筆意否？小宇仁弟左右，榮頓首。

一三六

示畫氣韻及陂陁松石均清甚。阮《識》謂是吴墨井，卻不然也。妙在有屋有書，正可呼作某圖，即作我輩自家圖可也，健羨健羨。敬古碑賈持有新出劉某墓志，未知確否？小雨大弟，兄榮頓首。

一三七

所纂《南北朝石目》在鮑老處，容即索來呈閲。阮《識》祈付一查，晚間奉繳，吴屏寫幾幅矣？兄近日始復元，其樂如何。敬復孝瑀大弟坐右，懿榮頓首。

一三八

尊恉晤香濤時敬達矣。《江漢炳靈集》二部奉納，對文開示，即當往寄商榷也。昨失迓，罪罪。有何趣事耶？敬上小宇仁弟大人，榮頓首。

一三九

今日絶早秦隄泛舟，甚樂，歸有餘歡，弟來當爲叙之。張畫所直明早奉繳，今日疲乏，不及顧也。近日所學如何？專此，即頌元安。小宇賢弟大人，兄榮頓首。

一四〇

孝玉世叔大人侍右：

屢上書而不得復，悶悶。去年承丈與彦謨兄費心代當之書，書箱數重利輕，深所不安。然天與奇窘，心與愿違，至今稽遲。元票隨攜身邊，查係承善當當本二百兩，月利一分半。票係光緒六年十月廿二日，每月計輸利銀三兩正，算至本年九月廿二日，内有閏月，整系一年。計此函到京必在九月廿二日前後，月不過五，系照舊仍算一月，本利計應出銀二百卅六兩正。今由協同慶號匯來川九七平（即市足平）紋銀二百卅六兩正，匯費在川已付，敬請吾丈費神收此項後。票卻未帶來，枉駕到該當一查，即以此項算與，取有收條。書箱或仍浮存該鋪，或查點後封置，乞彦兄取回均可，以妥當爲上。從此本利一清，若釋重負，姪亦從此京城無當，亦吾丈所樂覩也。如到日稍遲，應再出一月利銀，請先爲墊付，種當於得示復補繳不誤。如須用原票，姪亦候示上寄。渠處必有賬本，此票亦不至再惡人也。所以不寄此票來者，以尚恐仍存原所，以後取之有憑也。此本利交清後，總乞一收條説明停利，并當票遠在本人手一層爲是。若衣服首飾，姪便不如瑣屑也。冒瀆萬狀，恃愛鑒諒。《制䕫靈樞》已購得二部，一寄胡二弟，一寄執事。六本一部，信封不能裝也。潘吴縣、張南皮以及松甫丈、述之、叔賢、季樵、付方、竹山作何事蹟？既不得書，均乞示知。舍弟現刻《説文逸字》未竟，家嚴俸滿，卓吴并案而十年不遷，所謂『名宦無媒自古遲』，唐人詩句已早言之矣。川署規費既裁，費用不減，日日飲食專恃關税。近來各省積弊，釐卡既多，關税自然不旺，百貨之來日少，家嚴月解月課，以其稍餘者勤儉自持，敷衍日用，是以一署二年陳債清後，姪才能贖當。現湊一買屋之資，暫存不動，千萬求彦謨兄費神爲買一宅，明年擬全眷北上，併案引見，即以引退。以家嚴慈皆六旬人，川之去東幾七千里，加以貴省官場習氣太深，民情騷動，斷然非久安長治之策。首郡讞局逐日公忙，不堪其勞，亦不堪其苦也。爲人子者專心嗜利，親老而不欲乞引退者，皆非人子也。豆豉、書、拓本及有致潘先生書皆俟餉便人來帶上，信局不能捎也。此信寫畢，忽奉六月手書，盡悉一切，并潘先生信拓。信便刻即去，不及先復。老嬸命件已飭小女遵辦，有人精製，統容再上。馮選時文此處已罄，板在京師文德齋。即請侍安。八月廿三日，姪榮頓首。

一四一

孝玉世丈大人：

頃發一信，適文甫孝廉交來一函，浼執事飭人送交，因附此一封，再有懇者，請便中到廠市，有售《唐濮州濮陽令于孝顯碑》（孝或義字，記不清）正書，乞買一紙，夾信函中惠寄爲叩。又舍弟乞賜篆書七言一聯，信卿行三，并乞附函同寄，至叩，肅請侍安。姪榮頓首，九日。

一四二

孝禹世三丈坐下：

在陝州道上向賈湛田兄取閲京、東兩闈題名，閲竟，所望杳然，甚爲不解。此時吾丈想已澹忘，不須重提。姪現已抵良鄉小駐，俗事辦竟，當於本月十三四日輕減入都。惟有一事不得不仰求吾丈，祈費神代覓一宅，總在南城一帶，只用上房五間，廳事三間，有兩廂足矣。房金在十二金內外，不恪也，不論好醜，不計方向，示知姪即作定。此時意計將眷屬、書箱暫置良鄉，姪先入，將房安停，再行取入，是以先行奉聞，十日內當遣人敬候覆命。九頓至地，萬勿見辭，除卻吾丈，並無第二人可浼也。肅請侍安。姪懿榮頓首，十一月廿九日。

一四三

昨上一函，又樊七曾面叩，想鑒悉一切。有貴省新墨一本納上，收入爲幸。姪此次傢具亦屬不敷用，如有可借可買之處，并祈留心見示爲感。吉老及子元晤時亦請幫我覓房爲叩，此次姪到陳州，路過洛陽、龍門，兩山相對，中間一水，造象將數萬種，平日所見拓本乃萬分之一也，奈何奈何。即先付回信爲□。即請孝玉世叔雙安，姪榮頓首，臘月朔日。

一四四

胥伯元者，老友芰塘之子也，特來晋謁，望教以篆法，即望賞見。此上小宇世丈大人，姪榮頓首。

一四五

孝禹世丈大人坐下：

去夏姪到川後，即上一書，有事奉懇，迄未得覆，甚爲悶損。今春重以書來證之，刻想鑒及。頃聞協同慶匯號譚及去年六月廿三日渠等發出一包京信，行至山西路上爲人劫去，姪恐前書即在此內，則昨日證信深恐無從省識，請再申前言。因家嚴聞説楊府有官僚雅集柸一付，久在質庫，去年丈曾向姪言楊府有意銷售。家嚴特命飛書相懇，連贖帶售，用實銀若干請以示知，遵當由匯號如數先匯直來，懇爲留下，以待便人來京持姪處手函走取，萬勿爲他人所得。乃去歲發書或遺或失，迄未得覆，欲遲反速，兹再以書相浼，請即賜覆。姪今科大約無力北上，不能成行，亦免得再寫三篇落卷，未始非幸。所以然者，家嚴守此苦缺六年不遷，姪之北來，主僕三人須銀二百，而張振卿代借之三分利之百金，業已二百五十餘矣。此項一氣呵成，竟無此力，不比零星置古物三四十金尚易拼湊也。去年姪有致清卿信、振卿信，種未得復，想都在此。姪《南北朝存石目》已清稾，丈所收在此外者，既別置一束矣，再東、西各估新拓者，凡來售時請爲姪蓄一副本，記其價直，容彙以奉繳。舊之別置及後所新出，皆可補此目也，切切，當可早成此舉。蜀中新出高頤廿四字及他種，姪已爲丈蓄之矣。有何見聞？請示。姪又頓首。

一四六

（前缺）山西所失一包內也。獲麟之喜想早有佳音，請即示慰。蜀中新出各刻後即寄納，專請元安。太世伯母大人尊前叱名請安，家嚴命筆請安。世姪懿榮頓首，二月五日。

一四七

在京瑣事，費神已極，感謝感謝！登車後一日未歇，抵陝乃在端午後五日，路上熱不可言，玆定於十三四日由陝起身赴川也。洛陽道上訪王估，聞其得一鼎一爵，乃未之見，渠赴村會買物去矣。一路古緣甚慳，到陝得『衛』字瓦一當，頗精。在汲縣見《魏太公望表》石，暴露野寺，其上無額字，乃刻數佛象或太公象也，不然額與文不相應矣。或當年改造象碑而爲之，因以未去，亦未可知。姪走後，濰縣王、陳如有信，由東甫太史處交丈，請代蓄之。川人有北來者，必屬其來取，見信即付之可也。西泉所製水煙袋合乃家嚴所命者，如帶來，請用小布匣裝好，待川人來取，如索製直，請照信仍向彥謨兄處借付爲幸，姪再寄還彥謨也。所仿名印如來，亦照數付直爲要，香濤、伯潛、幼樵、再同請即交與本人，皆姪所贈也。伯希伉佩二印亦乞交之。厚菴二印，一『舊史官』、一『貳師將軍』，即交伯希轉去，渠住處太遠也。又李兆勛一印，交陳小蕽轉去，如此而已。西泉、杜九都要來，其僞瓦片要留心，山東新造之古陶、古墳不少，無從辨也。姪皆洞識原委，特不能直言之，渠都不背我，是以不能直言。劉二要跟我到四川，又背熙堂，我必告知熙堂。渠想緣路估貨，誰知一物未得。到陝則目迷五色，又不敢下手，真可笑也。姪之所以帶他者，一爲于升忽散，道上無人；二爲到川可拓各家物及各種碑及小石也。渠久賣古物，得利易於跟人，必不久留此，亦上下行權之一。我只爲拓物，各有各的算盤也。彦謨爲代當誠善之書（只此一票當矣），姪到川必先寄本，請其停利或本利一齊繳清，以後再説，刻不過想到了，故言及之。天熱，連走兩月路，苦極。此上小宇世丈大人，姪榮頓首，五月十日。

一四八

孝玉世丈侍右：

姪今日入七盤關，宿教場壩，乃貴省邊界第一關也。在褒城，遇游京尹，浼其寄香濤學士一信，可取閲也。本日遇川省解餉官施大令，榮與之初識，敏先比部同族也。如有應寄之物，渠七月内公事完結即回川，如空信或别有要件則不必交（仍交協同慶，并可包小包入信函内），以其稍遲耳，又不甚熟（其住址問敏先便知）。一路悶甚，熱極，壽卿丈、西泉等寄件可封固，多用油紙交之。此請侍安，姪懿榮頓首，六月二日。

一四九

孝禹世叔大人新喜：

去歲曾於蒲臺壯舉道上藉便先上一書，想蒙查閲。比想侍祺康娱，與春比茂，慰如頌私。姪歸來作客，家事不堪爲計，雅趣毫無。又到處省存俗見，無暇舊搨，只得一《孔宙碑》。又有《書譜》，在族人手，亦將與之商酌。專瓦亦得一二，無新奇者。舊書有大字《文選》八十葉，齊刀範亦得五七枚，止此而已。漢印二事，有一奇者，挾資不多，正事尚不能辨，遂不敢馳聘。若能上之罘牟城，仿篁丈故事，所得多矣。海濱古物多矣，黄縣富兒，得有一瓦，乃敝縣掌故，甚佳，字亦劇美。惟松溪斷弦，心甚鬱鬱。渠正起屋，工尚未竟，然發地得一大業古陶，似磁似石，乃佛像飾物，非盆罐之屬，亦自奇也。可知山東遍地古物也。姪將以正月杪啓行北上，過濰、過黄，均少住數日。如七試卷未捎，請暫不必帶；如已交匯興或正月底可到，姪亦可得也。再有懇者，家嚴慈壽屏文底一紙，清紗齋有屏十二幅，爲數不足，請以姪言，令其再添四幅，爲十六幅，必須紙裱，一律請即以此文付之，十六扇每扇六行，行廿五字，則九十六行也，此底已排好，請即付之，覓蔣華甫寫（交清妙代覓），筆費姪到京即付也。至懇至禱，千萬求速，省得姪到京現趕不及也。一切拓本到京再上。《陽嘉碑》得之否？許日不得惠書，翹盼甚至。彦謨、吉人諸公廠中得何奇寶？吾丈得何物？見聞所及，均祈詳示，即叩侍福。正月初四日，姪懿榮頓首。

一五〇

新得漢畫有年款，請便過一閲。山左館春聯乞一速藻。此上小宇世叔大人，姪名頓首。王三老爺。

一五一

有書封面非寫不可，吾丈千萬一來，急不可言。此上小宇世叔大人，姪榮頓首。

一五二

遵命今日來取賜篆書面，匠人翹待來促，即交下走。此上小宇世叔大人，榮頓首。

一五三

弄璋大喜，姪以服中不克詣賀，然與丈休戚相關，合家慶幸，送子娘娘廟聯云『抱個孩兒給你，留些陰騭與他』。吾丈得此，真是一髮千鈞，望與老嬸善培植之，以活人濟物爲心，修廟念經則萬萬無當也。至昧之見，是否有當，乞采納之。承賜《海岱人文》，九頓至地，諸城宗老，即作《石門碑醳》者，久思得其一蹟，忽然有此，洪氏《泉志》所謂天品也。晨睡未復，特此馳謝，廿日前後當出譚矣。敬叩孝玉世三叔大人大喜，制名頓首。敬供貳千。

一五四

撥計值若干，請示知，到京後當以貨去物，來與東甫交易也。再便中能爲購尋常書架十餘架，愈賤愈妙。一色固佳，參差亦無妨也。在陝購物所費不支，即至精之五銖銅範均從棄餘，此話亦可與杜九説知。渠則一撥正講，不能提去矣。所購有最精奇者，到京當從容請鑒。肅復，再請侍安，姪榮頓首，初二日。

一五五

《皇朝鼎甲録》《全蜀科名記對策》各一部奉贈，爲今年中元、明年聯捷鼎甲、在蜀對策第一之祝，預賀預賀。張三丈所臨《蜀石經》，郡齋將以發刻，請以姪此紙代索，後示償之。陶器王、高二公遍布河陝一帶，有真有僞。此物多而無精品者，雖真亦足生猒。姪則土物心藏，簠齋以重分千種計值與姪，仲飴爲講價去矣，此竟請與杜兄計論之，渠便澹定也。講定點清，杜一、王一，各祈封固，暫存尊處，費神千萬。姪專以此事浼吾丈，如前番同。近日仲飴有匯款寄姪。

示悉，知又鶚薦，無須介介。松岑刻書未竟，忽罹血瘟，奈何奈何！我輩安貧樂道，所謂『養成大拙翻爲巧』也。一生純守此界，當與吾丈共之。《鄒珍碑》久見著録，家戟老有此拓本，共二碑，文同，字體則一大一小。如只見一種，當即其地再一訪之。樊文卿曾并拓之，姪當年未分得也。姪在貴省眼見出土大皓像石重三百餘斤，已專車奉來，其年款曾以書聞，乃天下第一尊老前輩也。惜石質鬆暴，恐不經久拓，刻已有磨損處矣，當共設巧思駐之。姪之進城總在望前，此行之舉迫於慈命。事在倫紀，權其輕重而余心則不能不悵觸也。已先設一副本以界之，所以報故人者止此耳，亦故人之志也。於是行境乃與丈適同。小詩二首呈教。杜九兄（後缺）

一五六

子青河帥畫册黄李一卷發下爲荷。如尊從入城，姪有一衣箱、二書箱，請懇彦兄代存，明正即取以行也。孝玉世丈，姪懿榮頓首。

一五七

春輳一雙奉贈，請試用之。朱卷廿五本、御筆對一付、詩話一部并存尊處。此送孝玉世丈，懿榮頓首。

一五八

敝省會館大門春聯并千奉乞篆筆，廿八日走領，再謝。此懇，即頌年喜，姪又拜。

一五九

對聯二付送來，請蓋用圖章。《蓋文達碑》能一示否？此上王三老爺，姪懿榮頓首。

一六〇

前示誦悉，感謝感謝！長孫幸已换醫，得痛。姪稍知方味，而懵於脈理，太不知醫矣。伯兮飲食太拘滯，無論如何，大肉已脱，實在可怕，真得善調養也。渠酒煙毫釐不入口，何一瘦至此？總持謬論，子午不睡，陰氣失養，是以消耗至此。賽柳莊大不恭維四舍姪，此孩懊喪欲死，惟談吐太怯，又如三弟所推邵子，數作書人，太不了曉京外官階升轉路數，是其怯處。塔臉初搨第一紙納上，可以消夜。肅復小宇老世叔大人，姪期懿榮頓首。

一六一

《孔謙碑》拓本一册，不閲發還。碑額幸付下走，統容再謝。專送王小宇老爺，名頓首。

一六二

賜書差聯，感激無似。書封面二事祈篆書，筆墨以圓足恣肆爲妙，不嫌其奇。小宇世丈禮席，姪名頓首。

一六三

尊藏《孔羡碑》舊搨本祈借我一看即繳。硃卷如便則帶下，否則再取。此送王小宇老爺，姪榮頓首。

一六四

許賜有紅色之舊玉搬指一枚，即乞檢付下走。屢叨雅貺，何以克報，統容面謝。雪丞閣學畫扇篆屏如有就者，請附此便交下，尤感。此上小宇老世叔大人，姪榮頓首。

一六五

舍弟信卿赴定興，今日尚未回京。推算之約再俟另訂一日，到時奉聞。前題牙笏籤子望發下，又書面二紙（一紙一幅，金文）乞照籤賜書，亦爲姪捉刀，留款地，姪自署。吴雪丞屬道謝。此上小宇世叔大人，姪榮頓首。

一六六

張畫直六千奉入，費神，感謝感謝。叔云有見屬之事，便中示悉，無不立辦也。《貞石記》當即先送來，閱後再編入。小鮑丈拓本亦可内夾粘紙條，千萬不可令其飛去。敬頌元安。小瑀賢弟侍福，兄榮上。

一六七

頌丈處當日即轉去，廿三日招飲，再訂後約以聞。子培太夫人輓聯乞即賜篆（聯文附呈），傍晚來取，緣明日即須送。小宇世丈大人，姪制名頓首。

一六八

信卿趂封河前已東歸矣。又乞捉刀篆横匾二：『壽石草堂』四字，『雙松齋』三字，前已摺疊出用印首處，後已疊出題款處，有痕爲記，儘其間排匀字數可也。今日風大，必不出門，伻來候乾時付下可也，至叩至叩。小宇世叔大人，姪名頓首。

一六九

高翰生所乞篆聯已綴款否？渠不日出京，尚欲裝池。小宇三叔大人，姪制懿榮頓首。王三老爺，潘家河沿。

六、王懿榮致繆荃孫

國家圖書館藏稿本《費念慈盛昱王懿榮汪鳴鑾江標端方手札》，其中有三通未署收信人，據内容判斷爲王懿榮致繆荃孫信札。繆荃孫（1844—1919）初字小珊，號楚薌。後改字炎之，號筱珊，晚年號藝風，江蘇江陰人。光緒二年（1876）中進士第。晚清知名學者，嗜金石碑版。王、繆二人初識較早，光緒元年（1875）張之洞娶王懿榮胞妹，繆荃孫入於張之洞門下，欲長稱王懿榮，但王懿榮堅持以兄弟相待。光緒六年（1880）順天鄉試王懿榮中式，繆荃孫爲房師。此後，王懿榮尊繆氏爲『夫子大人』。

一

（前缺）狀今又届壽辰，謹以補呈，伏祈轉上。惟文字俱劣，不能頌揚萬一，謹依《禮經》『事師無隱』之義，亦有所不敢終秘也。明日再當趨叩，敬承侍福。世愚弟杲、世侍生懿榮同頓首。

二

夫子大人鈞坐：

天寒，伏想起居珎衛。封河之際，門生家中寄來鮮黄花魚六尾，東麪饅頭廿枚，附以月汀觀察所寄惠泉水一罎。微物瑣屑，敬奉哂嘗。饅頭風乾，惟須大蒸。專肅，敬叩福安，不勝惶悚。門人懿榮謹啓。

三

夫子大人鈞坐：

榮夏間以肝胃之疾爲醫藥所誤，一病已七閱月，纏綿至今，甫能掇筦，尚未元復。病中蒙賜顧并屢遣使存問，感激無地。榮嘔吐已止，眩暈間作，未克詣叩祇謝，甚罪甚罪。深知慈注，用敢敬聞。又吴縣潘師寄來馬貞女碑、傳各一分，命呈鈞覽，似向吾師有徵文乞詩之意，并原函附呈。碑、傳祈檢存，原信發還，尚須各處按信傳送。稍健敂謝，伏祈鑒宥，恭請福安。門人懿榮叩上，十二月初三日。

七、王懿榮致孫汝梅

孫汝梅，字問羹，號春山，時人稱其『十先生』『十爺』。會稽人，寄籍大興（今屬北京）。與王懿榮同爲光緒六年（1880）進士，參與王懿榮《南北朝存石目》的編纂。王致孫書札，輯自國家圖書館藏稿本《名人手札》第二册、第十五册。

一

此瓦打蠟，決非贋品，然非琅耶臺瓦，亦敝省青萊之瓦也，可收。祈打一本爲賜，切切。原件附繳。此復春山十兄大人，弟榮頓首。

二

竟一具付十八千，距末敬奉。外二封贈沈世兄及我姪玩玩。春山十兄，榮頓首。

三

寵召屆時趨赴，近日毫無所得，尊從到廠否？春山十哥社長，弟懿榮叩上。

四

漢瓦、魏碑拓本并收到，感謝感謝。漢印彙於篋笥，則後兩日檢齊親賫請鑒，不遲不誤。并討車飾拓本。春山十哥，弟榮復上。

五

師䤵敦（前贈弟者，拓不及此次，因割款粘連後贈本，而以前所贈者復繳，『畯臣天子』四字易失地位部居矣）、雞觚、康姬大字鬲、孟孫父彝，此四器皆贋刻。弟存之者，以自輯有贋刻一本，入之，留後來者證之。

六

昨連訪不值，奉聞之件如何轉覆，祈速示，以便轉達，切切。少暇容走譚。特此敬上春山十哥社長，弟懿榮頓首。

七

拓本六種領到，謝謝。齊刀祈浼兩姪燈下速爲之，以慰饑渴。弟亦蓄此，不愁無以爲報（刻有齊刀之述，故求速若此）。且有新得彝器拓片四分，病後力稍强即奉酬也。春山十兄。懿榮頓首。

八

扇在㢶底，檢出即書。清卿書來附呈，内想有拓本，想勝於書扇也。日來弟病稍痡，婦子尚未霍然。此復春山十兄，弟榮力疾頓首。

九

來示祗悉，漢印一二日即檢奉，頃有客在廳事也，不遲。經書有數事皆習見物，便中話呈。有《五經備解》兩册，甚妙，已爲捷足先得矣。弟所用之説經者不在此也，亦須話及之。春山十哥社長，懿榮頓首。

十

前議公送鐵石兩先生令姪喜幛，清卿已將台銜列入，十八日往送，我輩次日可去道喜，其正日即十九日也。四人，張、吴及弟與兄耳。敬聞春山十兄大人，弟懿榮頓首。

十一

頃又與石丈、香兄在景元居賞雨，望即來同賞之，勿以泥濘不前也，速速。此請孫春山老爺，王頓首，廿三日午。

十二

查件收到，費神，謝謝。刻石公玉弟在此。餘晤譚。春山十兄大人，弟懿榮頓首。

十三

六吉紙及一卣、二爵拓本均收到，謝謝。今日尚未洗臉，飯後當去揚。來扇即容并繳也。此復春山十哥大人，懿榮頓首。

十四

春山十兄會狀：

屢謁不晤，想極。兹從四川家信中抽出家嚴命弟轉懇友山十三兄代查之件，祈代轉交并祈詳速開示爲禱，切切。此請撰安，弟名心頓首。

十五

春山十兄大人春禧：

前爲沈松廷所說之『《淵鑑類函》必須，前途較實名少讓一點方可』等語，今前途云既有閣下爲之關說，兹讓價五金，作價九十五兩，不爲不廉，大可代購，祈即速向松廷一商爲妥（甚爲便宜，過年恐辦不到也。前途原定價百金，吾兄及貴居停給價九十金，今弟擬從中調停，故斷此數，大可作臉，香濤屬致意）。并候復示，此請升安，弟名心頓首。

十六

送上東撫洛文一函，即請費神，請陳桐齋兄一辦，應用筆資若干，示知即繳。正月正係單月，可以順行矣。二月能投供與否？何日照準？何日上？即請轉懇桐兄費神，早爲一辦，所費示知即繳。此洛費力不少（此等餘尾尚如此曲折），又趕以正月單月到此，桐兄應有把[？]投供，即祈詳示，統容泥謝不盡。春老十哥，弟名心頓首。

十七

手書拜悉，所事統容細談，印拓本容即奉鑒，尚有識數行也。敬復春山十兄社長，榮頓首。

十八

許久未譚，年翁處幛分十二千送上，祈查入。病婦日甚，諸事荒廢，年來心境之劣，無過於此，遲遲之咎，尚乞鑒原。一切偏勞不必虛言道謝矣。春山十兄手足，弟榮頓首。

十九

手畢祇悉，外單費心領到，謝謝。此乃川署西席，即復而聽之，不少遲，後則在彼耳。仲魚久未見，亦未答拜。其有癮乎？開元監錢有重者否？此復，并詢春山十兄社長，弟懿榮頓首。

二十

手示祇悉，李碑磚拓領到，謝謝。近又有所得否？弟前月廿六夜五更時有偷兒破窗（靠窗一流不多），手竊書籍（温、李等詩集及明抄《經籍志》）、舊玉、當帖（更苦）數事，幸勿他品心上之物，然舊玉之緣計自此盡（一掃而空之），兄聞之能勿黯然也？朱古初山人昨來，今早鄉人北上，餉弟漢印一顆（字多而文奇），容即拓呈。説帖草草。因夜夜防盜，故精神不屬。春山十哥長前，弟懿左行（漏寫榮字，足見其顛倒矣），重九前二日。

二十一

二石收到。前磚到時，劉二適進城去，阻雨，至今未出，尚未施墨，存在弟屋，萬勿一失。稍遲一出，即令拓上，并繳還原器也。此復春山十哥同年，榮頓首。

二十二

病中承惠齊刀搨本之諸，日日如望歲。兄搨以分餉同人，望先以療病漢饑渴也。書三行休息者四。春山十兄社長，懿榮力疾頓首。

二十三

拓六紙即分酬兩姪，此後尚不止此也。許惠師虎日庚敦，祈付下。如有他種，伴函尤感。弟複者必繳。叔爵望仿陳拓一紙見賜。此請春山十兄晨安，弟懿榮頓首。

八、王懿榮致小翁世叔〔一〕

《敬使君碑陰》領到，謝謝，正配敝藏。丈是解人，不獨厚於姪也。現以厚樸焦三仙煮湯充食矣。煙袋一、碑一包、封一包，藉繳，希查入。此請小翁世叔大人，姪榮頓首。

九、王懿榮致太老夫子大人〔二〕

一

師所刻書，現在印本多者未悉何種？請隨意賜之可也。篚

〔一〕此人待考。
〔二〕此人待考。

齋新得四字瓦片，竟有一紙乃杜估贈者，附以曲成瓦拓（陳未見）及榮得六字刀拓。榮上。

齊子中姜鎛，兩銑一鉦。邾公華鐘，一鉦。徐王子沇兒鐘，正面全形一紙（背面已有）。

壺箭籤三事敬奉繳上。此煙在康熙末年，外有成哲親王題識，榮謀得一兩，以八錢寄川，餘則自存，謹以一半裝充鈞賞。肅上太老夫子大人，懿榮叩上。

二

《疑年録》一部，敬呈鑒納。榮日内將移入東城小寓，場後仍出城外擇一八九開宅賃之，隻身獨處，所謂『壯年身已入蒲團』者是矣。敬叩太老夫子大人福安，懿榮謹上。

十、王懿榮致王崇煐

國家圖書館藏《王文敏公寄女書》是王懿榮寫給次女王崇煐、女婿吴崶的家書手稿，分上、中、下三册。自光緒九年（1883）二月廿日至光緒二十六年（1900）七月十五日，凡五十六通。吴崶爲嘉慶時期山東金石學家吴式芬之孫、吴重憙次子。書中王懿榮作爲父親，既與崇煐夫婦交流如何持家待人、患病如何服藥等家務瑣事，分享京察喜悦、館署工作、分析政局等公務，亦討論金石、科舉、學術等各類話題。

一

定住知悉：

我去年冬月廿八日到良鄉，臘月初八日續娶，十二日進京，先住連升店覓房，賃得前門外大外廊營北口内路東大門新宅一所，卅餘間，月租十金，即現在所住之房也。家眷廿四日來京，所有收拾、結斷、表糊、搬弄、存物、安插書籍、添置傢具，所費所累直至正月底完事。樊七、王占春又帶一厨（川署來要，徧覓始得此一人，且不好）。文華吐紅，求回。一行四人於二月初九日由京啓身，繞山西帶看爾姑父、表妹也。爾要送爾五姑之物俱買得矣，封好外皮寫爾名字，交樊七寄去面交也。五姑蘇州馬尾緞素帽一頂，大表嫂青緞茉莉骨朵花帽一頂，託小宇夫人代買帽花兩頭，又洋針花銅管者十筒一匣，共值五七金，儘可以報矣，爾不必再惦念也。我路過濟甯，尚送爾二姑十二金。爾劉表兄在京處館甚是非類，曾到良鄉向爾舅爺打八十說官司也。爾姑父又大吉表嫂捎寄爾添箱物一匣，存在此處，不知何物，因無妥便寄來。我在良鄉曾由官封遞一信，與爾翁姑前道謝一切，不知接着否？計自陳起身以來，至今揔未接爾翁與姑爺及爾之信。爾翁屬寄爾庚生之書及信，又祖父大人寄庚生（向無回信）之炭敬（年年如此）及信，我親拜交去，未見。過年登門拜會，亦未見。至今未來回拜，亦無回信。我又寫信問寄陳信物由何處轉寄，亦未見復信。問亦不常在家。其夫人又病得半年。咄咄之奇事，真不可解也。川署已接着我們在陳所發喜信，知爾翁姑當意、姑爺文秀、妯娌和美。（此第一要義，千萬不可隨衆排擠，天下妯娌，最難和美，就其實只是處之『善讓』二字，便足了之。妯娌和睦，便能全人兄弟，乃天下有福人第一善相，不見爾祖母大人當日乎？今日如何？）若妯娌不和，致令人兄弟參商，便非我之子孫，從此不姓王可也，言之痛切。爾祖父母大人歡喜非常，川署大小平安，均可放心。我爲姑爺表白摺冊頁（純是鼎甲），各與爾兄弟分出半開，尚未表得，以後再寄。我此刻安居寫字，静候散館，手筆不佳，聽天由命。好在除留館外，別項官一概不做也。書籍會歸、金石妥帖，真是廿年未有之樂也。此問姑爺文福，二月廿日父字。

哥嫂、小姑、四弟代我問候。由陳寄京、由京寄陳，來回人便、信便，請姑爺問明堂上如何便當之處，寄我知之。又及，寄信與爾舅問保定之物矣，爾外祖八十外，尚結實，不杖。

（癸酉三月拾壹日到）

二

闐生表姪賢倩侍福：

得書種悉，正月内聞有小極，不日即瘉，慰慰。刻下所苦即無寄此間信物之便，陳州公車無一熟者，鄙人試期又迫，不及出覓妥便，奈何。有爲足下所裱成鼎甲白摺各半一本及制藝約選二種，又有爲令弟所寄刻本歷科殿試策，均未得便，如何如何。磚拓極佳，謝甚。汝南郡一紙尤佳。即候文祺，榮頓首。

定住見字：

連接二信，我有一信想已接到。爾去年一病，乃一路風寒辛苦所結。我也病了一正月，始愈。惟爾脈分中素有沉寒（下元積寒），乃孩童時所積，每病總是寒根，藥須偏於温熱一路方合。在川署時，爾余年伯爲爾診脈，用吴茱萸一味，每方必有，即其驗。請姑爺與爾皆常記之。若腹痛，總歸温熱一路用方，必不錯也。樊七二月初九日由京回川，廿二日過太原去看你準表妹，刻想已至川。七和尚三月八日回家。此子荒唐好夜游，可歎可歎。爾十五叔尚未來，此間有爾姑父及劉大表姐爲爾添箱一匣，未悉何物。又信中單開各物，俱託王大嬸照單買妥，又有爾繼母爲爾所寄之物，總無人便，思之悶悶。滋軒忽升河南巡撫，真快真快。我日寫日作，越住越壞。樊七走時帶許多刀魚，此間又有許多青魚、對蝦，如覓得便時尚分一些與你。英喜好好伺候，你要好好看待。去年一路風雪之功亦大，我必多賞他錢，早些爲説婆家要緊。此寄知悉。三月廿八日，父字。

三

闐生賢倩侍福：

子象生肖古錢一元奉贈，表得鼎甲白摺一本，又爲稼生購殿試策全分，俱無便捎，俟之。筆亦然。廉生拜手。

定住知悉：

爾病吾知之，前信詳言之，須善體會之，多喫飯，不可任性，爾母非前鑒乎？徒自苦耳。爾單列之物一概辦齊，并爾姑父及劉大表姐寄爾之物、爾繼母寄爾之物，俱停蓄於此，外無人便，內無我假，場後再説。我之散館，心甚動摇，以爾祖父母大人盼念之切也。何子貞先生云各種場試俱未動心，惟館試心怦怦，洵然洵然。英喜出閣，代我賞他十金，我捎物與爾時裝入匣内還爾，切切。今日得川署家信，一切平安。父字，四月十四日。

四

定住知悉：

再閱爾信，知爲英喜擇配，甚善。此是姑爺與爾之第一大陰騭，聞之甚快。出閣後，不必令其再來服役，此中毛病多矣，切切。（另買小丫頭，不可待之太苦，撻之太狠。彼亦人子，試思爾如許之大，在父母、翁姑前能無一失意時乎？）代我賞他十金，以酬他伺候祖母大人及爾路行冬寒之苦，即日墊發，令其寫具領條寄我，爲爾寄物時我便夾以還爾。（貧兒有十金作小生意，夫婦便可糊口，此層爾亦須念之，不必計其平時之笨惹氣也。此後則絕不許其登門，方爲得之）。勸姑爺多寫楷字，要方板一路，近日時尚方板，近於規規矩矩，近於勻勻净净，便生出乾净一色的樣子，最宜爭勝，亦是唐人正則。千萬不可寫風神字，我之上當在是，自試知之，故苦口告之。爾稼生弟得之，將來大令、二雲亦易爲力也。有書帖、筆寄姑爺，刻無人便捎也。川署一切平安，勿念。樊七刻已到矣。父字，又寄。

五

定住見字：

川署及京寓一切平安，不必掛念。今趁爲翁送東西顧車專人之便，爲爾帶來各物，除照爾來單已辦齊備外，皆爾繼母所寄爾者。內真玉簪頭上執事小簪二盒可撿一盒，再有懷鏡二具可撿一具，配好送你小姑少姐。又蘇州女帽馬尾緞者，已買寄川中。該鋪去辦，尚未回頭，今買來青緞者兩頂，有一茉莉骨朵者。又帽花亦是二分，可各撿一分（帽與帽花）送爾小姑，便成四色禮也，千萬千萬。此皆我替爾想道者，不可違也。爾要馬尾緞帶花朵者，秋冬之間，我從信包中便捎來給爾，較他物爲易也。爾大哥嫂已回家，便可不送。爾翁姑前，我有喫食粗物贈之，我又爲他跑骰，必不以粗俗責我也。姑爺及爾四弟，我有書房中物寄之矣。爾祖父母大人四月初間便移入鹽道署內矣。我留館後，惟各師處有筆墨壽文等事來攪我，甚發煩。別無他事，惟四處覓房子。祖父母大人命我買者，俟買妥移入寬綽，我先接爾及姑爺來住。然一買一搬一修拾，又一費事，勞神傷財也。紗衣四件便成一套，可查收。又爾舅舅來信問我當日存保定爾母與爾之粧奩衣箱如何寄法。我在京城，他又未在保定，可惜此便竟不能早寄也。爾之身體太弱，余師爺診脈説是下元積寒，吃藥總在温散一路，偏熱纔對，爾與姑爺須記之。附子膏京師前存者，前年俱爲爾十五叔持回山東，容再到川署爲爾去要。甘露茶，此處無方，亦向爾叔父作信索去矣。爾十五叔所寫者亦未帶來。爾大吉表兄前年曾生一子，我竟不知，其時彼作川信亦未提也，命之名曰犀官。今年四月初七日又生一子，爾姑父有二孫矣，我竟未先知也。樊七想早已到川，回信尚未見耳。鹿滋軒來陛見，進京必可爲帶些東西來，是一便也。線及鞋面、頭繩不多帶，恐多則不新鮮，隨用隨要，隨要隨寄，不費事，亦不廢物也，別物亦然。英喜已嫁出否？曾賞以十金，與否？爾脾氣總要平和些，老媽子、丫頭均不可求全責備，時時呼喝説駡。自己惹氣受病，乃自己遭罪，總要看得明白。不找閑氣，即他來惹我，我總不理他，當做好事仍然得做，他便也無法與命争了，則彼此上下一團和氣，那有生氣惹禍之事？爾須善記在心。爾母當年好與此輩惹氣，於今看來豈不是冤？連自己兒女都撇丢了，何苦何苦？此乃養身之第一道也。到了自己生病，別人不能來替遭罪，至爲奴才身上得此，豈非大想不開？我京師不用丫頭，只顧老媽子，厚價，不好即散，外頭衙門則不能也。京城媒婆人山人海，易於變換，然常换亦必丢東西也。人以舊者爲佳，即在此處，爾二柱伯、十五叔俱在此，我省許多心。爾七兄乃極混而無出息之人，已回家矣。所有爾同堂及本家，無論遠近，人來即言一概不知。祖父母大人有諭帖，非娘家胞叔及胞弟不准見也，亦無幫項之説，作爲並無其事。且爾生小在外，即有假充者，爾能認之乎？真萬不可見矣。須告與姑爺知道，即姑爺亦萬不可見也。川署祖父大人及爾叔與我之手寫各信筆迹，爾俱認得的，亦不可爲假信所蒙，切記切記。劉生仍有外宅，常不在家。與之商量談話，總不能見，聽之而已。專候姑爺侍福，爾母問候。父字，五月十三日。

六

頃又接到川署四月初九日安信，祖父母大人十七日移鹽道署。初六日樊七等即到川矣。川中來信，云爾所要之大綢衫料及閃花巴緞衣料一切等物俱已辦妥，交鹿滋軒伯帶汴。他十一日由川北上，家眷直到省城，想不久亦可帶到。如其不能送來，我必寫信問他。他若進京，我面見問他如何捎法。爾翁進省時，他必交付也。再，單外又有物一包，乃前月爾大吉表嫂爲爾添箱之物，今一并捎來點收。因原包未放，故不悉爲何物也。此諭又及。

七

定住知悉：

前信想已接着，川署有信來，一切平安。爾祖父大人署鹽道，四月初五日接印移署。爾外祖有信，康健之至，並未説在東在保。爾舅父母有信，問你的箱子怎攜，我實無法，悶極。鹿滋軒處與爾叔父初三日下定，他十一日啓身，繞路到山西，要領爾姑父之教，亦可笑也。鹽道勝於本任，并勝於臬司也，不及從前耳。爾要用錢，寫信到川、到京均可，不必爲難。此間實在無法寄物，爾所要之東西，均已辦齊，稍有不妥，不敢捎也。我僥倖留館，考在一等，未墜先聲。可以寫信到川。酬應紛繁，較部署多一師門，我真發煩，花錢尚是小事也。廿八日引見，當日奉旨，却也爽快。惟節下太近，新舊賬及東西南北城送節敬，太討厭耳。我極懶之人也。給姑爺表的鼎甲白摺、爾四弟殿試策總無人捎，其實不遠。古現本家親戚來，一概不須理，千萬莫招呼，至屬至屬。爾繼母爲爾做紗掛、紗袄、紗襯衣、紗裙已全，無法可捎，悶悶。父字，廿九日。

八

定住大女見字：

前件收到，道中未磨損耶？卧龍丹由信封裝來，可另以磁小瓶貯之。英喜賞他十金，甚好。下次再來人，我即還汝也。所捎磚拓本甚佳，古泉常見之品，不佳也。少山所贈爾翁古陶瓦片及稼生瓦片，可請姑爺拓之，由下次信中捎來。信便匆匆，不及多叙。川署京寓一切平安。王占興回川，到日第四天因病逝去。我亦寫信賞他十金，真料不到也。老梁甚好，文華回去亦無恙。專復，并問賢倩侍福。六月望日，父字。

九

定住見字：

接到五月十五日爾所發信，正我打發馬子祥起身來此之日也。一切信物在其所帶信中。渠啓身將一月，其婦竟來登門索錢，即請姑爺飭其速回。今捎來市平足紋五十兩正（交協號轉匯，協同慶無河南號也），匯費已付，不必再給，收到早寄回信。以十兩還爾墊賞英喜出閣之項，以四十兩爲爾零費，以後我稍充裕再捎。好好保敹身子，伺候翁姑、女婿要緊。四川來信要買南横街房，此房甚近，搬家則寬綽矣。即問姑爺好。父字，六月廿日。

十

定住見字，姑爺安好：

前於六月廿一日交協同慶號轉從某號匯寄爾零用市平足色五十金，匯費在京已付。刻想已到，何總未見回信耶？日升昌我與之不熟，此等匯件須講費計數，我所不耐也。協同慶云渠乃託甚麽蔚盛長字號，我亦不知也。數月以來，京寓平安，日日爲買宅事總無一愜，迢迢七千餘里，必以稟商。雖有命我作主之意，深恐到時不愜意也。川署每月有兩信來，亦言寄京易而陳州難，亦係止識協號一家，而彼號無河南裝，甚費事也。我得一元朝印，有嬰兒爲紐，下一朱文曰『住』字，乃爾之乳名，喜之過望，特以寄爾。若爾具稟川署時，再向爾祖父大人尊前叩索『王定』『定』字一印，將來印在一紙便姓名三字俱全，豈非天然如意？翁姑大人須善事之，兄弟妯娌善處之，爾便是我之佳兒矣。爾繼母問好，即問平安。八月十六日，父字。

十一

定住見字，姑爺文福：

聞姑爺痢疾已愈，至慰，可善保養。此證若治之不慎，年年患之，我乃一樣子也。協同慶託蔚長厚所匯之五十金到否？元印『住』字小孩紐者收到否？爾身子如何？夏秋以來日日看房，將買以住之，尚未妥也，甚難甚難。不是太貴，便是房不足佳。爾祖父母大人又專意要城外之房，故躉難就也，甚亟甚急。四川來信言祖父母大人引見北上，將以年底在爾張姑父處過年，因之看房尤急也。如實買不就，便先賃一大所，敬待到京後再說。大家齊回安頓後，便來接爾及姑爺來京一遊，且可爲爾弟指教也。來丟仁者乃大和尚，實在可恨。我亦不及道謝爾翁，以此種族大便家家有，吾亦不知恥也。更恨七和尚回家大騙，竟在煙台宿娼一月，費至百金。又騙多人，説是他發財在外，辦行裝客貨將千金。好在潛行來京，爲人迫藏，不來見我。現在仍如大和尚兄弟一般看待，來見亦不準進門矣。以後凡有本家到汴來者，一概不準通問，并不準給錢，此恠必絶。朱門生於七月十二日在川老死，其子、其婦均在京城，匯來千五百金，屬交與該家屬矣。三林子必到川去搬他靈柩也，惜哉！其婦聞之，想亦不長。其人來生必託生好地方矣。爾外祖尚結實，爾舅時有信來，並問爾。以後爾可自作一稟寄京，我爲遞去。惟保府諸物不知幾時始能寄爾也。此問姑爺安好，子祥馬估尚未回京。父字，九月五日。

子祥迄今未至，爾翁寄潘家唁信，説在他手。此信來，此銀始可交吴誼卿同寄彼處，我即作書與潘太夫子，言爾翁託人寄京（以潘師回去未交），又復折回，刻又重新託我寄交云云。妙在爾姑父處，潘家人情亦未寄，彼必是慌忽（妙在我寫信去問，香濤亦未回信，若其絶之，則該死也），此則出乎情理之外。潘師屢屢來信問爾翁及爾姑父何無一字與彼，似向我言之，以奠分未寄，而恐漂去乎（必是使之聞之）？抑以爲我積而不發乎？此兩家皆我至戚，故向我問之，然彼不知此二公之入妙也。越急越緩，天下事往往如此，書之以成一笑。爾十五叔因十五嬸要臨月，朱姑娘來叫，八月廿九日啓身回家。又書。

十二

定住見字：

此刻協號所匯之銀仍未到耶？馬子祥回京，深悉爾翁姑近況。姑堂之身生疥歷，當是濕熱，無關内證。聞姑爺伺候醫藥，日無暇晷，此是正理。人子竭力，只在問心，多進一絲，多盡一毫，俱是有得，往後無悔念的，爲人婦者亦然。孝必有福，福之大小，隨孝之深淺自擇而已。至人過十五歲，用工一層，全在自己真心與否。如真想上進，真想用功，不怕有事躭閣。稍有隙餘，便可繙閲，且自然深入冥悟，即此便是用工；如不真心，即日坐書房，也是枉然。天下斷無盡孝而悞讀書之事，即此是學，即此是功也。我十八歲出書房，困部署者十八年，六次出房。爾翁日日苦差，日日在車上拈八韻一首，科科高薦，非其驗也？何曾自悞？何常静坐？然心自苦入，便自能爾，此可對姑爺説也。至爾爲人子婦，多盡一天孝道，即是後來多享一分福氣，不見爾之祖父母大人乎？亦即是多爲我及爾已去之母兩箇人多增一番光采，切屬切屬。爾十五叔因十五嬸臨月回家。朱大料在川老去，我聞之十分傷心，此僕他生必得善果也。爾外祖家都好，常有信來。即問姑爺侍福。父字。九月十二日。

十三

定住見字：

爾及姑爺近日身子如何？姑堂病勢如何？協號所兑之款已

來否？自秋徂冬，相宅未就，心甚躁急連日。當先賃一宅，以待爾祖父母大人暨全眷之來。我身子結實，不必掛念。爾十五叔因十五嬸要坐月，刻已回家，我已買諸城爾大小子叔一車一騾。我給姑爺買的東洋印色，苦無人捎。此刻京城甚冷，想爾祖父母大人苦累，由川啓身，道上必冷極也。并問姑爺侍福。父字。

十四

定住歡喜，姑爺文福：

來信并古泉收到，泉不見佳，想在陳州使用中自撿之耶？今託協同慶號匯來爾祖父母大人賞爾之市平足銀五十兩正，以爲零用。匯費在京已付，不可重給。爾收到後速寫一稟寄川署爲要。今接到川署十月初九日信，尚未卸事，如臬臺至冬尚未抵川也。爾祖父母大人必是明春起身矣。道上日暖，真正湊巧，真福氣也。我於廿五日移居錫拉胡同。我不作主意買此房，先祖之，以敦請爾祖父母大人自己看定。然房子甚好，并不貴也。工程十分堅緻，有五畝之大，惟住屋不多，外坐落太閒，以後爾歸甯時自知之矣。我搬家，又一收拾古董，累得要命，外人不能幫也。爾大舅母於十月十三日去世，他待爾母子兄弟十分優厚，聞之令人弗感，來信寄爾一閱。爾舅至今無子，奈何奈何。爾翁升調想必不遠。爾姑父之紫雲生一女，幼樵回京所説也。我買有東洋印色、小翦等物寄姑爺與四弟，竟無人便，奈何。并問姑爺年喜，四弟與小姑同爲致賀。父字。

十一月廿二日。

十五

定住見字：

前月由協號轉託蔚號匯來爾祖父母大人賞寄爾零用之五十金，想已接到。匯費在京已付，協號轉手，有些遲延。日昇昌我與之不熟，故不能交其逕匯也，只可託其帶空信耳。姑爺身體工夫如何？爾婆母大人病勢如何？雖不欲見爾，爾總須在門外伺候，一切請爾小姑送進去應用可也，不可藉此遂躲閃。

人生孝字是各盡各的，別人不能代也。爾祖父大人已蒙恩旨賞二品頂戴，見京報矣。如臬臺到任甚遲，川署冬月初六日交卸鹽任，我們仍回本任。隆冬不能起身，來諭説明正開印，即請咨北上。今川藩張公又升，不知現時又怎樣調署。爾祖父母大人執意北上，想必力辭，此時京寓尚不知消息耳。我於冬月廿六日搬入東華門外錫拉胡同廣尚書新房，自冬月初一日起首，甚累甚累。且累得病，頭暈作嘔，而一切書箱俱堆積不能打開，以待爾祖父母大人之來信定奪。此房賣價一萬二千五百，而略一修飾及零碎花費，總須一萬三千有零。貴則已極，而較其房間地基大小工程實則至賤。若蓋，則非三萬不可。有山石園亭之盛，通共一百五十八間，而游廊占去五十八間。實則內房之好住者，不過五六十間，園中閒房尚有三四處也。此房所占地基甚好，故争之者多，盛伯希强先爲我們占來。當時我因祖父母大人來諭，到京至遲在春正內，故急先占此房。此在未定局之時，月租四十金。當時恐全眷一來，住店不上算，故先覓此房，以爲下腳地方。如明春家眷不來（川藩又升黔撫），或來信不要買此房，則我又須另搬（人家不讓住，爲賣不爲租也）。故一切東西俱未打開，恐局面不定，又須費事。其實我們趁着此時，儘着力量，亦可留下，唯恐爾祖父母大人不願意也。爾有歸寧之意，明年須待房子定局後再啓身，不然先來跟着搬一回家，則真累矣。

姑爺明春如回家小試，試完可一同來京。如先到海豐，總先寄我一信。爾時房子定局與否，祖父母大人到京在何時，均可先寄知爾，省得先後不齊也。總以房子定局聽信爲要。再爾大舅母老去，爾舅明年恐不來京矣，必辦爾舅母葬事，又續弦也。他尚無子，爾外祖年將九十，爾舅年五十，真可畏也。爾舅既暫不北來，則保定府所存爾母給你之衣物箱及爾兩弟者，均無便來京，必須爾舅親到德生堂存物處開門也。如爾舅但凡早晚北上，我必令其送來京師，再專人送與爾也。年事總總，花錢不少，且無清暇，趁空專此即問姑爺年喜。父字。十二月二十二日。

小姑、小叔、大哥、大嫂同此道賀。爾繼母問好。東洋印色已買得，無便帶也。狀元策二本，姑爺一本，小叔一本。

十六

闐生表姪賢倩如晤：

河間道上書來甚速，此後直至今日一日連得三書，皆日昇昌交來，可見其積壓也。去後逾月無書，弊夫婦甚爲馳系。得此知早安抵且甚妥速，恰慰之至。病中相依一年，忽然離索，不盡戀念，此常情也。到署心内安穩，病必易調，究竟年少氣盛，稍一静攝，不難復元，所望加意調護。功名有定，不必亟亟。愈後鋭志積進，尚不遲也。若僕則直系孽障，試差大考，一齊躭悮，尚日日如在鼎鑊，罪可知已。病狀詳小女信中，不復述。白摺兩半開，可裝入前册，後有粘簽照記。『一刀平五千』字高起者，僞物，不足取。黄小松拓漢碑不舊，亦不甚精，然是名搨，自足寶貴，抵得一種，不可輕忽，在今日甚難得矣。《嘯堂集古録》板心若大，字體若方，金文款識非同一律偏小者，乃明仿宋本，致足寶貴，勝本朝張蓉鏡刻者萬萬，朱修伯、潘伯寅、張香濤俱有之。張刻將款識編成一律，如《博古》及薛《識》，同謁謬不堪。此則覆刻宋本，去原器不遠，然非宋本也。《兩漢書》魚尾上有『嘉靖年』字者，若是補板即屬南監，若是一律乃是北監，較毛本爲勝，較殿本爲古，亦可存也。明刻《兩漢》以正統本單行者爲最。仍不能多寫，書此代面，即頌侍安。懿榮力疾復書。四月十一日。

貴昆仲前代道捷喜。

十七

定住見字：

爾走時我正病，三日後略減，然一切仍是不豫。至十六日，忽然通宿不寐。至廿日、廿二日又臨班，不寐二宿，不過照常白日小暈等事，亦無大苦。入三月，日見健壯。仍於每日未申之間浮火上面，小作眩暈一時，乃陽盛之際，久病陰虚，人喫不住。吃弼臣藥數日，每日演習寫白摺半開，漸至一開，俱能静坐滿擬與試差場。白日常到後庭收拾一霎時書，以爲習勞之計。乃於三月十六日又一宿不寐，次日便好，亦日見惺惺。突於廿一、廿二、廿三一連三宿不寐，從來未有之事，亦未有喫多、生氣等事。廿四日四鐘時遂作大嘔三次，臨後吐出酸水無數，較從前十分利害，當晚又一宿不寐。從此直狼狽，至今現已請四個月的省親假，試差大考（月内必有，現已在紫光閣看侍衛箭矣）一齊躭閣，此我之運也。我不能考差，爾手頭不能寬裕，然我必設法接濟。爾只要好好保養身子，勿與下人惹氣，使爾病父惦念，爾即是孝順也。得川署安信，祖父大人將堰工閑放後，川督閱邊回省即下一札，料是給咨，乃拆看，竟是正月廿七日又復奏留批摺。依議，又不能北上矣。祖父母大人甚是焦急，在他是格外好意，不知我們心裏着急也。我即考差，亦是累贅。今已請假，則無別的心事，可静養矣。現在耳仍大鳴，眩轉已輕，病發時欲嘔不出，胸中如刀劍相攻，手涼而足不利，過時始已。已不服藥，究竟不知是何病證，不止陰虧肝旺，到此廿三日已正一年矣，我真遭不起也，奈何奈何。父字。

十八

定住見字：

前信想收到。我自三月下半月以後，總不見好。四月十六日又不寐一宿，迨至十九日，直至五月初二日，一連十餘宿不睡，唯天明昏睡一點鐘時，與去年稍異。吃藥總不見效。廿九日不寐，已將十宿夢遺，於偶睡之際即醒（計三個月未犯此病矣）。次日一天大眩，嘔至五次，從前所未有也。初二日連睡五日，此後或三日五日必有一宿不寐、出大汗之時。幸而飲食尚好，我聽其自然耳。丁制軍又奏留我們，祖父母大人冬天始能起身也。中䝉銀信已交去，快放差矣，可莊、薈生、延秋均已放矣。爾十一伯於三月下世，可見病久之人靠不住也。他去年八月病起。爾舅父之菊姑娘又生一子，可謂歡喜，爾可寫信爲爾外祖道喜。昨又不寐，不能多寫，并問闐壻侍福。海味捎給爾翁姑。爾繼母捎信，自咱家買來也，蝦是生曬好的。父字，五月十二日。

十九

定住見字：

信已封好，又得川署安信，祖父母大人慈體康健，問爾已到陳州與否，川中尚未得準信也。我連日服潘偉如中丞方，甚好。翁師、潘師兩人慫恿他來診也。川署寄銀與我，今分寄爾三十兩正以爲貼補。爾須好好保養身子。爾的身子太壞，好生保養，好伺候爾姑堂起居。姑爺亦未復元，全仗人伺候，當媳婦的一生孝行全在此處也。不可常與下人惹氣。此附，并問姑爺大好。十三日，父字。

二十

定住見字：

聞爾病肋，當屬肝家，總以白芍、阿膠之類和諸藥平養，勿使戕伐。然我於醫藥十分外行，遂一病至今，亦不能講究矣。有爾翁姑撫視之，我無慮也。姑爺身體尚未復元，又東應秋試，辛苦可知，可作信時勸其早回安敉爲是。我七月病痢，十餘日始止，現在仍未脱，然較春夏稍可。又九十餘日未嘔矣。此問近好。父字。秋中四日，爾母忌辰也。

祖父母大人九月下旬北上提調秋闈，完事請咨也。爾舅爺爺帶王姨太太住天津，舅婆婆帶三表嬸七月初九日回福山矣。二雲提鞠子腴女，四龍提張三大娘之三女。爾六伯來京鄉試，文川十伯京試亦行。尹伯元五月就吴清卿館去，崔法隨行到津，乃逐去之，可笑也。鄧玉章二爺在川於六月十五日老去矣。此公生前未交一友，可憐可憐。恐爾病煩悶，寄爾知道，以當閒談。又字。

二十一

闓生表姪賢倩：

得在陳州書，知於六月廿九日東歸闈試，想極得意，預賀預賀。清恙仍未霍然，又試事年苦，合家牽念。賤軀亦未復元，一年餘矣。寄示漢印，精美致真之品。第一葉所打竟是周鉨，惜打錯，[illegible]乃邑旁，以印論，應是左旁，此誤向上耳。

舆生令兄以忤時去官，時論壯之，已於廿八日赴陳州矣，鄙人有書附去也。在濟試後早歸侍署爲要，諸凡小心珍攝，不可再誤，切屬切屬。貴昆仲竹林統此道賀，尤念稼生。專候捷喜。

懿榮力疾，八月三日。新得各印多打數本，寄京爲盼。

定住見字：

你今年廿正歲，我於下次即折乾寄匯與爾。川署祖父母大人慈體平安，現兼署臬司，於八月初五日接印，今年未必回京。知爾正歲，亦必有物賜寄爾也。爾脇痛現平復否？此屬肝家，血虧所致，必不能速愈，如我之病等也。好好保養爲要，勿與下人惹閑氣，真不值也。當時不能禁止，以後仍是自己遭罪。我自五月初一日起至今尚未吐，頗有好意，已百卅餘日矣。惟小暈不寐，仍復不免。近日所最怕者，三四十日以内必犯夢遺一次，輒數日發暈。看似快好，必有打叉，小病間出，仍未復元也。再是不敢多會客，人多便暈。已於九月初一日銷假矣。我曾從寄尹次經信内寄一書與姑爺，未見回信。又從慈經寄伯元書内略知姑爺昆季叔姪消息，此刻想已回陳。他的病未復元，又回東試，加一倍辛苦，再不知自養，真是可慮，須善善勸之。自身有病，真遭罪不起，父母不能恕，妻子不能代也。如我與姑爺此時身子弄出病來，真是無福氣矣。人生所千萬中選不出一二人者，此以遭逢定之也。張甥大吉北試，自賃一大公館，水旱並下，又鬧須子。聞已花至四千餘金。他是名父之子，人人指摘。我與他係親戚，聞之不能不難受。家運有此，必壞無疑。此上關運氣，下關其父母心地。我亦有子，不敢笑人。但看他們將來，以卜我之心地如何耳。山東新學台陸鳳石，爾癸酉年伯也。他來對我説，此次看文，專尚詞藻，可告與爾大伯、小叔兄弟知之。姑爺今年高捷，速寄我信。此問女好，爾繼母同問爾好。九月九日，父字。

族中今年三十三人進場，不知有一中者否。爾祖父大人每人送元卷四金也。

白摺，冀博堂上一喜歡也。你七表姑的公公過去，現已回家。你四姊的婆婆亦過去。你四和尚哥在沈鄉三縣縣丞處胡混，有下落了。大和尚仍無下落。你舅爺在天津帶著王姑娘候補。你外祖八十六歲，上街不拄拐，此稟賦有過人處。你舅明年說要上京。你大弟尚未下東，我病未能也。山東新學政乃爾陸鳳石年伯，專講詞藻，可告知姑爺昆仲。文章要用字眼，此風氣之先也。海豐張家中一個，是俊谷否？銕門（戟門次子）你二小子叔（諸城）與其堂姪同榜，文章甚好，可見男兒回頭金不換也。與松溪一同回家，舞綵開賀。二小子竟是另變一人，十分謹慎，一味省儉，作極好的墨卷，勝於松溪。王小宇仍是落第，窮困不堪。他的文章亦作的好，命也。二小子叔以五百千請宋晉之年伯作師，叔姪三人同學攻苦，壬午及本科三個人中全了。尹慈經之次子在濟南下流，被其父并其妻子逐出，慈經豈知伯元亦此之類耶？我仍耳鳴不息，腳下時作暈顛，卻無大苦。腳有兩三月不涼了。不多見客，見則心慌作暈，多談則氣短。每日寫半開白摺，看一兩篇律賦，其餘

二十二

定住見字：

久未得爾書，未悉爾脇痛已輕減否？婦科病肝氣最多，最難治，最易發。種須善養，發了乃自己受罪。我此一病，將功名、熱鬧事情一切擺脱。惟念我乃堂上俱慶之人，萬不可自身先有傾跌，使老人惦念。加意保養，以守身爲孝，是以秋來漸見進益，已百五十日未吐未眩，此非吾進乎？若是不治之症，便無此一番長進氣象矣。此刻只有不寐及小暈未去，然亦不多。爾諸事看開，一心惦念乃父掛牽爾病，如我之掛牽爾祖父母大人也，便是我的報應矣。凡事總有命定，我深知之。姑爺又抱屈，白受辛苦一場，身子如何喫得住，以好好保養爲是。他與我一樣，均在庇蔭之下，保養是容易的。此爾伉儷今日之藥石良言也。下次我捎東西與爾。爾母近來身子亦健，乃深念爾。姑爺前代我問好。父字。九月廿七日。

東、北兩闈，咱族中三十三人無一中者，松溪與鹿喬生均中。我得科第太遲，未挣一錢來家孝養，所以雖病不忘律賦

稍繙古書及玩意等。

二十三

闐生賢倩：

陸學使專重詞頭，試藝寧濃勿淡。捎來牛芸階〔一〕太史屬對文聯一本，即從前向胡二少爺索回者，與昆玉共試之可也。即頌年喜侍福。

二十四

定住見字：

爾繼母見與生太太，言及爾時有小病，不知何苦，現已愈否？深爲惦念。闐壻舊病如何？身體如何？爾須要自己精神，諸凡保攱，少生一點氣，即多享一分福。人每當時受病不覺，過時得病，自己作苦，悔之已遲，如吾是矣。爾十月間過廿歲，我賞爾四十金，爾母賞爾十金，共五十金。我十月間病傷寒幾殆，甫愈，又患腸瘤（即痔也），未能寫信匯來。適爾季樵三叔狂窘着急，暫時借去。今始還來，茲交協號轉匯，到日查收。匯費已付。輾轉匯捎，其來必遲，該號無河南莊也。爾祖父母大人請咨北上，攜帶全眷，於十月十六日由署啓程，交卸臬篆即請咨也。前站謝老補將行李押來，冬月十一日已到。爾十八叔之四妾已瘋，送歸古現，交爾十五叔管養。爾吉慶妹已來京寓，爾母看管。我身子仍未復元，又須料理收拾表糊等事，甚累甚累。京宅房子竟不敷住，爾叔孀家孩子太多，明年娶爾大弟婦，又費事矣。我自五月以來即不眩轉，然時作小暈，總未復元也。所捎吃食收到，即謝姑爺費心，並問近喜。父字。十二月十五日。

二十五

定住見字：

爾翁姑前已有專函致賀姑爺新喜。去臘由協號轉匯市足

〔一〕牛芸階，名元愷，河北獻縣人，咸豐十年（1860）進士，工制藝，爲庶吉士，未散館而卒。

五十金，刻想已到。爾祖父母大人由去年十月十六日由川陸路北上，腊月廿七日安抵都門，一路平安。惟行至定州，祖父大人腹瀉，不肯在屋大便，夜間冒霜入厠，感寒甚重。又無醫藥，服參蘇飲二劑，内有木香，破氣太甚，勾起痰喘。到京即請醫診視，現在寒退而氣弱，舉步即喘，未先出門，日日醫藥，尚未復元。我與爾叔及爾兩弟日夜侍奉，一俟稍癒，再寄爾信，放心。全眷以來京宅，房甚不敷住，爾嬸孩子既多，又有爾十八叔之女亦來，即占卻前頭兩廂。爾大弟今年完婚，尚須在後空房打結斷，則我之古董十分難安插矣。爾所住之小廂及東西平台，馬號物已堆滿，作外官千萬不可多值零碎東西，既傷財又惹厭也。張家來提爾小姑一事，總無回信。我已見過蓉江，此子甚好甚好。香濤與粵撫不諧，同時請病假，真是可笑。爾大弟二月下東。此諭。父字。正月十五日。

今年教讀先生請的爾鄭年伯（杲），一月十二金。兩孩俱不讓他們回家考，誤此一年工夫也。

二十六

定住見字：

爾祖父大人於二月十四日寅時棄我等而長逝矣！吾生四十二年，從此爲無父之人矣！現在爾祖母大人在堂，又值大事未辦，不得不苟延殘喘，偷生人世，匍匐集事，嗚呼哀哉！爾祖父大人去年隆冬長途，在定州腹瀉，夜出傷寒，廿七日抵京，汗見而痰喘異常。延醫調治，又患嘔血，又患秘結，至二月中旬痰作壅盛。昊天不吊，降此鞠凶，侍奉無狀，不可爲子（到京一日未舒服，此皆我們心過不去之事）。現承祖母大人命，四月初由輪船東歸回山東，陸路黄河爲災，不可行也。爾叔父隨回與否，尚在未定。爾祖母大人亦要同回，則家中新房尚未議妥（城内迎仙橋長分舊宅），暫無棲止之所。現在婉商，未知肯從與否。諸事忩遽，爾暫時千萬不必來家奔喪。俟與祖母大人商定留京後，爾時我由東北上，一切大定，再專人接爾（現在我與爾叔那一房回家尚未定，葬總在五月。今年山向利，城内房子修好即在今年。如祖母大人一定回家，諭云要接爾回福山一住。人生一場，亦不可不到本地方一住也）。告知翁姑，此時京寓湊集，房致不𡠾，來則無可安置，孝不孝不在此也。我病已愈十之八九，然似此反不如早死，不見爾祖父大人之有此一日也。餘詳庚生哥寄闃壻信中。翁處不及爲書，爾好好保敕身子，治病要緊。二月二十日，父字。

二十七

定住見字：

現在苦次，卒哭乃答，不能與爾翁姑通候，先代道達。現奉爾祖母大人命，以四月十二日我與爾叔由京扶柩，乘坐輪船回里安厝。今年山向不利也，即於墓上建造塋房，我與爾叔兩人輪流，半年廬墓祭掃，半年來京侍奉。俟城內迎仙橋子街一宅置妥後，爾祖母大人要回家住，并遣人來接爾東歸，今年可辦到矣。我身子總未復元，又罹此大故，回頭一想，若使往歲一病即復不起，焉知人生之有今日？大夢不醒，嗚呼痛哉！爾弟輩於廿七日後仍舊上學，隨鄭東甫比部杲讀，祖父大人之遺命也。闃壻近日體子如何？爾病已復元否？刻亦不暇念及爾等矣。三月十五日，父字。

二十八

定住見字，闃壻同覽：

聞爾久病不癒，甚不放心。闃壻復元最宜調敕，病加於小癒，古人所兢兢也。自爾祖父大人大事後，我同爾叔於五月十五日（是日賃二品全分執事六十四扛出城，權當出殯，恐家鄉儀仗不能齊全）扶護靈輿出都。當日至通州，坐大太平船（河船）赴津，二十三日由津乘坐外國輪船（名曰温州，甚壞，取其人少，乃裝貨之船，能開艙門，靈可平入平出），在黑水洋遇霧，停橈半日。爾叔及下人等暈眩嘔吐且瀉，惟我側卧不敢起，然不作嘔（可知當日之嘔不在胃積）。自去年四月卅日一嘔，至今未嘔矣。廿五日抵煙台，停宿給孤寺中。上下船十分平穩，此先人之福也。由煙台（竟有新蟒大罩）六十四扛，廿六日到家，竟不及燒百日矣。在京因漆布未乾，是以屢改日期，在家重漆，先後上漆二十餘次（工部言天家三十六次），末用朱漆蓋面（山東嫩漆色不甚紅）。六月廿二日出殯。兩年山向不利，葬須後年，今則半邱半葬也。爾母邱子木塌，亦重新收拾完密，足支五六十年。在京開弔二日，在家開弔三日。自入六月，半月大雨，出殯之前一日天忽大晴，屆期晴朗，地工十分結實（塋上打大席棚，先期作工不透雨）乾净，此又先人之福也。鄉下人久未覩此大殯，遠者自四五十里路來，觀者如堵，實則儉陋不安。鄉中兵燹後，諸事草率，一切皆係借用，只能如此。通共殯事路費共用去三千餘金，後年清明再謀安葬。我力疾匍匐，不敢不勉。各處謝孝，皆爾叔前去。戚友知我久病，亦且恕之。我只到爾外家住二日，亦勉强去，以爾外祖八十五歲人，不定能見幾會面也。孰知步履健捷，不拄拐杖，精神猶如當年。常念爾等，絮絮不休。絶早起，日暮即睡。張姑娘卻大見老相。爾舅父連年有病，子女俱夭，竟病成一個弱人。耳鳴六年，晝夜不息（我之耳鳴無望瘉矣），説話氣短。二妾一妻。爾新衿母乃長忠厚的一路人，亦出見我。爾舅言及，或明春或今冬尚擬赴保一行，暫尚未定。議將爾姊弟的箱籠寄京。俟其到來，即寄信與爾。爾祖母大人慈體素弱，自春以來，悲悼自不待言，每夜長不能睡。此在川署，平常事即是如此，比來益甚。我是以急速北上，於七月廿五日由煙台乘中國輪船，廿七日抵津，由津坐河舩到通。回顧汪洋，并無障路。初七日抵都。所幸祖母大人腹瀉（半月矣）已愈，我來心始放下。爾叔仍留於東，料理塋房、住宅、買莊田等事，十月由陸路北上。祖母大人日夜説欲東歸，親課田園，住城内新宅（錢不置地，恐漸零落），帶爾叔嬸一房及大金夫婦（京城住不開）住東，我及爾叔仍輪流東北，且到家即遣人接爾作伴，喫海魚、山東飯等事。屬爾好好將救病體，不必焦心。此次來差，别件重物俱不能帶，特賜寄爾西法點心二種，各一匣，廣東蜜果二銕臘，此是爾姑父寄與祖母大人的，特以與爾（摺差輪船五日可到京）。道上若走的日久，恐有霉變，爾須打開撿上好者，用器盛好，奉與爾翁姑堂前、姑爺面前，切切。人二三十歲時有病，俱易保救，生氣最旺。一過四十，便幾廢疾。爾與姑爺細心將養，必可復元，切勿輕忽，更勿暴棄，千言萬語，只此一條而已。我前年斗得此無名之疾，一卧三年，又罹凶閔。人生到此，天道甯論，天之所廢，孰能興之？故我亦處處拼命作去，苟延殘喘，以侍堂上。人生四十以後，地下之親人日多，世上之親人日少。再者，病不極不死，病不久不極，我亦何憚於此？言之反快，當之實苦，聽之而已。想彼蒼者天，亦無別的手段，不過如此而已。我刻刻惦念爾身子，我即知我之父母亦刻刻惦念我，其冤乃古今天下之人所同然也。到日撒手便去，又何念哉！爾四個兄弟讀書均有進境，大金、二雲均可入泮，亦明年出考，餘再說。并問姑爺侍福，八月廿五日，父字。

新科殿試策三本、朝考卷一本贈闐生，『王定』元印賞定住，可將此印同前給爾『住』字元印打作一氣用，我都未存底，可即用印格紙將兩印各打兩三張寄來，千萬每篇一印。

二十九

定住見字：

十一月内李管家來，得爾書，知秋間張差所帶之信物均未到，李管家回其家，頃始回，又得公柜所帶一信，知爾翁姑及姑爺於爾聞知爾祖父大人去世之信後，在廟設奠唪經，聞之令人感泣不勝，即先爲我叩謝。不知當日事竣後，爾知當與爾翁姑及姑爺、小叔嫂輩叩謝否？范文正善體人情。爾翁姑及姑爺之顧視爾與厚待親戚之誼，可謂盡矣。即先爲我叩謝，我亦有專信也。女兒之所以須找好婆家者，不僅門第、人材，其第一最要者，在翁姑女婿及一家人等之善識人情耳，此便是我爲爾所找之好婆家也。至於以後窮通高下，此有天命耳。然人家待兒婦如是，其至翁姑，本如父母一樣，同是一昊天也。在我們亦須善爲孝養，以報此天耳。天下事豈可止責一面的情理耶？志之志之。

爾祖母大人心境如此，又素患肝旺，日日心煩，又痛恨京寓度日之費，切思東歸。迎仙橋宅子買就，費一千六七百金，地基寬大，尚有大園，林木蓊鬱，皆花果樹，在城内誠爲第一美宅。然房子間口太少，尚須添蓋二三十間，舊有之二三十間亦須翻蓋。現在煙台海木及咱家瓦石俱賤。爾叔已將塋房材料買好，今年不宜蓋正房，須明年動工。塋房蓋起則心内工料貴賤得失俱有成見，不至上當，再議修宅。然豈一旦可蹴及者？乃叔十一月十五日由家從旱路起身，因輪船已停故也。刻尚未到，大約臘八前後。今年乃叔在家爲買塋房木料及置買田宅等事，宅已買妥，接到手矣。田不湊手，適賣者少耳，只買得張村（去城八里）地六張，鋤二百四十畝一連片者，現俱交謝老補看管，以後再定人管。祖母大人意在以萬金出頭置千畝田爲止，咱縣裏的田頂上者每畝歲出大錢一千文，千畝田可得千吊，以五百千家裏過，以五百千京裡過也。現尚未置得，此亦不能一旦驟致，有相巧者以後能如此數，則我服闋後京官之費，較在龍安時之二百金一年又稍好矣。若不酬應，尚可敷演也。即捎爲拉帳，則一差即足以了之。家中爾叔一房伺候祖母大人則儘足矣。王可莊云：『如我們這户人家，直須一發十萬銀子之財，方能講過日子。長袖善舞，才能進退裕如，且不至大費。若有一兩萬銀子的身分，直是遭罪，患得患失，終日提心吊膽，少費即不敷，多花即烏有，不能不内外盤算，斷無舒心之時。』誠然哉！誠然哉！此反不如至貧時之灑脱也。祖母大人飲食尚好，惟多連夜不寐，現服陳弼臣養肝健脾之劑，稍愈。此證自川署時已然，此刻心境如此，又加重也。風水家以京宅西甬道不合，現已閉置，作一小耳，本通上房也。現在走花院東游廊到後照房，明年大金娶親，萬不敷住矣。川署所來東西堆滿東平臺、西平臺及西厢之前耳房（無老媽下處矣），以及大上房之西新閉之耳房。凡此棄之可惜、留之堆垛之物，當年皆好錢所置，豈不可惜？所以在署時千萬勿置辦零碎東西，要緊一走便棄，一帶便費、一堆便占地方也。若人家辦差之物，儘足用矣，所以不必格外找累。

祖母大人急欲東歸，帶乃叔孀一房回去，大金期服滿後娶親。（張安國以給事中截取到班，應選湖北糧道缺，已到部，前十日丁内艱。渠今年亦大病，現未復元，可謂同運，又窮極）張家期服亦明年秋九月滿，正值試後來京，不動響器，找城外店裡迎娶，三日進宅。然張家大窮，又專講配送，不給娶，而祖母大人意在急娶，攜之東歸，將來兩邊争講，又是我的磨難也。家中修拾添補宅房，置辦傢俱（不及京師現成）必須一年，而此等事求田問舍，我又不在行，且幹不來。今擬年底乃叔回京，我明年正月底攜爾兩弟回家，由輪船便，趕爾祖父大人頭周年（二月十四日），到塋上燒陰宅及紙札也。咱家土俗，本族尚要待客。咱縣二三月縣考，四五月府考。我於府考時送爾兩弟到爾外家去住，我即回京，再换爾叔回家辦理修宅買田、安置傢具等事，并照料爾兩弟院考（八九月間）也。爾大弟將近娶親，我并催爾大舅，將爾母所給爾等東西，無論他出與不出，早些設法送進京來。爾祖母大人有寄的吃食四匣，又新鹽好刀魚一包，另有諭帖。爾母給爾小玩意一匣，内有清單，格外交李管帶交爾手。爾明年送小姑出閣後，計時爾祖母大人尚不能東歸，爾可即便到京歸甯，小住數月。惟無人接爾，因我與你兩弟俱回家，京寓只爾叔一人，不能遠離也。爾可好好保敉身子，善事翁姑及姑爺爲要。我憂病之中，萬緒紛煩，一心惡喘，草草爲爾作此一書，越寫越多越累，真不易事也。姑爺楷書長進，文理圓足，静穆之氣見於紙上，近來想是真用功矣。鄭東甫先生辭館，明年爾兩弟在家，從柯敬孺（登州書院山長）外批。爾三、四兩弟擇一小席月二金之先生嚴管束也。即問姑爺文福。長至日，父字。

闐生賢倩侍福：

得來書，見書法文法異常圓足，静穆之氣躍然紙上，想見近日工夫邃密，即此可證，病懷爲之一慰。明年小試，仍宜觀場，不使賢昆玉專美於前。鄙人少此一場，至今悔恨。明春將攜二子東歸，視其應試，此慈老盼望之意，急課之出，未知能於後年提攜筠籠、肩隨從者之後與否也。小女聞信之日，承堂上厚愛，爲先嚴設筵嗁經盡日，合家聞之悲感交集矣。賤軀仍未復元，呲窳偷生，亦可哀矣。復謝，并頌年喜。制懿榮白，長至日。

三十

闐生賢倩文福：

此次歸妹之喜，賢勞備至矣。去年所寄各函，想已查及。舊學使尚有三棚歲試未畢，貴府在内，新學使開棚按臨，何不就近一試，當不讓貴昆仲竹林專美一時矣。竹報中堂上爲我道賀，鄙人憂病之中，不克備專柬也。雙虞壺能謀一副拓本否？餘詳寄小女信中。令大兄嫂前統爲致賀，刻正感冒，不及多寫。制榮頓首。

黄樓新貴處僕贈一聯，并金花二事。服中不便具款，交貴師母中弢夫人將去，希道及。二月九日又拜。

定住安好：

此次正月路上天冷，到家即忙，一切尚不覺勞碌否？飲食如何？京寓自爾祖母大人以下均平安，我與爾母近日偶患感冒，作嗽甚苦，不及多寫信也。爾叔于正月九日攜爾兩弟，由陸路自濟南一帶取道回家，爲爾祖父大人周年之祭。今年輪船因節氣晚，本月十二日始開，恐趕不及也。刻尚未接着到家的電報。爾兩弟今年留家用工應小試，至於能入泮與否，聽之而已，院試總在八九月也。鄭東甫先生又就孫萊山侍郎館第，現叫爾文川十伯之長子二成秀才來教爾三四兩弟，輪開必跟爾大十五伯一齊來也。爾叔在家辦齊木料、磚瓦，動工蓋城内新房，必須我回家二人同面一商，再稟知爾祖母樣式動工。我等爾大十五伯來京之時，我即便東下與爾叔一見。我留家，他即來京也。所以我未先走，京寓爾祖母侍前不可無人耳。爾兩弟之書亦須我在家照管，不然必荒一年。爾大十五伯心事不佳，去年鐘姑娘及爾蜀生弟及後添之小道子妹自川到家，均以疫没。爾大十五伯冬日亦到家也。爾岳家五姑自岳大甥在關外故後，渠即隨其第二子在陝依鹿滋軒、慕子荷〔一〕二人爲生，亦於去年臘月十五日在陝身故，此則苦節多年，竟無好下場也。爾慕子荷七伯今年正月四日亦故，此其去年心緒之壞所致矣，想不到也。此俱是閑話，隨便寄與爾知之可也。此信託中弢夫人

〔一〕慕子荷，名榮幹，山東蓬萊人，與吴大澂皆爲同治七年（1868）進士。

回南皮之便捎來。海豐風氣人情如何？較南皮何如？此爾生平第一次到山東也。寫信寄爾翁姑前爲我道喜。二月九日，父字。

三十一

闐生賢倩侍右：

小女於本月十二日到京，一路平安，心慰無似，即請寬念。承寄拓本各種，内王謝二專何其巧合。張桐山昆仲二人到京，所攜佳物已多售與伯羲祭酒。與鄙人相見太晚，尚是王小宇工部代爲引薦，不知張、王亦舊日戚鄗耳。點心二匣乃家慈贈令大嫂者，已交尊紀帶回海豐面呈矣。南皮張氏亦有二石象，至佳。滄州舊書、字畫、法帖、古器甚多，惜無巨眼人一訪之也。此頌侍福。制榮頓首，三月十四日。

三十二

闐生賢倩侍右：

手畢讀悉，工夫想與日俱進。明歲秋風得意，指顧間矣。小女當以秋涼路乾易走之時，即謀回府，惟僕處毫無一可靠之人能以伴送。二子歸試，院考乃在十月，得與不得，回京總在冬日。川署下人轟然去净，見在驅使皆烏合之衆，潘家廟之二家兄久已病廢。每一思及，十分躊躇，仍乞代商堂上，謀一妥當官親，加一幹僕，遵期來京將去，至禱至禱。又前歸爲其所蓄衣物，刻促其蓬萊母舅黄賓三太守送來，尚未到也。專候元祺。制名頓首。昆玉同此致候。

三十三

定住見字：

得電信來，自爾祖母大人以下均十分懸念。嘔吐兩月，此與我病大同，乃陰虚肝旺，水不養木，以傷脾土所致。（肝陽犯胃，是以嘔吐，升提及熱補等味萬不可用）急宜大服滋陰之劑，燒退再多服八味地黄丸（麥冬五味），淡鹽水送，一日早晚兩頓，每三錢。不可以醫家甘温退大熱之説，用温補一切熱藥治之也。（尤宜晚間早睡，始能養陰）八珍湯生熟地並用

（半陰半陽，用時陽四味極輕，而重用陰四味也），多用熟地，以一兩爲度，尤要。此是我閱歷過來的。我四十歲人，猶能轉圜，豈爾二十許人，不能復元乎？但在好好保救，切無與下人生氣（肝旺傷陰）。我病是姑爺親見的，咱家自祖母大人以來即患肝虚，我四十後發作，爾二大伯如此，大金現已頭暈，此乃根蒂，可專以滋陰降火一路治之，必不差也，切記切記。今着川勇劉永升前來看爾（曾得餉局保札者），不及多帶東西，空身單人前來也（爾小十五叔正月十九日老矣，可憐）。寄爾市平足紋五十金，收到後覆之，知爾手頭太空也。以後再陸續寄爾，此次空人，亦不敢多帶也。來人來回盤川，均發足矣。劉永升乃道署水勇，前年送全眷來京，去年在家鄉伺候乃叔蓋房子者。一切山東及京城家事，問之可悉。闐壻工夫精進，所寄文字甚美，今年必可高捷，跂予望之。爾兩弟今秋不令其鄉試，再用兩年工夫再説也。此次所捎來廣東丸藥，藥味上品，但恐非爾病所宜，姑以備數、備用可也。萬不可輕吃，多係熱藥。唯所捎同仁堂之麥味地黄丸一斤（以後再捎，萬勿棄置），千萬勿間斷，日日吃之，即有喜，亦無防也。（地黄丸不妨，此層亦須斟酌，恐有喜，爾身子弱也，不可補，唯此丸宜之）前捎之豆腐、青醬俱已收到。紅花乃華蓋喇嘛所送，真西藏者。（身弱如此，恐萬非有喜，若喜脈見，則孕婦忌紅花，紅花不可服）爾母衣物爾舅早已送來，無便捎也。我近來甚忙，許久未能寫信，職是之由。祖母康健，合家大小平安，我身子漸壯。并問姑爺侍福。父字，三月十六日。

人參：乃真老山者，六七十換，不比關東瓢子，更不比高麗參之純提上行者。和以麥冬共煎之，便能滋潤下行。如用不着時，可呈送爾翁堂留用，不可遺棄。此四川署内丁首府送者。紅花：孕婦萬不可服，胎前之謂也。爾大愈時如想家，秋爽時可請命堂上一歸養也。

三十四

定住見字：

姑爺前問好。前接爾翁電信，知爾未愈，祖母大人掛念，立遣劉永升專足前來，刻想已到。所帶五十金及藥品一包，想已并收到矣。爾之病根已深，從來枯槁，總宜大服滋陰之劑，兼以安心調養。自病自苦，要知此道理也。我大病，病怕。又知世間久無好醫，尤怕親人有病，所以力講保養，亦不過『節勞平心』四字而已。劉永升走得忩忙，又因單身行李，不及稍帶食物前來。他剛走後，爾母又想起乃舅去年屬捎針黹一小包來，極輕巧，竟忘記找出交他帶來，真因得電一時忙碌也。廿四日忽然乃未寫一信來，説爾舅爺病得十分危急，爾母長號，力求由火輪舩回家一看，此固應當。但祖母大人在此，每日兩餐，又常喜吃蒸食，不準顧厨，又豈爾二大爺所能做得來的，此爾未之作事不自細思也，然亦只得聽其前去。請你謝二表哥帶一僕一媪，已於廿五日由京起身，廿七日回電云辰刻已到福山矣，可謂快極。即於是日又接家信，來云爾舅爺已大愈，且下床矣。此不但是我之格外劫財，且攪得祖母大人月餘不能隨意喫飯矣。爾大十五伯去年得一子，乃爾五伯母所生。他走到上海又買一浙妾，二月到川，尚無信來。家中房子尚未蓋成，傢俱已從廣東置來，爾午亭三爺在此住的，尚未得館。爾外祖冬間亦病，爾舅趕回，現已大好，亦久未得信也。爾翁姑前請安問好。爾兩弟工夫尚純，此次未寫信來。四月朔日，父字。

三十五

定住見字：

代我問姑爺好。爾走後何日到海豐？道上如何？先聞河州、鄭州遭水災，見《京報》果然。嗣又陳州四圍皆水，心甚懸念。但不知爾此刻已到署否？同小姑同到否？由海豐由何道至陳州？可以不見河水？種種寄信與我。如爾此時尚未到陳，在家亦好從容。爾翁姑及姑爺必有主意設法至陳。請姑爺先復我一信，以釋爾祖母大人牽掛之懷，切切。爾謝補表兄帶領劉永升、林媽（借西關外家者）於八月廿九日到京，乃孀於本月初八日攜爾兩弟、六妹由京啓身回家，爾二成兄亦回去，止留爾三妹在此與祖母大人作伴。爾舅仍未啓行，大十五伯亦尚未引見。登州院考初九日調齊，十四日開棚。爾兩弟已於初八日爾叔父送至爾外家矣。僥倖與否，聽之而已。須十月方能來京也。爾路上身體如何？均詳復一信。九月十一日，父字。

三十六

定住見字，姑爺好：

得爾來信，爾祖母大人及合家始放心。至來信所言，自海豐車便星齋所捎之信則迄今未見也。爾兩弟於十月十六日到京，俱結實。惟一連三試，累得疲苦不堪。現在吾日日令其背書。二雲《十三經》尚未完了。明年令其鄉試。吾不自欺，知其花錢丟仁也。（此乃使爾弟入學了，造詣尚差得許遠。山東官號亦易中，卻不是他們所能行）爾舅父於十月廿三日來都，在保定府料理賣買，帶的妾即菊姑娘，并官親住□，明正始東歸也。來京在咱宅住十日，仍回保。於月底遣其戚馬姓并從京帶去之喬足，將爾母之箱籠大小八個俱行送來，所有腳價卒稅已付。東西收拾妥帖之至，絲毫無蟲傷及磨損，則藥鋪藥味之力所避也。俟以後爾翁老到京引見，當照單爲爾寄來，除此無他便也。爾叔一房家眷已回家中，所蓋之房尚未收功，已費去萬五千餘金，乃騎虎難下也。我明年春二回家，爲爾祖父大人二周年之祭。明年、後年一連兩年年干與化主不利，須庚寅年始安葬也。周太太（萊陽太師母）爲人欺凌，興訟來京。我義不容辭，爲之調息，迄今未完。所有店、飯俱係我承應，然尚須辦此累贅事，真悻運也。爾好好保養身子，餘詳爾兩弟信中。十一月初七日，父字。

三十七

定住見字：

十九日劉永升回京，得爾來信，具悉一切，所帶橘脯、洋針均已收到。血聚爲癥，氣聚爲瘕，總皆由氣血兩虧所致。爾嘔吐已久，千萬不可再服攻下之劑，只以飲食調養，若用藥便以滋陰救肝爲主。醇邸病亦初係嘔吐、眩暈，誤服攻下消導等物，遂致久病。我當初誤服補益升提，爾所知所見也。至於攻下用黑丑、白丑則更不堪矣，千萬愼重，可告爾翁及壻也。爾大弟明年始議完婚，因張安國臘月始能滿服，實則祖母大人早已着急矣，總是明年上半年耳。我起服在即，是回東與否，過節再定。爾外祖病已大癒，真福氣也。爾舅三月間由保陽趕回矣，爾舅爺亦癒，爾繼母暫尚未回來，信言節前必到也。家中房子尚未收工，耗費已極，坐此空空，我起服當京官又如當年一樣矣。爾祖母大人是今年回家，與明年爾弟完婚以後回家，尚在未定。爾好好保養身子，要緊要緊。我尚能陸續接濟爾也，不過得尺則尺、得寸則寸了。爾病得許久，又是嘔吐之根未復元，無論水旱，不可上路勞碌。我已五年，尚未大元復也。此證最傷脾傷陰，保重保重，若大健時再歸甯不遲。爾母之物俱已搬來矣。日升昌去年臘月一信今年三月始到，不知何以如此。上月電信後之一信於劉永升回之次日竟到，則又甚速。姑爺問好。父字。爾弟等另有信。

病後便知病之遭罪，雖有慈父孝子，均無能爲力也。既見及此，則平日便不可自己與自己過不去矣。凡喜與人慪氣者，實則真於自己過不去也。我身歷之，故言之親切有味。人生在世不過六七十年，後半世弄得身子太壞，雖生猶不如無生，豈不冤哉？且真正遭不起此罪也，切切。

三十八

定住見字大喜，并爲姑爺道喜：

爾翁姑前我已有專函矣。我在家鄉得你來信，欣悉得一外孫女，爾祖母大人聞之十分歡喜，以爾身體如此，尚能生育，且月內好生保養，一切前證可愈，是以十分歡喜。因咱家鄉城不會打我首飾，命賜寄爾足紋貳拾兩正，以爲小孩首飾之資。又紅綠洋縐各一匹，爲小孩襖褲之用。爾廿一嬸又寄小外孫花衣花褲及首飾一板，包封已好，俱交我帶來。爾母又給小孩添盆銀十兩正，合共足紋叁拾兩正，先從日昇昌匯來。匯費在京已付，到日查收可也。此先行捎來玉衣飾等件。又爾母作好襖褲及管帶頭生小孩之摺褥包袱，又首飾種種俱備，惟無妥人前來一送，因劉永升已薦與甘肅學政爾胡月舫年伯帶去，中途渠自回川也。此間皆現顧烏合之人，竟無人可差也，甚急甚急，但等以後遇便耳。我以八月十一日回京起復，爾叔亦來京辦注册。投供事乃爾祖母大人命爾叔速來趕辦，趁重陽颸前回家者。乃事甚累手，必須十月投供，家中止有三麟一人。祖母大人偶然感寒，悞服一方，甚險，遂打電報叫我暫行歸省。我帶大金子回家，於九月十九日到里，時祖母大人用謝十舅爺（通意堂醫）方，已愈。我與大金到家三五日内，時起居已如常矣。我在此通融告假，前後廿天，留大金在家，我於十月初七日由家起身仍回京。時爾叔已扶一供，亦於初六日由京起身，卻兩人俱在輪船對頭相逢，竟未能一見也。我於十六日到京，因前起復後即派有本衙門撰文差使，速次恭辦撰寫大婚册文、寶文。明年禮成後，可望加一封銜，亦常例也。惟近來照舊當差，酬應紛繁。京寓之窘又似當年，只以典當作樂。聞明年恩科，若實，則又可盼考一差。果其能得，又可以敷演到卯年考差，不然實不濟也。得差不但可博祖母大人歡心，并可稍爲貼補你點，言之愁人。爾月子中不要惹氣，千萬好生保敉身子，以望復元。多喫生化湯要緊。從此保敉得好，就從此改而結實矣。你大兄潤生中副車，名次甚高，我已致賀矣。伯熙言其三場河道一策爲萬一千餘人之冠，已擬中，多日後因頭藝有習見語，又改中副車，此亦功名之有早晚也。可告姑爺好生用工，明年必可恭喜矣。忩忩不及多説。十一月四日，父字。

三十九

定女知悉，闐壻侍福：

前月託協同慶轉交日升昌所匯銀信，想已收到。新生外孫女來信言月内因風殤去，深爲憚惜。爾祖母大人正在得意，以爾身體如此，尚能受胎，是以甚樂。既然如此，亦是常事。望好好保敉，以慰爾之重闈遠念，亦是孝行。此次爾翁寄我醬菜，來人云中途遇河沉失，此我以福之薄也。我此次回京得撰文差使，奉派詣内閣恭篆皇太后、皇后册寶二次，明年例保可加講讀銜，與前十四年爾張姑丈相類。我曾嘲笑之，此所謂笑人作人也。爾兩弟與爾四弟今年文字俱有進機，聞明年照嘉慶朝授受大典例，有恩科，請姑爺亦須先時用功也。下次即有再熟之人，亦必令爾兩弟下場矣。我現在尚未搬到前上房。爾婆母起居近來如何？聞黄樓夫婦明年赴粤。十二月初八日，父母字。

四十

定住見字：姑爺年喜：

前從日昇昌所捎銀信、吴河督處所遞馬封信刻均已到否？又從日昇昌號得姑爺寄你二弟信，是前信未到，爾尚未知我之已到京也。小孩衣飾摺褥在此久存，然亦不必捎矣，留爾來時自收之可也。帶得家信，家中自爾祖母大人以下俱各平安，爾嬸又舉一子，十月廿六日也，大小平安。家中房既蓋成，地僅二百畝，僅足家中食指。爾叔注册已將其累年私蓄用盡，投一月供，吏部又駁以離□文無經手未完字様，雙月中書當年户部尚未核准，又須花錢。我已覓東撫張朗齋專咨聲明矣。爾大弟在家隨侍，尚知用功，爾二弟、四弟在此從師。京寓既無接濟，今年三節之賬并於年下，刻尚無頭緒（無印結又無接濟，明年非得差不行矣）。好在有明年恩科考差之望，須是生機一線耳。姑爺必然專心精進用工，爾亦須好生保養身子。明年爾大弟試東闈，二弟試北闈，東闈官號止足一額也。此信仍託河督合龍摺差回便捎來，到的必快。甲子北闈我與清卿同録科，我尚取名在前，今日如何？我則在此手擦宣德爐，仿楊執中故事，身入《儒林外史》矣。高陽七十正壽，我送其壽幛一掛，花雕陳紹興一罎，皆不用花現錢者。爾母身子亦結實。我之碑版字畫仍入質庫，明年之差得之不得有命，若小省能贖當耳。爾大十五伯常有信來，在川省已得釐金局差，月有百金，究竟比京官好也。王小宇得琉璃窑，年可萬金。爾大吉表兄潛入京師，鬧得不像，頃始出京，由旱路赴廣東也。張二太太、三太太俱在廣東。語皆無聊，拉雜書之以破悶耳。爾姑堂起居近來如何？此問年喜。臘月廿八日，父字。

四十一

定住女兒見字，姑爺新喜：

爾近來身子如何？弟一要事告我，轉稟爾祖慈知也。我去年過年甚累，因三節賬俱未付也。我從未向人借過一錢，實在困乏，計無所出，因思及庚辰年，爾張姑丈嘗向我通融，我即打電報借其六百金，以三百金了年賬，實則三節米料兩項才二百餘金，不爲多也。以三百金與佟，新房内結斷格扇，并二月十三日下柬，四月初三日辦喜事之須，雖不寬裕，差不多矣。且告爾張姑丈云春借秋還，以我之有考差一場，所謂指着胡盧開金也。爾祖老本想叫張家送親到家，眼看爾大弟完娶爲樂，乃張家實無人送，只好叫大金北上完娶後即行帶回了。我此刻一心五用，實在無上人、無下人來接爾來。爾若身子結實，如有十分妥帖之官親如星齊者，能送你來，且加以不憚辛苦，你可即來。可上請命於爾翁姑前，許來即來。如不許，或身子不好，便不必來。我倘幸得一差，秋冬再説。若無官親送爾，只有下人，爾年輕路遠，千萬不可冒失，我心嚇死矣，切屬切屬。且亦太不好看也。若十分妥帖，果然能來，旅費先借，將來我認，秋冬間可歸還也。來此結實，便可同爾大弟新婦一齊坐輪船東歸省爾祖母一番，八月再坐輪船北上，甚便，到京再回陳州也。輪船在煙，候一好風日，十分安穩，是以祖母甚放心也。謝老補已辭去，是以大金將來亦止跟把頭來也（須三月初才能到京）。如此次無便，爾不能來，明春爲爾二弟完娶，爾時我即有錢并有人可以來接爾，爾再同爾二弟新婦同回，亦不過差一年也。不要趁强，可與翁姑、姑爺商酌爲之。父字，五月廿三日。大金到家即進省以備鄉試，在家亦住不幾日也。二雲下北闈。

四十二

定住見字：

爾同姑爺起行後，何日到省？路上風雪如何？身體如何？曾不舒服否？恭喜好使喚否？然此行正在嚴寒，可謂勞頓之至，合家懸念。我及爾母、爾弟一切如常，又得家信，知爾祖母大人慈體亦甚康健。此次封河，輪局信不甚便矣。初六日接電報，知爾舅婆又於十二月初五日酉刻去世，西關今年家運如此。爾張姻伯之祖母張老太太於初十日亦壽終，爾弟婦現又回家安圃。天津把什本不甚好，又值此事，他卻不承重也。京師日日大風，而至今無雪。爾母安排明春回家給爾舅婆燒百日，回頭便帶吉慶、二雲、四龍來也。爾要好好保養身子，以侍奉翁姑及爾壻，省得我與爾母遠念。省城寄京信甚易，京寄河南省信亦易。爾四弟新婦大結實否？爾姑父廿六日接湖廣印。爾大吉表兄至今尚未走也。轉瞬將年，再寄賀書，並問姑爺侍福。十二月十二日，父字。

四十三

定住安好，姑爺新喜：

　　劉喜送黃樓夫人來，一路平安。恭喜業已收到。京寓一切平安，去臘家中尚無信來。爾外祖母正月廿四日奉安，我前二月底請假回里，爲爾祖父大人奉安，諏吉在閏二月廿八日也。三月初即回京，再帶回二雲及四龍、吉慶等來。大約喜期總在四月矣，一切花費不敢尋思。你好好保養身子。劉喜忽然來說今日走，草寄數語。正月九日，父字。

四十四

定住吾兒知悉，姑爺侍福：

　　我大考一等第六名，喜信已飛電寄爾翁姑二老前矣。想首縣傳來，必不至如蔚盛長之信之遲也。京察所得道府一層，總怕不能不如趙瞎漢之說，自是札下窮根矣。然此事喜出望外者，既是天恩高厚，又是爾曾祖父母與爾祖父大人當年平生盼望之心，此時又爲爾祖母連年不快之餘，雖窮，吾亦無悔焉矣。此後專靠放差喫飯，亦可笑也。惟爾身子不好，竟是我一重極大心思，我爲爾大弟死得傷心害怕也。姑爺說此處無醫無藥，此事真是天下絕學，不但信陽一州之所無也。總而言之，不離氣血兩虧。爾如聽我之話，便是我不虛生爾一場，就是一個方子，陰陽平補，即我常喫之八珎湯，參、苓、草、歸、芎、地、芍是也，外加生地，如陰虧盛者，多加下四味歸、芎、地、芍分兩，陽虧則加上四味。爾婦科再酌加香附，有火多加麥冬，如是而已。我行之十年有效，此刻甚胖壯也。開子已能滿地跑，大頭大腳，相子亦漸有紅色，尚不敢自走。爾大弟婦常住娘家，爾二弟婦有喜已五六個月矣。爾賢良二嫂尚未健復，爾三妹又許與鹿滋軒家，接續爾四妹也。爾四弟考得一等第二名，已補廩矣。爾五妹現跟爾祖母大人一屋喫睡伺候。我今年已是三次引見，又將預備召見，已兩次矣。傳聞尚有上齋之選，此時無從辭起。真窮怕，又怕日日趕起早也。轉瞬姑爺即來秋試，掄北元，可面詳矣。四月十三日，父母字。

四十五

諭女兒知悉：

前信并物已交爾四小叔去，聞今日尚遲硃卷。未啓行，適爾祖老爲爾寄來海味一小板箱，内對蝦、魚子、小蝦米、扁口魚，爾母又附以秠麵，再煩爾四小叔一并帶來。我於廿三日將奏補侍讀，可謂快當。此後大考必循前例，五六年一次矣。我於此間或轉一祭酒，或一四品卿，省得老而再考，則幸矣，二項均開列也。考差完，場文每三開，一字未錯，寫得甚累。題：『論篤是與』二句，『南山有臺』二句。詩：『槐陰清潤麥風涼』得『清』字。可稟爾翁堂知。道府難放，大約此後專仗考差喫飯矣。爾開弟種花，出六顆，已落痂，平安之至。（大相漸健，爾弟婦好住娘家，我惦記相子。我去年託張六爺爲爾叔謀一煙台道善舉館，每月四十金，以添補零用，爾三妹四弟今年俱辦喜事，爾三弟同其婦到四川巴縣去）爾母近來身子不佳，爾賢良二嫂尚未健復，幸已下床。爾十八叔之瘋妾於四月初五日病故，入兩甲坡隙地。河南後路五百六十金已到，業時罄盡，端節正不知如何是好，恐之。再附及姑爺好。四月十九日，父字。

四十六

定住見字：

此信來便催得忩迫，未及爲爾作書。比封訖，竟待三日未來取也。我已於廿三日奏補侍讀謝恩，已見邸鈔矣，今晚伺候頃得摺差來信，知姑爺安好，已移公館，諸事順適，合家心慰。前由京宅送來醉蟹一罎，山藥一包，俱收到，卻未見有所附信也。稼生南去，京宅有星謀、黃樓就近照料，亦可放心。我與爾母尚平安，京寓大小旺相。爾二弟婦於本月初九日子初刻舉一男，大小平安。小孩闊目高鼻，氣體殊偉，取名福塨，字之曰重剛，小名二相子。爾二弟保案至今尚未進來，渠在津賃屋而居，六和尚隨之，尚無長差，真不易也。渠所自作，當初總以我之窮爲拙宦，須知窮富天定，不由人力耳。大相母子俱旺相，相子比前見長亦漸壯，明年與開子學識字塊，請鹿山宰教之，卻不算上學也。京師連番大雪，天氣卻不甚冷，連年未有之奇。爾身體要善自保養，六味丸可常服。河南地黃是地道土產，與爾定有益也。爾姑堂得爾伉儷純孝能侍奉，乃是爲人子者此生有得之事，非同浮泛，天所鑒覩也。多一層盡心，多一層累手，便是多盡一番孝行，百福之原也。勿學我之一生罪孽，爲天地所不容之人，至於今日受罪受困，尚亦是以科罰之也。二相子乳食甚充，不用顧奶媽矣。忩忩書

召見。此大考等第，按名次召見也。回想趙瞎子之言，竟是真筭的靈，果然難望外官道府矣。考差已取，張中堂與黃樓面說令告知者，然試差、學差尚在未定之數也。爾要耐常服六味地黃丸，到處無好醫生，不獨信陽州也，我思之甚急。相子亦太不結實，是我的一椿心事，亦真無好醫生，而孩子太弱，亦難喫藥也。爾千萬加意保養，就是孝順。爾四小叔所帶信物想已到。我前年寄爾翁父有四首詩，可請姑爺鈔寄我，此間未留底子也。爾吉慶妹之生母瘋子已於四月初六日病故也，有得遭罪了。爾小頭表弟已入泮。大吉表兄與其婦俱來京住。爾三妹續與鹿氏矣，聞就要娶。爾三弟已與其婦住巴縣丈人家矣。四月起身，自煙台去。爾母亦不結實，自去年病後，不如從前矣。家中時有信來，一切平安。爾賢良二嫂已能下炕矣。并問姑爺安好。五月六日，父字。

四十七

諭住女兒悉：

此，即詢歲福。十二月十五日，父字。

四十八

女兒見字，親家太太萬福，姑爺侍福，合潭清吉：

來信均悉，醬油小菜均收到。我自去秋患牙痛，每十餘日一作，年底至痛不可忍，乃生平未有之事。亦未落也，喫嚼頗不如常，衰象至矣。餘俱平安。窘之一字便已嘗慣，憂居不以累人，人亦無一字來相詢者。二相濃眉闊目，乃二弟婦乳食亦足，長得胖壯異常。大相亦結實，今年與爾開弟隨從鹿山宰學識字。爾黄縣松谿三伯已老去矣，靈尚未歸。（爾舅父故後將殯，其二妾一菊、一琴俱同日殉節，可慘可佩。其爭總家務官事，一時打不竟，甚糟。爾舅爺之五姨太太亦正月死）伯希之次女公子出閣，又短折矣。張伯納之二子，一八歲、一六歲，俱殤，此噩事也。爾大十五伯去冬到建昌道任。爾三弟夫婦於去冬十一月到川。周次僑已先在川，尚有差使。爾叔將以三月初攜爾四弟來完姻，另借一宅，從權辦也，完即攜回。爾二弟得海運差，有保無薪水，其河二所保知府已奉準矣，此好事也。爾千萬保養身子，以黄酒蒸服益母膏，夜夜服之，平和無流弊，要耐得常。爾母深得此濟，勿使病父數千里外添一種心事。喫物四匣并爾弟婦輩所寄，即交教場之巷京宅轉來，查收可也。河南有新出土漢碑否？孫六皆言爾翁堂曾遣人以布拓一碑，何物耶？如有新出漢碑，望姑爺早爲我寄二三張來。伉儷雙福。二月十六日書。

四十九

定住見字，姑爺安好：

連接兩信，并爾寄賞二相子之十金，當飭雲婦收去矣。爾母患咽啞多日，已平復。我患嗽又便血，亦平復，唯右旁食牙痛止而酸，喫食極不得力，則衰老之所必至者。雲婦大病，幸愈，尚未復元，愈後而乳力已減，又爲二相子顧乳媪矣。乳頗好，孩乃胖。金婦及大相母子均健旺。二雲在津無差，自五六月喫已歸知府班矣。有一海運差，止有保舉，而無薪水。

自去年京寓藉各省親友賻贈度日，至本節則一絲不進，親友亦毫無接濟。早知如此，然亦從來如此，我固處之慣也。爾叔父接四龍於三月初八日來此，因我與爾叔俱在服中，孫子期服孝雖滿，究屬從權，而京寓房間太迮，無處可安新房，遂託聚豐堂代借大甜水井一蒙古王府行台暫住一月，乾净整齊，省錢許多。思去寓宅不遠，爾母朝夕可去照料。三月廿日完娶，住了滿月，於四月廿三日攜帶新人伉儷出來，坐新火輪車，一天到津。候船一日，廿五日又由津坐火車到唐兒沽搭盛昌號輪船，廿六日酉刻刻煙台，廿七日一早到家，尚屬順利。除爾叔自帶花完外，我又花去一百六七十金，日用盤川俱是我所拖拉，不得不然，是以此節尤窘。新婦舉止俱好，惟驕養性情太過，爲人如爾季樵三嬸，一路最好繁華應酬也。有好青醬帶些與我足矣，不要有蛆者。晚捎不妨，醬母尤妙。即問雙福。端陽日，父字。

（五月十五日到）

五十

定住見字，姑爺侍福，堂上萬福：

昨甫交一信與稼生，屬其附便帶來，頃佩南到此，交信一封、布包一個，俱收悉，錢與之矣。節尚未過去，并爾姑夫之二百金亦併斷截不與矣，可見親戚幫貼亦須作現在官兒也。我生五十三歲，除幼弱無知不計外，窮年窘節已整度四十周，卻亦司空見慣矣。本節又爲爾叔盤川，喜事又加以拖累，而外間絲毫無振恤之者，是以至此，不僅爲買古董也。爾所捎之古錢無一佳者，嘉隆乃外國之錢，不足奇也。趙瞎子現在如何？可問他我何年月日可以還人欠帳。爾二弟在津，無長差，海運有保而無薪水，又不能回來一看。爾二弟婦久嗽，是怯癥。甫接回，請一外國女醫診治，尚未效也。我最怕人病，蓋經之久矣。爾與姑爺俱要講保養。爾稼生弟日瘦一日，説話聲極低細，何也？爾母瘖啞已愈，身子總是不好。爾叔氣色甚壞，亦是不好，奈何。端六日。

五十一

住女見字，姑爺安好：

前由蔚號得爾來稟，并爾伉儷爲爾母四十壽寄銀百兩，當即收訖，深抱不安。爾母得此送其所當衣物利息，頗覺鬆活。家事冗煩，多日未寄爾信，我之懶亦我之悶也。爾鹿家三住妹勞病多日，竟於五月夭逝，未滿一月。爾麟弟婦產得一女，血暈暴卒。所遺一女，顧媪乳養，督署竟不收留。其外家耿舅夫婦俱在川也，亦復想置，竟寄養於鶴皋九爺之子某公館。瓜娃聽其媳婦調度，遠宦川省。婦死子弱，到處寄養，我心感傷，至不可言。爾叔則以兩事俱未在眼前，所謂哀而不傷了。三麟一人卻搬入督署矣。爾翁堂爲我來京，到宅暢談一日，復賜二百金，秋節藉此摒擋矣。惟來談乃力疾，入京正患腹瀉痢，尚未已也。次日絶早我去攀送，刻已與稼生出城，惟姨太太車猶在門耳。爾二弟因查防到京，一行住十日以去，此刻往來津保之間。本擬接爾二弟婦母子住保，公館已賃。又將爾七兄叫去，乃爾二弟婦竟成產後破腹，勞中西醫延已十許。與性甫商酌方藥等事，迄今日甚，如崇燕當日情形一般。我焦灼已極，加以乳媪趁時惹氣。爾母已將二相提入前上房，自撫育之，與爾賢良二嫂左右顧復，另顧一媪朝夕哺之，又照顧病人。渠本抱病，亦甚累心矣。病人或藉此省心，稍得静養而已。我以修縣志爲排遣之資，聽天由命，如之何哉。所幸體氣尚健，胸次尚寬耳。爾須好好保養身體，省我懸念，即此是孝。爾母囑向姑爺道謝。家鄉年景歉收，銀價太賤，京師銀價亦然。爾姑堂前爲我與爾母請安，合潭清福。八月十九日，父字。

五十二

定住見字，姑爺侍福：

此次回信甚快。聞爾姑堂清恙尚未輕減，爾與姑爺十分孝養，深所慰系。又聞李小蓀言及姑爺差事賢勞，上游倚重之至。我與爾母粗適。爾母體氣稍差，時類崩證，延醫服方，以時調養而已。惟爾二弟婦已成乾血勞證，現已萬分危急，中西各醫俱已束手。其兄最信西醫，接回調治，無一見效。昨已送回，上下身俱已浮腫，現在我爲之料理後事，衣衾一切俱屬新製。爾二弟今日由保起身回來一看，能趕上與否，未可知也。二相已跟爾賢良二嫂撫育，好生奶媽順手，雙成則爾母自撫之矣。憂居坐困，正值年底，又要出此事，憂慮之來，集於一身，奈何奈何。去年爾松溪三伯託我爲黄縣丁氏寫一墓志，事已許久，松谿又老去。今年十月丁氏忽贈我潤筆千金，只可收下。我與爾母商量，深恐此項凄零，即派爾和兄將爾大弟及爾前二弟婦二櫬由通上船乘輪送回原籍。寄信爾叔，擇於十月内將爾母親與此二靈俱行移厝於我前年在家所置二十五兩之老北頂新阡，庶幾爾曾祖父母老塋明堂上少此遮礙，又所以上慰爾祖母大人在天之靈。二櫬自十月初十日由京啓身，十二日到津，十七日到煙，爾叔父已來電報。所有盤川及移葬安厝之費，并格外寄爾叔救窮百金，計共花去整五百金。餘一半，即贖兩票要滿之當，及還聚豐堂及乾太昌、爾四弟娶婦新欠之酒食并臨走所湊盤川帳，登時乾净，一文未妄費矣。孰知爾二弟婦又將一病不起，兒女呱泣，呼娘尋母。當日爾母親没時，我已深嘗此味，於今雖屬有人護視，而二年之内既遭大故，今年之間爾四川三妹及麟婦俱死，我是一家之主，老懷真箇何堪！較之爾翁，『實命不猶』，遠矣遠矣。爾三弟在川，已於十月廿八日續娶知縣安徽洪祖年號子彭之三女，又得鹽局差使糊口，皆滋軒所爲照拂。爾十五伯家之毛女又續與爾三妹丈鹿冬生作配，九月在漢中過門。爾二弟今年海運可保道員用，營務處可保補道後加二品銜，其差事長者一短者二，均不足糊口，合之不足八十金也。將來又急須續絃，累哉。餘大小平安。十月廿九日，父母字。

五十三

定住見字，姑爺侍福，姑堂萬福：

此趁爾李小薐表伯回汴之便，帶此一信。我此數日料理紛紜，老懷大是不堪。爾二弟婦危在旦夕，此次自其母家回宅，即移於東廂屋之北間，先爲爾賢良二嫂所糊屋，潔白如新也。病至此，豈避地所能愈？姑順其意云爾。婦科一得此病十無八九能活者，皆稽延時日而已。然無如此之遭罪者，見之慘傷無似也，中西醫一齊束手。近日前後胡同内如爾許子元年伯母、樵野張侍郎之妾，先後并亡，豈亦如時疫之流行耶？百金之棺、百數十金之蟒玉、一概大小衣俱屬新製，盡心如此而已。將來年底外贈俱爲此耗去矣，破財運也，傷心命也。奈之何哉！我諸孫繞膝，非無父之子，即無母之子，難乎不難？爾母與大弟及前二弟婦俱以前月廿八日安厝於老北頂之新阡，皆爾叔嚴冬冒寒，一力經營之者。一波甫平，一波又起，傷哉不傷？我生五十，倫常之滋味嘗之盡矣。德國既占萊州之膠澳、青島，遊弋數縣，已至濰縣。雖與營州未涉，而爾叔家居能不恐怖？今年家鄉又不知如何度歲矣。爾二弟有津門之役，說今日回京，竟又未至。其病婦望得眼穿，冀欲一見。此種景況，使爲二老者在旁目覩，傷也如何。爾三妹死後，爾大十五伯家之毛妹又續與鹿妹丈，已完娶矣。小開、大相讀書皆不甚笨，大相已極健壯矣，二相與雙成更靈透也。博泉試差回京，知爾翁堂康健納福。爾務好好養惜身體，使我北望少此一番懸念，便是孝也，千萬千萬。十一月十一日，父母字。

秋間爾大弟婦左足心間忽生一癤，潰後收口，能行矣。始回家來，今於舊口旁又生一癤，刻又潰而收口。尚未下床，以三妙膏貼之。有外科，渠不欲伸令人看也。又及。

（腊月初八日到）

五十四

定住見字：

前發一信交稼生，附報遞寄，未交小蓀。今日小蓀瀕行，來索信也。爾二弟婦蔣於本月十三日丑時去世，已擇於十九日頭七之期移厝寶應寺。爾二弟在家親視棺斂，於十六日回保。此次本係告假而回，不等送殯，聽其自便而已。其由母家病回，即住前上房之東廂屋北間，没後其柩即停於東廂之外家也。乾血勞證，前後胡同一許、一張兩宅與此前後故去三人，竟亦若時令，然甚可慘傷。明春開河送柩歸籍，一爲安厝。

十一月十六日。

五十五

定住女兒知悉，姑爺好，翁堂康娱，合潭清福：

爾李彦琦年伯家人便來京，得姑爺一信，同日爾三舅亦到京，各件收悉。此後北來所有洋貨概不可帶，亦不可用，沿路義和團一見便呼爲二毛，不分黑白，即行焚殺也。上次爾鹿姻伯撂差來便，曾附致爾翁堂一信，説五月京師大概情形，刻想早到。刻天津城失守，洋人已占及楊柳青地方。直督避住北倉，宋軍避居楊村。津門兵力太單，各援軍尚未趕集。李秉衡所統四軍，惟萬本華尚未到。京師江米巷洋使不肯出京，西式庫教民尚未打開教堂。甕裹捉鱉，兩月尚未蕆事，深可浩歎。已下立山、黄思永於獄，袁昶、許景澄俱已正法，明見上諭矣。細處不及悉言。市面稍開爐房，略見運動，當鋪半掩，直十金者祇當千文。而甘軍、武衛軍在東單牌樓一帶時見搶掠。我每日繞護國寺出宣武門到局一次。練勇業已成軍，城外早見安静，城内兩翼尚不與城外相干。我此次面請内外聯絡，現在城内及關廟（歸順天府）一概舉辦團防。若城内辦齊，則不虞内訌矣。家中大小平安，幸乾太昌肯賒米喫，每日只謀一飽而矣，借當無門。當情形最緊之時，爾母及爾大弟婦已將花園井口顧石工開大一圈，預備事急帶領小孩全身之所。刻已消停，或託天之福，用不着也。爾二弟幸攜其婦子於五月十二日乘海輪逕回福山，卻至今尚無信來，此真祖德庇蔭。天津住紫竹林租界之官商盡被洋人擄去剪髮，以洋油擦成黑臉，并灌以傻藥，改换衣服，或充前敵，或當苦工矣。家鄉聞尚平安，惟古現張姓大創義合團，殊可恨也。五條胡同京宅無恙。七月初十日，父母字。

五十六

定住女兒知悉：

鹿撫撂開回，恐爾翁堂已赴新任，我將寄覆爾翁信裝在覆鹿信中，浼其加封遞署。尚未封遞到耶？又覆交李彦琦家人便一信，記得尚有一信忘記託誰，此刻想次第可到。近日宋馬一軍爲洋逆擊散，退至蔡村，直督殉難。津兵既單，外援未至，即至亦不可靠。五衛軍年費饟糈巨萬，臨時一無得濟，真可浩歎。昨日江米巷已派五衛中軍之張君楝紮護，與兩翼分堵，董軍開往前敵，李挾夏、張、陳三軍在馬頭。董軍尚未到，升帶陝軍已到，均隨李布置。天津義和團久散，京城現亦剩得十分之二三，鋭氣毫無。惹出禍來，若輩自知其餒，分散以去。京師街面搶劫多在東單牌樓一帶，西城尚少。市面不能活動，銀米俱乏，票莊之票一兩不能取出，當鋪止開一扇門，外請官護。直十兩者止當千文，而時有被搶者。署中照費久不見解來，幸乾太昌尚肯賒米，豐盛已不肯賒料矣。內外飯館無一開者，南城外水菜無人喫，俱已搬空，而城內水菜大貴，宣武門不易進來也。刻下九門戒嚴，倭奴慣辦假兵假團模樣賺進。爾二弟早有信來京，切商全眷是到滬，抑回家暫避。我度日無能，焉有現錢盤費？回家回外一律無喫，隨即未動。若時世稍平，得此鎮定，少費許多事，不亦便宜乎？爾二弟攜其婦子五月十二日由紫竹林東歸，坐海晏船十四日到家。近接其信，又攜其婦子於六月廿四五日由家到濟南。爾弟婦住娘家，他附隨鹿軍北上。京寓已將東院之井口開大，留以備急。我每日繞護國寺出順治門到局一次。署中滿夥計丁艱，漢司業已跑無下落。一切事體亦俱一人班，尚須間日入直。枵腹充公，勞心勞力，至此已極。爾四弟婦攜福成回娘家，住涿州，其父撤任跟避至保定。洋逆已將天津拈遍，又有將到保定之説，水旱兩路均扼嗓要，不堪設想。李某到京親打西式庫，放大砲亦未得力，聞面參五人已了其二矣。合肥聞已有全權大臣之命，刻尚未知行抵何處。爾三舅解餉北來，道路平安。刻已交庫，公事完竣，但等批回。附李便前信已詳言之。爾面上身上紅腫，半係風瘟，不可俱認濕氣，須浼醫詳診脈象，再説由内清解爲是。我甚懸念。七月望日，父母字。（八月初九日到）

一一、鮑康致王懿榮[一]

鮑康（1810—1881），字子年，安徽歙縣人，道光舉人。以收藏古錢幣聞名，建觀古閣度藏金石，自號觀古閣主人。王懿榮尊鮑康爲同時期古泉學『祭酒』。

一

示悉各件收到，容明日面談一切，適華潭又來許多信，并有銀託交者，正在忙碌。山東一人，山西一人，一僞一雅，真忙殺人也，呵呵。《古鉢》值忘交，即如示辦理。伊鋪係松銀付來，呈銀則□數，可無庸再付矣，勿復。廉生世仁兄。弟康頓首，廿八。

二

今日擬偕石查走談，又因驟病而止，可笑也。簠齋之木匣如無縫天衣，拆視甚難，再封又難，不如不看（一時亦無便寄），尊處以爲然否？弄瓦冰[？]弄璋比[？]無關緊要矣。又四書三部，書中未言及，豈誤交耶？乞詢畢足原信并袱奉完。幼雲連來言書直，無從回答，非只合唤其僕面告一切（可知其人）。附聞以當七發，動筆即錯，勿哂。即上廉生世仁兄。小宇所書乞促之。弟康頓首，廿九。

三

示悉書收到。宋宅信物屢詢而不能交，其家中無可靠妥人，已向壽卿説明，將信寄保定，交其老大。銀聯候其來取可也。壽卿四月書寥寥數語而已。覆尊老爺。弟康頓首。

[一] 一一至五三，收録友朋致王懿榮書札，輯自國家圖書館藏《王廉生書信》《名人手札》《王懿榮致陳介祺書札》《吴重憙中丞書札》《福山王氏先世及族戚書簡》等多種手稿，包括鮑康、潘祖蔭、繆荃孫、黄體芳、黄紹箕、吴大澂、王瓘、吴重憙等多人寫與王懿榮的書札。

一二、潘祖蔭〔一〕致王懿榮

一

四金贈子振。各拓及《聃敦説》付一觀，何饋及高戈則不須看矣。清急〔二〕與其多服藥，不如覓一虎皮卧之，當有效。但付拓本一看，不必復，勞神也。廉生仁弟，蔭頓首。

二

瞿經孳又來問壽卿入注，兄無錢先付，望一詢壽丈爲荷。云已刻好，但須錢耳。廉生仁弟，蔭頓首。

三

友人索壽卿拓本之銀已送來，此計一百卅，是否先送銀而後取拓本？清卿歷届如何？伏祈明示，勿含糊，恐來人有所藉口也。若盡磚鏡造像，想不止此，但彼不要瓦。此人姓駱，前此拔貢門人。示之以便即復之，并告壽卿若無須此即亦不必也。但須裱好者。

一三、周悦讓致王懿榮

周悦讓，字孟伯，道光二十七年（1847）進士。王懿榮少年時拜周悦讓爲業師。

一

老友周悦讓致書蓮生賢友閣下：

去歲冬季接到來書，意甚欣慰，但某自壬午冬月目竟失明，不能批閲，時左右亦無識字者，轉爲悒怏。今春親串中

〔一〕潘祖蔭簡介見前文『二、王懿榮致潘祖蔭書札』。

〔二〕原文如此，『急』當作『疾』。

有來者，始令開讀，方悉一切情事。某自失明以後，動輒煩人搜輯書策，抄録文字，遂致多稽時日，闕然久不報，幸勿爲過。省書知庭闈集慶，閨閤綏和，供職玉署，卜宅東華，甚善甚善。雅意搜羅，插架已富，必多異書，但某已失明，亦不作借荆之想矣。書中又及時事風氣，遠想慨然，吾輩與先民無能爲役，但亦自具識力，當静觀默持，不爲《法華》轉，始能轉《法華》耳。書中又索某素所纂輯，多未審定，且無副本，惟《經通》一種可以分寄。然某於此編頗費心力，恐致浮沉，俟有妥信，始可緘寄耳。至於雜體詩文，某雖時時作之，但自視闕然，無以比於作者，不足觀也。今往《斠記》序目一通，并《經通》序目，可以具其梗概。某自失明以後，衰朽日甚，氣力綿惙，殆不能自舉其體，但神識如故。體中佳時輒復覃思經義，每有所得，欣然忘倦，欲出自筆，方悟已爲廢人，結習未盡，一或可笑。口授臆對，率爾草具，即候開祺。所冀爲國爲親，厚自珍攝，不宣。讓再拜，四月廿日泐。

二

老友周悦讓拜書蓮生賢友大人閣下：

去臘得書，倏更新歲，天布陽和，皇風載韙，策名清時，幸甚幸甚。所索四件匆遽録就，統惟四本，今並寄上。但某如此諸種，遂得遂録，初無倫次，本擬暇時再爲比校，因循未果，遂病目眚，不能更爲整頓，每謂闕然。昔者歐陽文忠公《集古》一録，皆論所得之早晚，不論史代之先後，而今所傳《集古録》本其先後，皆依史代説者，以爲失歐陽公本意，則書之錯雜，古人已先有此例矣，即不再爲整頓可也。來書鐕板款式，亦本雅意專之耳。今歲考差，意必從衆，此亦吾輩循分供職之一事也。即日春寒，加意珍攝，爲國爲親均宜自愛。欲言者多，匆匆不宣。讓再拜。

三

老友周悦讓拜書蓮生賢友閣下：

六月二十五日李君朵雲至舍，備聆都邸動息，晤談移時，空谷足音，亦是一適。憑其攜往《經通》一種，共九册，以備瀏覽。下邑無善本，乃用星貨鋪帳簿書者，此雅人之所笑也。但某録此本時，目已昏眊，力疾卒業，不能細校字跡，恐多訛謬，覽時細爲點定，免貽笑於大方家也。昔百詩有云『吾自言吾是耳』，此通人習氣，爲謝山所笑。某此編亦所未免，但生平讀書，不欲徒言，心所未慰，亦以爲告，留此一重公案，以共□於當世，其言之不慚，是惠子之知我也。順候開祺，不宣。周悦讓再拜。

四

老友周悦讓拜書蓮生賢友閣下：

仲冬一日接到來函，俱悉情事爲慰。周悦讓衰休日甚，精神亦復昏耗，所索各種筆墨，稍俟暇日撿出抄録，再行寄往。貴體有隙，所望善自珍愛，爲國爲親，均宜鄭重。匆匆布復，不盡欲言。讓再拜。

一四、繆荃孫〔一〕致王懿榮

一

廉生仁兄世大人閣下：

荃病已漸愈，尚未入城詣談，歉疚殊甚。舍親夏閏枝進士敬懇賜書大字名片，預備付刻，明晚專价走取，費神，容再晤謝。蔣星甫昨始晤面，人甚儒雅，在泲南見箸生世丈，未見星甫也。此布，即請撰安。制繆荃孫頓首。坿呈夏君名片。

二

廉生仁兄世大人閣下：

承顧，尚未走謝，歉甚。貴同年劉若臣索與福中丞函，荃

〔一〕繆荃孫簡介見前『六、王懿榮致繆荃孫』。第一至六札輯自《王廉生書信》，楊洪升已釋讀，見氏著《繆荃孫與王懿榮六札考釋》，《文獻》2006 年第 3 期，第 157—162 頁。第七札輯自《福山王氏先世及族戚書簡》。

交情不深，恐致書亦無益，閣下可以爲力否？若臣淪落不偶，甚可憐也，所謀之事，若臣面述，一切誒酌定。此佈，敬請撰安。制繆荃孫頓首。

三

廉生仁兄大人著席：

前託季樵達意，聞已應允，謝謝。荃孫不足言學，然志局編輯尚耐勞苦，現處水盡山窮之際，求餬口之方耳。南皮相待尚好，然豈能厚顔再往，故思改計。《海東金石》刻本二册坿呈。此布，敬請升安。孤子繆荃孫稽顙。

四

前日頒到《莊靖集》一函，謝謝。是日先君百日，在觀音院唪經，未能即復，甚歉。荃孫困苦萬分，舍購書更無生趣，在外則浪游耳，然腰脚已不如昔年之健矣。近又見好書否？此上，廉生仁兄大人閣下，制繆荃孫頓首。

五

前承賜步，感感。差已考畢，館中即日來收史傳，望檢郝、王兩傳見付，許君傳已尋得矣。此上，即請著安。廉生仁兄世大人閣下，棘人繆荃孫稽顙。

六

廉生仁兄世大人閣下：

奉懇代覓近人奏疏文集，已得數種。前開單均係荃孫處所有，望於單外留意。再，前至尊齋見《劉平國》拓本，甚清楚，希假閱數日即趙。此上，即請道安。荃孫頓首。

七

廉生仁兄世大人閣下：

天寒風勁，貴體復元否？年伯大人已抵京否？念甚。李仲若師到京，定於廿二日帶見。吾兄身體未愈，早已言之，届期或送名帖過去，可否？乞賜。此佈，即請著安，弟繆荃孫頓首。

一五、黄紹箕致王懿榮

黄紹箕（1854—1908），字仲弢，浙江瑞安人，黄體芳子。與王懿榮同爲光緒五年（1879）舉人、光緒六年（1880）進士。該部分書札輯自《王懿榮家信》及《福山王氏先世及族戚書簡》，内容多涉古籍版本與碑帖收藏。黄紹箕曾入張之洞之門，又續娶張之洞兄張之淵女，因此稱王懿榮爲『姻丈』。

一

尊藏小字本《九朝聖訓》，祈將康熙、雍正、乾隆三朝賜假一閲，千萬勿卻勿遲，至禱至感，三五日内必繳。甥女歸，云有《聖祖文集》，并一假（詩集不要）。長者新得無數古銅器，請示我，勿瞞。正孺老叔，箕頓首。

二

《初學記》第六、第十三兩卷，請發下一校，伯羲《中殿》《瘞鶴》兩拓真已退否？有何新聞？望示。飴丈已行否？不能走送，歉甚。正孺姻丈，箕頓首。

三

頃有事未克走談，甚悵。朝珠小有損壞，刻修好奉繳。刻刀套子明日再呈。正孺姻丈大人，姪箕頓首。王老爺，錫拉胡同。

四

送上楹聯三副，係舍弟紹第敬求法書，不日旋里，以遺親友，幸賜速藻，感不可言。尊件已繕就否？正孺老叔，姪紹箕頓首。翰林院王老爺，送錫拉胡同。

五

三分帖已拜全，惟單中添注之林前輩、王一時館人未高聲唱姓，止將拜曾前輩培祺帖交去，及閲數家始向查問，乃知與曾同寓，則已不及拜矣，只好俟後進城爲老師拜壽時再補。曾寓似在東單牌樓某胡同，記不甚清。餘帖奉還。昨日人稀而地曠，車行往復曲折約六十里，人馬均甚疲乏。三十餘分帖較之弟一天百餘分帖受用多矣。若如近來考課保舉之例，豈不以爲拜百餘分帖者功課最勤勞、績最大乎？廉生老大人閣下，姪紹箕頓首。

六

《廣治平略》五册奉繳，祈檢收。敝同門帶見知單乞擲還。初七日引見家嚴該班入侍，姪當於三點鐘隨往入内，當可晤譚也。此請廉丈大人節喜，姪紹箕頓首。

七

正孺姻丈大人閣下：

出闈後拜奉手書，千里面目，如侍左右，祈慰無已。諸事蒙太姻伯大人暨信卿叔關拂，感不可言。兩姻弟欲以師弟禮見，令人惶仄不安，已竭誠固辭。馬齒稍長，以兄自居，其亦可矣，惟諒之也。川省故自不陋，拙目所見乃真不逮所聞，夥頤沈沈，未知其詳。略窺一二，大抵群龍所經，隨風亂落，自餘敗鱗殘甲，稍稍收拾，不足成軍。篋中有《八代文粹》，聊以解嘲耳。昔儀真、大興竝主春試，己未之盛，上掩詞科。迨與高安同事，有一俞理初而不能得。今蜀才之視俞氏，未敢品量，來者之與阮、朱，姑妄下況。一至於此，固其宜矣。抑既屏絶揚、馬、范、李之流，又亦不見南軒、鶴山之侶，能無耿耿。長者口快，幸爲秘之，良覿不遐，當面罄委折也。星瀨近狀何如？意當隨陳録南下，若早願爲良臣，諒不至此，惜其不謹守師傳也。大司成屢見《申報》，風采凜然，亦曾與河陽大司馬一角勝負乎？湘綺與越縵（工對）疑非同調，而談次詢及，頗似有戀戀故人之意，百二恐又是文筆宗師，益令人追思餘姚夫子也。頃擬於廿四日北返，匆匆肅復，敬請大安。姻叔母大人前祈叩名請安，外家信一封，敬求飭送。姪紹箕頓首。

九月望夕程度皇華館。此函除意園外，勿以示人爲感。

八

尊騎借用多日，昨竟忘提及，歉不可言。頃正擬覓購，稍遲即奉還也。信丈屬帶書一包，送上，乞詧收。黃樓内弟親事，現有安徽孫家來説，吴仲飴太守處如有回信，即望示知。家岳母專望洛書，便作定局也。如尚無信，亦乞轉討一覆示，至懇至懇。信叔所賜黃字銅戳一枚，附請審定。《習學記言》，孔葓谷藏鈔本，孔從周林汲借抄，周抄出於安徽巡撫農宗錫進呈四庫本。庫本南中傳抄頗多錯誤（陸存三本即是），此當較勝耳。其每卷校畢，略記一日時事，頗有黃蕘圃之意。《江左校士録》[一]附呈大教。家君前遵致盛意，不敢當，命筆道謝。可莊來，在廳上，手又僵凍，不能多寫，即請大安。

[一]《江左校士録》：光緒十一年（1885）黃體芳時任南菁書院山長，組織學者編撰。

姪紹箕頓首。

九

昨晚歸寓，讀手示，敬悉，感感。今日適有事，不得趨陪座末，悵惘無似。清丈前敬請代達下忱。乞賜新刻書并藏器拓本，至叩至叩。肅復廉生姻丈，姪紹箕頓首。

十

昨走謁，聞太姻伯大人途中冒寒，起居微有不適，此想已就康復，不任馳系。尊騎謹遣僕牽還，望飭從者詧收，容晤謝不既。肅頌正孺姻丈大人侍奉年禧，良丈前均此請安。姪紹箕頓首。

十一

明晨騶從東發，不及走送，至以爲歉。臨別無以仰益高深，惟望與李簡帥和衷共濟，不立異同。長者平素遇事虛心，但簡帥不免以持正招怒，萬萬不可爲人言所動摇，此非紹箕一人之私言，乃十四日福州館消寒會之公言也。地營圖附呈備采。策動方始，拱候捷音。肅請正孺老叔大人大安。姪紹箕頓首，十八日。

十二

《申報》收到。聞起居小有不適，甚念甚念。康熙間人，擬令其自行檢舉（援庚午順天解元李璜綸舊例），而屢傳不到，都人上此大當，頗憾之，然爲渠計，亦如此辦法較妥也。扇聯弟一單行款（均係當道諸公），不知明日午前能了否？進城繞東門外間帆檣沓戢，頓觸鄉思。太姻伯大人前祈代請安道謝，復請侍安。姪箕頓首。

一六、吴大澂致王懿榮

吴大澂（1835—1902），初名大淳，字止敬，又字清卿，號恒軒，晚號愙齋、鄭龕，江蘇吴縣人。同治七年（1868）進士，晚清官員、金石學家、書法家，精篆籀。與王懿榮爲知交。

一

廉生仁弟大人如手：

迭奉數函，計均鑒及。一年容易又過，秋風懷我良朋，極深馳繫，想達者不以得失介意也。兄三年任滿，瓜代有期。前月進省録武科，得垍釿鐵範一，旋又得乘光釿五二十銅範一，均係精品，可謂奇緣，垍釿不見於《古泉滙》，即乘光幣亦與常制不同，因先拓一紙奉覽。年丈乞先告之，從容再行拓寄。又得新莽虎符、印度佛像、長陵西神瓦，皆不可不先寄上也，茲由寄簠齋丈拓值京平紋銀一百兩，乞轉寄濰城爲感，因協莊適有都便，匆匆泐布，簠丈處不與作書，早晚即寄函也。手泐即請著安。如兄大澂頓首，十月初七日。

二

收到廉生處轉寄簠齋丈寄還銀市平足色玖拾兩，除代付蘇億年京平足銀外，尚餘平銀貳兩七錢，暫爲收存，容後再算。大澂手白，甲戌仲冬廿四日。

一七、吴重憙致王懿榮

吴重憙（1838—1918），字仲飴，號石庵，山東海豐人，同治元年（1862）舉人。海豐吴氏爲文化世家，父親吴式芬、岳父陳介祺均爲著名金石學家，吴重憙次子吴崶娶王懿榮次女。書札約作於光緒十五年（1889）至光緒二十年（1894）間，吴重憙時任河南陳州、開封知府，内容涉及水災賑務、金石碑拓、友朋交往、書籍刻印、雅集宴請、家庭瑣事等諸多方面。第一至十五札輯自《吴重憙中丞書札》，第十六札輯自《福山王氏先世及族戚書簡》。

一

新四面碑足以壓倒舊四面碑，云有寫出釋文，不知可從言得見否？碑值順上，祈轉交。斛律幢銘碑，賈如有之，費心令送一分來爲企。引見爲吏書所捎，須下月十一日諸事反得從言，亦甚好也。《莊靖集》樣本並繳，暇時一指示爲望。敬請蓮生親家晚安。重憙頓首，卅日。

二

廉生親家太史：

新年大喜，自去年九月十六日秦文卿回陳，得惠一書，當於十月肅復一函，交僕人李順之子帶往，不知曾送到否？嗣於鄭堪師書中言及姻表伯母大人偶受感冒，吾親家又于海道東歸，逮執事到家已早占勿藥，爲之欣慰，而此後遂未一得消息。憙亦以振〔一〕事煩難，左支右絀，未暇遞信至珂卿一慰，祗候至今。執事或在福山，或曾北上，了無聞知。然以河凍計之，恐總須二月北上耳。明年特開恩榜，考差在即，日盼莫蕩蒞我中州也。昆兒去冬疹疥並行，迄無大愈，至腊月初遂困頓不支，初八日晚左掖瘡潰出膿，膿多沾數百紙，始得轉危爲安，飲食漸進，刻下幸已一切照常矣。陳州振務戊冬較丁冬其難數倍，危苦之狀，罄竹難書。今幸龍門已合，水勢日消，二三日間當可一律遣散。滄桑浩劫，身自驗之矣。春夏秋半年餘刱辦水運，獲料極多，迺以首其事者被彈，胥置諸不論，數十人辛苦付之東流，良可歎耳。憙於冬日上旬因振務到省，月底始歸，風雪衝途，爲感寒之疾，人至五旬外，耐勞殊不及從前矣。茲因會試公車，匆匆寄此。台駕如已到京，望速賜數行以慰馳念。專泐，敬請升安，並賀春祺，統維諒察不宣。重憙頓首，己丑新正五日。信卿親家大人同此致賀，親家母夫人新喜，表姪元福。

〔一〕原文如此，當爲『賑』。

三

廉生親家太史：

前荷費神代辦公屏，奉諭後並未及一脩謝札，時切悚媿。月之二日羅大令來，奉惠札，知前有兩次書件，交楊、林兩便，至今尚未交到，令人悵悵。羅陶菴人果寒素，自當相機，早爲留意，況重以吾親家與可翁之相囑也。憙數日來勞薪不得少息，故久不得匆布一書，昨接博承給陳書，知再同親家近有清恙，殊令人馳系。今日午刻由城外辦重案回，未脫衣冠接到京電，驚悉鄭師忽于晦日騎箕。二十九年門生，聞之怛痛難狀。先數日於同日得鄭師、蘭師兩書，蘭師書中述都中災民時在鄭師門前鳩集，想因賑務作難，致多焦急，可勝浩歎。歸路典禮自當優渥，特立表無人不知，如何處置？繼嗣何人？師母有定見否？統望一一示知，俾釋懸系，至盼至盼。即日有摺便行，冗中匆泐數行，敬請升安，諸惟悉照不備。重熹頓首。親家母夫人坤安，兩姪侍福。冬月三日未刻。

四

廉生親家太史：

半載以來，駒隙甚覺匆匆，以至久失箋候，惶恐惶恐。正月十九、四月十八潤甲帶所賜兩函於正月廿四、五月初六先後接到，知執事于二月杪與松畦太史結伴東歸，四月初五回京銷假，自姻表伯母大人以下依次平安，已爲姻表伯大人遷厝佳城，來往敉平，遠聞欣慰。惟京寓多患瘟熱，親母弟夫人尚未全好，此刻當一律占勿藥矣。熹自到汴以來，事繁才短，踵肘時形。尤爲難者，迭承極刑重案，至此始真信其真不才也。日盼我親家與再同親家速來視學，以圖一迴避他省而已。望江中丞於三月廿二日出省閱伍，廿八日即病於葉縣之保安驛，帶病校閱，至汝寧而萬分不能支持，始奏請回省調理。五月十八日到省，日形沉重。至六月十三出缺，勉力支拄，卒没于五事，甚爲可慘。已由廖方伯由驛馳奏，計十七日摺可到京。今年皇上二旬萬壽，内廷花衣不知若干日，倘二十日，則此摺不能遞矣，倘不能遞，望賜下一電信爲幸。（放人後約何時出京，已望代詢，電示。如放外省者則勿謁矣）汴中初有旱象，自五月初九日一雨，從此無日不雨，直至六月初十日始晴定，街衢成河，河工日日長水，尤爲可怕。刻聞下游已開，愚岡水勢漸減。其後省署濕病甚多，初是三兒同病，既又三婦同病，日日醫藥，自己都不暇檢點，兹幸已同愈矣。郎琢菴大令春間已邀入讞局，因一時補薪水不得，又改計分汝寧府去。聞王懿山中翰因服西人安眠藥水，幾至不了，果有之否？兹因專便，敬泐數行，恭請大安，不莊。重熹頓首，兒輩侍叩，六月十四日。親家母夫人坤安，表姪侍福。

五

廉生親家祭酒：

重重大喜，久稽箋賀，風塵奔走，濡滯至今。迭聞入值以來天顔日近，奉命考定懋勤殿宋元舊本書籍并內藏金石書畫，此阮文達以來未有之盛事。天禄琳琅、西清、寧壽兩《古鑑》可望有推廣續收之著作，已屬千古奇緣，四庫之收若并能續輯，益爲人生幸見。第方冀右文，忽有海東之釁，兩月來風聲鶴唳，遠處並不得真情，聞封事日陳，必有勝算，惜外方不得而聞，但知清帥奏準督師，現住威海。葉軍之深入者，祇知平壤失利，近守安州之説。河南勇隊先將蔣提督尚均所統精鋭四營調往，現在已由鐵路出關，嗣又將劉鎮台（世俊）所統嵩武三營半、威靖兩營一并調往，定于九月初四日拔隊。河南共調往九營，三哨分紮，地方未免空虛。現擬三鎮各抽添練軍一營，省城又添募勇隊三營，一住永城之會亭，一住考城，以防山東曹州邊境；一住省城，以資彈壓。即此行軍加餉並添練六營，一年已需餉十五六萬矣。場事幸均平安，唯聞主考存眼高于頂之見，文無愜意者，至今僅刻文五篇也。尌兒夫婦奉其病母入都，亦屬萬不得已之事，冒盛暑水陸跋涉五十三天，今幸得一入場，尚屬不幸之幸。心緒之亂如此，文思如何能静，祇一『不忍誤其場事』六字，便遭刼至此，良可慨歎。尌兒來書言場前晋謁台端，亦僅匆匆兩面，值公務極忙，亦未能多談，想以録科之事，益增尊冗，場事畢後或可少閒否？今年尊試差大考，前列皆未與，留以有待在槐棘間也。憙此次到省，未接印而先起波瀾，查件未清，場事即至，間以秋祭眠食都妨，兹於二十四日監臨出闈，免得日跑貢院，可望少息。聞有摺弁即行，匆匆寫此，補賀大喜，敬請台安不備。重憙頓首，甲午八月廿五日。親母夫人大喜，漢輔賢姪捷喜。

六

廉生表弟親家太史大喜：

二月在省，匆復一函，交清帥摺便帶去，計早達覽。翼北姻表姪吉期在即，遥想德門多慶，好事重重，路遠無可達，誠聊附俗禮數事，幸其帶去。附來至好歸德醬菜一大罈，乞嘗之。賈魯河工程，道光年間費至百二十萬未能辦好，今僅有三五萬金，如何措手辦？好在委有李觀察國和總司其事，尚可稍卸仔肩。賑務須四月初方能遣散。山東省災民流至安慶，已見《申報》。河南災民卻無多出境者，亦無賣兒女者。然如此等賑真後難爲繼，不可再有事也。山東何能同日而語哉？《莊靖集》已動手描宋，俟刻有印椽即先莞存也。崑婦身子尚可上路，謹遵命如期往送。本擬令珽姪往，以時計之，留京下北闈，則爲日太長，旅費難繼；到京再回，則場期還甚遥，又苦道途僕僕。崑兒兩試東闈皆不利，心體北闈，欲往一試。不欲沮其高興，姑今同來。第甲申前轍不能無愧，望有以約束之，至慙至感。憙處賑務未完，賈魯河工又起，到署七日，於昨日又作西扶之行。崑兒夫婦看定三日初七日北上，計時必不能於署，故于客邸聊作數行，送回署中交寄，並總籤曾爲刻成否？幸勿忘卻。專此爲賀大喜，並請升安，並請親家母夫人禧安。重憙頓首，內子兒輩隨叩。己丑三月初一日泐於西華行館。

七

廉生親家太史：

前由鄭盦師處奉布一函，嗣接兒輩歷下來書，知台駕七月正駐明湖，兒輩尚獲奉謁，昆兒復獲諄諄教諭，指示場屋逕路，並賜與策問作法，八月初一日即行北上，計中秋前早到都矣。昆婦自正月以來即種種變證，至五六月始信定是孕。特以其身體單弱，在在擔心，又恰值秋試之時，署中無人照料，因遣車將嶔兒婦由海接回照料一切，於八月十三日甫到署。至八月十七日申刻昆婦添一孫女，氣力竟能支持，大小平安之至，小孩身箇雖小而極精神，可喜之至。八月惦念之意，至此如釋重負矣。十三日雨中少山丈指砌[?]秋葵日，同日一榦四花，洵是佳兆，踰三日而此女生，因取乳名四魁，並告以志喜。昆兒定於十六日出場，即起身，廿五日可到也。憙於十三日奉方伯調赴汴梁，議辦冬賑。因昆婦不放心，故遲遲未走，茲三數日內可以放心去矣。鄭口堵合垂成而敗，局面大變，固不待言，聞尚有議，其後者交清帥查復，結局正未可料也。清帥初五到汴，初八日接印，初十上工。聞諭示不許外省及本省人報工效力，先儘河工人用，有不足者，取之地方。擬長住垻頭，督飭口門不過餘四十丈，現在節氣已過秋分，若無意外之汛漲，新工可以保住，霜清後動工合龍，尚可望成。惟陳州被水地方既廣且久，現已支持一年，若再半年，非但財絀，且慮人心不靖，此境殊屬危險，難以筆罄。沙河南堤幸可保住，項、汝各屬不致波及，如晤曹仰之同年，可轉告之，弟此次不暇爲修書也。《莊靖集》已寄來否？專此馳報，匆匆不暇他及，敬請升安，並請親母夫人坤安。重憙頓首，十七日亥刻。

八

廉生親家太史：

前者御宸書名，曾泐紅箋上賀。嗣閲邸鈔，知於三月十二日仰蒙召見，遥想天語垂詢，諸存簡在，方冀星郵豸節，不日巡方。昨於四月初五日，在西平途次，喜聞日前大考榮列一等前名，爲之狂喜不寐。然未知名次第幾，初八日行至明港，始由署中迎頭送到來電，悉列第六，至今未見恩旨名次前五人爲誰。信未寫完，電單至矣，未免極悶。上届一等五人僅記得第一吴視學廣東，第二瞿視學四川，第三鈕視學山東，其二則堅不記憶，但祝蕩節遥臨、即尹邢避面，亦所深願也。向來吾東前列頗不多覯，萊山宫保後復見，今日非獨葭莩光，亦桑梓幸耳，至賀至賀。前聞執事尚著意會房，恐外放不得富門墉桃李，今幸未入闈校閲諸公，既誤大考，又誤考差，一飲一啄，何非天定耶？憙不次趨遷，近在指顧。吾東省運近年遠不及前，今得執事起而振興之，地運有轉機矣。又知考差改於初五日，想見得意揮毫，雲煙滿紙，星軺三載，視道府等輕塵矣。惟是邊都於三月廿五日出勘汝、光兩屬秋審，四月初九日回申，又有趕入三起解信湯補勘者，尚未解到。征塵未浣，積牘繁如，殊無可訧。會試不知何日出榜，想亦正在日內。豳兒在京諸蒙指示，感切於懷。惟孺無知，童心未退。昨寄尊電至，並接次端來信，言除兩次已兑外，尚有三十餘處未到。伊亦有信上達台端，當先到矣。都中聞人多銀賤，凡百日益艱難，奇見奇聞，暇時可密示數行否？秋間隨中丞入都，視暇尚可再沾。來場作踐〔一〕，陋不可狀，無萬一了望，而策問之金文數條尚有能證《積古》誤識之處，然知其必看不到策問也。計其午節前總可到信，而對兒又須料理起力矣。承詢去秋後路文章，熹先已有信致沈次端大令，託其將未到者再爲函催，信未回而辭典。熹回本任大約在八月內，悖運悖時，莫此爲甚。下車匆匆，先此肅賀大喜，敬請升安不備。四月十一日重熹頓首。親家母夫人大喜，漢輔昆玉同賀。

九

廉生親家太史：

年前由日昇昌泐上一椷，當早入鑒。新春伏維上侍康娛，潭祺葉吉，兩表姪拔幟歸來，重闈豫悅，潛心根柢，青紫直芥子眎之矣。汴中塞河之役殊苦，稭料不足，聞柏曦祭酒條陳請用雜料，而河工不兼，成見在胸，總謂非稭料不能保重。轉眼春泛即來，爲日無幾，星使與河、撫兩院均躁急非常，陳州本以災逕免其辦料，刻亦分設採買之廠，由周口漫水逆流而上，從上海辦淺水火輪二支，用以拖帶料船，約開即後可到，能否得力，尚難預知。省夫力欲安火車鐵路，省燭欲用電燈，電燈已到，火車尚未到，皆中丞一力籌畫也。熹於新正初七日由陳晋省奔馳，已四五日內往二次，一謁高陽，即速回郡舉辦春賑，並修築堤埝。二月內尚須府考，四月內院試。聞賑款存已無多，顧此啓鴻，深恐滋擾生事，其危境真有不可思議者，此時亦無偷巧之法，祗有平心做去，聽命而已。謝子吉兄代爲在鹿邑買米暨賑，與舍姪珽在鹿度歲，並未獲回署，辛苦之至。李子錚同年來京之便，託寄來子母醬油一簍十斤，又南蝦子腐乳一簍，是昆婦請購送者，祈晉入。鄭師目疾，近想已大愈，久未得師札也，便中示及爲幸。敬請侍安，不莊。重熹頓首。新正十三日泐於汴恒三元店寓。姻表伯母大人尊前代請福安。

〔一〕原文如此。

十

廉生親家太史：

九月十六日奉到八月十七日惠書，知台駕到都，正在公私繁冗之際，未得謁。知近事慰而且悶，憙公私兩困，今冬賑務竟萬難著手，外縣災民百有餘萬，淮、沈兩縣不靖尤多。現當新開粥廠，郡城之廠一擁而至者六萬人，來者仍絡繹，無論柴米不能預籌，即井水都頓爲之竭。現在各廠均先謀開井，鬧事刻刻在意中，虎尾春冰，其危難喻。昆兒所得之女毛病極多，勉養匝月，於九月廿二日殤去，接連昆兒患瘟疥，並疥疾甚劇，服太康兄醫藥見好，昆婦又患胃肋疼痛，亦服兄藥，並用熨法，近始見效，可請勿念，而峋姪與嶔兒又復同病。沵南小寓來信云約須十月底方能動身，殊焦人也。豳兒親事荷關切，代爲留意黄子壽方伯孫女，此事憙急迫殊深，特以已提九蘭之女，成否必須有一復音，而九蘭故紆徐之，不得確信，勢難兩處並提，祇好少遲再懇也。心緒惡劣，瑣事都不及述，敬請升安。醬菜做成，寄送一瓶鑒入。並請親家母大人坤安。信卿親家大人銓安，表姪侍祉。

重憙頓首，十月十一日。

十一

昨夕快談甚，請三位老師定於十六日巳刻，已下帖矣。伯兮祭酒處假與何商？望先爲請示明白，以便遣去厨役僕人，竟達其處。憙是日引見，下來恐多倉促，不能周到也。此懇，敬上廉生親家太史。重憙頓首。

十二

昨夕高陽席上，同破新橙，想即粵東寄來。今又飽賜二十枚，可以饜老饕矣。吕君名紙收到，容到汴留心。明日赴和興約，當先詣潭第，詩繕就即送。此謝。敬請廉生親家太史晚安。重憙頓首。

十三

請三師已定十六日巳刻，今晨吏部又傳十六日午刻在鴻臚謝恩，是不能挪移，只可將此局改十七日。但帖雖另下，此委曲難以上達，仍請於各帖中代致數語以便分送。至懇。敬請廉生親家太史大安。重憙頓首。

十四

廉生親家太史：

正月十一日得冬月四日惠書，十五日又由清帥處駢寄臘月初八、廿九二函，尚未及復，到省後又於二月四日奉到正月廿三日惠函，領悉。欣聞新年以來百凡迪吉，恩榜宏升，考差在即，惟祝蕩節來蒞中州，或可圖一番快晤，計日望之。兩表侄篤行勵學，聞之欣慕，今秋兩闈競秀戚郡之光，馳祝何似。執事於用功撰文之外，仍能不廢搜羅考訂之業，可謂精神四照。先晋冰銜，再持冰鑒，何羨如之。前代物色之《莊靖集》不知曾否鈔得？此次到汴卻借得一明刻之《莊靖集》舊本，可即照以授梓，若再得他本一校亦甚佳也。《還山集》録副之舉，亦望玉成之。尊輯《海岱人文》疊收文襄、文簡及德州諸手蹟，可謂物聚所好，敝邑老輩墨迹在家或可物色，在外則鞭長莫及，然不敢忘，逐處留心而已。憙所處之境極爲難堪，去冬之事記有一信略陳，已不記月日。自合龍後，賑務似稍有畔岸，三月底能否遣散，尚不可知。即賑務完竣，而查辦沙壓，疏通賈魯、雙洎兩河淤塞，亦在在爲難，工程絶大，款項絶無，且爲日無幾。麥秋將至，難題至此，無以加矣。昆兒婦入正月來，病又如去春，到省後接來書，知他病漸愈，惟夜間發燒仍不能止，送其來京，憙處不患無人，須回署後看其身體能行，即可於三月就道，趕表姪喜事前抵都也。憙此次來省，應酬之煩，倍於往昔，乃執事不請客、不應酬之反面，非甚好之，無可奈何耳。清帥累承招飲，使睹所藏，佳品固多，可疑者亦復時有，近復考得古玉釭頭即琮，製説作册，少正丈因代收羅，竟得十枚之多，黄琮蒼璧羅列數十矣。清帥欲將所藏拓本千數百種付石印成一書，期以今年成之，一大觀也。嵚兒倖厠一貢，倖已極矣，乃嘉奬過當至於如此，可駭也哉！明日將回陳，旅舍冗兆[?]，倚裝書此，歸後稍暇，再當謹布一切。敬八月十九日峋姪來陳，奉到惠書，並《功順堂叢書》二部。九月初二日又得八月初四日書並見惠《天壤閣叢書》二函。十月初九日又奉到九月十四日書，得悉種種。徒以近況不佳，間以俗冗稽遲作報，時切馳思。日内有人便來京，正擬作函，冬月初七日又接到九月廿九日之書，並鄭堪師書及闈中題名等件。最可喜者，清恙日臻元復，已能日日習楷看賦，惟時偶失眠，不可勞神太過耳，聞之極爲歡抃。得信之日適爲豳兒生日，兒女輩置酒爲歡，峊婦得一開懷，飲南酒兩杯，竟致嘔吐，則其慰心可見，吾親家聞之當爲輾然也。兒輩歷下觀場，本無奢望，不謂竟大放縱，家教無方，惟有慚恧。近歸來已兩月，漸可收心。延師一節甚難，其人當無成局也，亟發吾親家關注，屢次委曲開譬，感真不可言狀。憙以近況怅悼，川中亦久未通書，姻表伯大人兼權臬事，恐北上之期一時尚難預定。憙入秋來事多費手，又兼老年，叔姪久别重逢，未免多一番情話，愈覺百凡匆冗。兹有人便，先寄上嘉祐石經一紙，七日詩篆屏二副，一祈轉寄信卿親家。櫻桃脯一包，西瓜豉二簍，伏請大安，諸惟垂照，不莊。親家母夫人坤福，表姪元祉。二月十六日夜，重憙頓首。醬菜爲河伯取去兩罈，幸後一次又有佳於此者，如有專車，即可寄上也。

十五

昨日百冗中猶蒙貺臨，今日嚴寒，廷試想下筆千言如疾風之掃蕣矣。日夕謝客歸，路過東萊，亟思入謝，深恐明日尚有磨勘之事，精神必須少加静折，未敢相溷。歸來迺知又荷枉過，並留示再同親家手教，匆赴伯兮祭酒之約，如此賈餘，可謂神勇，令人欽佩無地。會親之事，再翁既初五日有飯期，改至初七巳刻，似覺從容。申未又有關城之嫌也。回門宜在何日？並祈轉爲請示於再翁。至女家應否？會親一節宜從京中風俗，容再探明奉復。瑣瑣奉瀆，敬請蓮生親家太史升安。重憙頓首。

十六

廉生親家太史：

祈督入。未督復之事尚多，容作第二書再補。少山先生近監寫《捃古金文》，期以明春竣事，尚不知能如願否。《通考》年内幾或可印出，即當寄致也。匆復，敬請升安，并請親家母夫人坤安。憙頓首，冬月初八日。前須拓畫帳眉，夏間即倩丁正衫寫出，屢屢忘寄，此次又已忘去，忽然想起，另封坿去。心緒之亂如此，可笑亦可憐矣。

一八、王瓘〔一〕致王懿榮

一

《古鉨印文傳》收到，聯幅二件呈上。祈撿收。此上廉生十三兄，弟瓘頓首。

二

手示誦悉，陳項當竭力籌之，在十日之内。三兩日趨賀大喜，并讀魁作，此復。即請蓮生十三兄捷喜，弟瓘頓首。

三

失候罪罪，奉示并閲李札，重累吾兄負逋，實抱不安。日前小有所得，均被務俗耗去，弟於廿三日分結費，無論多寡，先完陳債，曠日持久，諒我者當不深責也，此復。即請蓮生十三兄元安，弟瓘頓首。

四

蜀薺拜惠，謝謝，使我有蓴鱸之感矣。對聯塗就者藉呈，請再補大長聯紙一副，緣前日正在揮毫，適程雒菴來，遂敓去一字，明日望遣价來，即可坐候攜回也。新繁大專，祈便中賜拓一紙。此請養潛先生大安。弟瓘頓首。

〔一〕王瓘簡介見前文『五、王懿榮致王瓘書札』。

五

刻將出門，對子明早一齊送上。明日如無事，即當趨談，否則初三日矣。諸承費神，至好不謝。敬復養潛先生，弟瓘頓首。墨送敷用，無庸再補。

一九、王緒祖致王懿榮

王緒祖（1853—1919），字蘭溪，號鄦闇。出生於山東諸城王氏世家，祖父王瑋慶、父親王錫棨皆嗜金石，緒祖繼承家業。諸城王氏與福山王氏本非同族，因王懿榮與黃夫人早年曾受教於王錫棨夫婦，專習考訂摹拓之學，兩家私交甚好，王懿榮與緒祖以族兄弟相待。

一

弟奉求法書各件，想已揮就，特人走領。行期定于後日，即祈檢付，再晉之師所著《夏小正》一册，命弟專人代取，蓋手中别無草稿也，并云録清稿後尚擬求吾兄作序。依裝匆匆，不盡所有。此上廉生大哥大人，弟緒頓首，十三日。

二

昨小价回，各件均已拜領，謝謝。兹又有友人仰慕法書，特具摺扇一柄託弟轉求，與弟册頁一開（敬求法楷），一並奉上，祈挪忙一揮，想不呵爲無猒之求也。前蒙許假尊鈔《鐘鼎目録》（四册），即求檢付，弟當親自録寫，斷不假鈔胥之手，以致稍有污損，三五日即當返趙。且書内先君所得各器之名多有誤書者，弟正擬籤出，與吾兄酌改，此亦實事求是之意也。專此，即頌廉生大哥大人軺安，弟緒頓首。弟新得『至元戊寅』背『香殿』及『次布』一，皆真品。吾兄出城時可到寓一觀，精消渴悰，幸甚。

三

廉生大哥大人：

許久不見，殊覺渴想。前求法書對聯二、扇二，如未書成，務求挪忙于近中一揮，揮就即付下爲幸，緣弟于月底東歸，不能久待故也。有何不甚愛惜之物或古泉（弟所無者）或新出漢碑，能否惠一二種？以便壓裝束下也。近日何時得暇，示知，弟尚擬走談，以話別緒。此請升安，弟緒頓首。

賜題毋相忘鈎花簡並乞付下發刻。再，弟新得大歷錢一枚，真而且精，知吾兄處尚乏此品，如有佳品重分者，亦可援例一易。近有以《好大王碑》求售者，未知全分共幾紙？價值幾金？統祈詳示爲幸。

四

印鏡各件，家兄命呈鑒，留否？即示知。大考卷乞再賜數本爲叩。此上蓮生十三哥大人，弟緒敏。王三大人，外件坿呈，立候回示。

五

手示敬悉，連日爲俗冗所累，未得造謁，歉歉。收到書目一本，感謝感謝。《海岱人文》弟已帶來四五種，尚未檢得，檢得時即當奉上，決非空有，幸勿怪其稽遲也。專復，順頌廉生大哥大人升安，弟緒頓首。何時可以在家，弟當進談。貴价出城時乞順便示知。姪輩附筆請安。

六

昨蒙寵召，本擬趨陪，奈近日忽得便血之症，醫者令忌葷酒，故今天馮友文師命弟陪客，亦未能前往也。候弟稍愈，即當造府暢譚一切。專此佈謝，即請廉生大哥大人軺安，弟緒頓首。二弟均此致意。

七

廉生大哥大人：

弟原定于廿四日出京，而敝房師堅留考試中書，故祇得再住數日。奉求各件，務望挪忙于近中寫就付下爲感。其金石拓本二函，祈于今晚或明午書成，令貴价送至舍下尤妙，因尚擬懇諸同好各題數語也。煩瀆之嚳，統容面謝。專此，即請韜安，弟緒頓首，初一。

八

廉生大哥大人如握：

日前奉求賜題金文條幅，今已裝訖，特人奉上，近中務乞挪忙一題（各副若稍加考據更妙），千懇吾兄于初十以前揮出付下，是所切禱，蓋初十後弟恐又將出都矣，一笑。外附呈瞿父癸鼎拓本一紙，留君簠拓本一紙（此件係弟得自劉燕翁後人者，甚佳），祈驗收。餘容面叙。專此奉求，即請升安，弟緒祖謹具。每幅若以篆隸書標題幅首似更佳，祈酌之。初二日晚。

九

廉生大哥大人：

奉上玉壺一，祈將所賜鼻煙裝上爲禱。再，弟定於十三日起身，對二付千萬于一二日挪忙寫就付下。許賜古泉並代硯之漢畫像，望早檢付是感，金文一本如已補寫，一并交付來力。專此，敬請升安，弟緒頓首。家大老爺，恭候回示。初七。

十

廉生大哥大人：

陰雨連緜，未能造訪暢叙，悶甚。前代友人及信齋弟奉求對聯、摺扇各二，千祈近中挪忙一書，書就付下爲禱。緣弟不得在都久候故也，至好定邀，見諒。此請升安，弟緒謹具。四姪請安。六月十四日。

二十、李端遇致王懿榮

李端遇，字小研，山東安邱人，同治二年（1863）進士。光緒二十六年（1900）與王懿榮同任京師團練大臣。

一

蓮生仁兄世大人閣下：

奉上蔭之先生信稿，查收。附呈先生略節，用備觀覽，文後應以大筆跋數語，志今日勒石之由，尊意如何？手肅，敬請日安。弟端遇頓首，十二日。

二

廉生仁兄世大人如面：

奉上莊翰林太守團費卅金，又宋祝三軍門團費百金，均查收。宋處差弁住打磨廠西口路南會成店，十九日出京，回信即乞速復，交該差帶回，特此，即請晨安。弟端遇頓首，十六日。

三

廉生仁兄世大人閣下：

今日吳中丞來拜公局，弟可附名，適晤東甫閣學，云將兖州太守請上，未爲不可，希酌之。二公行期尚遠，稍俟秋涼舉辦，尤爲妙也。此達，順請日安。弟端遇頓首，廿四日。

四

蓮生尊兄世大人如面：

頃奉手示，謹悉一切。所事多承偏勞，且調度得法，妙何如之。癸亥團拜，擬分用兩席，未審有地方否？明日午前擬趨訪一譚，兄倘有暇，乞候我爲幸。專復，藉請日安。弟端遇頓首。

五

蓮生仁兄世大人閣下：

昨枉過失迓爲罪，公局又須偏勞，承示十九、廿之期，遠近合式，即乞酌定。如覆試均廿日復命，則十九日弟即不能到矣。此復，順請晨安。弟端遇頓首，初八日。安徽館新鮮勝於財盛館，又及。

六

蓮生仁兄世大人閣下：

昨得晤教言，覺尚有許多未説之話，三五日内定當來找便飯吃。至公請之事，決不敢領，過初五日一概不擾矣。福字呈上，乞乘間易一佳者，感甚感甚。此達，順請晨安。弟端遇頓首，初六。

七

蓮生仁兄世大人閣下：

弟迭進乩方重劑，已愈十分之九，十九日決可銷假。日來尚畏風，不敢出門。此會諸荷偏勞，抱愧之至。銷假後，廿日當趨府一談也。此復，藉請日安。弟端遇頓首，十六。

八

今日本擬奉訪，奈左足拇指作痛，不能前來。振卿信兄裁復時希將弟名附入，可以節省一函。此懇，即請午安。廉生仁兄世大人閣下。弟端遇頓首，十六日。

九

蓮生仁兄世大人閣下：

今日之約，務乞移至，於午前早到，緣弟處乏人，須借貴紀照料席面。且得先作半日清談，尤足消悶也。特此再佈，順請晨安，諸惟垂照。弟端遇頓首，十一日早晨。

二一、王錫蕃致王懿榮

王錫蕃（1850—約1920），字季樵，號康候，山東黄縣人。光緒二年（1876）進士。第一、二札輯自《王廉生書信》，第三、四札輯自《福山王氏先世及族戚書簡》。

一

昨肅一椷，知邀惠覽，扇、對各一件，想已閲過，是否可用？伏望示知是盼。扇價寔值若干，並求見示。匆肅，敬叩廉生十三哥大人軺安。弟蕃頓首，初四日。

二

手諭謹悉，字兩幅承費神代爲裝裱，感激莫名；并蒙指示一切，尤深銘篆，兹呈上價銀拾伍兩（票）弍錢（銀），統祈詧收，字兩幅即祈校交下走帶回爲禱，瀆神，感甚愧甚。放漂之局，此時未定，來示言其別大矣，非篤論也。弟借錢甚喫力（債主已咄咄逼人矣），蓋受苦之命，應如此耳。手此，敬叩廉生十三哥大人軺安。弟錫蕃頓首，初十日。雲卿身體尚可支持，但慮痰氣觸動耳。

三

日前趨候未晤，悵甚。日來清恙想已大愈，眠食已如常否？念念。今晨本欲走談，聞嘯艇云尊體畏風，不欲見人，是以不敢相擾。懇者，弟於八月間曾託振卿前輩在伍觀亭處取借百金，約定三個月歸趙，彼時弟以爲榦圃來京納粟，可以通挪一項，此款即可歸還。及與榦圃商辦，據言渠在黄時，核計由郎中捐升知府不過四五千金，及到京後始知從前所捐部郎爲捐局所賺，不算寔職，此時由監生捐納知府共用九千餘金，手中寔無餘款，須俟明春再行接濟。求人之事，弟亦無可如何。目下觀亭處之項日期將滿，弟於各處設措，毫無眉目，焦急萬分。兼之寓中澆裹，全賴書院脩脯，近來脩金迄未寄到，薪米之資亦幾有不繼之勢。攢眉疾首，愁困非常，萬不得已，肅函來懇，可否仰求我哥大人，於相熟匯票莊内，代弟居間取借一百五十金，以濟急需，感德寔非淺鮮。弟用觀亭之項本係二分行息，票號如肯相假，子金亦以二分爲率，以五個月爲期，明年三月内一準歸清本銀，斷無遲誤（利銀十五金該號先行扣去）。目下尊體新愈，原不應以瑣事瀆求，寔以身處窘鄉，有無可如何之勢，祈諒而恕之爲叩。肅懇致請廉生十三哥大人開安。如蒙俯如所請，祈賜一德音爲感，餘俟晤談。弟錫蕃頓上，初六日。

四

日昨接奉手示，一一致聞，承示以皮服相假，足見深心，愛弟有逾尋恒，感謝曷似。惟弟此關至少須百朋始能過去，既承加推解之恩，如能擇大毛内之稍爲貴重者見假數件，可質百金或七八十金，則感德尤深矣。如蒙慨允，可否即交趙升帶回？或今日無暇尋覓，明早走領亦可。趙升在弟處多年，交伊無失也。再見假之件，如吾哥另有副本，年下無須服用，則俟弟明歲二三月内黄縣幫項寄到後，贖出奉繳固佳。如年下必須服用，亦望示知。現距年節尚有月餘，謹當設法籌措，以便年前贖繳。叨惠之處，俟改日走謁叩謝。今日本擬趨談，恐吾哥怕風畏勞，未果。肅上廉生十三哥大人。弟蕃頓首，初九日。

五

日前詣府，適吾哥延醫診視，未敢以晤叙擾神，故止與嘯艇面談一切。承以鐲子見假，俾過此關。知我者鮑叔，感德之忱，曷能言盡！日來尊體積寒，想已退盡，三嫂感冒想亦大痊，念念。改日再當走莅面謝，肅上廉生十三哥大人，嘯艇老賢姪同此莅。弟蕃叩肅。

二二、朱溍致王懿榮

朱溍，字子涵，浙江仁和（今杭州）人，清代藏書家結一廬主人朱學勤次子。

一

廉生十三兄世大人惠鑒：

正在馳念，適由慕韓處寄到賜函，展誦之下，如獲至寶，即天壤閣尺牘中又增一通矣，快何如之，悵何如之！弟到南忽已兩更寒暑，宦況殊形清瘠。此間道班人數既多，加之候選人員自上視之如草芥，自下有風浪之險，間月一往，甚形辛苦。每月所進只薪水百金而已，此間开銷實須賠墊其半，如何久支？知我如公者，其何以教耶？鍾山峰頂近時委差，專視帽子之合式爲差使之等第，弟都下既少奥援，其奈何哉！常熟、錢唐兩尚書向來皆視之如贅疣，其滋味遠不如順天候補廳官，非虛語也，尤所難爲情者。去年四月同班引見者四人，郭慶藩夏間委武穴，同是掣驗，實有霄壤之判，胡廷玉亦委下，則均是上中之差。弟獨枯守湖口，無辦事之實，而如讀三坟五典，非門外漢所能領略。欽佩閣下既票南齋，來歲必得一等，在外省多得一循吏，在翰苑又少一淵博，非虛譽也。柏羲大司成、仲弢太史、叔憲三丈，以及諸友好晤時均乞代爲道候，無事不敢冒瀆耳。有何新聞，尚祈便中示知一二爲盼。弟到南後，友朋極乏知音，同班中最契者只沈愛蒼一人，昨又復遠行，甚爲岑寂，每憶京華諸舊雨，悵惘奚似，即得一書亦欣躍數日，企念之忱，可謂誠矣。承賜令郎硃卷，謹當什襲而藏。缘亭侍郎當與台從時相往還，自夏徂冬，致書絶無復書，至談及，亦希一爲詢及是幸。今年南中天氣寒冷異常，較京中爲甚，因屋無處不通風也。鐙下拉雜書布，尚有菲儀欲寄贈冀北世兄者，河封，殊罕妥便，俟開春再行補呈也。推重閣下，便時能爲弟一言極及苦况否？乞酌之，不敢强人所難也。安圃兼署藩臬，貴則貴矣，無如其貧何？近時與通音問否？幼公書月必一至，亦云除與執事時通問答道古外，决無與箋候者。近時有無起用消息？專肅，敬請升安，順頌上侍夛福，合第多綏。世如弟滔頓首。世伯母大人前乞叱名請安，翼北兄、二世兄文祺。長至前一日。

二

手示讀悉，如冠翁住西單牌樓□截内南嵬街路西第一門。鑄印二方，容即交石艖世丈。昨晤柳門，云及執事清恙已瘉，能在外廳見客，確乎？交嘯艇兄帶求法書屏幅，年内能爲一揮否？此復上廉生十三兄世大人，弟滔頓首。

三

手示并件均收到，容即爲轉交。附上□□、紈扇（款子玉）各一，均求法書，能速尤感。家兄處寄來今年所得書目奉呈，書目全册尚未寄到也。弟於八月間有爲友人及弟求伯羲、□成書楹聯各一副，屢促之不書，乞便代爲一催，或可速得。

不勝感荷，費神，容再面謝。李若農於月之初七自粤起程來京，服闋，約廿日左右可達，屋已租定，在粉房琉璃街。柳門已租定弟處東院之屋（幼樵舊居）。此覆敬上廉生世老兄，滔頓首。

二三三、張仁黼致王懿榮

張仁黼（？—1908），字劭予，河南固始人，光緒二年（1876）進士，清末大臣。

一

昨談甚暢，夢樓對雖殘闕，亦黯想之，務爲索來見畀，至盼至盼。瑣費清心，容面謝。廉公我兄大人，弟仁黼頓首。

二

商丘陳氏所藏大癡燼餘山水卷，午橋欲看，弟已借來，現在敝寓，公曾見之否？如未見，日内當攜至，先睹爲快。

三

曦亭欲摘去直隸數人，出貲三十餘金，前途讓至每人三金，計須七十八金，恐其無成册，遂還去。曦公又云，賈小芸、馮聯棠二公皆欲各分其鄉人書來爾，當可有成，山東人約九人十人之譜。蓮公我兄，仁黼上。汴粱小菜二簍、歸酒二小簍，乞收。

四

弟近感冒，不入直兩日矣。送上歸酒小菜四缶，乞惠留。年關甚迫，無計可度，奈何奈何！與公同病，益相憐耳。廉公我兄大人，弟仁黼頓首。

二四、張佩綸致王懿榮

張佩綸（1848—1903），字幼樵，直隸豐潤人。同治十年（1871）進士。授翰林院侍講，晚清名臣。王懿榮長媳張氏爲張佩綸堂侄孫女〔一〕。

貴省以治經著者本朝幾家？以科名著者又幾家（如諸城劉之類）？鶴巢詢之弟，真問道於盲矣，乞詳示爲幸。蓮生十三兄世大人，弟制佩綸頓首。

〔一〕長媳張氏乃直隸豐潤張人駿長女，張人駿爲張佩綸堂侄。

二五、景其濬致王懿榮

景其濬（？—1884），號劍泉，貴州興義人。咸豐二年（1852）進士，晚清大臣。工書法，好收藏，精鑒賞。

邀請不誠，改日再奉約矣。尊體務宜静攝，似不可過勞，且須慎節飲食爲要。《古鉨印文記》每册一金，今先奉上貳金，祈轉交。費心之至，容再叩謝。振翁鐫法古茂之至，可否求其奏刀？係石刻耶？亦係别須骨角始能刻耶？兹先開具敝齋别字一紙，祈代呈，若者古有，若者古無，由渠斟酌。此請廉生仁兄大人金安。其濬頓首。

二六、張曜致王懿榮

張曜（1832—1891），字朗齋，號亮臣，浙江錢塘（今杭州）人。晚清名臣、將領。

蓮生仁兄大人閣下：

拜奉手畢，并承示公呈底文，斟酌盡善，知於三月二十六日呈遞執事，念切恫懷，得與諸同志一拯桑梓，恩俞賞漕，駿澤宏敷，鄉大夫之力亘斯土者，實厚賴焉。旋省以來經畫一切，審災區之輕重，定散放之多寡，頗費裁酌，而用人尤難。此間候補正佐無慮數百員，平日留心察看，可與任事者頗難屈數，當辦事之際，釐剔更調，時時勞人。致函奉到，前次惠緘廿餘日尚稽裁答，抱歉萬萬，必鑒原也。伯寅尚書籌款撥解，伯義祭酒於病中自捐外，仍復周麾而呼，誼皆敬佩。香帥諸君子又得台端電商，諸公皆愷惻爲懷，公忠同抱，均有應者，拜賜良多，曷勝感荷。災重處所自以東平等處爲最，泰安一屬無水路可通。誠如尊論，非如上海善人裹糧前往不可。故此次辦法與笞人諸君酌定章程，參用義賑良法，亦即正爲此也。米糧免□□奏免矣。江蘇賑款前已解到，適濟所需，黄縣請加城隍封號，容即具題，專肅奉復，敬請台安，諸惟惠詧。愚弟張曜頓首。

二七、王守訓致王懿榮

王守訓（1845—1897），字仲彝，號松溪，山東黄縣人。光緒十二年（1886）進士，武英殿協修、纂修。嗜金石古籍。黄縣王氏與福山王氏聯宗，王守訓與王懿榮以兄弟相待。

廉生十三弟翰林：

別來半月，度起居清勝，日益康强，不知近又出門幾次？定當夜夜安眠也。前於十二日在煙台曾寄來一函并歪詩數首，計早入閱。□於是日由煙起行，十四日巳刻抵里。幸家中自老母以下均各安適，惟望行人殊切，相見皆喜容可掬也。家鄉風景諸凡如常，惟福境散勇不得其法，聞有給一功牌而令其自歸者，以致各處有流毒。兄至煙台之前一日，聞福山城北竟有路刦之事，蓋不時發作也。當路之謀劃竟如此，可歎也。委詢穆兄之瓦，到家始知其瓦即在，適商明年定當帶來奉贈，穆兄信已交去，將來亦必有以報命。惟開邦刀聞近日售者殊少，容徐圖之。歸來即調筆墨寫卷，數日甫完一本（已不用水筆矣），俟再書兩本當呈教，但如老女已拼不嫁，而忽得壻家，好事尚未知在何日，而强學時世妝，恐不專妍，返增大醜，且殊苦耳，亦可憐矣。謝南翁想已到京，前場文首篇務求弟先爲更正，再代求南翁一爲筆削，改好即交龍光穆賈，令其送本房一閱，即可上板，務求費心。慈鶴未知已見否？有何議論？兄今冬不禱旗不開賀，擬明春正二月之交即起身來都，但水陸尚不定耳。都中近不知有何新聞，惟此後輪舟不通，寄信須由陸路，較緩矣。前求代交伯希之銀、永聚之錢，未知已交否？穆兄近只得一鐘，掖縣出土者，雖無字而形狀極古樸，無乳而其紋如蛇蟠，想是三代以上物，他古董則無聞也。李和順來京，不知帶何書，必得幾種佳者，餘不知歸於何人。粵署□車必趕不及也，家鄉無甚新事，惟黄縣離城四里之慈救寺入冬忽開牡丹二朵，不知是何祥耳。專佈即請開安。守訓再拜。見朵雲、嘯艇諸位祈代問好。

二八、曹鴻勛致王懿榮

曹鴻勛（1846—1910），字仲銘，又字竹銘，號蘭生，山東濰縣人。光緒二年（1876）中丙子科狀元。以書法名於時。

廉生仁兄同年大人如握：

兩次走訪，均未得遇爲悵。春山同年見面否？斯場文字想必得意，出場時祈代爲致賀。拙書殿卷昨始刻成，兹將先印者奉送二本呈政，聞數日前廠肆已有贋本，殊爲可嘆。吾兄見過否？此請升安，弟鴻勛頓首。

二九、吴郁生致王懿榮

吴郁生（1854—1940），字蔚若，號純齋，江蘇吴縣人。光緒三年（1877）進士，晚清名臣。

蓮生仁兄同年大人閣下：

□聞節華北返，久欲趨談，天寒晷短，卒卒少暇。比聞貴署將考南學生，弟有戚好楊君鴻書，報名應試，係敝省循吏楊綬臣太守之子，少年劬學，能通詁訓，其景況清寒，艱於生計，惟冀得膏火之資，以助誦讀。吾兄甄拔寒素，實事求是，苟視其文有可取，可否拔置前茅，以爲寒儒苦學者勸。附上名條一紙，伏乞誓存，容再詣談，不一。專此敬頌台安，年小弟吴郁生頓啓。

三十、吴慶坻致王懿榮

吴慶坻（1848—1924），字子修，又字敬疆，號補松老人，浙江錢塘人，光緒十二年（1886）進士。工詩，善書，與杭州八千卷樓主人丁氏兄弟交好。

廉生老世叔大人侍史：

日前奉教爲幸，呈上敝鄉新刻書四種，用備插架，兩縣志明刊孤本，丁氏覆刻，亦一隅之掌録也。唐幢、竹架二事以貽漢輔二兄，戔戔殊自恧耳。敬承纂福，不莊。世小姪吴慶坻頓首，十六日。

三一、朱延熙致王懿榮

朱延熙（？—1915），安徽太湖縣人，光緒十二年（1886）進士。朱延熙續娶張之洞胞弟張之清的女兒爲妻，與王懿榮有姻親關係。

濂公姻伯大人尊前：

昨日謁候，得聆教言，甚以爲快，承諭致意鳳蓀，業已代達。頃接中弢前輩回信，謂近患眩暈，所約公祝文言不克撰製，屬另倩人執筆，姪計爲時已迫，恐不逮事，不若各家自行將意，特即函報漢輔二哥，伏乞附入竹報寄去，是爲悚禱，敬請禮安。姻愚姪朱延熙謹上，廿二日。

三二、蔣慶第致王懿榮

蔣慶第（1823—1906），字著生、秀荂、查坡，河北玉田人，咸豐二年（1852）進士，晚清名臣。王懿榮次子崇烈原配張之淵女以産病殁，光緒十八年（1892）續娶蔣慶第次女。

慶第奉書廉生先生左右：

得手教，展誦不已，獨以謂拙作古文爲國朝畿輔之冠，甚驚且愧，其戲耶？抑先生非詎我者，將由愛之深因以忘其劣歟？自四子五經之帖括興，而治古文者少，江北又不如南，畿輔更遜他省，此公言也。然國初迄今可縷指者，如孫夏峰、申鳧孟、李剛主之理學，魏寒松、尹健餘之政績，紀文達、翁蘇齋之博通，姑不具言，而專校其文辭，亦有以知鄙人之竭蹷以趨而無從望其塵也。近見東甫比部所著三種，其《三傳通釋》爲最，不禁作而歎曰：『此真讀書人矣！』三家先後出西京，而《墨守》《廢疾》《膏肓》之説争立門户，自是以來，罕能爲之通其驛騎，東甫顧覃思冥冥，參差比對，别乎其所以異，而久之得其大同，皆前此爲《春秋》學者屐齒之所未經。就使尼山筆削之旨，合離正未易言，而克自樹立，抑可云豪傑之士矣。其用筆曲而善達，亦造古文勝境。比部籍山左，而祖居馮翊，後生可畏，是爲吾黨獨張一軍，鄙人愧與並世矣。先生甲午以來三爲祭酒，入侍書齋，不遑昕夕，固所宜然。宋儒多言主静，竊謂先生平日淹貫經籍訓詁之學，澤於古矣，明廷掌故皆嘗考稽其體要，通於今矣。今世士大夫家所厭苦者，莫甚於不情之酬酢，先生其謝卻之矣。此壺中長日，殆天所以因篤於先生也。於此乎主静，豈猶夫人之主静者耶？其必澄心觀理，而鑒别古今之識日益明，卜子言信而後諫，主静以立誠，積誠以事上，天下皆得而見其心，嘗於濱州、湘鄉、高陽三公者想見之焉。屬以姻連，書牘往還五六矣，忽撫心自咎，其諸慰問多而讜言少歟？輒書此以獻。慶第暨侍妾兒輩同請雙安，并頌潭福，己亥重九前二日〔一〕。

三三、蔣式瑆致王懿榮

蔣式瑆（1866—1932），别名士瑆，字性甫，河北玉田人，光緒十八年（1892）進士。晚清民初學者、書法家、實業家。蔣慶第次子。

委件奉上，積古齋彝器筆誤作鐘鼎，不知可將就否？請酌。此上廉生姻丈，姪式瑆頓首。廿四日。

三四、柯劭忞致王懿榮

柯劭忞（1850—1933），字鳳蓀，號蓼園，山東膠州人。光緒十二年（1886）進士，晚清著名學者。

見午橋，知台從已歸，感暑嗽十許日，不獲上謁，無任馳叩，稍愈，當趨造起居。昨家兄寄上奠敬一事，附呈乞晉入，肅叩廉生十三叔大人禮安。姪柯劭忞上。

三五、柏錦林致王懿榮

柏錦林，字雲卿，山東濟陽人。與王懿榮同爲光緒六年（1880）進士。

〔一〕己亥爲光緒二十五年（1899），崇烈婦蔣氏已於光緒二十四年（1898）病殁。

蓮生同年仁兄大人閣下：

前數拜訪未晤，甚悵。昨閱抄，老同年回籍辦團防事，捍圍東土，殊爲欽佩，未知幾日旋東，再爲敂送。懇者，有東標參將副將銜張君金安，久在東省，出力戎行，今以投效來京，無機可乘，乞同年帶至東省，如可幫忙，即留貴處參理一切。否則東撫李大中丞代爲汲引亦可，總乞費神安置。此人甚屬樸實，實在純心出力之人，如肯賜之一見，即令前往。弟與此君在東相屬甚久，故知之悉也。弟自浙省回京，聞各路報警，未能上達一策。前曾以召對時有諭林『如有見地，回遞一摺』，次日即將摺稿作成，無非爲『東省吃緊』『海防密布』等語，後以聞條陳者甚多，亦未果上，今果如所云矣。敬請升安。年小弟柏錦林頓首。

三六、李葆實致王懿榮

李葆實，山東濟南府歷城縣人。光緒九年（1883）進士。

蓮生同年老前輩大人台電：

年禧尚未走賀爲歉。茲恭閱報抄，欣悉奉旨回籍幫辦團練事宜，將來捍衛鄉閭，固我海疆，凡屬同鄉，同深慶幸。敬懇者，茲有儘先守備季在田，係山東長清人，前在王、黄兩總鎮標下當差多年，並山東兩次海防，又皆身與其事，茲因公來京，愿歸麾下，藉效馳驅，茲特令其持函拜謁。倘蒙收録，俾得稍效微勞，未嘗不可收指臂之效也。此懇。祇請升安，並賀年禧。年侍李葆實頓首。

三七、孫叔謙致王懿榮

孫叔謙，字吉丞，號六皆，山東榮城縣人。與王懿榮皆爲同治十二年（1873）舉人。

廉生十三兄同年大司成大人閣下：

不通音問又年餘矣，頻聞升官而不一賀者，非懶也，官大分隔，又俗冗過甚也，果係知我，當能諒之。弟供職無狀，今年夏沁河漫溢，小民昏墊，淹及數百里，惻然爲廢寢食，亟思補救之術，諳習河工者皆以非霜清之後不可興工，十三年小楊莊靡費十七萬，十五年王賀工費七萬餘。弟察知其中弊竇過甚，又皆歸官經手。弟創議與紳士借款試辦，稟明大府，待功成而後請帑，破除情面，力劈衆議，以七月十六日興工，八月十三日合龍。下游數縣及時涸復，盡皆種麥，百姓欣喜相告，謂爲自古所未聞，上官亦選加優獎，僅費一萬八千餘金，亦初料所不及。事後退思，痛定思痛，方悔當日之冒險也。幸而成功，否則性命難保矣。上憲爲調補祥符，以獎勵之，而弟今年入不敷出，已爲不了，首縣賠累，更不堪設想，爲之奈何？董君一敗塗地，前車之鑒也。兹聞治兵桑梓，聊固吾圉，後又聞撤我萬里長城，今尚有彼族實逼處，此豈非肘腋之患耶？顧全大局者其何策以處之？附上炭敬廿四金，勿哂其薄也。手肅敬叩年喜，恭請台安。年小弟孫叔謙謹肅，乙未冬月廿一日。

三八、李桂林致王懿榮

李桂林（1837—1910），字子丹，直隸臨榆人，光緒二年（1876）進士。

一

閣下以邁往之才，懷義憤之志，兼資文武，兩遂忠孝，此行保衛桑梓，即所以上報國家，將來出境督師，削平大難，曾文正之事業將於公乎望之。辦天下之事，貴其氣足以舉之。方今士大夫患在索索氣盡，惟公氣雄萬夫，故知此事之必有成功也。招勇之事，兵部本有定格，立六尺之竿，身長及此者爲合格，置三百斤之石，以力能舉此者爲合格。而今之武夫全不解此，不論老少强弱，惟取足數而止。明知其無用，而姑饟之，是擲黄金於虚牝也。凡所云云，皆公所知，而復詞費者，欲公之重念斯義也。轉瞬河開，海路無阻，天津必聞警報，正不知京城若何紛紜。瞻烏爰止，能不盡然。賞封一包附上，不知爲若干分，未知能足用否？午後詣前，先復上廉生仁兄年大人，弟桂〔一〕頓首，十六。

〔一〕第九通信中提及《吉林志》，可推知此寫信人爲《吉林通志》總纂李桂林。

二

《張曲江集》凡幾本？以何本爲佳？十年前曾見一廿卷本，後五卷爲《金鑑録》，怪誕不經，的爲贋作，閲一過而還之，自爾不復見。今始得一本，止十二卷，無《金鑑録》，差爲雅潔，惟卷帙太少，慮有缺遺。不識邵氏《書目》尚有何本可互校？垂示爲荷。此書以邱文莊所抄爲最初本，此本即從邱本覆刻，卷數亦當與之同，而《提要》乃謂邱本亦爲廿卷，所未解也。廉生仁兄年大人，弟桂頓首，十二。

三

珍賜拜嘉，謝謝。黄傳頃已專奉，即存館，元稿飭抄後仍見還，未付供事另抄，以省日力耳。陳傳當令走送，俾以領嘉惠手復。即敬請廉生仁兄年大人台安，弟桂頓首，初十。

四

頃見周密《齊東野語》論書畫裝褾有所謂『上下引首』

者，又有『闌道經帶』及『用某色紙賻』等名目，皆作何解？翰文齋有元刻明補板《玉海》一部，甚佳，索價百六十金，不敢與之議，有原刻《吾學編》，綿紙初印，此可值若干？渠索廿八金，不太貴否？小韓竟物故矣，亦甚可惜，其徒數人，似皆不足以繼其業也。得人則興，小事尚如此哉。《大金集禮》撿出否？盼甚。廉生仁兄同年大人，弟桂頓首，初九。

五

昨暢談，竟忘卻生員切己之事。《大金集禮》如撿出，望惠假一觀，以爲至感。已託友人向廣東代購，恐不以時至也。再湫友助教孫汝漳既老且貧，務求遇事栽培爲要，此自出於弟意，並未向孫君一言，掠美市恩，弟亦不爲也。手啓敬請廉生仁兄年大人台安，弟桂頓首，初九。

六

松花江魚，彼中於昨日始行寄到，今以一尾致諸左右，無以侑之，良用自慚。允借袁氏叢書，即乞撿付下走爲荷。敬上廉生祭酒，桂頓首，初六。許中丞寓何所？示悉。

《安珠祜傳略》一册附上，録副後仍以原册見還可也，其家無讀書人，原抄即多誤，局中抄者、校者皆不甚了了，故訛脱尤多，點定一過，猶未盡也。再上廉生仁兄年大人，弟桂又頓首。助教孫汝漳（灤州人，丁卯同門），敬求遇事栽培，至叩。冬至月可有兩照房缺出，孫君以資亦在可望之列，如以見委，感荷滋深。

七

《張曲江集》所有各本，乞示以數字，餘面悉，不一。鑒清齋有國初拓《雁塔聖教序》，見之否？廉生仁兄年大人，弟桂上，十五。

八

昨恭閲太年伯中丞公傳，後有簽記一條，云『此傳該省冊籍未到，其子孫不知現居何官，應俟冊籍到時續行添入』等語，此猶是周聲霖侍郎爲提調時所記，迄今未有所增。君能以片紙見付（有官文書更好），則可據以録入（近林文忠傳亦如此據增）。館例，雖有真知確見，必以紙上有字爲憑也。陳君傳已交朱益齋覆輯，容即録呈。黄公三世傳稿先上，飭抄後仍見還也（能速爲妙）。桂又及，初十。

九

《吉林志》序例及目共一卷，敬呈左右，伏候裁定。辛卯[一]秋，客游至彼，值有此役，遂以見委，明知非所克堪，以荷圖稟籲之故，冒昧任之。初謂《盛京通志》《滿洲源流考》等必翔實不誣，但裁取其文，即可蕆事，不謂略加考證，訛誤頗多，因之逐事求詳，遂致淹久。次年回京時，亦嘗草定條例，貽之同人，身既離局，繼事者頗有更改，不欲顯立異同，遂不免有所附會。今所纂定，蓋因書而爲例，非依例以成書也。又志在求速，每寄一卷，略加點定，即付寫人；及他卷來，始知前卷有所複漏，則正本寫成，已難追改，直至全書寫正訖，始得合首尾而次第以觀，其於抽换之、删益之、畫一而整齊之，蓋猶將有所待，此特爲今所進草稿耳，不爲定本，故尚未敢付刊，伏求裁示。大凡俾有依據，以改爲政作，庶冀梓成之後，不至貽笑方家，是鯫生之幸也。更有請者，將來進呈，必發書房閱看，爾時更望周旋其間，有不合者以别紙簽出，付某自改，無似王鼎丞之《鹽法志》，發還重修，則所全更大，所謂『告蒼天留點蒂兒，好與友朋看』也。至叩至叩。廉生仁兄年大人左右，弟桂頓首，十月初六。

[一] 辛卯即光緒十七年（1891），吉林將軍長順聘李桂林編纂《吉林通志》。

十

《遼金紀事本末》地理既舛，音譯尤疎，如遼之上京臨潢府，今承德府北之巴林旗也，金之上京會甯府，今吉林之阿勒楚喀也。金太祖以病還上京（在卷一），自是金京，而李氏取《輯覽》之注臨潢者以注之，則不止謬以千里矣。《北盟彙編》之阿朮火，蓋即今之阿什河，前人或謂之『阿觸胡』，或謂之『按出虎』，後譯曰『按春』，明末曰『安楚拉庫』，今定曰『阿勒楚喀』，所謂『阿什河』者，王名也。（朮，北音讀爲『珠』，故『觸』『出』『春』『楚』等字皆通）李氏訛『朮』爲『木』，則雖有善校者，亦無從辨其誤矣。又意求簡括，刪節過多，史文所無時，亦以意聯綴。核之前人成例，殊屬乖違，考異引書亦多不具，第云彼所載較詳，此則又如劉知幾所譏：學者甯閲本書，厭觀新録者矣。詳其序例，文筆頗拙，故不敢如谷豐潤之每事繫論，此善用其短者也。然能爲今世所無，故其傳也易，亦可謂善於覓題。聞譚叔玉前輩曾編輯《遼金元三史本末》，惜未成，今不知復有此稿本否？其書若成，當可觀也。前承允囑張星眸借張氏《補魏地形志》，如無暇遺紀，望作一札，付下走代送，何如？《大金國志》如撿出，并望賜假一閲爲荷。論李氏書處，小子狂僭，惟裁之爲幸。桂再拜。

三九、丁立鈞致王懿榮

丁立鈞（1854—1902），字叔衡，號恒齋，江蘇鎮江人。與王懿榮同爲光緒六年（1880）進士。

前存之石章廿六方，刻有友人欲買，望核付□价爲荷。蓮生仁兄同年，弟立鈞頓首。送錫拉胡同王老爺候，念念，不一。

四十、張英麟致王懿榮

張英麟（1837—1925），字振卿，山東濟南府歷城縣人。同治四年（1865）乙丑科進士。

一

廉生仁兄大人閣下：

接誦惠函，備悉壹是，就諗履祺曼福爲頌。昨晤左軍門，據云募捐之二千金係由各處湊集，往返通信輒稽時日，容俟聚有成數，當即兑京不誤。《儒門法語》二百部收到，謝謝。令親張孝廉到省，即浼左軍門爲之説項。據云近來投效之員，非通天八行不能得力，自上年郭陽保案後，投效者于于而來，需次瀋垣，不能退，不能遂，比比皆然，不止張孝廉一人，左軍門勸令回籍，堅執不允，聞其與金倅（作壎）係舊賓東，金倅赴都，近始回省，或能另作計議。究之，奉省局面太狹，人浮於事，殊難安置，遇有機緣，弟當竭力圖之，但恐愛莫能助耳。少廬才力聰明，加人數倍，到奉兩年，并有許多情面，而文案、志書局兩差受無數辛苦，僅得一保留奉。現擬於明春入都，當可晤談一切。世兄病當早愈，我兄收藏日富、著作日宏，未知可否示我一二，以開愚蒙。弟本陋劣，更兩年不見叔度，其鄙吝可知。此請台安，并頌年禧，世兄清吉，弟英麟頓首，嘉平十三日。

二

昨據瑞生、祥孟、璧從云，前稱無名氏捐款二百金，實係傳説之譌，原數只有伍拾金，兹特送呈，即請檢交是荷。此請廉生仁兄大人安，弟英頓首。

三

手示誦悉，松銀拾兩、錢叁拾叁仟均照收。小孫已丢，前請梓生，不肯來，雪鷗亦始終未來。公信稿祈便中擲下，昨晤蘭秋已説明矣。此頌廉生仁兄大人台安，弟英頓首。

老館亟須整頓，并有面商事件，十六日午刻能否到萬福居南院一談？又及。

四

謝摺係答泉之世兄岱峰所繕，兹特送呈，即祈妥交蘇拉辦理是荷。新開飯莊在孝順胡同路西、端生祥棧房之南，名永豐堂。此請廉生仁兄大人台安，弟英頓首，十九日。

四一、黄某致王懿榮

一

遠承簠齋先生寄賜齊刀拓本六十八紙，感謝感謝。兹奉上古印拓本八紙，祈即寄往，匪敢云報，聊當執贄耳。敝處尚有刀幣數千品可拓，奈人事牽擾，苦不得暇，容再寄呈，□《古鉩印文傳》價一兩，祈撿及轉寄，并希致簠齋先生。如寄書伯寅師，□勿道及黄粗解□拓，緣黄終日忙碌，恐師以此事見委，不能應命也。廉生老賢姪同年，黄頓首，九月十五日。

二

就昨日所説敷衍兩紙，祈便中寄呈壽卿先生教正，無關義理，亦不□識小之意也。讀簠齋寄閣下書，樸實古茂，大駁朱紫陽。簠齋固不欲以古文名者，而古文無意。廉生老賢姪同年，黄頓首。

古無印色，周秦印皆用以印泥封。陰文淺，取其入泥易出。陽文深，有深至二三分者，亦取其入泥易出。印式多上鋭下豐（漢印則四邊直上直下），多覆斗鈕、壇鈕（漢印則壇鈕少矣），亦取其入泥易出，不粘滯也。惟周秦陽文印，印泥日久，字多磨谽陷入，今人以印色鈐之，往往不過一二筆着紙，不得見全字，殊爲可惜。擬以墨拓正文，用小方紙椎入，字必清皙，拓就再將小方紙粘本子上，如簠齋印集拓漢印泥之法，庶無遺憾。漢印泥不能蘸印色，故用墨拓，此則印色蘸不到，亦須用墨拓方合法。漢印泥前人謂之印範，非是，方寸之泥何能鑄印？蓋由不識泥封之制耳。（今更名之曰『印泥』，庶循名核實，得以追想古人之作之遺，獨怪印泥所有官職名色，今其印多不傳，此理殊不可解。又其印皆陰文，無一陽文者，亦不可解也）武梁祠畫象，例先標識故事再出畫，此定式也。新出土何饋一幅，其標識在畫之右方，石泐不可見，『何□』二行乃另起標識，其畫尚在左方，石泐亦不可見，讀者不督，見『何』下一字不晢，誤以爲塗乙，遂連前一行『何饋』字讀之，竟錯認何饋爲子路所遇之丈人矣。案『何』下一字作□形，諦審乃□字，即『篠』字，篠爲竹器，故字從□，如簋簠『匬』字多從□是也。

三

壽卿先生賜寄六字刀拓本一紙領，刻祈代致謝。近又拓得古泉數紙，尚未用印，容再求寄，肅此復廉生老賢姪同年。黄頓首。

四

清恙何尚未瘉？念甚。黄亦病未脱體，且諸事不順，心緒極惡劣。濮韞莊寓東北園西顧路北，已飭下人向尊紀詳告矣。聞文樸老宋云，尊齋有原本《磚塔銘》，可賜一觀否？肅復廉生老賢姪同年，黄頓首。

五

師有差委不能出游，亦不能哼哼差使，殊不易辦，我欲另一種哼哼矣，小宇見此紙約無哼哼，哼哼則不能，笑笑。廉生老賢姪同年，黄頓首。

六

頃自署監印甫歸，本擬走談，因有須寫之件，是以未果。尊收《五經文括》，祈借三五册一看即繳。今日韓八爺來催對聯，祈撥冗一搗爲感。此上蓮生老賢姪同年，黄頓首。廿六日。

七

家岳於昨日到京，來寓未晤，約今晚有話説，須候之。雲谿同年來約，竟弗克往。頃已作札，謝謝。閣下刻如無事，祈即過我一談，有要話奉聞。小印絶妙，頭銜吹得起（當是渭濱刻）。廉生老賢姪同年大人，黄頓首。

八

昨交下之篆對，細數之僅四十八付，是少二付，款已落竟，即由黄處交六兄矣。此上蓮生老賢姪同年。昨吃魚甚佳，謝謝。黄頓首，廿八日。

四二、梅〔一〕致王懿榮

賜件拜領，甚愜鄙好，容面謝不盡。檢齋高升，此席不知何人，整飭之責，端在執事矣。復謝廉兄同年。弟梅拜復。明日有大高殿之行，弟擬再逃學一日，偏勞感極。

〔一〕或爲孫汝梅。

四三、翰文齋〔二〕致王懿榮

來示敬悉，即交上《戰國策釋地》一本、《二山説詩》一本，即希查收。云《文苑英華》與留即可，補篇是否？孫仒伯住何處，今未知，問知稟到。此請王老爺開安，翰文齋具。

四四、韓俊華〔三〕致王懿榮

廉翁太史大人閣下：

接讀手示一切，急悉《長安獲古編》板備妥，今由協同慶賓號收匯來京市平足銀肆拾兩，正所説《范忠宣集》今賣給

〔二〕北京琉璃廠古籍鋪。

〔三〕四八至五三，寫信人待考。

繆老爺，又抄本《元朝秘史》。今又見元朝板《方輿勝覽》，總未見出售，出賣者均可購妥，備好暫存是荷。即請少老爺開安，統希惠照不宣。叩請王老大人萬福升安，小愚弟韓俊華頓首拜，閏七月十七日。

四五、于桐軒致王懿榮

蓮生兄台大人閣下如晤：

敬啓者，弟有一朋友張諸謹，年廿歲，係山東登州府福山縣人氏，監生出身，打算到伏天下場，託弟轉求兄台出一張小結，弟寔係推，云不算數。望吾兄勿卻，是荷是禱。此致蓮生兄台大人早安。若妥，可託苓先生帶出城來。弟于桐軒頓首。

四六、張世焜致王懿榮

廉生仁兄姻大人座右：

敬啓者，八月下旬接奉來函，囑代購木器一事，弟即親到各鋪物色花梨、紫檀，誠如來示所云，早已斷港絶流，只紫榆（本地謂酸紫）一種，即現在粤省通行，上品又堅實耐久，惟作工不同，螺填鑲石者華麗近俗，價值昂數，信吾北地不宜用。謹遵來示，擇其樸素實用者，已與鋪家將價值講妥，先將各件尺寸開單呈閱，（尺寸大小不同，價值相去甚遠）因不知府上廳房局勢若何，（桌椅大小要與房間相稱）故未敢冒昧以塞。四家兄囑先致函請示，專此，敬請開安，并候賜音。來示云木器無論新舊，只要價廉，舊者雖有而太少，要三五件尚可購，三十件萬不能湊成一色，只好買新的。奉懇者欲得墨寶，蓄心已久，前曾託人轉致，想未達到。兹求法書紙七言對一付，小條幅一張，祈便中賜下爲望，想不至吝黄庭一卷也。姻愚弟張世焜頓首，九月十九日。

四七、賈廷梅致王懿榮

廉生仁兄大人閣下：

起居迪吉，諸凡適意爲頌。昨接來翰盡悉。一是質件之事，于老太師寄上之信内叙明，無須再贅。委作裝潢各件已早竣工，代墊各款，閣下如有寛裕，即遇便寄來，至於長短不齊，俟吾兄來京再算可也。弟等碌碌如恒，無可告述，惟起居㣲吉，尚可告慰廑注耳。謹此布覆，并請福安。弟賈廷梅頓首。

四八、某駿致王懿榮

前數日聞二楞言，貴體又小有不適，計早康復矣，念念。允假《管子識誤》，懇即檢付爲感，决不損失。餘容趨候，面悉。敬請廉生老兄世大人大安，弟駿頓首。

四九、某桓致王懿榮

一

今日收銀廿三萬，得詩十首，潦草急就，期不爽約而已。能否備用？希教裁。頃爲常熟催促到署，鐙後散歸。即承廉翁我師曉安，弟桓頓首，十二酉刻。

二

復牋，兼送遲老寶刀二在尊齋，明□奉詣一觀，再出拙詩奉改，猥承獎勗，深滋愧耳。渭鼎事容晤談。廉生我師閣下，弟桓頓首，初六夕。

五十、某承安致王懿榮

前次承賜兩書，尚未趨謝爲歉。明日萬壽朝賀，弟未能去，所委件方命，見宥爲感。此復，即請蓮生世丈同年大人升安，弟承安頓首。

五一、某瑾致王懿榮

鄭堪師惠書，望先代謝，再走叩。《陽明兵書》五六日後撿還。松溪兄房師何人？此榜以松溪有光，松溪想不以在此榜爲幸也。廉生世丈，瑾叩。

五二、[illegible]致王懿榮

一

廉生兄同年大人禮次：

頃得譻季寄奉印拓卅册轉呈，前聞菘畦説兄將奉喪車回里，何日啓行？貴恙愈否？至以爲念。去年爲友代求法書紙二條，可飭介撿出否？前月望日，譻季亦有奉兄手札，并附新得豐姑敦拓片，比以兄攖慟戚，未敢率上，今并先去矣。弟[illegible]頓首。

二

廉生老兄同年大人足下：

許久未晤，念念。前代敬求二條幅，小兒初六南歸，須便帶交，務乞日内寫出。弟於初四午間走領面叙。不盡，即請霍安。年小弟[illegible]頓首，初二。

五三、佚名致王懿榮

一

頃以蚌佛干老夫子，未敢言是廠中之物，晤面時務希代爲粉飾，切不可洩漏實底，至禱至禱。廉生同年大人，佚名頓首。

二

彼蒼憒憒，令人積不能平。細思此事，病源絶不在八九月間，而於八九月之事發之，我輩似宜遲一二日往，蓋正在氣頭上，碰之則糟矣，高明以爲何如？往定兩人同往，彼此知會，勿約，苦惱衆生也。此上廉牧師，佚名頓首。

五四、王祖源致王懿榮[一]

王祖源（1822—1886），王懿榮父，字廉堂。道光二十九年（1849）拔貢，官至四川按察使。

諭懿榮、棨、琹等知悉：

十二月十六日接爾等十一月來稟，乍看信面，不禁駭然，何無『平安』二字？榮兒落筆殊屬任意。我到陜一月，一事無成，非人之不招呼也，乃不合我之意也。金雞堡已投誠，劉師恐必移師回滇，左帥之行徑，外省人不能有功也。小午極意欲留我幫辦文案，但需過二年方有保舉，亦不能優，且我萬不能在外浮沉二年之久，而名既不能俟，利又無可得。每月廿金薪水除敷用外，恐小衣亦不能添補也。我此刻歸心似箭，而方伯

〔一〕『五四』以下爲王氏族戚致王懿榮家書，輯自國家圖書館藏《福山王氏先世及族戚書簡》。

挽留甚懇，不過因幫項未齊也。家中一切帳目可應以我回京，惟隆泰之賬即回京亦不清楚也。所當之字畫、貂褂、水獺馬褂，榮兒需設法固留，我回京必贖也。此乃我之心血，萬不可忽。榮兒所定之親，田頤山行五，記得此人昔曾來京住郎皆山年伯處，好賭如命，人極忠厚，伊不住濰縣，憶在諸城、莒州之間。我到陝訪二子，無如寅僚中皆同治年到省者，半月餘始得穆敏、徐喜下落。伊二人來見，極其殷勤，見我吃飯過省，伊等皆有家室，隔三五日必來送菜送飯，皆家做，比館子所賣者合口。據伊等云，亦時常托人到甘省察訪，迄今查無音信，而張氏已於今秋八月病故，此二子恐未必尚在人間也，言之愴然。爾即墨縣周年伯名銘旂，乙丑進士，在此候補，因我孤身旅店，殊寂寞，隔一日必來此竟談半日，情意極厚。伊明年可補缺，伊係終養畢，今年五月方到省者，秋闈入簾第二房。爾江龍門伯之子長慶昌開藥鋪，次震在山西防堵，三鑫學形名，現坐朝邑縣之幕，尚屬名士有後。周九梧已滿載歸矣，尹雲山老病在床。陝西省之荒涼不堪寓目，碑林中法帖鋪化爲烏有，只門斗數人椎搨林中物，現要現拓，且無現成者。碑尚完固，以後有卅金不拓，此刻手中空空，不能命其拓也。唐十三經非錢再拓不遲。

至爾俊伯題媒一層，若論家道與壽南之爲人，及與我們之交情皆可，管保一生不至受飢寒；若論念書，此子恐非其才，以後亦必保捐納之員。但我聞此子與爾小妞表妹之壻皆學吃洋藥，亦會賭錢，量不能由書香而騰達也。依我看卻也好，而你母親之意若何？至你家中諸兄伊等願不願，皆屬狗屁，而周家更不陪贊一詞。但我之所以不能即應者，我究未見過此子，而又不知爾母親之見如何。若爾母親以爲可，爾即代我寫一信復俊伯，并給你大姐一信，即令你俊伯持此信到府，對你大姐説我已定準矣。若爾母親以爲不可，必須俟我回京再定奪，好在我二月間必可到京也。我近來晝夜思念你妹及大台，一刻不去諸懷，萬不能久留於外，即封侯亦非我心也。劉營銀錢皆林遠村先生經理，清刻異常，小午處皆其一人經手，委員除薪水毫無所得，其幕中諸官辭去者不少，不過陳鴻誥、崔子萬等人攬外捐之餘數，以吃嫖之資，而按名正款，够五千金即需起解到糧臺。你四表姑夫於我到陜之前半月回山東東昌府，聞係又十月由東昌解捐款五千金，乃你朱實甫年伯所辦者。左宫保札，你朱年伯到任，現係陳鴻誥赴東昌瓜代，陳鴻誥由濰縣陳壽卿之薦而來陜，逢人即説他是偉堂先生之從孫，小午亦信爲實聞。左宫保現非杖不能行，恐亦不能久在人世也。劉省三軍令甚松，其營兵勇沿途打搶，幸馬鎮得昭，駐札潼關，遣軍將率兵巡查。關以内尚平静，我之供可仍照舊投，若有機會可謀，我必飛信到京也。告知爾母親，我因陜西不甚冷，未做大毛皮袍，我之煙此刻仍是三錢，我之飯比在京稍長，不能若路上之加倍也。惟晚間睡覺仍一伏枕即着，霎時即醒，醒時似聞大台叫爺爺之聲在耳，即徹夜不能睡矣，可見年老不能離家也。

十二月十九日，父字。

五五、王崇烈致王懿榮

王崇烈（1870—1919），字漢輔，王懿榮次子，過繼叔懿霖爲嗣。光緒二十年（1894）舉人，治公羊學，研究金石古器，交游甚廣，實業家。光緒十六年（1890），娶直隸南皮張之淵女，一年後張氏因産病殁。光緒十八年（1892），續娶蔣慶第次女。後蔣氏病殁，光緒二十五年（1899），續娶宜賓陳代卿次女陳孺雲。

男崇烈、媳陳氏跪叩：

父親、母親大人萬福金安。敬稟者，昨由郵局寄上一稟，現在各處均有警信，有謂京津二地均宜相機稍避，男看可否令男嫂帶開弟、相子來津，同往上海先去，因京中使館眷屬均有洋兵保送來津。又有聞洋人言，此次所傷洋人太多，均爲切齒，若再辦理不善，恐有不顧大局之舉。現日傳某處匪人鬧事，而不聞有官及兵保護剿辦之説，是以洋人以爲自不能治，彼將起而治之。若然，則并毋庸到總署辨，難挾制也。此亦有情理之言，即從此干休，而已被戕之數十洋人僅能照從前賠錢而了，勢不能也。又聞雄縣已大舉義旗，津城内居民門口又有記號。男看此事，以到上海爲第一義也。吴表大爺已署淮安道矣。專此具稟，敬叩福安。男崇烈叩上，初七日。現在義和團即不鬧事，而洋人亦將起事矣，此不易之説也，是正無了日也。

再稟者，現聞黄村車站被焚，京車不通，黄村已有兵守護，何尚有此事耶？抑内中另有用意，以杜往來耶？現洋人因傷斃者太多，切齒已甚，大沽口兵船日見其添，俄人并有重兵即來之説，恐成朝鮮矣。涿州四鄉又大舉義旗，有困城之意，而通州亦大肆剽掠，若二處連合，則更可慮，涿州、淶水兩官已撤任，殊不濟事。略相檄宋、聶會勦，確否？内廷究何注意？火車尚修復否？保定各官并派去辦理團事之文武，仍輕裘緩帶，津中亦似無定見，若再遲延，則不可問矣。立候賜諭，男烈再稟。初八日。

五六、黄宗敬致王懿榮

黄宗敬，字熙廳，山東蓬萊人，監生。次女黄蘭嫁王懿榮。

蓮生賢壻閣下：

多日未通書信，懸念殊深，前聞外孫女咳嗽，未悉刻下大愈否？賢壻曾得優差否？小女身體爽快否？蓮乳丸用完否？均須便中通知。愚身體頗覺健壯，飲食如恒，寓内均各平安，勿用惦念，但愚回任一節仍無準信，亦無調署消息，徒深焦灼，惟小兒南岸之缺，聞可以改補，尚未牌示，合併附及。此達。

愚舅黄宗敬頓首，十三。

五七、黄昭鑑[一]致王懿榮

一

蓮生妹丈大人足下：

日久未晤，渴想殊深，恭維履祉吉羊，上侍安康，爲頌爲慰。兄家居碌碌，乏善足述，幸家嚴康强，闔宅平順，差堪告慰廑念耳。七月間接奉手札，得悉種種，所云舊病未愈，又患痢疾，諒現下貴恙必早已大復元矣，兄甚念念。所賜之元押一枚，兄已拜領，謝謝。兹有懇者，兄家嚴因年近九旬，有意求畢東翁代書匾額，或『齒德兼備』等字，或用他好字樣，或雙款，或加跋語，均乞酌擬，并祈閣下前去代求是幸。再乞吾弟代家嚴寫一請安問候稟帖給東翁爲是，再乞代買八九尺大對紙二張，代家嚴求東翁書大聯一付，再懇代兄求東翁書大聯一付，是所拜禱。再前所賜之諸物當即具函奉覆，諒已早入青鑒矣。至於閣下之尊揮，兄已求過數次，總未蒙賜下，兄實深盼甚也。至於九叔大人究赴都陛見否？望即示知。今秋，兄因家中房屋不足用，現已興工修造住房一層，是以今歲未克分身，明春定必來都一行，面領雅教也。特此即請館安，不一。姻愚内兄黄昭鑑頓首，十月十一日沖。

[一] 黄昭鑑爲王懿榮夫人黄蘭胞兄。

二

蓮生妹丈大人閣下：

初九日家榮清叔回省，接奉手札，領悉一切，并收到拓本一帋，謝謝。兹有懇者，今有家嚴致駱慕韶同鄉信二封，未悉伊在都中何處，聞吏部吴眉翁得知，懇乞大駕到彼問確，隨即代投是幸。再者舍妹之貴恙現下諒已復元，念念。便中賜知，是所切禱。今捎來健脾丸四兩，請查收可也。特此即請升安，并候回函，不一。愚内弟黄昭鑑頓首，十月初十日。

五八、王荔塘〔一〕致王懿榮

蓮生十三姪如面：

久未通信，疏懶奚如。叔自四月廿九日忽得中風之癥，左身不仁，調養至今，仍未全愈，行走雖不大艱難，而腿麻木不能靈便，尚是每日服藥。聞姪亦得瘧疾，未知今已全愈否？念念。進五叔學局常對叔言，賴姪照應，自恨不能見功，常恐無顔相對，託叔代爲辭館，祈姪酌之，早早捎一信來爲要。又後宅七爺自謂年老無能，囑叔寫信時務必代爲告艱，老年尊長貧窶堪憐，此亦無可如何也。此候文佳，不一。叔荔塘病筆。

〔一〕王懿榮族叔。

五九、某勛〔二〕致王懿榮

一

廉生賢甥史席：

去臘來信囑購甘蔗，多處尋覓未得，乾枯者又無用，以致遲遲。現在輪船抵口，擇肥大者購得一束，計十根，即希收入，如不敷用，隨後再爲續寄。昨接家信，知商衡媳又舉一男，月内平安，煩代達高堂可也。吾甥現既銷假，會試能否得房差？南川是否仍在吴宅教讀？京官俸餉既回，津貼仍否給發？如能兩得，則不無小補。前煩代索湖南闈墨，務望便寄三兩本到津，緣有索者，苦無以應也。手泐數行，即頌坊祺。兩高堂前代爲請安，信卿均此問好。勛具，二月初八日。

〔二〕王懿榮舅。

二

十月廿日寄達一函，諒登記室，匝月未接來音，殊深系念。想康復有日，自當益形健壯。勛自入冬以來，舊疾糾纏，不能連寐三夜，飲食雖未大減，而通體消瘦，虛憊異常，隨班聽鼓，局差毫無相好者，群謂若學信天翁，高則高矣，不必作他想也。語雖近俗，然時事大抵然耳。昨見舍宴海姪孫到津，得知運回行裝。兩高堂由旱路隨後到京，聞之不勝狂喜，俟屆時勛當親詣京師，以畐良會。春初凍開，乘輪歸矣。手此布達，即候廉生賢甥著祺。勛頓首具，初七日。

三

冬月初旬松溪到津，得書，知已赴署接見，邇來定臻康復，總以飲食調養，少服藥劑爲佳。勛入冬遠不如前，夜寐不及半，而肝燥不容坐卧，苦態萬狀。差使竟然謀不能得，而謀又須勢位高者方能入彀，坐是將閑散報置矣。享高衡於十二日來津，家中尚均平適，三小女已於初十日到煙台，鄧公官柩及劉太母子屍棺一併運回。鄧砮夫婦在煙暫住，其母夫人先行抵里，措資募夫，赴煙擡回新育安厝，擇日出殯。十數年奔馳宦海，結果如斯，良可歎也。吴燮臣得直南齋，雨軒老境頗不寂寞，清貴固可羡，即不然，能得讀書子，爲人清通，學業不粗俗，朝夕侍側譚讌，亦甚不惡，然亦大不易也。勛生平從不敢作逾分事，老來所遇抵牾，即家居安樂，恐難慰桑榆之願也。都中新事，便中循筆寄知，以釋煩悶爲望。吴星使南旋尚未回津，兵勇已遣散十之八九。尹伯元亦未見來，兒輩在濰路遇，據言旬初必返，刻尚無耗也。商衡寄來百合及信，高衡已交把頭于得安，帶交乾泰昌轉達，諒已納入。手此，即頌廉生賢甥安吉。如寄川信，煩代爲叙近狀并請安爲禱。勛拜首具，十六日午刻。

四

月前晦日，由尹伯元處接到來函，祇悉一切，并諗感冒已愈，甚慰。但久病甫愈，諸需點檢藥餌，尤須審慎。聞高堂兩大人已起身，此月諒可到京，勛本擬年底到京，藉得一見，無如舊病永不去身，愈犯愈重。近延天津府汪子常診治方藥，頗覺見效。據云陰虧太甚，非藥百裹不可，然身體奇瘦，行走輒氣喘，要想復初，甚難矣。新春開河，決東歸也，在此毫無差使，更乏進款，所用之資，羅掘一空，何必株守窮困而不去也。津門局差，非强有力者援手，萬難圖謀，勛於此道更難矣。騾車既無出手，吾甥欲交把頭牽以東歸，計亦甚得，即煩二住哥代爲一辦，其路費等項，令其到家向商衡索取可也。吴雨軒處并無回信，此由勛時地不同致然，無足深怪。勛於一月令袁五車夫帶寄一信，亦至今未復也。有寄吾甥一信，未悉接到否？兹捎來豆腐干一百塊、掛麵一匣、皮糖一匣，物雖甚微，然皆天津土産著名之件，勛試之甚佳，寄來一嘗，如可，再當續捎也。南川差旅囊重，作何行止。前聞眷屬欲東歸，未審然否？病久神疲，不耐作字，偶有所書，每飣餖不成語，近連家信亦少寄矣。即頌廉生賢甥安善。勛手具，嘉平初三日。高堂抵京，先爲我請安，并早示一信爲要。

五

廉生賢甥史席：

前由尹伯元寄來信物，想已收訖。吾甥近體諒漸次健壯，藥餌似可稍減。兩高堂何日抵京？務必速寄一信。勛本擬年底進京一行，緣冬來痰嗽過重，每嗽必喘息逾刻，疲憊不可言狀。既無差使，而每牌期猶須力疾前往，鬱鬱久居，甚屬無味，開春當另作計較也。手此，即頌年祺。勛具，十五日。

兩月未接家信，商衡媳於冬月分娩，亦不知若何。封河後固屬不易寄信，然亦不至如此。老境情殷，小子輩竟不知體諒，祇可一笑置之也。

六十、謝雋杭〔一〕致王懿榮

更期已函致東甫。伊住址在鑾駕庫南，由北巷入，繚而曲，如入磐谷，不通車馬，須自東交民巷問路北轉也。悉此達知廉生賢甥同年，杭啓。

六一、謝應起〔二〕致王懿榮

蓮生大甥如晤：

〔一〕據書札末之『杭』，疑或爲謝雋杭（1841—1916），字澹卿，號南川，山東福山縣人，與王懿榮同爲光緒六年（1880）進士。王懿榮外家爲福山謝氏。

〔二〕謝應起爲王懿榮舅舅，道光己酉科拔貢，咸豐甲寅（1854）教習，欽用知縣。王懿榮少時拜其爲師。

二十六日準午刻到吉興樓爲家叔踐行，無外客，請甥於是日撥冗前去一聚。本擬親至面訂，因教讀功不宜屢曠，幸勿卻此。候元安誌，惟心照不宣，更衣恕速。愚舅氏謝應起拜訂。

六二、王筠亭〔三〕致王懿榮

一

十三弟大人長前：

六月廿四日得五月十五日來諭，敬悉一切。今年四月後所捐銀兩俱亦照數收過，曾托留公呂壽南兄捎回信一封，諒早亦接着。家中自兄庶母以下俱各平善，勿用掛念。西院大樓計房五間，五、九兄俱亦拆了，此刻即是荒場一塊，大和尚又係可惡，將東廳東傍小房一間瓦揭去五六十塊，又將兩甲坡塋上

〔三〕王懿榮十一兄。

柞樹砍去兩棵，奈何奈何！吾弟務必早早斟酌，與叔父大人商議，想一良策爲要。如若不然，他叔姪若將東廳房拆了，祖先將來供於何處？石碑亦務必早早豎起爲是，如若不然，賣了，兄亦無可奈何。六兄此刻搬於西頭，惇裕堂事一概不管。七兄忠厚老實，兄一人如何辦理？吾弟與兄諒之。今年咱家中年成不好，一春未下大雨，菽谷豆俱未秀齊，又遇綿蟲螞蠟災難，糧價甚貴，又無錢去糴，街市之上好比《孟子》民有飢色野有惡〔一〕莩，奈何奈何！兄家數七口今年又未曾找着地處，如何是好。兄庶母云，若川中擺祭錢項此刻未能捎來，古現此刻倒借拉當，實實費事，祈吾弟與別處暫且借上，以就燃眉之急，着龍哥捎回，不知可否？此叩福安，兄庶母亦命筆請安，并問少奶奶疾此刻全愈否？再者，一哥之墓壞了一洞，棺材俱能看見，兄又無錢收飾，如何是好？十一兄筠亭，七月十六日上。

〔一〕原文如此，『惡』當作『餓』。

二

十三弟好：

今接來信，得悉一切。所捎賞銀拾兩整，照數收過，兄、嫂、姪煜等望川叩謝叔父、嬸母大人恩典。去歲四月曾收到市平銀拾五兩（薌生弟經手），扣算曹平銀十四兩五錢五分整，賞糧房用去銀壹兩九錢四分，净剩銀十二兩六錢一分，每兩壹吊五百五十文，共合錢十玖吊五百四十五文。河西堐兩甲坡兩塋栽樹、修補碑坐、打垢，共用去錢拾捌吊七百卅五文，净存錢捌百十文。理堂叔經手贖宅基，剩錢拾吊零六百六十二文，此項存兄處。兩塋上祠堂、八宅房基四處地多少畝，每年兑糧多少，俱亦開清。另有一賬本，吾弟一看便知明白。今年雨水過大，兩甲坡塋後被水沖壞一處，長丈餘、寬五六尺小溝一條。隔弟媳坧處兩丈餘又沖壞一處，長八尺餘、寬五尺小溝一條。兩處修補必須五吊餘（買石頭石灰、雇三大小工等），此刻大雨，時行不能修補。秋後必須早早修補，要緊要緊。祖宗諸事，子孫理應盡心辦理，不然要子孫何用？兄所辦諸事，亦不知是與不是，只可與吾弟商議辦理可也。他人若有不願意者，兄亦不管。兄半生吃虧，嘴直性直之故。凡事要實，不願虚言虚語。此時實不時與兄性體如此，亦無可如何。四和尚媳靈尚未歸家，後回家葬時，即將大和尚媳遷葬，即照弟來信辦理，兄亦將此事與諸兄說了。弟婦所送緞裙馬面各壹件，兄只可望都領謝而已。禮五云，他六弟有《韻府拾遺》四套廿四本，《三宗叢書》彼處無有。禮六在北埔教讀，未回家，後回家，兄必與他說明，即刻捎信至京。七和尚於本月十一日曾捎信一封，云他於月之初一日自煙台起身，初九日至京，住在慶隆店，亦不知進京所辦何事？實係荒唐，不必言矣。兄此時舊病又發，晝夜睡不着，心神恍惚，所以信未能細寫，錯字過多，吾弟諒之可也。專此并問十三弟、弟婦好。兄生母亦附筆請安，嫂牟氏問候安好。姪煜、煐、焜等叩請十三叔、嬸大人金安。姪媳于氏、姪女小女、小喜等叩請十三叔、嬸大人金安。外有請安稟兩件，祈早早捎去要緊。二兄、十五弟好。兄

筠亭具，七月廿二日。

六二、某翊宗致王懿榮

蓮生賢弟升安：

聞說又添一姪兒，可謂大喜。四月間接到吾弟手信一封，并雞血籐膏一塊，謝謝。吾弟費神，敬悉一切。非愚兄心意，因賣地主催之往去驗地，要立草契，愚兄不能主意，與薌生弟商議，着愚兄寄信於弟，可能否主意。此事當已回覆他們，無用議矣。十五哥七月廿六日由煙台上輪船赴川，約趕九月可到，其到川，九叔大人將近必進京。愚兄今在集市上買得大鮮刀魚十條，掏洗净，用鹽一夜，瞅有半乾，包好着賈把頭捎來，至日查收備，謂孝敬也。又啓，郭氏於五月廿日死了，三日埋葬。愚兄自川回家，至今未得一天好過，惹氣傷財，種種諸所之苦難十實言難盡矣。愚兄翊宗頓首。

六四、王春蕽[一]致王懿榮

一

十三弟近好：

啓者，十一兄於三月二十七日寅時病故，自始至終並未病倒，所患之癥頭痛眩暈，兼之泄肚。其泄肚之病，原係舊有之病，隨即服藥調理，病勢比着三月初旬已見大愈。兄於三月廿五日被人搬去看病，未能在家，及至病故，差人教兄來家。兄到家一看，還在炕上，赤身露體，一丝一線身上無有，傷心慘目，以至於此！遂同六兄、十五弟現賖布疋，現作衣服，小衣服是現作，袍子外褂是賖買現成的壽衣，於二十八日晌午入殮，於四月初四日安葬，殯在梁甲坡。七兄春蕽泣具。

〔一〕王懿榮族兄。

二

十三弟近好：

啓者，二和尚親事是南頭二成姪作伐，係義城欒家疃于姓，是南頭玉官大嫂之堂姪女，年二十三歲，兄擇於本月十九日下聘通柬。二和尚來信云捎來的手飾一概是吾弟所賞，待他的恩澤不爲不厚。兄在家中爲他下柬之事，正在爲難之際，忽然接你來稟談及此，如撥雲見日，喜出望外。今吾弟如此厚費，兄只有心領而已。弟待兄如此恩情，雖没齒亦不能忘也。今捎來海蠡子一小油簍，騐字查收，又有小木匣一个，是七和尚捎給他住妹的。餘不及叙，專此即達蓮生十三弟臺覽，并問弟妹清吉，姪甥均吉。七兄春蕽謹啓。

六五、某楨〔一〕致王懿榮

一

蓮生十三弟好：

今接來信，得悉一切，并十五弟信一封，俱亦收過。兄家中自兄庶母以下俱各平善，勿用掛念。今年咱家中年成實實不好，去冬未見大雪，今春亦未下雨，麥子長得一尺高，將來修穗非事，葫蔌谷今年未能種，將來今年必然歲饑，如何是好。咱家中此刻錢項艱難，倒借無門，實實難過。兄庶母云，川署若將祭祀一項捎至京中，祈弟務必早早捎來爲要。若未捎到，祈吾弟與他人借銀幾十兩，着西莊龍哥捎回家中，以就燃眉之急，不知可否？兄今年在家閒居，一事無有，又遇此荒年，奈何奈何！外有捎于十五弟信一封，若有便赴川，祈早早捎去爲要。并問孩子們，旺相、來煜他十三嬸之病，此刻痊愈否？兄庶母命筆請安，并問哥哥姐姐們好，餘言不叙。兄楨具，四月十二日燈下書。

〔一〕王懿榮族兄。

二

十三弟好：

來煜他十三嬸病體想必早亦全愈，兄家中自兄庶母以下俱各平安，勿用掛念。今有古城溝新出土古銅鏡一個，周圍一尺有餘，上有八卦字跡；古銅鸚一個，背上有空，係一檀香爐，一足拳着，一足伸着，下邊海水一片，內有浪花海物等，可惜無字，不知有要者否？若有要者，捎一回信，下躂即托把兒頭捎到。咱公合應兑錢糧一事，去止不全。敬堂四叔、樹堂三叔費了一月之工，纔將咱惇裕堂典賣地畝糧有未清者查明，應過者推出，不能即過者，按户兑于本社地方，往收查竣，轉交下手，勿累本門。除推净虧官糧銀六錢二分零四毫，敬堂四叔、樹堂三叔云所虧之官糧作爲五老分分兑，長分，應兑銀壹兩三分一釐五毫；七兄代兑二分，應兑銀壹兩一分三釐二五；

九兄三家令兑三分，應兑銀壹兩三分一釐四毫；兄與六兄令兑四分，應兑銀壹兩三分壹釐五毫；七兄兑五分，應兑懇糧銀壹兩壹分三釐；六兄代兑。自此至後，咱門中可不受官糧之累，將此事訂了三個小本，上寫着敬堂四叔、樹堂三叔、清惇裕堂糧本，每人存着一本，恐後無根。餘言不叙，并問孩子們、旺相。不知叔父大人有信來京否？外有信兩封，若有赴川之便，祈速達去爲要。堂兄楨具。

六六、某炎〔一〕致王懿榮

一

久不晤，悵甚。日前海峰家兄爲吾弟帶來鼎一座，兹特專人奉上，祈驗收。聞前處爲戚武毅寶刀徵詩，是否果有此説？此刀現在何處？何時出土？曾見之否？均望示我。此頌廉生表弟大人直安。兄炎頓首。

二

日前暢談爲快，昨晤齊稧亭，面交各件，囑代呈閲，兹特送上，又拙作《寶刀歌》原稿，知已獻醜，慚汗萬狀。兹復將改作呈教，祈大方家從實指正，幸甚。此頌廉生老表棣大人禮安。兄炎頓首，十九。

〔一〕王懿榮内表兄。

六七、王端生〔一〕致王懿榮

蓮生王表妹丈閣下：

自親卻套敬啓者，兹申舍姪世勳棄儒就商以來，在登地學

〔一〕王懿榮内表兄。

習，登州地面區區，又兼連年消踈已極，再若倥惚幾載，有悞終身。愚躊躇多日，情甚作難，不得已着伊來都，懇祈表妹丈鼎力代尋一布甫，以作終身之計，望勿推卻，則愚幸甚幸甚。諸凡勞費清神，晤面深謝。耑此，并候刻安。愚內表兄王端生具。

六八、彭壽致王懿榮

廉生三弟如手：

三月朔發信，廿八日收到，就稔上侍安康爲頌。東撫四月初三抵省，初七日下札，敕贈川費二十金，準於十二日起身。初九日接家信，家母宿疾未愈，急於一見，方能赴都，即於是日回里。約廿日可以到家，在家七八日再起身，意中由東路走，未識何爲，總之閏月十五後準到矣。先此奉聞，以免掛念，此請禮安，姪輩好。外大片一枚，祈飭交伯兮師爲禱。兄期彭壽[？]頓首，三子才鼎侍叩。

六九、某石塢〔一〕致王懿榮

十三弟如面：

兄到川時曾寄一信，計已收到矣。現在道署自九叔、嬸大人以下均各平安，可勿懸念。惟署中至今只見吾弟由保城所發一函，到西安信尚未見也。廿一弟送謝表妹到茂州尚未回省，計算大姪女喜期當在十月廿二日也，究不知此時趕到否？弟擬何日動身到良鄉？喜期已定何日？今科吾王氏東、北兩闈并無一中者，素日之讀書者該可見矣。金松園尚未到川，聞川省科場事有人奏參，所奏者均係遠聞□□。即頌刻佳。兄石塢泐，十一月初九日。

〔一〕王懿榮族兄。

七十、季寅劭致王懿榮

蓮生十三弟好：

屬爲龍署所寄之信，續轉寄矣。九叔大人通省，又爲弟寫一信，屬兄加封寄京。在省一切先稟，諒必盡言，勿殊再贅。兄仍供差川省，依然如舊，所幸公事今歲尚處順手，可以告慰耳。兹有兄家信一封，望允便早寄爲要。承五哥一信，伊尚必到京，望轉交爲要。敬渤，即祈文佳。孝達妹丈代爲致意，小妹妹爲問好，京中全宅平安。兄季寅劭，六月初九日。

七一、某保璋〔一〕致王懿榮

廉生十三弟閣下：

魚鱗久寂，渴想殊深，幸遇日下人來，輒問吾弟近況，當兹新春迪吉，遥知翔步京華，定增一番佳境也。兄栗六如常，毫無善狀，自前年搬回城裡，益復無聊，每欲藉楮君一訊，起居往往爲愁魔所阻，此等苦況，諒吾弟必能見及去然。次子世晏入闈，薦而不售，命運多舛，即此可見。場後留省，就壽張武營教讀一席，僅可自給，氣力養家，即將來或有蔗境，而刻下實等燃眉，兼之兄面目昏花，際此荒壽，決無可託之缽，又無可貸之鄙。愛兄如閣下，正不知將何以教之也。去年是否考差？春闈可否分房？盼切望切，肅此，順候開祺，諸惟愛照百修。兄保璋拜手。

〔一〕王懿榮族兄。

七二、某兄致王懿榮

十三弟福安：

啓者，把兒頭回家，捎來銀拾兩，俱已接到，祈放心。自去冬令九嫂故後，兒等係兄自己將養，並未在二嫂手下。鐵子年已十七，兄擬于爲伊尋一地方學生意；石子現仍在學讀書；第四子三歲者，被伊姐搬去將養，因伊現還食乳故也；第三子八歲，在兄手下，因患胃氣痛，未能上書房，近來略覺輕減，擬于天暖病好，令伊上學。知關遠念，特此達知一切。兄聽十五弟説，叔父大人春間必到京引見，至時再具稟請安。十八弟補授遊擊，春夏亦必到京，未知能回家否。念念。吾鄉今春糧價奇貴，高糧每斗五百文，窮日寔難過活。福山境内四處俱是官兵營盤，糧草奇貴，俱被伊等所致也。餘容再及，肅具寸啓，恭呈十三弟文右。

兄欠人家之衣被等項事，現在俱已開付清楚，均祈放心一切。又及。

七三、王詒棻〔一〕致王懿榮

一

十三兄大人長前：

於四月初八日城裡謝五表兄來古現，與弟閒談許久，隨即赴山兒汪家去矣。廿四日謝表叔周年，弟差人送去人情等物。前次來信言及十三兄大人之病，尚未復元，不知刻下已復元否？弟不勝惦念之至。弟病之形情，城裡謝五兄已見大概，弟之咳嗽發喘以至於今，永未見效。先生請過數位，藥餌服之及百，總不能治得病原，弟不勝憔躁之至。弟之病稍能見愈，必早來京都矣，望祈見諒是幸。不知叔父、嬸母大人何日可以到

〔一〕王懿榮十五弟。

京？十八弟婦何日可以到家？有便祈賜一信可也。再者，所有塋地之糧并房糧一事，俟後看塋的將糧兑上，弟即將糧串捎來呈上。今即謝五哥吉便捎來一信，恭請福安并請十三嫂大人福安。今年咱家年景亦甚不好，胡秫每斗咱家大錢五百餘文，足值往常麥子價錢。所有山地、坡地麥苗亦甚不好，以至於今，亦未得雨，大有艱年之勢。二位哥近好，見文川兄時代爲問候，孝禹世叔亦代問安，念亭來京否？十五弟詒棻叩。

二

十三兄大人長前：

自去冬臘月間十一哥即染微病，卻無人理會，及至今正忽然得頭痛發暈、泄瀉之癥。日間尚院中走走，並未有卧床不起之病，飲食尚是照常。三月廿六日晚間尚在五兄、九兄處閒談到三更，以後又到弟之窗外談論許久，又在七兄窗外問七兄來家否，此時七兄在南旂看病未回。以後又在院内悶走多時，到朱姐門外問朱姐睡否。朱姐云『尚未睡，你可早回房安歇，有病之人以早睡爲是』。十一哥始回自己卧房。自二月間，十一哥搬至西廂北間（一人獨睡，不用人作伴），朱姐在南間。不料於三月廿七日至巳時尚未起來，朱姐前去叫門，叫至數聲，并無應者。始着十一嫂將門治開，至炕前一看，始知已去世矣。左手捂在肚上，右手托在腮下，臉上帶青紫色，兩腿微拳，不知病故於何時。始請陰陽來看，陰陽云當是廿七日寅時口眼不合，故於炕上。廿七日早聽得朱姐喊叫，弟媳前去一看，即回來告知弟十一哥病故。弟此時尚未起來，一聽此言，即不知東西南北，倒在炕前昏迷多時。始能起來，弟去一看，十一哥失身露體，病故炕上。弟與十一嫂商議如何殮法，十一嫂云此時當賣已空，無法可治。弟寔係無奈，只得到大街福成號賒得棺一口，大錢十有餘吊。又賒衣服一套，大錢十餘吊，始將十一哥請至東庭，將衣服穿上。大煜姪此時在甯海當鋪，二十七日弟現雇人趕緊到甯海將大煜姪叫回，於二十八日午刻大煜姪同差去人連夜起身來家，始設法入殮。雖然來家兩手空空，并無一線之路，不得已將益興號于掌櫃請來，叩頭商議借得大錢幾十吊，始將十一哥擡出殯葬。十一哥臨終前兩日言及，若病不能好，死後要上兩甲坡祖父大人塋所。今已將十一哥葬至兩甲坡矣。於四月初四日頭七出殯，所有衣衾、棺木、出殯共化費大錢一百餘吊，俟後大煜姪掙出，再爲歸還。他家中數亦得較用，自可掙多還少，待爲歸還可也。弟不料家運以至於此，可嘆之極矣。朱姐若大年紀，朝夕啼啼哭哭，寔令人難堪。前者十三兄大人與朱姐此一番恩典皆交於弟一人之手，可憐十一哥不能與弟將朱姐發送地下，言之不覺淚下。再者，弟之病以至於今，總不覺好，尚是夜不能卧，日間喘嗽，不勝憔躁之至。大街所有之房，刻下俱已收回。前者謝五表兄來家，捎來衣包兩個，一交於九兄，一交於六姪媳，各人俱有收條呈上。並請十三嫂大人福安，二住、文川兄代爲問好。十五弟詒棻叩。

外有給二十一弟信一封，叔父大人請安帖二件，祈十三兄加封遞至四川可也。去歲捎來收拾東廳并壞墻銀四兩，弟交與十一兄，十一兄於三和尚商議，天寒地凍，不能收拾，自好到今春收拾，至二三月間十一兄即要動工，弟與三和尚相勸，等十一兄病好再收拾亦不爲晚。不料如今十一兄去世，亦不知十一兄將錢存於何處，不但此項未題，連他日用帳目之事并未能題即去世矣。此時十一嫂朝夕啼哭，弟亦不能提此事，俟後十一嫂心中略安，弟必提此事，將來自可作爲罷論矣。

三

（前缺）亦不敢吃，見煙即嗽，況咱家今年雨水過大，秋田俱被水淹。雖不算艱年，總不是好年景，葫秫豆子俱被水淹死大半，又有海防之兵，終日荒荒不安，福山城後一帶之兵被水淹死者不計其數。弟在家遭此兵荒艱年之時，而且糧草俱貴，弟恨不能插翅飛來，但爲病所累，亦無可奈何之事。弟刻下在家兩手空空，一事無成，真不如在京安樂。弟咳嗽之病請醫診視，俱云虛嗽，是抽大煙之過。當日弟在川署吃煙甚多，于今抽下若干，肺經受傷，是以咳嗽非鹿茸不可。弟在家實買不起鹿茸，前者先十三嫂咳嗽，有叔父大人賞給鹿茸，不知用完否？若有，祈賜弟少許。若已用完，可否祈十三兄向叔父大人略要少許？弟已有信給二十一弟，不知接到此信否？咱家人參尚好尋覓，惟有鹿茸實係難尋，弟欲配少許參茸丸以治咳嗽之病，俟後弟病稍愈，即速來京，決不敢在家遲延。咱家有賣鹿茸者，一架非百金不可，俱不零賣。弟自七月初五以至于今，不敢吃煙，吃煙即嗽。弟實係無奈，刻下盡是吃煙藥。今年雨水過大，小書房院墻倒塌，弟與十一兄商議，將院牆業已修好。西河涯黑豆地曾祖父之墳被水沖有兩丈餘深，弟同十一兄修理要當，兩甲坡祖父之塋卻一毫未動，弟已挨次看過。特此稟知。十三兄所贖八宅之房周圍院牆俱係土坯所立，外邊有少許石灰，今被伏雨，皆已倒塌，内中之房俱皆平漏，眼看亦要倒塌，臨街瓦房之墻亦是土牆，惟有南門臨街八宅老房，尚是石牆房，雖漏卻不致倒塌，其餘之房木料又輕，蓋的又不結實。當日咱贖房時，已被溝三愚弄五百餘千贖此破房，于今贖到咱手即要倒塌，溝三之居心不可知。刻下修理此房，得大錢卅餘吊（不過略爲收拾收拾）。現今弟所存之房錢不過六七吊文，每到要房錢時，再三催逼，始要出三五百錢來，所以至于今始收得六七吊錢，若弟手中有錢，將房修蓋妥當再爲稟知。弟此刻兩手空乏，干爲着急，不能收拾，實係無奈。特此前來請示十三兄是何主意，祈賜一信爲要。前者正二月間，弟與理堂叔商議，將房另賃給他人，房錢不俱〔一〕多少，自要房錢不費事就好。理堂叔云此房實係難賃，皆云十三兄不久即要來家蓋房，外人不敢來賃，恐將生意做好，咱又要蓋房。弟商議數次，理堂叔盡是此等太平話。及至七月間理堂叔病愈後，弟又商議此事，理堂叔云房錢難要，只好將就一二，不過多要幾次。眼看房要倒塌，弟又與理堂叔商議，理堂叔云此房本好收拾，弟所存之房錢實不足收拾此房。弟亦知十三兄病愈未能復元，弟不得已始爲稟知，不然以後房倒，弟何以對十三兄乎？望祈見諒是幸。外有叔父大人賞弟銀十兩，祈十三兄代爲叱名叩謝。再者所贖弟生母手八宅之房，自可招一住房的，若向外

〔一〕原文如此，『俱』當作『拘』。

賃，無人來住，此房又無大門，又無院牆，所以自可十三兄來信，招一住房人打掃東庭小書房，俟十三兄來家蓋房，再着他搬出。即招住房的，亦得招一妥當人纔好，刻下春喜在内住的，即着他男人打掃東庭小書房，他尚不敢上房偷瓦，以後他懶惰，再另招外人可也。外有請安帖一紙，代爲呈上川署可也。二和尚來京，八宅房好歹問二和尚可也，房錢難要，二和尚亦知詳細。祈十三兄一問，即知其中底實矣。十三嫂大人福安。弟媳孔氏、姪女舉住俱附筆請安。

前所説收拾房一事，得大錢卅餘吊，亦不能定準，若剩下錢時，再給十三兄捎來。以弟愚見，以後若來家蓋房，此等房亦得拆了另蓋，若化卅餘吊收拾此房，以後蓋房時豈不多化費此項錢？此房若能一概倒塌，弟即將木料收拾來家亦好，又不能一概倒塌，所倒者一處半處，弟特爲請示十三兄，或將院牆先收拾妥當，住房者若爲房漏，着他們另尋房，咱將門鎖上，聽其倒塌。十三兄是何主意？務祈賜一回信爲要。若收拾院牆，得大錢十餘吊。若卅餘吊收拾，不過略爲占補而已。

十五弟詒棻叩。

七四、殷廷璐[一]致王懿榮

日昨遣價送呈一字，知貴體違和，今想已占勿藥，念念。前懇之件，因中秋一月每日一飯即難擺置，數口嗷嗷，直坐待斃。家嚴又不在此，焦急萬分，赧顔仍申前請諒，不忍坐視，敬乞表兄關顧戚誼，格外垂憐，隨意資助，多少不拘，即付去人，更爲感激。家嚴回京後，必先將此次所借立時送上，斷不敢作非人類之事，專此再懇，即請廉翁表兄大人大安，伏候臺照，不一。表弟殷廷璐叩，九月初二日。

〔一〕王懿榮表弟。

七五、杜壽〔一〕致王懿榮

代徵謝摺極佳，謝謝。同鄉行號單若有，乞賞假一分，交來手攜回。若一時開寫不齊，隨後再寄亦可。諸承費神，心感之至。十二日啓程，未能奉訪話别爲悵。臨穎不盡欲言。此請簡安。正孺十三兄大人執事，如弟杜壽拜上。一日。

七六、李氏〔二〕致王懿榮

一

恭請十三弟福安：

〔一〕王懿榮同鄉弟。
〔二〕王懿榮二嫂。

月間文川十弟赴京帶去一信，諒已接到矣。今春六子娶親，多蒙幫助，謝謝。今有嫂娘門家人牛斌，爲人尚屬勤能辦事，亦甚可靠，前在蠡縣，以後又在耿日椿衙中，派過雜務門，公事亦甚明白。刻下閑不能耐，央嫂一信爲介，遠道拜投，幸毋使落魄於京都旅次。若弟處不能録用，即將牛斌專薦他處可也。順請弟妹近安，姪輩均吉。嫂李氏斂衽。

二

字問十三弟好：

闔宅清吉。啓者，去歲二姪上京，捎去小匣一個，信一封，想早達至四川去矣。去冬叔父、嬸母大人所賜之銀又多伍兩，此真格外垂憐也。望祈吾弟代嫂具稟叩謝，想京常見川信，叔父、嬸母大人慈體康健，飲食照常，此誠吾家之鴻福也。嫂乃女輩，外邊諸事多不能知，所住之處又隔大街過遠。忽於去臘臨放年學時，十一弟到嫂家説先生辭館，決於不教。嫂問爲何，十一弟説原爲東夾道牆上有匿名揭帖一紙，將先生罵的苦情，又説此帖先生定於捎至京中。此帖有傷風化，亦不必詳叙。嫂勢處無奈，祇得於年底爲孩子另請先生。忽又於正月十五日後，十一弟又差人告知先生在家教學，誰愿去誰去。此事甚令人驚怪，更不知其何故。但嫂已經爲孩子另請了先生，不能再去，此即所謂『愈窮愈趕上』矣。況且又離北河太近，小李又不聽説，他父親常不在家，嫂寔係不放心。俟後先生若能搬回東廳，嫂再令其隨學讀書可也。近來數年，孩子們讀書多蒙吾弟厚情，不但化錢，而且費心，特具此函叩謝。可恨小李亦不是讀書才，數年未見進益，妨負一片婆心。現有小李詩課一本呈閱，真令人可笑也。想吾弟今春定當放差，盼之望之，可預賀也。并問弟妹好，姪輩均吉，并賀年禧，姪等附筆請安，外有請安帖二紙，望祈隨稟呈閱。嫂李氏具。

三

十三弟近安：

嫂聞知自四五月間偶得瘧癥，以至於今未能復元，不知刻下已痊愈否？嫂不勝惦念之至，嫂欲買幾様海味前來，略申敬意。十三弟待嫂真天高地厚，嫂無可補報。奈嫂刻下手中空乏，兼之三子又得瘟病，四十餘天始暫就平復，嫂寔心有餘而力不足也。嫂並非以套言遮飾、徒爲好聽，望祈見諒是幸。不知刻下川署叔父、嬸母大人有信來京否？伏思叔父、嬸母大人慈體康健、精神照常，飲食起居一切如舊，堪慰下懷。并聞知叔父大人有高升之信，秋後即來京陛見，嫂聞知不勝欣喜，今即把頭之便特此恭候近安，并聞欠安大愈否。便中祈賜一信。并請十三弟婦近安。姪女、姪婿前俱代爲問好。聞知文川十弟現在公館診視，不知是何病癥，便中祈賜回信。得知十三弟病後至今未能復元，務要保養身體要緊，十三弟身體健壯是嫂等之福也，不勝惦念之至。二嫂李氏謹具。

四

十三弟近安：

三月十六日七姪來家，詢知川署叔父、嬸母大人身體康健、精神飲食一切照常，甚慰下懷。嫂今春度日甚是艱難，正在取借無路之時，蒙叔父大人鴻恩、三弟美意，賞給銀十兩，暫救眉急，嫂不勝感謝之至。前者弟在家時，嫂託之事不知弟忘卻否？今十五弟來京，爲此懇祈弟給三子尋一糊口之計，不知弟肯施格外之恩否？全當弟多喂一狗，一者看三伯之面，再者嫂一孀居婦人養此數口之家，實養不起，若但有一線之路，斷不敢前來屢次冒瀆。嫂所以屢次相求者，爲此子尚知好歹，萬不能偷弟之東西、上街閑遊、與下人交接。若是大和尚，嫂即不敢設是心矣。三子在家常給十五弟辦事差，不敢全信，問十五弟可也。聞知去臘三弟新婚，專此恭賀大禧，并問三弟婦近安。二嫂李氏斂衽。

五

（前缺）兩弟將前後門墻俱已折賣，是十三弟所親見者，嫂如住在大街一樣，況前後俱無院墻落，嫂一人則不管矣。又有六子媳婦，年輕寡居，住此處實不像事。況書房又在東廳，來往放學、先生（況先生又年輕）、學生，以及來往走捎道之人，實不成體統。嫂意欲在前院立一橫院墻，將後房門填上，蓋一小貳門，一者家中便宜，二者亦有規矩。咱家中破石頭碎磚盡有，惟有修理工錢，得大錢叁肆吊。嫂實係拿不出來，與五弟、九弟商議，俱云無能爲，不管。嫂日夜尋思，今已二年，實無一線之路。萬不得已，始前來請示。或行或止，務祈賜一回信爲要，一者祈十三弟看先人一脈之面，二者看死者兄弟之情，幫嫂成就此事，嫂感泣無涯矣。嫂之所以來請示者，有嫂之苦心在也。祈十三弟諒之，嫂不勝待命之至以罷。叔父、嬸母大人有信來京否？諒叔父、嬸母大人身體康健、飲食如常，下懷甚慰。有便賜一回信可也。十三弟、婦近安。嫂李氏斂衽。

七七、年氏[一]致王懿榮

十三弟近安：

自去年八月廿六日，十一哥偶得泄瀉之癥，日夜五六次，即請醫調理，永不見效。不得已，十一哥即用洋煙治病，略爲見效。臘月又得頭痛之癥，於正月間又將煙忌了十餘日，忽然得頭痛發暈、泄肚等癥。雖然有病，卻飲食照常，日間院中行中又無添别癥，所以無人理會。不料於三月廿七日早至巳時尚未開門，朱姐不放心，前去叫門，叫至數聲，并無應者，始着嫂將門治開，至炕前一看，十一哥尚在被中，被褥一毫未動，頭身露體，故於炕上。嫂此時進退無路，始將十五弟請來商議，自從十一哥得病數月之間，嫂已當賣一空，别無一線之路。十五弟始到大街福成號賒來棺一口，大錢十有餘吊，又賒來衣服一套，大錢十餘吊。隨將衣服給十一哥穿上，差人到甯海當鋪將大煜子叫來，於廿八日午刻大煜子到，始爲入殮，於四月初四日葬於兩甲坡祖塋。所有一切化費皆是朱姐與十五弟、大煜到處叩頭禮拜求人借取，始得將十一哥殯出，連衣衾、棺木、作墳、出殯共化費大錢百餘吊。況咱家年景不好，糧米柴草無一不貴，粗糧尚是六七百錢一斗，雖然大煜子在甯海當鋪，一年所挣日用尚且不足，況又遭此不幸之事。嫂左思右想，是無一線之路，惟有懇求十三弟大發慈悲，寫稟到門，將此事稟知叔、嬸大人，施格外之恩，救嫂燃眉之急。嫂此時欲行自盡，隨十一哥於地下，又有大小男女六口，朱姐又若大年紀，欲暫留殘喘，以待孩子們長大，又有無數饑荒，輾轉思之，别無一線之能。尚是求十三弟開惻隱之心，將此事稟知叔、嬸，略爲施恩。此是嫂一活路，不然嫂即死於溝壑矣，望祈見諒是幸，并請十三弟婦福安，姪女、姑爺均好。十一嫂年氏謹懇。

[一] 王懿榮十一嫂。

七八、朱氏〔一〕致王懿榮

一

敬請十三少爺安好：

今接來信，得悉一切，所捎祭品市平銀貳拾兩整，俱亦照數收過。今聽把兒頭言講偶染時癥，此刻想早亦痊愈。十三少奶奶之疾此刻痊愈否？外有捎于十五少爺信一封，若有便人，祈早捎去爲要。并請十三少奶奶安好，并問哥哥、姐姐們好。伯妾朱氏寄具。

二

十三少爺安好：

今接來信，得悉川署及少爺京寓上下一切平安，甚喜甚喜。家中以俱各平安，即祈寬念，所捎祭品銀拾兩，俱亦照數收過。保定牛宅所捎之信，信到即刻送于新一宅了。外有捎於十五哥信一封，若有便，祈務必早早達去爲要。并問十三少奶奶安，小哥哥、小姐姐們好。愚朱氏具。

〔一〕王家伯妾。

七九、于氏〔二〕致王懿榮

十三姪、二外甥女近好：

於三月十八日十五姪送來足銀拾兩，卻未見字，想十一姪回家急迫，吾姪諸事頗煩，未暇及此。今春糧草頗覺甚貴，接來銀項添補度日，稍覺寬裕，實是感德不盡。想吾姪才德兼優，不日便可出印矣。儻有何吉慶，祈示一音信，使得知吾姪與甥女之音信，是所切望。此泐，你乘屋弟亦附筆問安，不一。四嬸姨于氏寄字。

〔二〕王懿榮四嬸、黄蘭姨媽。

八十、王焕章[一]致王懿榮

跪叩十三叔、嬸大人萬福金安：

敬稟者，姪於四月捎去安稟一件，内有古泉五文，不知捎到否？姪在家每日尋找古磚，并未見有字者，俱是有花的，亦未能辨真假，此磚之色有黄者、有青者，亦不甚細。姪畫下一樣，祈十三叔大人辨其真假，若真，賜一回諭，下次姪必令巴頭捎去。姪四哥娶親，定於後五月初六日過門，多虧蔭坪大伯照管，娶在姪大姑家。次橋表兄甚是費心，所用之物俱是次橋表兄借的。此稟在登郡封的，姪聞次喬表兄進京，先到府送行，姪四哥尚未至，故祇有姪一人之稟。住妹、小弟安好。姪焕章叩稟，六和尚改名。

〔一〕王懿榮姪。

八一、王常益[二]致王懿榮

恭請十三叔大人福安：

二十八日午刻叔過黄，匆忙一面，未及細聆訓誨，計初一日當平安至家，九婆想已由南回家，如常康强，不問可知。叔何時北上？已定期否？姪三叔至今未回，聞初六日由濟起程，亦不知確否？外洋事，聞俄德法三國逼令倭國退還海北之地，以二十三日爲限，逾限不退即開仗，如此尚大快人心。該三國其無愧交邦乎？然不悉確否也。又聞台民不服，欲與倭戰死，亦不蒙垢而降外夷，如此而朝廷割出之地，該處民人推首而據之，雖未爲外夷所有，時事尚可問乎？黄縣蕭大令爲戚單事提赴萊郡，六七日尚未回，殆非佳境矣。姪初一日乘騎赴南山，徧閲交界，攀藤上下，初九日方完事，闔境全圖已有大概，容

〔二〕王懿榮姪。

妥細繪就後，再當公同呈閲。縣境久無雨，甚爲可虞。茲乘閻孝廉獻廷之便，敬稟近日情形，叔如有便，尚望時錫訓言，俾知遵守。姪常益謹稟。

謹再稟者，姪前面懇我叔爲山筱橋不投供，部中如到班仍不停，選在籍辦團，可援隨營之例。叔曾許爲向中峰言之，伊未敢期。入奏只有地方官一文到部，已可行矣。想我叔必已酌行，惟未悉中峰果能行否？山筱翁意頗懸念，又不敢瀆請，姪應以代爲請問，期其安心辦事也，蓋其應得之缺。去年十一月輪過，約計今年閏月或又到班過此，則虎班又下，望缺遥遥，是以彼云已和，欲赴部選，姪等强留之也。姪常益又稟。

八二、王來煒〔一〕致王懿榮

恭請十三叔、嬸大人萬福金安：

敬啓者，姪同姪七兄自京十四日起身，十七申刻到津，當日上保大輪船，十八日辰刻開船，十九日午刻至煙台下船，當日到家，一路平安，勿用惦念。恭呈并請伯園任大兄福安、闔生吴表弟福安，餘言不及。姪來煒叩。

八三、慕昌漢〔二〕致王懿榮

蓮生十三叔大人鈞座：

〔一〕王懿榮姪。
〔二〕王懿榮姻姪。

敬啓者，京華數載，得受教言，一旦分襟，神魂戀繫，先靈歸里，復蒙出郊遠送，訓誨諄諄，姪終身欽佩，謹誌五中，不敢忘也。姪自叩別後於廿六日抵天津，廿九日上輪船，本月初一日卯刻抵煙台。靈柩上下船十分平穩，家慈亦扶持上下，不覺其險。在煙台雇人槓回家，於本月初五日平安抵里，遵例入城，惟家慈路間舊病微作，到家數日，仍專人求請升安，餘希愛鑒，不莊。姻愚姪制慕昌漢頓首。

八四、王崇煦〔一〕致王懿榮

叩請十三叔、嬸大人萬福金安，并叩大禧：

姪於四月十二日亥刻生一男子，乳名洛文，母子均各平安，祈於十三叔稟内達一信於叔祖父、母大人叩禧。姪此事欠

〔一〕王懿榮姪。

八五、族戚致王懿榮書札殘葉

下無數賬，現今大約得十餘千，始可還清，并無分文進項。姪與姪媳終日只有拭淚而已，每念及姪母親大人，淚則如雨，復思之，若不努力自進，亦徒妄然。姪現已覓着古磚一塊、古泉數枚，此刻尚未到手，俟下次再捎可也。十三嬸之疾今來想已大愈，小姑之疾未識愈否，乞并示知。芸弟、住妹安好。再稟者，姪六弟於正月廿九日忽得吐紅之疾，至今尚未全愈，乞十三叔、嬸放心，前敬領益母膏四分。姪崇煦謹稟，四月十五日。

一

蓮生十三姪如晤：

叔前在都内，緣改河工縣丞，諸事多不順利，勉强從事，波折過多，反被外人訾笑。且錢項不便，吾家歉收，欠債何日

充補？騙人非吾輩所爲也。甯不要功名，不願得此名頭。因於三月初七日搬進隆豐，埋頭看書寫字而已。五月十七日擬與鶴軒三叔同回煙台，十六日兩點鐘午後時，叔步行到寓，一爲看姪媳病（聞詩苓説），兼述在都歷遭波折，竟值吾姪公出，悵悵而回。十七日因盤川不足，遂不果行，七月初一日聞中（後缺）

二

蓮生十三弟安好：

去冬由武城達去一信，諒此刻業已見過。兄於冬至前一日歸家，諸凡順妥，無勞我弟惦念也。今年五月定於爲小兒娶媳，遠行之期將在秋初，春間既有科考，秋間又值正科，科考以後或進京，或赴省，勢亦不得不然也。弟去秋場中獲薦，而終未得意，何吾家功名艱澀如此？今歲定當撥職，安必皮相再逢也。刻下爲文昌廟事，大家已有公信，無俟兄之多贅也。至（後缺）

三

十三叔父、嬸母大人尊前：

敬稟者，上月廿九日姪女曾修寸稟敬懇姪壻之事，計時當可鑒及，不必贅語。但刻下奉到明文，姪壻不幸，已於去臘蒙小姑夫以『辦事未妥聲名平常』八字奏請革職。試思姪壻奉職三年，雖無善政雅化，然道府上從無被控案件，何所據而律以此八字？殊令人不可解。有謂潮陽縣周恒重去秋撤任，疑係姪壻在督署託人擺弄，故伊妄起毒心報復，果爾，則姪壻之功名更屬冤枉。然事至於今，亦萬不能挽回，惟有仰懇（後缺）

四

十三弟近好：

啓者，十五弟於九月初五日到家，備叙一切。七和尚在家背着兄托言上留公出門，不意偷跑來京，至始至終永未到弟處請安，寔屬膽大可惡之極。吾弟待他何等恩德，伊今喪卻天良，連門也不登，兄言及此，幾乎氣死。伊在京，同一二匪人日夜遊蕩，肆行無忌，兄之不幸，生此不肖之子，亦無可如何，又兼地隔千里，無法可施，足恨不能一時將伊處治。俟十一弟來京後，還祈吾弟費心同十一弟商酌，設法令其來家，伊只來家，兄自有法（後缺）

五

叩請十三叔、嬸大人萬福金安：

敬稟者，姪於七月捎去安稟一件，外帶《西遊》一本，大小古泉六枚，不知捎到否？姪照常在姪大伯家中吃飯讀書，不敢上街。姪每月必上鄒平捎信，姪母親平安，惟每日拾草拾棉之苦不能辭去。姪自恨無材，不能養親，每一念至，則只慚涕而已。姪聞龍叔説姪三嬸舊病又犯，姪甚不安。姪三爺來郡診治，近日已見愈，知關廑注，故敢縷陳。姪項上疙疸到家亦破，現尚未收口，不至爲患矣。前在京，曾求吾叔大人代銷新書二種，其《東華續録》原價二十二兩，《十朝聖訓》原價三十二兩，但求原數，不敢奢望，倘有要者，惟求費心售出。姪無任感激矣。永聚之賬，姪秋後必當寄來，刻下塋地及殯期皆未能定，即殯資亦有不足也。各省送訃聞處多無回音，專此特請（後缺）

附録　上諭〔一〕

上諭：

袁世凱奏大員殉節籲懇恩施據呈代奏一摺。二品銜國子監祭酒王懿榮，敦品績學，持躬清正，侍從南齋，疊承恩眷，平日夙懷忠義，思濟時艱。本年七月間臨難捐軀，從容就義，洵屬大節，凜然加恩。着追贈侍郎銜，照侍郎例賜卹。其妻謝氏及其長子妻張氏亦同時殉難，忠烈孝義，萃於一門，允宜特予褒揚，以彰貞節，王謝氏、王張氏均着準其旌表，伊長孫王福坤着俟服闋後，以主事分部行走，該部知道。欽此。

〔一〕庚子年（1900），八國聯軍攻入北京城，慈禧太后和光緒帝連夜逃亡。時任京師團練大臣的王懿榮偕夫人謝氏、長媳張氏投枯井殉難，謚號『文敏』。

藝風堂同人尺牘

（清）惲祖翼等 著 謝冬榮 整理

【整理者案】《藝風堂同人尺牘》，二册，係繆荃孫友朋書札集。書札粘貼在空白紙上，裝訂成册，第一册書衣墨筆題『藝風堂同人尺牘』『上册』，第二册書衣墨筆題『藝風堂同人尺牘』『下册』。各通書札前偶見墨筆注明書札的著者及其字號、籍貫等，如『陳慶年，字善餘，丹徒人』等等。繆荃孫（1844—1919），字筱珊，晚號藝風老人，江蘇江陰人，光緒二年（1876）進士，是晚清著名的學者，在史學、目録學、方志學、金石學等諸多方面都頗有建樹，曾參與創辦江南圖書館、京師圖書館，被譽爲『中國近代圖書館之父』。此書收録惲祖翼、繆朝荃、劉炳照、吴慶坻、陳慶年等五十四人致繆荃孫的書札，共計一百二十一通。書札的撰寫時間多在光緒時期。書札的内容比較廣泛，除了家常瑣事之外，還涉及刻書、詩詞交往、方志編纂等方面，是研究繆荃孫學術交遊、晚清政治與文化教育等的重要資料。本書先期刊録其中的二十三人五十七通書札。

惲祖翼

一

筱珊仁兄親家大人閣下：

前肅寸緘，由局寄呈，諒荷台察，敬維福祉雙清爲頌。秋榜將開，同鄉親故之應試者、送考者雲集白下，老親家周旋不易，而弟亦瑣瀆清神，深爲抱歉。房寓已荷代定，八舍侄想早移居其中，兒輩謹來謁見，伏求俯加訓誨，並隨時照拂一切，是所感禱。家丁帶三人，而厨夫未去，未識尊處尚可撥用否？聞貢院水浸已久，溼熱甚重，近已一律收幹否？新甯聞引退甚決，確否？昨晤仲修先生，深談鄂事，知南皮、瀏陽意見較前尤深，志書亦其一端。此事已花費六七萬金，豈有吝刻資數千兩而擱住不辦者！明是推託語，然南皮一動便有變更，可惜老親家無數心血，竟不獲觀成也。浙省近事問良兒自悉，不再贅陳。弟與地轂帥頗能水乳，公事次第整頓，去其太甚，然冤家總是要做。居此地位，何能避怨？好在家園極近，如辦不動，抽身尚易。賡甫已回漢關，洋務亦頗難著手，此間久不通信。我不寫信，不怪人也。兹附呈花雕酒、南腿、茶葉、菊花，又贈文郎《四書》《五經》全部、湖穎四十枝，均乞查收。戔戔土物，可笑也。兒輩歸時如川費不敷，尚望代挪。手布，敬請台安。弟惲祖翼頓首，七月十二日。

親母夫人前請安，文郎清吉。

二

筱珊仁兄親家大人閣下：

屢奉手書，尚未肅答，各親友處凡須親筆者皆然。精神日就頹靡，明知開罪，無可如何也。吾兄清望如僊，處此亂世，真第一等人物，羨羨！在浙四載，日日思歸，渥荷聖恩，擢授疆寄。接篆後，衢案口舌正甚，洋兵將來，幸多方設法挽回，將官犯、民犯次第獲案録供，可議結矣。而英使必欲官紳一體駢誅，案外衢紳盡革功名，勒賠巨款，又欲將劉撫榮藩革職，永不叙用，並遣戍查抄。雖與杏翁咨電邸相及江鄂，兩帥設法挽回，而强弱異形，恐無把握。洋務尚可辦耶？大小官尚可做耶？憤歎不已。家慈久病不痊，近更加劇，咫尺如天涯之隔，不能親奉湯藥，終日勞形案牘，事皆重要，而宵深就枕，夢魂猶繞，庭幃所處，殆非人境。倘託福庇，慈體就痊，新春必當陳情，雖加嚴譴，不能奪志矣。伯約侍御匆匆一晤，次山兄在甯常晤否？識見遠大，氣節不凡，此等人置之林泉，殊爲朝廷惜，晤時祈代致拳拳。西安密電屢至，樞廷意見極重，值此波瀾壯闊而同舟猶有異心，真不可爲！奈何！手肅，敬請台安。弟祖翼頓首，初三日。

三

筱珊仁兄親家大人閣下：

昨失迎爲罪，讀示敬悉，所需兩月房金、一年鈔資已飭局明日照送。仲修先生雙柘昨已送去。如不回浙，盡可暫住書院。官書處所預備鴻教堂，似嫌逼仄。或俟瀛眷赴甯後，仲翁即移眷居之，何如？弟因議平錢價、行官票、鑄洋圓，日夜以思，務求妥善。五日京兆，何愚甚耶！然其愚不可及，一笑，手復，敬叩雙安。小弟祖翼頓首。

日内必詣譚。

四

筱珊仁兄親家大人閣下：

頃爵棠方伯來，交到佐雜名條，曹姓，湘人。托委高錫，則前議莊君辦法又變矣。現與説明，添委繆某，曹去而繆不去。爵棠云平分之外，須繆酌貼數十金，亦即允之。此事才得定局，勿謂謀事之容易也。再殷厚培觀察來，指明要住老親家之屋，而以所遺撫院街屋讓仲修先生，渠係善後老總，未便與争。好在仲修先生但須有屋住，並不出房金而已，此層俟與厚培説明再定，恐渠眼光亦注到此。弟冷眼旁觀，『名』『利』兩字竟絲毫不能相讓，奈何終日紛擾，疲乏已極！挑燈率布，敬請台安。小弟翼頓首，十二日亥正。

五

筱珊仁兄親家大人閣下：

別後三奉手箋，走俗抗塵，不遑一答。老親家當鑒其煩苦，不責其疏懶也。鍾山爲江南北第一書院，得賢者主持講席，甄陶愈廣，譽望愈崇，欽仰無似。志書即可告成否？硝礦一事，爵翁不以爲然。若在鐵局批准，尚可含胡善後。諸君亦與方伯意見相合，侃侃而争。而此間局董一辭退、一求充，益啓督帥之疑，密委徹底查辦，若再議擴充十餘省，斷做不到。弟於此事看不透，總慮公家利少，私家弊多，萬一生事，殊費口唇，故亦未敢排衆議而伸己見，鄙見不若罷議爲妥。聞吾兄近在通州紗廠附股，此係千穩萬當。謀生之事極多，不必走此險著也。鄂省大致如舊，臬署公事本繁，復多出位之思，招架不住。張銘控案現又發交審訊，牽涉司道並大闊人親戚，如何措手？自問才力薄弱，偶有作爲，不過勉强交卷，而上臺以能了事目之，真推許過當矣！内子生辰，署中豪無舉動，蒙賜錦幛，萬不敢當，已托子梁過寧奉繳，先此鳴謝！香帥六旬壽辰，官場趕辦屏聯，司道屏係黄仲韜做，梁星海寫。昨囑首府將實缺府廳一分請老親家執筆，潤金必厚，乞勿卻也。心耘弟在鎮江上輪時發痧甚重，故亟亟回鄂，差事長短，看新寧情意如何。肅布，敬叩雙安。姻小弟祖翼頓首，五月廿四日。

六

筱珊仁兄親家大人閣下：

昨晤蔡毅若兄，知香帥十七登舟，途中僅采石磯、石鍾山小有耽擱，回鄂在即，吾兄似宜少候，摺件不敢屢瀆，已命次兒擬稿，兩次召對，聖諭深以教會匪爲念，故用重筆言之。請費神酌改爲禱。手布，敬叩台安。小弟翼頓首，十四日。

秦際唐

晚歸讀手示，敬悉所事。得安其居，皆老哥以大力斡旋之，摯誼熱腸，永矢勿諼。前聞伯雨言及，即心藏之矣，屢擬趨談而申謝，個爲捐事所牽率，促促無暇，可笑也。鄉人不根之談自是吾寧積習，昨施君猶持請留鍾山之議，弟已婉告而止之。吾兄此番苦心孤詣，當此碩果，弟到處陳説，而彼人仍有膠執不化者，無足深責，願先生一笑置之。一二日可稍暇，當走談。此請筱山仁兄同年大人箸安。年小弟際唐頓首。

張預

筱珊老前輩同年大人左右：

昨晚奉告並頒眎鄂刻《初級小學章程》，又《約束遊學章程摺》各一册，謹領訖並念還旌安吉，甚善甚善。高等學堂忽肇此意外巨殃，某君夙有幹辦之稱，而於此獨草率乃爾，豈果別有因由耶？學堂首重衛生，而適以戕生。學生平日之輕視員司，不服約束，蓋亦有迫之使然者。思之令人憤愧難狀。學務處、官報局俱在同城，未便諉爲不知，已由本處稟報大府，一面飭登卅五期報册，此新學家所謂義務。某君明於事理，必相諒也。南皮師奏定新章遲遲未到，必爲鋪遞所誤。此間登報，卻由滬報録出，可笑也。《初級小學章程》最爲明備，當由學務處飭交官報局排印千册，以便通發三省，各屬遵辦。師節十五六能到，届期擬往江干迎候。日來感寒小极，稍遲即詣談。先此草復，敬頌履候多福不宣。年侍預頓首，初八日。

繆朝荃

一

筱兄同年宗大人有道：

月前見報章中載有台從來滬，適弟欲赴陳蓮舫處就醫，因於廿三日爲舟前往，滿冀得晤教益，乃先已吉旋，實深歉疚。學且陳醫亦赴粤未回，悵然而返。月初接奉手諭，祇悉種切。《中吴紀聞》已蒙貴友代爲校對，即行上板，感何可言！其寫刻各手與惠寄之《遼文》及《碑傳集》等，想可一律承許。刻成數葉，先行寄示尤盼，然亦無須亟亟也。屢瀆心神，感禱無既。弟入冬後，脘痛疝氣交作，汔未得瘳，悶悶。專及，敬請台安。宗年小弟朝荃拜上，小春廿又一日。

二

筱珊吾兄同年宗大人著席：

客臘寄復一緘並附近刻鳳、麟二公年譜，諒早達到。入新年來，接奉手教，並承惠薛緘殘石拓本，謹領謝謝。伏審寢興綏劭，著饌康娱，式如頌仰。弟前託鐵路一節，辱蒙垂愛，函致杏公宫保，未審有無復音否？近有勘路工師經敝郡城外，由南而西，似將有開辦之事。緣此間僻居内地，風氣未通，似須得本地紳耆就近開導保衛，以便相安無事。區區寸忱，未知尊意以爲何如？伊臣屬求鈎摹甲辰各種，去冬承寄示後，當即送交，乃月餘以來，汔未一晤，不識已刊成否，容再詢奉復也。專布，祇叩新釐，敬請台安，伏祈垂鑒。新正十日，宗年小弟朝荃拜上。

三

筱珊老兄同年宗大人有道：

三月杪寄復寸緘並甲辰箋匣等件，亮蒙鑒入。伏審起居萬福，著撰千秋如頌。弟里居養拙，靡可掬告。三月初起，又患濕毒，頸後額前，多方滋蔓，至今尚未愈净，悶不可言。《江左藝文叙跋録》萬難卒業，擬先就東倉各著，釐繕清本。吾鄉王硯雲學博寶仁著有《舊香居文稿》十卷、《續稿》四卷，其中可采甚多，屢覓未得。前聞鄴架得有是書，亟欲告借一讀。如荷垂許，乞交李舍親士龍暑假時帶回，俟渠秋間到堂，即當奉繳，決不損失，謝不盡言。尊著《碑傳續集》未知已刊若干，如校勘需人，盡可隨時寄交，弟願承其乏。前寄上傳志三篇，妄思附驥，若蒙俯采及之，則感無既極矣。祇叩午釐，並請著安。宗年小弟朝荃謹上。

四

筱珊宗仁兄同年大人講席：

八月中，由寶山錢禮南茂才寄到手示，祗悉種切。緣禮南聞訃奔喪，匆匆回里，故承惠各書，至前月始得交到，感謝無既。尊選《遼文》六卷，欽服無似。昔吴門顧俠君先生選刻元詩，夢見古衣冠數輩登門敏謝。此書得大方家搜采甄録，蔚成巨觀，而其難較《元詩》百倍。契丹先哲益當銜結于九原矣！大著《續碑傳集》業已付刊，此正不朽之盛事。承示紅様兩卷，照收拜讀，俟刻竟後，乞先賜惠一部，實深盼禱。錢敏甫中丞家傳已轉交伊臣，渠云當泐函致謝，未知已達到否？蒙許鈎摹甲辰各石刻，請即寄示，以便刻印箋封也。瑣瀆感感。弟自去年慘遭家變後，心境大壞，衰病叢生。今秋又感染風痧，致肝湯眩暈、肢體掣痛，至今尚未復元。擬刻《東倉叢書》，因此擱置。且近來蘇州坊家寫刻各手，半皆惡劣，其有略可入目者，往往多方留難，竟不應手，即如《彭詩集注》，亦前攝州守金茗卿直刺助刊。疊函催索，大難爲情。宋佔修齋處如有函便，擬請借重鼎言，催詢及之。倘得早日刊竟，則甘亭先生泉下有知，亦當銜感也。前承託《湖海樓全集》，近由任卓儒廣文集資重印，已經覓到，俟有妥便，即當寄奉。如交信局，能不致遺誤否？謹候示後遵行，餘容續陳。祗請著安，伏希愛照。冬月二日，宗年小弟朝荃拜狀。

後函乞寄太倉城内鼓樓橋西湫宅無誤。

五

筱珊仁兄同年宗大人有道：

新初接奉手教，祗聆種切。伏審興居綏劭，著述康娱，式如慰仰。弟入新年來，疲茶無似，杜門養拙，殊乏好懷。舍内侄李生士龍以丁憂請假半載有餘，尚未開缺，此真逾格之栽培也。承諭當即轉致，渠心感無既。遵俟元宵後束裝至滬，乘輪前來，趍依函丈，尚祈進而教之，則得深盼禱矣。前許寫刊各節，感何可言！現以《小謨觴館詩注》爲金茗卿直刺助資，尚未竣事，最難爲情。惟稿本大半在宋佶修齋處，容索回後謹再奉商。至《東倉叢書》年來欲刊而未竟者，亦有數種，亟須作一收束，隨後當一併寄商也。甲辰箋封前日已函詢伊臣，知尚未斷手，當將承惠之薛繸殘石拓本送交，俟刻竣後，即屬其寄奉不誤。聞貴池劉觀察處所藏甚多，弟欲思訪購其拓本，未知有目録可寄示否？茲乘李生行便，專復敬叩新安。甲辰新正十又二日，宗年小弟朝荃拜狀。

李方豫

筱山仁兄同年大人閣下：

前奉惠書，藉諗旅祺安燕，文祉吉羊，式符私頌。通志續采事蹟，各州縣送到者不多，容爲函催，以副尊屬。茲有懇者，今年八月初三爲香帥六旬正壽，武昌十府實缺府廳，誼應制屏公祝。惟是香帥文章、經濟冠絶一時，非得大手筆創構鴻篇，不足以道揚萬一。因思我兄碩學通才，久爲香帥推重，不揣冒昧，敬祈代作序文一首，不勝感泐。大稿能於六月内寄下，尤所深盼。弟壹是如恒，乏善足述。此間麥收尚稱中稔，秧苗現已長齊，此後但能暘雨應時，江水不漲，秋成定卜豐收也。手此敬請著安，伏希亮察不備。年小弟李方豫頓首，五月十五日。

瞿廷詔

一

小山老表棣大人講席：

前接手書，所詢匯款各節已於前函詳達，台端近日想早督及矣。昨由有成銀號交到上海源吉莊收條，係本月十五日收期。兹特將原條呈上，以便轉告前途，核填股票。敝處另抄一紙存查。孟輿事已妥，原信一紙遵屬抽下，隨時飭送過江。另函亦均分送無誤。知注附聞。再尊處寄來紗廠經收沈君手條，內有寄信住址開列在內。除敝處抄存備查外，應仍繳還，以便查核，並乞檢存。耑泐奉布，即頌時安百益。愚小兄瞿廷韶頓首。

二

小山老表棣大人講席：

逕啓者，前月廿三日寄上一函，並上海源吉莊收條一紙，想已早登籤閣，至今未接復音，甚以爲念。股票曾否辦妥？希速寄交敝處，至爲盼切。比維高齋拒暑，清興調冰，定多韻事，健羨健羨。雪齋侄到館以來，尚能勤求故業否？其捐事有無眉目？所領實收五十張，必須早謀繳卷，地步一籌不展，何以爲情，尚望老叔爲之題倡。金陵紳商中如有篤實可靠者，乞爲分托。應得公費一概讓人，以圖暢消，亦未始非舍小求大之計。此間已有公文檄催，不得不加緊辦理也。兄壹是如恒，塵溷之勞習而耐已，亦忘其苦矣。子良解膏錫入都，經道赴金陵省侍親闈，此間大致必能備述，一切不贅，惟以勤寄復書爲盼。匆匆泐布，即頌時安，惟照不宣。愚小兄瞿廷韶頓首。

三

小山老表棣大人閣下：

前月廿四日，由招商局寄呈一函並書箱三件，想已照收。初三日接奉手書，具悉壹是。紗廠匯款刻已如屬辦妥，尊款亦代取到，當即由此間有成官銀號匯寄，前途萬無一失。將來收條寄到，換取股票息摺等事，悉煩大力經營，不勝感托。前函所示酌訂之三合堂名，乃係繆賡雲堂，非耕字也，特此附告，以便存察。丁孟輿已於初六日得面南皮，允以代籌廿金一月，可謂如願而償。吾弟代致之函如尚未發，似可作罷論矣。孟輿於日內即來敝署小作勾留，兄當將尊意代達也。聞雪齋到館，甚謝，望吾弟督其加力用功，實爲至盼。耑此泐復，敬請講安百益。愚小兄瞿廷韶頓首。

再，眉卿交來之款，係九八規元，並非估平估寶，即將原銀照匯矣。又及。

四

筱山老弟阜比硯席：

節前戀戀話別，想已安祇石頭城，與鍾山之英日相晤對矣。慰慰。兄欲歸未得，家事苦無人理料。兹約程少農兄借滬差之便回里一行，所有西石橋典息存款即擬提用，並預籌明年常寓用度，就近憑摺畫付，免寄兑不時，書函紛沓。但少農與貴本家禹臣兄向無一面之交，即兄親筆手書，禹臣兄亦不能辨識，必須吾弟手筆親書與禹臣一信，告以兄請少農辦事，即與親到無異。凡款項俱可面算面結，明年如何支付，乃在郡城覓一素與禹兄往來之錢店，彼此商一辦法，則此後兄於常州帶錢用錢之事，一切便當，亦可以放心。少農爲兄做事，畀以全權，儘可作准，吾弟務告知禹臣，至要至懇。長侄能稍知用功，乃兄最快之事，但須持之以恒，方見進境。明年丁酉，乃先大夫及心畬叔祖同中之年，似於瞿氏風水科分最利。豚犬均束書不觀，不嘯之家駒，而更即冀乎？接家嫂信，明年不請先生，擬令第六侄來兄署讀書，所見大謬。先兄去世十五六年，無一年不延師課侄，日今一無所成，受乃叔之殘害，不爲不深，特令其再來官舍，沾紈綺習氣，意欲何爲？里居十餘年，習中已深，尚不省悟。兄已力拒之，請先生原屬無益。但六侄已二十五歲，母妻則乃叔代養，渠一身一口尚不能自謀生計，有是理乎？故令其留常，覓一蒙館，學問淺而城中人不請，即就近在鄉中，托金宅代薦一村館，不論脩之多寡，總以自食其力爲主，自不愛好，祇可聽其飄流。先叔一支孤寡，皆兄所任，若子近則聽其糊口四方，兄決不痛惜也。因慮及家事，信筆書此，請交長侄一觀，令其家信中縷晰言之。吾弟爲我常所謂公親，一腔鬱勃有不得不言之苦，幸勿鄙夷。機器製造出口官局、商局均須值百抽十，總税司已議定，經總署行知南洋，催令開辦。敝關奉南洋令，録報本省督撫矣。通廠事究竟如何？滬上各商有無公章挽回之法？望隨時函示爲荷，餘少農可面及。此頌箸安，並祝合潭萃吉。小兄廷韶頓首，八月十九日。

繆嘉玉

筱山五弟大人閣下：

鄂垣重聚，暢叙渴悰爲快，匆匆話別，計已安抵金陵矣。辰惟禔躬安燕，譚第延鴻，欣頌無量。判袂時，誠懇大力關拂，實以一介寒儒，住京廿二載，艱辛備嘗。庚子之變衣物失净，隨扈西巡，此中苦況，不堪回憶。侍駕旋京後，又復引見出都，諸費紛繁，稱貸不少，兼以人口煩多，時增拮据，需次年餘，毫無蔗境。吾弟師門誼篤，素所器重，如蒙鼎力一言，陽春噓植，如川鹽釐金等局前午帥意欲將四大釐局改委道班，未果。量予一事，藉蘇困鮒，殊深感盼。務祈篤念宗支一脈，桑榆景暮，一爲援手汲引之，將來遇有委辦之件，自必竭忱盡力也。肅請閣潭均安。宗兄嘉玉頓首。筠妹附筆候安。

恩　壽

一

小山仁兄世大人閣下：

兩奉惠書，備承指示。推有教無類之意，擴大公無我之規，朝廷立學初心正復如此。閣下仰體深之，欽佩欽佩！應照回宫保以副雅懷，所定各單容即呈閱。此復，敬請道安，諸希愛照。世愚弟恩壽頓首，初二日。

二

前接手示，因與宫保意見相同，曾經面陳，故未具覆。現在學院按臨，外間有何議論，此係奉旨要件，且係江鄂合辦，勢無中止之理。至於士論微詞，大約恐動書院經費起見。現定不但原有經費不動，且可格外加添，外間想未深悉。閣下如有故舊，不妨向之一言，以袪衆惑，可否酌之？此請小山仁兄世大人道安。世愚弟恩壽頓首，廿七日。

三

筱山院長尊兄大人閣下：

昨聆大教，快佩奚如。峴帥屬致一節，玆將原摺及往來函件由院上借來，封呈察閱，自能一目了然，閱畢仍祈擲還。江風多寒，衣服宜加檢備帶爲是。文旌明早遄發，諸希珍攝，手此布臆，即頌道安。教弟恩壽頓首。

函稿三件坿呈。

四

小山仁兄世大人閣下：

昨聆教言，快慰奚似。山東學堂章程封送請閱，仍祈一半日交還，以該處現辦此事，尚須查核也。專此泐上，敬請著安不宣。世小弟恩壽頓首。

劉炳照

一

藝風先生撰席：

客臘肅上一箋，計早上登記室。淵若述及閏枝太守蒞任四明，當即肅賀，迄未得復。近寄新詩，亮已入覽，書去爲達跂忱。昨夕淵若枉過，又述及金陵水師學堂須延中文教習，薪水尚優，課程亦簡，未知確實情形，屬求左右，懸揣下走，能否勝任，借重鼎言説項，以期無負執事夙昔關愛之深意。閏翁舊交，極願相依。仲春嫁女事畢，方能出遊，勢難虚左以待，遇合有緣，統希指示爲盼。小女諏吉二月廿七日於歸巢氏，爲期甚促，籌款尤艱。寒家自被災後，衣飾一無所有，件件皆需新製。孝章伉儷南歸尚無定期，此外無可通融。知我者聞之，想亦代爲躊躇也。近作數章，附塵誨正，可知情狀。冬夜枯坐，回憶生平所歷之境，一一以七絶紀之，名曰《復丁老人詩記》。現得百四十首詩，不能詳系之以注，可作年譜，可作遊記。門人朱念陶觀察擬爲付梓，此時心緒紛如，無暇自録清本，寄呈鑒定，乞賜弁言。先肅布臆，敬叩道安，臨書馳印。炳照再拜謹上，新正二十日。

二

藝風先生函丈：

日前疊羾尺書，並附詞箋，亮登記室，迄今未奉賜復，引領爲勞。北事決裂至此，不知合肥如何議結。南防雖嚴，蘇垣謠警駭人，富室有遷徙他處者。潯局清苦不堪，敝眷仍戀舊巢，現值電報喫緊之時，不遑內顧。天荆地棘，不知何處是樂土邪？金陵整軍經武，自固藩籬，決無佗虞。瀛眷想仍居院中，抑或吉旋珂里，便希示慰。新刻又添几種？前承允貺《續刊名家詞》《東人詞》及《家集》《年譜》各種，竚盼饋貧之糧，藉作消愁之券。有便即寄蘇垣敝寓轉遞，快睹爭先，以慰饑渴。《聚學軒叢書》共若干種能否鈔目備閱？卷帙繁重，不敢妄冀索贈也。社友寥落，夔伯近客秀水縣署，書札時通，有題必作，石言爲不負矣。奉題紅豆卷子及改定拙詞，共計四首，亮荷采覽。夔伯善畫山水，近爲粟香作一幵《山人村居圖》致佳，如倩點筆，以新刻酬之，遥結墨緣，何如？曩歲君與石公客遊西湖，邂逅相遇，未及請謁，至今嚮往。拙作近詞四闋，感時紀事，似尚不失比興之恉，方家正誤是幸。專肅布臆，敬叩撰安，順賀秋禧百益。劉炳照再拜謹上，八月十日。

三

藝風先生史席：

月前得粟香書，敬審從者同遊荆溪，即旋金陵。比惟聞望益崇，纂述益富，下風引跂，仰止彌殷。寄龕書來，屬致欽遲，允睨全稿及校刻各種，遇便寄滬，托汪子淵、莊仲咸兩公轉遞南潯，再寄淳安最妥。夔伯書來，前惠刻貲六翼，尚未收到。舊居停，因病出缺，新居停，未能改署，一枝之借，尚無定所。屬求執事於江楚譯書局推薦一席，俾獲常親左右，藉聆教益，同深瓣禱。專肅布懇，祇叩道安，鵠候賜福。癸卯十月十四日，炳照再拜謹上。

四

藝風先生史席：

月之中旬曾肅寸箋，計邀台電。比惟道履安吉，慰如遠祝。頃接夔伯來書，述及捐惠刻資六鍰，如數拜領，屬爲道謝。前託推薦一節，不必拘定譯局，即上海、杭州兩處蘇州亦可有可以噓植之處，務求俯賜汲引，不惜齒牙餘訖，俾獲枝棲，感跂玉成，無殊身受。專函代懇，敬叩撰安，鵠候復音。餘詳前函，不復覼縷。炳照再拜謹上，十月二十六日。

五

藝風先生函丈：

月前疊玨兩函，附《詩記》清稿一本、續增七絶二首，計均上達籤掌，迄未奉復，馳系良深。昨閱手致淵老書，諸君意見不合，此乃吾鄉素習。目下一切曾否定議？便希詳示。宮保修志捐數，准以三千爲究，竟不肯多出，屬爲道達。初七挈眷前往東洋就醫，實爲治廠拉攏生意起見，切勿宣佈。舊書放在新洋房内，迄未開看，屢促完璧，尚未交下。續刻《先哲遺書》之款，須俟回滬後方可支付，尊處何日開工，校勘酬勞前有定例。小子硯田不稔，不得仰企我公爲籌生色也。特此馳告，餘詳前緘。敬叩道安，統惟愛察。炳照再拜謹上，八月十七日。

六

藝風先生史席：

昨奉賜答，辱荷關垂，至深紉佩。現承曲園先生薦閲丹陽試卷，往返須坐小輪二次、民船一次，□瘠地僻，所得無幾，亦殊不值。惟念曲園雅意，推轂情不可負。試畢到蘇，或再謀蘇垣府縣閱卷，積少成多，不無小補，聊濟目前之急。尊函過，蘇面交屺公，如再通問，乞將求薦閱卷一節申明之，以期得當。感德尤非言喻。惠件寄屺公處留存面交，決不致誤。承詢敝寓用度，向來非六十元不可。被災後，衣物蕩然，置備不及，先謀糊口爲急。辱愛附陳，手肅鳴謝，敬叩道安，不盡弛印。炳照再拜謹上，二十一日。

七

筱珊先生左右：

久不奉教，夢轂維勞。辰下遥惟餐衛咸宜，著述益富。望風額手，時切欽遲。各省憂旱，蘇郡前得大雨，四境霑足。近復間日一雨，積潦成渠，下田淹没，又患水荒。省垣劫案頗多，濱湖一帶尤甚，蘇杭雖報獲副渠，確否尚未訊明。天心人事，淆亂若斯，將來不知何處爲安樂窩也！賤恙時發時止，衰老侵尋，學殖荒落，秦淮舊夢早已淡焉。若忘通人不棄，時以文字商榷，遠道寄貽，投其所好，插架日富，藉此自豪。兩年所作，合成一卷，清稿寫定，無力付鍥，容緩寄呈正誤。尊刻《詞録》已印行否？《補遺》約有幾卷？《先哲遺書》《名家詞集》續刻幾種？便希示及。湝老近遊金陵，下榻高齋，奇文共賞，疑義與析，此樂正未易得，豔羡奚如。手肅，敬頌撰安，臨穎弛仰。七月八日，劉炳照再拜謹上。

八

藝風先生函丈：

昨蒙損答，具審一一，翹跂高軒，所至倒屣。挹西山之爽氣，作南國之經師。課士餘閑，精心校讎，補闕拾遺，德同掩骼，開來繼往，望重掄材，引領下風，彌殷景仰。炳照近有苕霅之行，春季中旬可返吴下。拙詞《續存》寫樣將次校竟，畸零付鍥，手民不甚經意，濡滯衍期。粟香書來，同此悵恨，渠近爲駔儈所欺，折閲過多，情緒甚惡，書札漸稀。辱承慨助刻貲，已銘心版。允賜《家集》及《孔北海年譜》《十四名家詞》《東人詞》《鹿鳴詩册》，遇便仍寄蘇寓。《聚學軒叢書》總目便希録示。近得新刻兩種，擬奉采覽，因局寄不便而止。今秋旭公重宴鹿鳴，或同作秣陵之遊，暢聆教益，藉罄闊衷。佑、閏二公書去，久未得復，南北遥暌，不獲同聲相應，何文字之緣慳邪？寒碧詞社每期交卷不過四五人，屺懷家事困衡，叔問境遇拂逆，不暇復唱，渭城、復堂老病，磵盟、石瞿、蒙叔相繼下世，同好零落。磵盟、蒙叔詩詞均已刻成，石瞿性懶，不自收拾，其子三人糊口四方，無暇及此，搜刻之任微遲，鞠其誰與歸。《經世文續》杏公曾贈一部，《先哲遺書》僅印四十部，均存上海，屢索未得。《玉臺山人雙紅豆圖》已排入四月分社課徵題矣。兹先録近詞四首、社詞五首、金詞五首呈正。梅伯言、管異之兩先生文集，書局前曾寄售，坊間容亦有之，務乞各購一部，附便寄下，該值若干，明示遵繳。瑣瀆心感，先此鳴謝，敬叩道安，不盡所懷。庚子二月既望，劉炳照再拜上。

昨奉手翰，承惠《北海年譜》《鹿鳴雅詠》，衹領謝謝。《年譜》尚乞搭印十通，分貽同志爲荷。

九

藝風先生函丈：

日前兩肅蕪箋，一由局寄，一托粟香轉致，計均上達典籤。昨得季厂書，述及台從吉旋，在郡勾留三日，置酒高會，群賢畢至。德星在望，益切欽遲。比惟安抵秣陵，動定咸豫，紀遊佳詠，便希示讀，以慰仰止。季厂又云《玉臺山人雙紅豆卷子》畫三美人作攜鋤種花之狀，拙詞殊欠藴藉，與畫意不合，改定録呈，即乞正誤，前稿擲還。兹附册式二紙、事略一紙，敬求賜題，社詞三紙並備采覽。前蒙允貺新刻各種，想已檢交粟香，寄蘇客邸，無俚先睹爲快。課士餘閑，竚錫鍼車，俾知趨步，至深瓣禱。半塘老人寄贈新刻《夢窗詞》，欲矯毛氏失校、杜氏妄改之弊，而疑誤亦復不少，諄屬考證，未易卒業。專肅布臆，衹承道履，不盡馳依。庚子五月既望，劉炳照再拜謹上。

十

筱珊先生左右：

疊奉兩椷並校改《詞録》八卷，由閏翁處轉寄，諒均次第上登籤掌，迄未得復，跂念良殷。尊刻《名家詞》，同好皆以先睹爲快，允惠六部，至今尚未寄到，尤深夢想。《常郡先哲遺書》續刻幾種，亦希賜讀。兹寄上《東夫山堂詞》《能静居詞》《緑夢軒詞》《衷弦詞》共計三本，以備采擇，選畢並望寄還爲禱。手肅，敬叩道安，鵠俟賜福。三月既望，劉炳照頓首謹上。

況詞拜領，晤乞道謝，允賜題詞，速藻是幸。

十一

藝風先生史席：

別後曾布蕪箋，計早塵鑒，伻來奉教並書一箱，當即送呈面交簽押房家人收存。宫保月朔赴蘇秋祭，初三旋滬，初七即赴東洋就醫，電奏底稿昨已見過。袁宫保五十生辰自書詩屏，連日忙碌，書箱尚未開看，售否隨後布聞。志局已經開辦，郡人各盡義務，萬不能計較潤筆之豐嗇。辱承下問，俾賤名獲附驥尾，曷勝欣幸！鄙意人物、藝文兩門自問尚可勝任，條例、格式均望擲閲，以便遵辦再送。宫保東征後，淵、蟄二公及鄙人均須分撰壽文一篇，節關在即，或可藉此津貼。揆丞匃合辛卯同年，製送壽屏，於仲秋下旬爲宫保稱觴，竚盼從者節後來滬，暢聆指示。先此肅復，敬叩道安，統希藹察。戊申七月廿九日，劉炳照再拜上言。

十二

藝風先生史席：

前月曾奉尺書，並校過閨秀、方外詞四卷，交閏翁轉寄，計日早登籤掌。久未奉復，跂念良深。兹再寄上覆校《詞録》前四卷，至希察入。國初諸老於詞律不甚精究，未便擅改，僅就手民訛奪處一一拈出，標明上方，統候鑒定。續印各卷望即寄來，暇即代校，異日書成，得附賤名於序例，爲幸多矣。允寄《名家詞》六部及新刻各種，同人均以先睹爲快，曷深盼禱。專肅，敬叩撰安，臨穎弛仰。三月初七日，劉炳照謹上。

十三

藝風先生左右：

日前肅復蕪箋，並附拙作，計早達籤掌矣。李文叔《水雲樓詞序》從《琴語堂雜體文》抄出，以備補刻。驧從何日安抵金陵，迄今未奉還雲，無任翹跂。日昨又由閏公處交到命校《詞録》四卷，兹先將校過閨秀、方外四卷寄呈鑒定，丁氏《詞綜補》未刻稿已由閏公索得，即擬細閱一過，先將常郡之未入選者抄備采擇。新印《名家詞》便希多寄數帙，緣同好均以先睹爲快，時來詢索故也。《先哲遺書》續成五種，亦望隨時寄讀，俾附校字之役，曷勝萬幸。順承起居，臨穎馳仰。正月二十八日，炳照拜上。

十四

藝風先生史席：

客蠟曾肅蕪緘，並附《萍緑詞》一册，計登籤閣。獻歲以來，遥惟福禄罄宜，纂述益富，下風引領，時切欽遲。春寒特甚，病軀孱弱，尤覺可畏，杜門習静，藉省無謂之酬應，亦偷閒之一法也。杏翁來蘇拜年，耽留二日，即由滬之鄂矣。留園刻書，疲玩已極，恐亦不能持久。執事校刻宋賢文集兩種，尚乞續頒，以慰渴忱。《名家詞》近添數種，《常郡詞録》曾否出書？均縈寤寐，忝附同好，亮不吝寄讀也。復堂處有止庵未刻各稿，宜興周氏屢屬代求録副，以備增刻。前曾致書並乞鼎言介紹，未識能如願以償否？便希明示。湝老有上元節後來踐鄧尉探梅之約，賤恙未痊，山靈能不我遐棄邪？拙詞二闋録呈誨政，課士餘閑，務祈時錫良箴，俾獲佩省。肅頌起居，臨穎馳仰。丁酉上元後三日，劉炳照頓首謹上。

月上海棠題錫山鄧石臞學博濂《海棠巢填詞圖》

海棠一樹閑庭悄，似嫣然、無語向人咲。自賞孤芳，者情悰、只儷知道。傷心處，訴與東風未曉。　夜深故把紅妝照，剔殘鐙、譜就斷腸稿。恨不同時，問寒梅、幾生修到？春長在，願花明年更好。

語石就正草。

十五

藝風先生函丈：

久疏音敬，時切馳依，惟餐衛咸宜爲頌。炳照重到潯溪，依然雌伏，北窗高卧，惜未能領略羲皇上人樂趣，五柳先生之所以不可及也。潯鎮多富商大賈，絶口不談文字。夔伯近客繡水，尺素常通，倚聲遺悶，渠爲執事作《垂虹感逝圖》，意境淒絶。屬將大作録示，容即繼聲，以續《詞林紀事》之後。石公寄贈《盋山文集》，頗有奇氣，惜未奉手，索題《松花江踏雪尋詩圖》，尚未屬草。汲古閣輯刻《詞苑英華》及海鹽張爾㭿《詞林紀事》兩書久覓不得，鄴架有藏本否？拙詞續刻樣本曾托粟香呈正，計早上塵籤掌。近歲校刻各種允賜寄讀，迄未拜領，心焉係之。著作餘閑，乞錫鍼車，不遺在遠，尤私衷所瓣禱者耳。專肅布臆，敬承道安，臨穎主臣。辛丑小暑後三日，劉炳照再拜。

惠件仍寄蘇州閶門内包衙前敝寓轉遞最妥。

吴慶坻

藝風年老前輩大人侍史：

醉漚談讌，飫德無量，《廣雅書局圖》率題四絶録上，祀竈詩並繳卷，乞是正。葉氏兩卷子亦繳上，似止相尚須一題也。壽讌詩卷子裝治竣工，即應齎上。因同人尚須傳觀，擬於人日社集濤園家攜往同觀，再行面呈。先此達意，敬請年安。

侍慶坻頓首。

楊模

一

筱珊仁兄先生大人閣下：

前復寸椷，計塵青睞。比閱致若溪函，敬悉一切，並承軫念下邑風尚，不惜熱腸苦口，指示南鍼。何幸何幸！竊溯三年前錫山士論，誠多龐雜，良由東海頹波浸淫，灌入内地。自敝堂以孝敬忠愛爲宗旨，以經史、掌故、輿地、算數爲學程，近年漸次翕然。當不致如執事與季直，以江左首出之材，挈提綱領，可爲全吴慶得人矣。敝堂開設四載，生徒四十人，教師四人，皆係文行兼備，凡所指授，壹本孔孟微言、經史大義，而尤以孝親、敬長、忠君、愛國爲宗旨。蓋孝弟根本之事，修則犯上作亂之邪説自無隙以乘之，此可昭告天日者也。來書云云，或亦告者之過，否則陋巷一二小生之狂言，敝同人久已屏斥净盡，不致輕犯此病。既拜箴言，益當加勉而已。譯編課程，實興學之權輿，重賴通人主持，定臻美善地位。竊謂五洲性質，萬有不齊，原書既經重譯，宜以東瀛之質幹，文以中華之面目，庶學童不以見聞未及爲疑。東人初譯西籍，亦本此意，想高明當以爲然。敝堂經費奇絀，歲闌益甚，二縣之有司漠然無動，因此苦況不得不號呼申訴於帥座。今時閲月餘，通飭與飭議之件尚未頒到，殊爲焦悶。尤望鼎言噓拂，俾敝堂垂絶之一綫得以復延，冀日後重加推擴，則我公之造福梓桑，實遍大江南北，而以竢實爲請，自隗始也。何幸何幸！百叩以求。章定安同年慨念横流，志存康濟，嘗有所纂述，付梓問世，坿呈二册，乞加裁正。所議任董之方，徵諸東西各大邦，頗覺不謀而合。近復有論説，俟屬稿既就，再行寄請商定，並示季公續布一椷，由舍弟交呈，諒邀青察。手復，敬請道安，諸惟心照不宣。弟楊模頓首，冬月廿八日。春臺世兄均此致意。

二

筱珊仁兄先生大人閣下：

頃奉復函，具審振提學校、興起文明之盛意，感佩不可言。模前謁峴帥，略陳芻論，謂全省將改學堂，牧令賢愚不一，難保無專衍塞責者。應由省垣特派賢明大員一二人，以總其成。一切章程款項皆須稟候核定，並以條理之臧否、開辦之遲速爲有司之賞罰，頗荷嘉納。今賢智之慮，明年城廂蒙學堂添設甚多，未免言人人殊，莫衷一是。意欲稍加繩檢，徐示軌涂，仍賴貴譯局迅速成書梓行，遠邇始有遵守。前上説帖，荷宮太保手批行派辦處，今重録一通坿上，乞即代呈若何？批示轉行及前具族實籌款、東林改章、改設蒙學四稟王鳳儀、楊模呈首列名。批牘已榜示督轅，無人抄録，均祈托人照抄，飛速寄示尤幸。模初七擬赴蘇垣，晋謁藝帥，面陳一切。專肅，敬請道安，諸惟心照不備。楊模頓首，十二月初五日。

三

今聞貴校教課嚴正，名譽優長，自願負笈相從，親霑化雨，倘蒙不棄葑菲，進而教之，幸甚！捍鄭尚滯蘇門，近得音耗否？《塋陽遺事》乞飭摘要録寄，俾成完璧尤幸。吴中争省額，迄未轉圜，皖贛復有違言，然則金陵爲三省公共地矣。奇奇！肅懇，敬叩道安。愚小弟楊模頓首，十月十一日燈下。

敝寓仍在武昌大朝街北首，賜函寄彼，或逕寄漢陽道堂均可。重刊類稿三種坿呈二册，乞訾政，餘二請交聚卿同年，並叩近安。不另。

王步瀛

一

筱山先生同年大人閣下：

伻來讀手教，殷拳至感。志事得公主持，必可速成，幸甚幸甚。而誦先、我彭數月以來爲志事往返籌商，深資臂助。今台端特舉爲副總理，具徵知人之明、料事之遠，挑燈擬稿，即昨奉手教，祇承壹是，就諗名山望重，箸席風清，慰如朊頌。六月廿一日各邑紳士會議郡齋，到者止十餘人。宜荆因辦平糶來函云郡紳決有成議，下縣自當遵照。靖江因雨多水漲，船隻不通來函云希頒章程以爲矜式。均無人到。是日提議首重籌款，其次用人。議決者凡八條，已經排印，附呈聰覽。尊恉擬先采訪而後設局，自是正當辦法。嗣經諸君公議，謂不開局則事無歸宿，恐人心散涣，仍至有始無終，先開局則糜費滋多，誠如卓論。計出兩全，莫如先設公所一處，祇延司事一人，專管收發、采訪、格式、往來文件等事。經費既可撙節，辦事又有總匯，衆論僉同，應即照辦。現擬公所即設在周緑巷金湝生先生宅内，凡事較爲靈通，誒定期開辦，再當函懇台旆惠臨，以昭鄭重，並可面商一切。至測繪生，則頗難其選，既須藝精，又須品卓，夾袋中如有人物，希即示知，以便妥商延訂。尊擬條例，精核博大，至爲欽佩，容俟交回，即爲奉上。先此布達，敬請箸安，諸惟垂察。小弟王步瀛謹頓首。

當如命照會廿八日送去。湝老下鄉，廿八返轅，采訪一層，前經通稟，各歸各縣，分任其勞，昨已札飭八縣，刻日舉定采訪各員，速行開辦，並備新志送局。至各縣舉定分纂各員，昨已開單交湝老寄上，諸希裁酌施行。弟承乏貴郡，數月以來，體察地方情形，當從本原下手。擬辦諸事，大都方引其端，而限制鄉董，尤爲化民成俗之樞，亦未及實力舉行。承端督憲批飭，無一善政可數，實深惶悚。惟府志一節，關係地方二百餘年文獻，幸八邑贊成，聊可自慰，尤望鼎力維持，早成佳志，實切寅盼。惠寄全目，著作宏富，隴上得當，必踐前約。允賜拙輯《金石文録見叙》及《廣武將軍碑跋》，脱稿後望即見示。弟日昨卸篆，如釋重負，行客盼路，慮不及爲金陵之遊。翹企輝光，無任依戀。秋涼，伏惟珍攝，萬福爲道，自重不宣。年小弟王步瀛頓首，七月三十日。

二

筱山先生同年大人閣下：

顧家相

筱珊仁兄先生執事：

秋間辱承賜復，深慰下懷，匆匆未即答爲歉。比維君子教思無窮，甚盛甚盛。節老已權柏菉，仍可主持學務，益加宏擴。不佞前奉廣雅委辦漢陽道師範學堂，正忙開辦，教員大致齊集，楚産居多，望□即行開校，學生百二十人，切望指南，藉資韋佩。敬有懇者，無錫徐生灝前在族實多年，頗識普通門徑，材氣堅卓，爲一堂之冠。局大小兒前來金陵，本擬令叩謁台端，適軺車已駕，望塵莫及，兹將其舊歲闈卷恭呈鈞政。弟所刻先代詩集及毛子林師《關中金石文字存逸考》，容俟回南昌後檢出寄呈。倚裝匆泐，不盡欲言，敬請箸安，惟照不賜。年愚弟顧家相頓首。

陳慶年

夫子大人鈞座：

前月二旬左右奉到手諭並《曲目表》原稿刻樣，當即校畢，日内當可改好墨印。近又由陶刻字送來鈞示及《奉天録》二本，已分致森甫，均感慰無既。宋元兩《鎮江志》，吕大兵備於正月間晤談，擬出七八百金交慶年付刊。近以有太西之行，遂作罷論，深可惋惜。兩湖改章，分經、史、地、算，日擇出應講授者付諸排印，發給院生師弟，每日接見考核。近以各門所印未齊，尚無功課，雖日上講堂，行故事而已。史學幫校一席，以南皮殷殷諉諉，未克堅辭，束脩四百金，較之善後局另發火食，所多有限，而勞逸相懸，判若霄壤。近擬函致懋觀察，暫緩説明，容返寧晤商，方能定局。洋務書現催繳卷，擬於出月趕完，不復久稽矣。丁秉衡近晤數次，説代拓碑版數種，曾於客歲由局郵寄，未知已否收到，如有賜告，必望提及。寒暄不時，多多珍攝，敬請鈞安。受業陳慶年叩，丁酉五月十八日。

外致善後局一信，請即飭送爲盼，内有索補《西學書目表》缺頁，前次已寄過，未收到，此次乞要回片至禱。

顧玉書

筱珊先生大人閣下：

奉攀塵教，條餞歲華，馳系之私，靡時或釋。春初曾由約翁處坿塵《雙溪集》，亮邀察入。暄風清龢，陶陶嘉月，敬印皐席煇尊，道履康勝，激揚碩學，誘掖後進，鍾山之英，厥荷陶育。斗杓斯顯，吾道南來。維纂述成一家言，當益侈侈隆富。承示《常郡詞選》，發幽光於文囿，闡先達之清芬，捃攬裁流，兹事甚鉅，網羅放失，懿無隱不燭。敢謹塵上先君子遺稿二帙，半掇拾於兵燹煨燼，僅存大略，中倚聲數十闋，或有可備采緝之處。龍泉雖翳，得望氣而將騰。我公賜之洗垈，坿諸毗陵文獻作家後，則先君子於此爲不朽矣。幸何如之！感何如之！耑肅，敬請道安，維希惠察不既。顧玉書頓首，清龢月廿三日。

楊豫泰

小山仁兄鄉大人史席：

月前奉到朶函並賜《詞選》，情縈楮墨，如見故人，愧乏報復，不勝抱歉耳。辰惟硯祉多佳，諸如心頌爲慰。弟株守如常，薪勞仍舊，彳亍於大酒肥魚之會，消磨於車塵馬足之間，萬斛雄心，幾如没字之碑，刮磨殆盡。雖在青山緑水間，無心領略，辜負風月，誠爲可惜！近日牢騷尤甚，不特不敢作詩，更不願言詩。境地使然，毫無興趣，不能勉强，足下尚祈諒我。嘉州金石已託多人代覓，容俟緩圖，再爲報命。肅泐布謝，覆請道安，統希融鑒不既。鄉愚弟楊豫泰頓首。

張樞

一

筱珊先生世大人閣下：

專足歸得令姝書並承代命觀風十題，敬知税駕武昌，是以未泐謝椷。頃間蘧使來，得披手畢。董庶常關聘英蚨均收還，惟代撰觀風告示，搜遍函中仍不得，尚望續録賜寄，俾得即日舉行。董庶常辱公推轂，亟盼來遊。前次令姝書來，即悉景公患瘧，倘承不棄，則霍然之後便可命駕。若因脩脯不腆，似可再作商量。倘謂鄙人積誠未至，終不彖來，則相需雖殷，相遇仍疏。鄙人亦何能過强，特未識先生意中別有人在否？此間自上月廿七日至本月初三日，朝朝大雨，平地成河。城門問渡，東南低窪之區，田廬水溢。此蓋鄙人不德，召此天殃，摧斯民命。幸禱祈後不日放晴，水勢亦漸漸消退，唯圩田不無傷損，尚切殷憂耳。江鄂三折，先生處如有底稿，尚望講書之餘，録郵一讀，實所至願。吴粤丈瓜期晌代，人地都宜，鄙人以戚黨兼同舟，借我寇寇君，願與珂鄉父老同卧轍也。匆匆此布復，不能詳盡，敬請講安，諸維愛照不備。世小弟張樞頓首，六月十二日。

倘承賜復，請飭送南京四象橋桐城錢公館錢雨人處轉寄較妥，來紀付川資兩元。又行。

二

筱珊先生世大人閣下：

久違榘範，方切榛思於役。金陵重聆玉屑，雖匆匆胖襼，亦解輖饑。敬維慶溢鳧舟，祥呈鱣席，允符臆祝。弟赴揚定省，往返經旬，今已於初十日來此受代。下車伊始，百事忙人，先生枕葄之餘，留心時事，南針倘錫，感幸至深。教讀閱卷一席，近得蘇函，鄧太史仍在節幕，未便招致。今擬聘請董太史來屈絳帷，特備關書一通、程儀拾貳圓、聘儀陸圓，專人塵覽。倘有不妥之處，尚祈代爲改正，然後賜予一函，遣去足由省逕送如臯。惟兒輩學殖久荒，而此間書院亦須開課，務望代爲速駕，是所至企。兒輩駑駘下質，年越弱冠，草腐松堅，在斯數載。而弟少年失學，此道茫然，惟默觀時局。所學總以史學、時務爲宗，擬照近今各學堂之例，酌定課程，逐日講論。至下榻館中，倘能一年之内有三百餘日，俾兒輩無或作輟，感佩更深。課讀閱卷之外，偶有緊要書牘而爲尋常記室所未能操觚者，擬間一相煩，此層可否代爲婉達？尚希酌之。弟飄泊半生，宦情爛熟一身，得失久不關心，惟下顧兒曹，最爲切切。仰承摯愛，慶得名師，此後得尺得寸，悉屬提攜之德，實不獨品題月旦、仰賴匡襄也。高誼難諼，唯有隰桑三復而已。耑牋奉懇，敬賀午鼇，並請講安，諸維離照不備。世小弟張樞頓首。

朱正元

一

筱珊先生大人閣下：

晨間趨謁，渥蒙關垂，感銘無既。坿呈稟稿一節，總思之似不甚妥，且反落轉輾請托之迹，不若仍遵鈞意，摘録稟中要言，代爲申訴，較爲得體。迨憲意既動，然後進稟，自易動聽也。肅泐，敬請勳安，伏維垂鑒。朱正元謹肅，二十四日。坿呈稟稿兩件。

二

敬再肅者，昨函想蒙鑒及，抑元更有請者。前晤理翁，頗以江南之款辦福建之事爲非，且恐接續不已，不知廣東業經辦過。長江自江寧以上，形勢究覺稍鬆《廣東圖説》略嫌疏漏，圖則並未印行，京友原有初會修補之意，但必在六省告成以後，且該省繁富，何須借助江南。則所求於南洋者止此矣。應否將此意提明，仍候鈞裁。瑣瀆不已，尚祈鑒原。手上筱珊先生大人，載請撰安。

朱正元謹再肅，廿五日。

趙詒書

筱山先生大人閣下：

昨讀手函並奉到《續編忠義録》八册，展誦之餘，莫名感佩。承示分纂、校對、繕寫共用洋二百元，前奉之款尚存一百元，刊板亦不得過三百元，仍由尊處交崇孝廉諸公經理，極爲妥協。茲奉上原書八册，敬煩代爲發刊。應找經費二百元，需用之日，祈爲示悉，當即照奉不悮。一切偏勞，諸容後謝。所有發還公文一包均已照收。耑此奉復，祇請年安。教弟趙詒書頓首。

孫筠

山長大人閣下：

敬肅者，頃奉手諭，祇悉與關，道械即致。念五日得惕齋信並提單，化學器具、藥品共實裝十六箱，前云二十餘箱者，虛揣之也。此藥品中有硫酸，横濱查驗時不許裝船，以保險章程不裝險物故也。經惕齋托説，頗費周章，約明只裝艙面，幸均安到滬矣。筠當即詣道署請給紅信，趕即報關，耐三公司船亦以硫酸險物例不許裝其實藥品中非盡硫酸，因横濱提單内注明硫酸三件故也。税司又以裝船轉口方許放行，至於裝不可，不裝亦不可。蓋裝必報關，報則無船可載；不裝必不放行，郵社難容久屯，勢處兩難，幾無善策。擬將十三箱先行報關裝船，其有硫酸之三箱再行設法，而紅信逾期，船名不符，又須赴署請換。何船可裝，明日再聞。小樓令弟適回家中，西藥房莫受託，此次非承明示留滬料理，礙難之處不免加多。惕齋來信，悔受依賴，筠已緘致謝矣。肅泐謹覆，祗敂起居百益。晚生孫筠謹上，念八。

擬購科學館所譯理化教科書五十本，每本三角，可否之處即請賜示。筠又叩。

薛華培

筱珊先生世大人閣下：

近日公私甚冗，年事更繁，致未得趍詣台端，暢聆大教爲悵。前者尊處借去《宋類苑》一書，計兩匣。刻有要件查閱，請擲交來價帶回，俟查明即行送上可也。手此，敬叩年安百益。小弟華培頓首，廿八日。

李淵碩

筱珊先生世大人閣下：

薊門一别，倏又兩年。春去秋來，星移物换，徘徊往事，此情此景，何日忘之。正擬裁書上條，忽承華翰，先施就稔。講席延釐，著作日富，至以爲頌。承詢近況，拳拳周摯，情見乎詞，感激之忱，曷能言喻。弟讀禮家居，豪無善狀，日與地師尋穴，半年來欲求一安穩之地以奉葬先君，亦幾如海外神山，渺不可即。目下歲聿，云暮寸衷，抱歉愁惱萬分。先君遺著尚未得人編定，一切年譜、墓銘亦未撰述，以至應爲之事至今闕如。撫心自問，負咎良多，誠不堪爲我老世兄道者。容心緒稍閑，即約二三知好，撿出應行付梓之書，鈔録寄呈。或竢方榖二家兄明年入都，路出申江，當逕道帶呈。爽秋世丈代刻《元秘史注》各書，甚爲感激，未悉伊處已有鈔起否？儻晤面時，或信便，乞代寄聲致謝問好。吴山楚水，瞻望爲勞，何日重逢，心焉如擣。蒙寄奠金，已謹告先君之靈，無任感情之至。繭復，敬請道安，並頌年禧，伏維愛照不宣。世愚弟制李淵碩頓首。

錢衡璋

筱翁有道先生大人纂席：

久仰荆州，未親叔度，月杪滿擬走謁，傳悉文旆赴吴場後，寒熱大作，濡滯奉訪，職是之由。越昨伻來，披奉華翰，辱頒佳槧，正襟展卷，仰見著造鴻博，搜藏精富，欽佩無量。蘅公居郡城買羊橋，伊公居江家街口，謹以奉復，容當趍聆雅教也。肅此拜上，即頌纂安。教小侄錢衡璋再拜，八月初二日。

黄子壽先生遺札

（清）黄彭年 著 杜萌 整理

【整理者案】黄彭年（1824—1890），字子壽，號陶樓，晚號更生，貴州貴筑（今貴陽市）人，道光二十七年（1847）進士。咸豐初入仕途，先後任湖北按察使、陝西布政使、江蘇布政使、湖北布政使等職。著有《三省邊防考略》《金沙江考略》《陶樓文鈔》等，並曾應李鴻章聘，纂修《畿輔通志》。以下所録黄彭年手書信札六十七通，内容多涉江蘇一地之政務，故可推斷信札主體應爲光緒十一年至光緒十六年（1885—1890）黄彭年任江蘇布政使期間所書。信中所稱「竹石先生」「竹石仁兄」「竹翁仁兄」，名朱之榛（？—1909），字仲蕃，浙江平湖人，以蔭授官，在江蘇任職凡四十年，對地方利病無不洞悉，故黄彭年於江蘇政務多有請教。另外，此次刊録文字中有多處闕文，大半因原紙水漬致字跡缺損。故録文中有礙文意之處，還請讀者諒解。

一

前得來函後，南豐亦送高維嶽書至，大略相同。中有俱係得之人言亦難信實之語，易將一節，南豐□而慨諾，繼忽□致函高維嶽，謂應渠與山谷主裁。此本一段血誠，何□諉卻，遂就擬作大加□潤，披瀝□□。今日上達，并以南豐之意寄函高維嶽，請其主辦。知我罪我，一□□之所以盡心於地方者，如此而已。

二

竹石先生座右：

俗冗未得趨叩。昨到滄浪亭，同朱□修應往觀後圃，屋五楹，桑徑桃園，小橋艸亭，殊有野趣。即以屋作韓蘄王祠，已召桐委，使修神座、備扁額。所費無多，而古跡都復，知乃必見許，故不待關白，亦鄙性躁急之一端也。又聞公家藏平戎高舊拓，世所希有，可使一觀，俾得雙鈎寶藏否？不敢相强，聊申請耳。敬頌曼福。彭年上。

三

君硯兄兩札奉繳，又與弟一札呈閱。金、焦風景，變幻不常，無怪君硯過慮也。楊守已晤，屬其速上飭提，亦慮復生他變耳。竹石仁兄大人左右。弟彭年頓首。

四

來示敬悉。陳令顢頇，不知事之輕重，經公指示，或當振動。吴令查件呈閱，語須謂令屍親具稟，痛弟情切，誤書致病。弟應之曰：我尚不知係因病致病，且安有令具稟之理？郭猾吏舉動，動輒露本相也。吴令言屍親已回，而楊守尚無往訊之信，亦可怪□。竹翁仁兄大人台安。弟彭年頓首。

五

王倅密查稟摺送閱，該倅未見案據，故姓名均不的確，存備查詢可耳。竹翁仁兄晚安。弟彭年頓首。

六

從前在湖北購律例，到金陵出闈，忽遽竟忘卻交辦，現擬函請許仙翁代交，赴鄂輪船代取。此項若由司詳院，由院批局，殊嫌周折。擬逕由司撥款，書到再行分給。但瞿觀察所開銀數清單，弟處遺忘，尊處如有存記，祈即查示，以便交金陵館員帶去。此請竹石仁兄大人台安。弟彭年頓首。

七

竹翁仁兄大人閣下：

今日得晴，甚善，然稻綿已減色矣。足指結痂，著靴則裂，現仍續假。撫憲衙門巡捕等支項，欲在司領取，其裁去之款，存司備撥，言之數四。昨已將憲札諮移，未知貴局如何核辦，恐詢及。敬聞，祇頌台安。同事諸公乞代致。弟彭年頓首。

八

平戎鬲刻手太差，二拓呈鑒，欲別覓能手，數月不得。謹將尊藏本奉繳，屬題跋及書楹帖皆命兒子爲之，不敢謂雛鳳聲清，然不似老鳳之襤褸蹣躅也。一笑。弟彭年啓上，竹石尊兄左右。

九

我幸更生，君真篤念，譬猶枯禾得雨而蘇，其欣快爲何如也。冬防在即，故得魁、周兩守公牘，即稟請中丞迅賜批飭，以便楊營及早赴功工局中。應否轉詳，即請鈞酌爲荷。弟彭年謹復，竹石先生座右。

十

啓者，學古堂住院拾名，現借正誼□齋房居住，究竟微有區分，因思錢令款本在兩萬之外，若用以蓋齋房拾間，則局面完全未知。卓見以爲然否？如以爲可，即請與熾翁商定，弟亦無成心，有所見輒奉商耳。學古堂條規内即可删除『住正誼齋房』字樣也。現在酌擬，脱稿再請教。此即，竹石仁兄大人刻安。弟彭年頓首。

十一

局詳擬諮大意，批詳後，請酌是否可用。即請竹石先生台安。弟彭年頓首。

宜興縣令決計告歸，殊可佩敬。

十二

昨以劉光才留蘇，韋正後營楊守備飭任電詢沅帥，頃得復電，謂飭劉到新任，亟盼履新，楊本不放心，又無人以易之。賈、樊兩帮辦，張慎德極稱賈，劉光才又舉周姓。周未之見，賈亦中才，較楊稍勝。閣下在蘇久，知有可用者否？札尚未下，或即作罷論，請密示爲荷。兩渾。

十三

浙友來書，奉賢一案，確已由浙派員往查，蓋丁、吴爲祟耳。瞿金魁嚴提速訊。兩渾。

十四

浙覆章程已到，惟於寬老少肩販一條異議，晚間從者見過一談爲荷。此頌竹石仁兄大人台安。弟彭年頓首。

十五

竹翁先生左右：

惠書并穀成太史函讀悉，函存録再繳。鈔律兩册，存俟校閱。奉復家書述及，弟謂刊之與《唐律》並行，使讀者攷源流，穀老當不吝。方令道濟學治，所述屢及元律，不知所據本，晤時當並詢之。彭年頓首復。

十六

撫憲面諭，同里釐局請派礮船兩隻，請公酌定。南渡局請派壹隻，似係照章。竹石先生左右，彭年上。

十七

少翁奉中丞諭，擬稿交來，即照繕發。前半昨函已及，後半則憲慮周詳詢甯，最爲妥協。弟黄彭年上，竹石先生左右。

十八

過令釐差由局札委褚令總巡，即由弟處詳委聲明。署臬尚未到，由藩先行委，又另詳委改過，局委員仍責成褚令隨時照料，與中路對調矣。廣庵兄回信呈閲，《圖書集成》已帶到兩箱，可快也。大病一日而愈，尚未得走叩。弟彭年上，竹石尊兄左右。

十九

昨示敬悉。頃晤蔭老，以與玉局混爲嫌。弟言此牧仲舊式，若改作宋蘇長史祠，亦無不可。請公將匾紙尺寸送去，聽蔭老斟酌何如？弟彭年謹啓，竹石先生執事。

二十

竹石仁兄大人閣下：

正誼藏書樓訪詢籌畫，僉謂藏書較多，恐非五間不足□下，可作官廳，則平屋可省。至看書之屋，即就樓下爲之，但須窗楹爽亮耳。兩小屋作茶房，并厠一間，均不可少。請委員看定。樓院須與舊齋房一院相通，則齋長書役均易安置。繪圖再奉陪諸君往勘，以便上詳。即頌台安，弟彭年謹啓。

二十一

酷熱甚於伏日，田乾禾槁，疫癘盛行，祈雨不降，奈何奈何。宋蘇長史舊祠聞在觀音堂之後。今其地大廳三間，似甚相宜。若置之五百名賢祠西偏小屋，恐太窄也。彭年□□，竹石先生座右。頃稟請憲札飭辦□河《繁露·求雨》篇。

二十二

兩函書票收到，即赴雨壇，容再詳復。竹石先生左右，彭長史祠成十三日，公局之便，司局數人各隨先後行禮，何如？

二十六

劉五一案擬請緩，末後數語以奉旨改監候爲詞，當不致駁。且由緩改實，即有議處，不過銷恩詔一級，未審尊意何如？謹以奉商，弟無成見也。奉賢一件，崧憲來文，有『慰幽魂』之語，將來若爲死者請恤，則翻案文字矣。弟意須首參活筆，如果係緝犯被害，自應請恤，現據云云，尚待查實，惟查緝私營之爲害民間云云，請參整頓。正摺以即係真監賊亦應送官報云云嚴辦，卓見以爲然否？兩渾。

二十七

手示敬悉。陝牘惟專案尚有存稿，秋審只一名單，無從檢呈。幕友説帖奉繳，既准不致勾，即照所擬，亦無不可。仍將前册一葉照繕蓋印，改本銷去可也。『親親之義已絶』一語，年上。

二十三

手示函稿，妥善之至，廣翁報書亦至。日内即交徐委帶去，報單領到。弟彭年復。竹石尊兄先生左右。

二十四

竹石仁兄大人閣下：

蘇公神位擬去『先賢』二字，已於桐委稟單内批記，想閲過矣。在院晤滋齋兄，談及弟因言設主之屋似應有宋蘇公祠，牧仲舊題如此，扁額請蔭老書之，滋兄即云往請蔭老。謹以奉聞並請台安，弟彭年頓首。

二十五

頃晤曾道亨兄，言即日赴金陵，公請□局應俟廿後公還再定。此請竹石尊兄大人台安，弟彭年頓首。

自謂抉禮刑之精。習申、韓家言者，不知刑出於禮，難與争論。此案既准不致勾，又不值専奉耳，一笑。彭年頓首，竹石先生左右。

二十八

手示敬悉，批内只説浙既不收，自應在本境貲遣，後到者毋庸解。浙三縣會同江、震兩縣詢明各該民本籍，分别遠近，給予川貲，分起委員押解，不及他語，亦慮鄰封執以爲詞耳。肅復，即請晚安，名心泐。

二十九

函稿收到，安插極難，張清一帶已有土客不安之勢，故冬春辦賑於荆溪，格外從厚。其土著亦深恐客民生心，接濟不遺餘力，從此或弭前隙，溧、金尚屬相安。若强置客民，將來或致生釁，不可不慮，此層應留爲極後一著，此時密函，使其預備，吾輩先籌分别貲遣之法。聞有眷屬資本在浙者，官即不收，渠當自往。蘇亦不能代浙强留，其有願歸本籍者，給貲稍豐，分起押解。頃三首縣來，諭令與江、震合辦，以貲遣爲主。安插溧、金一層，未向提及，誠以後患可憂。爲浙謀不爲蘇謀，非計之得也；爲一時不爲久遠，亦非計之得也。大約貲遣之後，所餘無幾，即安插亦較易，不致爲患。弟輾轉思維，似總以資遣爲先，公試再熟籌之，暫緩告三縣以函商之計。兩渾。

頃聞前去數起有數十人牽牛折回者，已派炮船住尹山橋攔阻，勿令來至城隅，批江、震稟，即飭與三縣會辦。

三十

瞿賡甫觀察來函並單呈閲，請照數籌解，湖北善後局今早據緝私營道稟，在奉賢緝獲私鹽，人船並獲。匪犯瞿金魁與裴得滐相識，請提省質訊，擬即批提。我輩初無成見，訊確定擬，一秉至公耳，高明當以爲然。弟黄彭年上，竹石仁兄左右。

三十一

書院此次定章，須垂久遠，稍緩細酌奉商。裴令擅自發信，金、錫兩縣不候批示，擅令委員回省，應飭委員仍往守提，院無案，應由貴衙門辦。先將裴令及兩縣申飭，如敢徇庇，定與撤參。兩渾。

三十二

鎮帥來函送閱。肩挑背負，與欲盡征之，蓋運商之言也。擬查例與諭旨，另函復之，何如？弟彭年頓首上，竹翁左右。

三十三

來翰並宫太保函讀悉。桐守記過，不過欲其振作，無他意也。近日官場遇事，不肯持正，專欲見好，以致民玩。即如劉蔭森一案，若非訪聞飭查，竟匿不報，以此類推，事尚可聞耶？桐守蓋見諸案認真，不免過慮，不知鄙人惟望其遇事振作，若不於事理講求，則亦辜負宫太保之盛意矣。原函並繳，敬請竹石仁兄大人台安，弟彭年頓首。

三十四

陝案鈔奉台覽，亦不甚對，其不能以擅殺擬之則一也。此頌竹石仁兄大人台安，弟彭年頓首。今年雲南牛叢一案相符，查存報可以。

三十五

李慶學治館課程，一經送閱，所論保甲各條，確有見地。遇總正出缺，請派充責以實行。此人讀書多，文章好，但有嗜好，姑節取之，如言不能行，亦棄材矣。此頌，竹石仁兄大人刻安，弟彭年頓首。

三十六

竹翁仁兄大人閣下：

手示致悉，擬件極妥，妄增數字，乞酌，即請繕呈。敬即台安，不肖弟彭年頓首。

三十七

昨交兩函，所議書價是先交壹佰肆拾金取書票，到館取書，再交《申報》館伍拾金，以符原議壹佰玖拾金之數否？請明示，以便函懇賡翁代辦。竹石仁兄先生左右，弟彭年謹啓。

蔭甫先生昨見過，已告以書匾事矣。

三十八

竹石尊兄壽鑑：

走視未得登堂，鎮帥復書，略改數字，皆浙規，無關蘇政。惟老少廢疾，酌定名數，此運司高人之妙算，亦姑聽之。已繕，候發至甯，再發彼件，較有次第。學古堂章程，昨始脫稿，請公與徽垣酌定，不妥處，删改勿客氣。

三十九

諸令已行，請由公發書局刊刻。三梟半月，有無弋獲，請飭電音。良帥南來確音，亦隨時見示爲望。弟彭年啓。

四十

手示致悉，章程漏寫一條，乞增入『博約堂祀高密、新安兩先生。每月朔望，學長同監院率齋長內課生行禮，畢齋長內課生均向學長三揖』。此條列學規之首。臬台朱大人。

四十一

竹石先生左右：

學古堂奉祀高密、新安兩先生，春秋致祭，擬請學長、委員、監院率齋長、住院諸生行禮。高密生日七月初五，新安生日九月十五，亦宜致祭。書院與學宮不同，無庸牲體祭品，惟備香燭及與祭茶點。每春秋祭，准銷洋一元，生日祭，備麵貳棹，准銷洋六元，又可園祀沈歸愚先生。滄浪亭蘇、韓兩祠，亦應有祀。每春秋令監院行禮，准銷一元，均於學古堂經費内支銷，請賜裁酌，如屬可行，當檄行存案。初次舉行兩生日祭，弟擬遍招堂内外諸生延觴學長，則弟自出貲，緣此等不可爲常份也。公謂然否？彭年頓首上。

昨晚飭稟臺基，則龍子在焉。既無他案，飭惠亟送還交帶清楚，但勿云已達上報而已。

四十二

曲轅老人來信送閱，該商等既有此善念，何以不由上海具呈？請兩兄酌示，以便函復。曲老或竟不答，何如？此頌請竹翁仁兄大人大公祖台安，弟彭年頓首。

四十三

覆示祇悉，桐守向來恇怯，在永平被合肥一叱而引疾，可哂也。子貞方伯來函，言鎮涇鼇卡事，子貞非妄言，且係鎮帥已允之件，該委何以不遵？請賜飭查惠發，以便函答。子函中言陝事，兩山長爲人排擠，到處皆然。扶持善類之難，强可深慨。閒職如此，官場無足怪矣。彭年頓首，竹翁仁兄左右。

四十四

頃得宫太保來函，與致公函同。蓋慮鄙人過嚴，非疑足下爲難也。復稟時但言不過欲其整頓，别無他意，不著跡象最妙。兩渾。

四十五

宫保來書送閱，何以答之？容晤面商。即頌竹石仁兄大人晚安，彭年頓首。

四十六

幸尚未發，正在籌改，實得手示當並課銀數，俱參活筆也。鑄錢發市，濟用並悉。早間奉商之件，持論過激，又一小過。竹翁仁兄大人左右，弟彭年頓首。

四十七

竹石仁兄大人閣下：

晋門放舠，候逾旬日，蕭艾之宜，鬱伊在懷。讀與月汀書，言越事倍艱於吴，買米充漕之策，恐不易辦。方共月汀評論，讀至紙尾數語，使人嗒焉若喪。已而轉念曰：我公當不其然。公宦吴數十年，駿聲既彰，一旦捨去，謂莫我知也。夫人既悔之，悔之且質言之。公又許之，不可以食言。弟與月汀謬蒙與交，公又以許夫人者許吾兩人，似尤不可想。然自公之行，惘惘如有所失，不獨兩局無能主持，群言亦少所折衷，日夕引領以望旆從之來。值此艱難，俟籌一箸，活人萬千。謹代吴民泥首百叩，務即命駕，以慰翘思，敬請台安，不肖弟黄彭年啓。

四十八

竹石仁兄大人閣下：

送上童米山所擬札論兩通，請酌陳、李、章三令作，並呈閱有可采者，乞指示。章令文筆可愛，志氣亦不凡，加以閱歷，應是美才。此請台安，弟彭年頓首。

四十九

早間赴院，均如所請，及將牌示，查出部章各省每年調署，實缺不得逾十分之一。本年吴縣、長洲、金壇、上海四調署較定例已多半個，違例奉調，應鐫雙級，武青只好作罷論，先將毋宜牌示矣。中丞患痢，不甚重，明日祀事已另派。此請竹石先生台安，弟彭年頓首。

五十

手示敬悉。初五公局遵照偏勞備柬爲荷。即請竹石仁兄大人台安，弟彭年頓首。

五十一

詳稿送閲，請改正發回飭繕。此頌竹石仁兄大人勛安，弟彭年頓首。

五十二

屬查之件送閱，初十堂期恐在假，不得奉陪。乞謁院時代爲稟達。此請竹石仁兄大人刻安，弟彭年頓首。

五十三

賜顧暢聆教言爲快。薛委開略甚明，辦理當必有效。摺繳以便飭局辦稿。即請竹石仁兄大人台安，弟彭年頓首。

五十四

竹翁仁兄大人閣下：

旭初函奉繳。魏牧與魁守函，言崑山情形，而憲不信。周煦山製造局會辦，刻刻不忘。今日詢係候憲札否，答云當由局札。請即飭褚令具稿。憲公留意人才，汲汲爲此，當其體也。敬請台安，弟名心叩。

五十五

下游鰲局最爲緊要，請酌安妥人，即飭局辦稿，勿再推讓。非吾兩人之交，亦非任事之道也。

兩渾。

馮已牌示電傳。

五十六

手示擬稿敬悉，容即繕後。但期大局不致淆亂耳。偉慮之精，實所深佩。錢牧替人請出夾袋所儲，弟意中未有相當之人，俟明日承教。即頌竹翁仁兄大人刻安，弟彭年頓首。

賜函仍書稟字，使人不能安，似非恕道。

五十七

詳稿附詳各一件，外周、許兩信，房開清單，請尊兄代爲審定。鄭幕大難詳稿，即奉稿，尤不得仰仗老斲輪也。細審賤恙，非麻黄不達，故決意服之，請假避風。今日已見激效。知念並聞。敬請竹石仁兄大人台安，弟黄彭年頓首。

五十八

兩縣堅請善人轉呈一函，謂非免漕緩銀不可，詞甚迫，善人亦無主意，請代決之。或明早煩攜函一商。中峯何如？封門不能走談，乞鑒原是荷。名心叩。付丙。

敝處十四方封門，而上面今日已揭曉。弟先期稟商，固站得住，然成笑柄矣，奈何奈何。

五十九

午間承代擬函稿，謝謝。後由《海運全書》内查出白糧一項，有通融籌辦者，有分年帶運者，辦法本無定章，而遞年起運，有七萬、五萬、四萬、二萬之不同，足見隨漕增減，並無撥補之説，俟再查考的確稟覆，不敢隨風倒也。常昭紳正稟司，前此既經出示，此次惟有發批，如有刁徒藉端滋事，定即重辦。開漕無事一語，亦屬難行。今日奉札令司代定收租成數，顯與論旨不能報爲定數之語相違，亦難遵辦。民猶水也，狂飆不息，波瀾驟興，操舟者即把舵堅牢，能保不覆舟乎？有心人當同沈慨歎。名心泐。丙。沈函奉繳。

六十

電傳諭催冬賑，想已閲悉。已飭局書辦稿催辦，俟部文到院，札詳復，君硯有行來否？聞謝紳有猶病之説，確否？官賑若不定限制，恐難措手。三縣稟四條擬畫飭賑區，何如？任信奉繳。即頌竹翁仁兄大人晚安，弟彭年謹啓。

六十一

手示敬悉，承更正，極妥。此請係弟誤聽人言加入，非葉令之過也。幸經刪去，否則貽笑鄰邦矣，謹謝。彭年拜上，竹石先生左右。

六十二

友人擬詳送閲，務乞大加刪削，似宜先叙免漕，後叙征銀，抗租一層，似只可略帶。若因抗租而免漕，則非政體矣。不合處甚多，統祈鑒酌。錢糧係藩司專政，若用局詳，則宜仍批司議，弟意亦不必多此周折。尊見以爲何？弟名心泐。

六十三

竹翁仁兄大人閣下：

明早請台駕見過，有要件奉商。敬請晚安，弟名心叩。

六十四

竹石仁兄大人閣下：

手示並培卿兄函敬已聆悉，請屬具公呈備案照辦可也。肅復。敬請台安，弟彭年頓首。培函並繳。

六十五

換詳終覺於詞不順，改爲另具簡詳。擬稿可用否？乞代酌。又幕以鎮關，兩千太少，欲減淞滬二千增入鎮江，可否？亦乞酌示，弟名心泐。

六十六

日昨賡曼壽之歌，飽君子之德，餘菜猶渥，感謝何涯。南豐昨函，金陵續籌三萬，以貳萬寄津，壹萬寄順。蘇屬似不可緩。擬司八千、蘇局五千、滬局七千，合二萬之數。公意何如？酌復後即當具詳。葉令已牌委賑局，尚須公文一件，副稿一件，祈用印，將公文擲還，弟面交札取書籍。由尊處逕交亦可。委員張晟，其副稿請存內，將來移交，亦密封另交，不入册可也。此請台安，弟名心泐。

六十七

員擬令朱令兼辦，薪津仍舊。若院局少暇，須另派，請酌定一人。非客氣，實思索不能周妥耳。敬上竹石仁兄大人左右，弟彭年頓首。

趙宗建友朋書札

（清）趙宗建等 著 彭文芳 整理

【整理者案】 趙宗建（1824—1900），字次侯，一字次公，一作次山，號非昔居士，江蘇常熟人，清末藏書家。趙宗建廣泛收購江南散佚的書畫典籍，其中不乏抄校稿本、仿宋刊本、明刊本、汲古閣本、殿本等稀有版本。如宋槧《竇氏聯珠集》、司馬光《資治通鑒》草稿、朱子《大學章句》草稿、徐霞客手書《遊記》底稿等。於虞山北麓修建『舊山樓』，編撰有《舊山樓書目》二册。此書札寫於光緒年間，爲手稿散葉，其中大部分粘貼於經折裝底紙上，少數散置，共一百四十餘張。其中既有趙宗建所作詩歌、隨筆、鈔經、祝壽帖等，也有朋友如李芝綬、季錫疇等寫給趙宗建的信函和酬唱相約之便簽，還有其配浦氏的墓誌銘及小傳。書札題材廣泛，内容豐富，真實展示了藏書家趙宗建的日常生活。

一、趙宗建所書

一

半生供養百花中，一笑居然五十翁。
滄海歸來如令崔，青山終許住師雄。
無求衹覺閒居好，此福庸知上界同。
最是尊前留恨事，十年未獲醉顔紅。

——四十歲病後不能飲酒。每飲輒病。五十初度，蒙諸□屢次醵飲，偶成一律，非敢自壽，聊以見志，并邀同志□非昔居士。

二

游石湖得十六均，録似虚霩居士粲正

昔聞石湖名，今識石湖面。古人不可招，遺跡令人羡。長橋若斷虹，高跨行春殿。（前人行賞處，夙物想游衍。行春橋當是宋舊）橋邊無數山，橋外萬頃練。晨光訝許明，麟落雲片片。上方靈響寂（昔上方山祀五通神，極爲民害，豫中丞禁毁），壿影望中見。梵宇久平地（海潮、治平兩寺，劫後俱毁），金碧感遷變。崖際隱層閣，翠壁入空蒨。游魚聚深潭，俯視驚瞥電。（僧畜金魚數百頭，大者有尺許）老僧勤朝課，泠然鐘磬善。昨登穹窿顛，屨踏西湖徧。好景不在多，盡向眉睫見。皇華曾駐蹕，至今稱行殿。我似行腳僧，能無三宿戀。人家多水居，擬縛芳庵便。肅瞻文穆祠，高風千古奠。

癸巳十月初五日燈下，非昔録藁。

三

歸隱新圖摹隺澗，山中老屋樹參差。傳家本有丹青筆，生子不如米虎兒。

漢碑舊拓留丹篆（碑中有姜印），曾入當初諫草樓。三百年來有同調，摩挲日望鴿峰頭（居士别墅在鵓鴿峰）。

松禪老居士得前明姜隺澗先生所藏《孔彪碑》，同時有歸隱圖卷，亦先生所繪，命小兒仲舉摹之，並屬題句於上，勉成二絕，聊卜老居士一笑。

光緒己亥仲冬非昔并識，時年七十有二。

四

元板漢隷分韻，詩人玉屑，左克明《古樂府》《壽親養老新書》《吕氏春秋校本》《吴越春秋》《初有學集》《方鐵崖文集》《天潢玉牒》《錢東澗集》《祕書志略》《饌史弈史茗史》《方是閒居士集》《明季雜著》《汪有典史外》《柳邊紀略》《賞心樂事》、唐《權文公詩》《常熟寔録補編》《王友石詩》《寒齋瑣綴録》、宋《張玉娘詩詞》《游志續編》《席帽山人集》《遵王注初有學集》（作兩部）、《大金集禮》《吴梅村詩箋》《杜詩論文》《毛先生詩稿》。共叁十部。

五

挈兩孫谿上晚步

流水小橋野店，斜陽翠柳柴門，時逢新雨舊雨，追隨元孫宗孫。

詠庭中秋色

淡紅淺緑又深黄，秋到山中集衆芳。特爲老夫開色界，一時齊學女兒妝。

六十四歲初度，祀康成先生於非昔軒中，偶賦四韻

昨宵一葉報秋還（昨日立秋），又展先生畫裏顔。有酒賭曾來燕市（戊午在京招同人飲於謝文節祠），無家祀共借狼山（辛酉避寇崇明，同緘老昆仲祀於寓盧）。千年豈乏同公降，七秩行開笑我頑。歲歲山中成故事，滿庭秋色正爛斑。

六

閏端午招周文之邑侯飲於東皋老屋。翌日以詩見贈，依韻賦和

萬方多事倦登樓，詩思無聊閉户搜。難得長官能折節，況逢佳客且忘憂。晚菘早韭宜寒士，霽月光風屬醉侯。今日恰爲

重午日，菖蒲觴飲共澆愁。

秋榜龍頭當日豪，忍言采匿與光韜。才非百里誰知驥，望合三公好佩刀。賦繼蘭成痛烽火（公有《續哀江南賦》），詩如亢結示官曹（公攝篆金壇，有《守城詩》）。論功聞道纓先請，翠羽榮於賜錦袍。

不負辛峰屬使君，英詞磊落媲皇墳。罪言杜牧空多感，拙宦潘仁爲好文。栗兆穿廳來舊地，譜傳理縣誦清芬。奉楊早贈仁風扇，和我新詩蘭麝熏（前承贈我詩扇和北墅十二詠）。

吏到循時便是仙，綢繆新政在幾先。蝗災豫立同人局，牧夢應占大有年。想見愁懷因雨喜，未妨吟鬢爲花顛。草堂何幸留題去，分寄瑶箋思若淵。

七

護生須是殺，殺盡始安居。

南巖勝禪師語，思之極有意味，故標出之。

八

北風如虎吼空林，端合焚香閉閣吟。願聚六州心鑄鐵，誓將三復口緘金。坐看世事雲生滅，莫笑人情露古今。只有枝頭黄鳥好，春來和雅送圓音。

二月初十日坐舊山樓，北風懔慄，春寒逼人，賦此以抒胸臆。髯。

九

四月初七日羅竹君五十初度，并懷衛鑄生

三百年來舊相門，黑頭未老有文孫。傳家法物留遺册（新得邵武太守分析諸子書畫琴研遺册），祝壽齋筵供至尊（竹君是日供設佛堂）。海外新歸詩志健（鑄生新從日本歸），手中早待酒杯温（飲我以十年陳釀）。明朝剛值牟尼誕，共爇心香報佛恩。

十

芝上人言，近有節度判官朱炎者學禪，久之，忽於楞嚴若有所得，問講僧義江云：此身死後，此心何在？江云：此身未死，此心何在？炎良久以偈答曰：四大不湏無後覺，六根還向用時空。難將語默呈師也，只在尋常語默中。師可之，其後竟坐化，真廟時人也。

十一

詠波羅蜜花

草堂花事漸凋零，忽睹明星聚一庭。天遣奇葩作清供，有人窗下誦金經。

乞得西方佛種來，珠光地湧墖輪開。夜深唱徧波羅蜜，早向燃燈授記來。

五人三百八十四，難得稀齡聚一堂。地卜林塘初結構，僧招鄰院共相徉。

入門氣挹秋蘭馥，堆案神驚古墨光。大暑正愁無避處，好圖五老水雲鄉。

〇〇〇日松老招同吴儒卿明經、姚湘涣學博、藥合龍上人及子集飲西山別墅。

十二

百年老屋剩三椽，中有衰翁手一編。絶似置身輪船裡，頂棚如雲壓人眠。

萬緑深中寄此身，清風爲我掃凡塵。疎簾作户籬爲壁，只放花香不放人（移榻舊山樓下）。

有福無如田舍翁，不知南面况三公。晚來攜酒柴門外，醉卧一堤楊柳風（桐下獨酌）。

流水小橋山市，斜陽翠柳柴門，時來新雨舊雨，扶持元孫宗孫。

近作數首録奉二華即正。非昔塗草。

十三

丙戌東坡生日，喜逢快雪，招同人祀於非昔軒，酒後賦此并懷緘老東坡生日祀年年，快睹晴窗雪色妍。亟捧香花親作供，偶攜絲竹佐開筵。停杯忽動黄壚感（席間之酒當是君梅所贈），舞綵争看白羽鮮（時畜一鶴）。寄語城東老居士，但參米汁便安禪（緘老示疾不出，餉以斗酒）。

祀東坡之後三日，又逢大雪，病卧梅顛閣有懷。

十四

矮屋三間若洞巖，緑蔭深處隔塵凡。桐花滿地無人掃，分付游蜂次第銜。

非昔偶吟。

十五

談詩談畫復談禪，夜夜挑燈笑語闐。此夕重來人不見，萬蟲如雨暗秋煙。

一棹煙波湖上過，賃舟爲訪大癡哥。三橋想見都停偏，浪說浮家張志和。

雲水光中獨往還，朝停柳岸莫落灣。畫師只有閒鷗識，看寫虞陽十里山。

隨身畫具佈如棋，坐卧煙霞樂不疲。恰對米家山色裏，一篷風雨墨淋漓。

若波下榻五旬，忽思效元真子浮家泛宅，匆匆别去，往來於三橋兩湖間，近雖咫尺，渺若天涯，積思不已，輒有所作，書付白鷗，聊代青使，以見我兩人之情好也。

十六

游魚伏沼鶴歸林，得睡休教萬念侵。高枕不嫌寒月共，空庭或許白雲尋。

醉饒一夜無窮福，夢繞青山不住心。當日北窗眠栗裏，無弦何苦更留琴。

非昔。

十七

十方三世佛，阿彌陀第一。九品度衆生，威德無窮極。我今大皈依，懺悔三業罪。凡有諸福善，志心用回向。願同念佛人，感應隋時現。臨終西方境，分明在目前。見聞皆精進，同生極樂國。見佛了生死，如佛度一切。無邊煩惱斷，無量法門修。誓願度衆生，皆共成佛道。虛空有盡，我願無盡。

光緒乙未元旦，志欲書經，早起復多忙碌，飯罷就案，指僵筆澀，又不能書。寫此皈依數行，以作緣起。

非昔居士，時年六十有八。

十八

芙蓉底事爲開遲，籬菊偏來鬥艷資。廿日白雲堂上住，可憐淚眼浣花枝。

先人遺構俯清池，讀罷殘碑淚滿髭。七十年來風木感，白雲望斷白頭兒。

痛元孫夭逝，移榻半畝園之白雲草堂，偶得二絶，信口吟來，無非淚痕也。

光緒戊戌九月十六日，苦髯并記。

十九

良夜無如此夜良，過年完却太平糧。燈花結蕊香成篆，眼看孫曾拜一堂。

己亥過年喜賦，非昔老人。

二十

一樹嬌紅白髮陪，幽居塵外少人來。可憐盡此好顏色，卻向無花開後開。

鵑花大開，獨坐非昔軒，相對終日，漫贈二十八字。

二十一

滄到黄花無可滄，東籬冷落盡誰盤。騷經詎料千年後，卻當新翻食譜看。

餐菊戲拈一絶，爲同人解嘲。

二十二

有一席地，展布四體，便是道場。一念卓竪，便是根基。一事撇得下，便是解脱。一境抵拒得過，便是降魔。一念相應處，便是證入。如此相續，在千了百當處求奇妙，失腳重崖也。髯抄存。

二十三

庚寅端五，晋三族弟五十初度，剛值夏至，稀遇之辰也。與伯兄設樽酒爲壽，并招喻梅、寶欽、幼耕暨弟姪輩飲於古春野屋。酒罷，賦詩一章紀事，以當祝詞

合被兒童唤艾人，喜逢端午是生辰。自來此日無凡輩，况值方丘奏及晨。兄弟招遣皆可主，友朋習熟好爲賓。無多酌取菖蒲酒，勸當延齡莫厭頻。

非昔居士手稿。

二十四

身在雲房夢亦閑，松濤雀影枕屏間。一聲格磔鳴簷際，信手推窗滿眼山。

竹床藤簟葛幃幮，解帶寬衣午夢餘。酒力來時猶夢境，忽然抛落手中書。

——此二首祝希哲所書，想即祝所詠也。時正盛暑，讀之覺清風灑然，愛而録之。髯記。

二十五

高樹覆清溪，松亭延落照。爲問京華人，欲返思艫棹。前曾見尊齋壁上懸王履吉山水，上題是否是此四句，弟何然憶著，特奉詢，希收之。天暑逼人，不能出門。髯。有義文水跋否？

二十六

病卧旬日，門無來賓。形影相對，有甚楚囚。時正盆蘭拆

花，驚逢並蒂，雙心吐艷，比翼欲飛。移置坐隅，病愁頓釋。

喜賦小詩以示家人

病裡懷人千里遐，天教仙使遣奇葩（是花爲翁尚書僕由龍巖攜來）。渾將二豎全瞞過，十日香圍共碧紗。

非昔手藁。

二十七

既得蝯書坡詞之次日，取舊藏馬湘蘭雙鈎蘭竹對懸於室，爲老蝯佳伴。殘年晤對，別具風致。坡公在上，當亦掀髯一笑也。復系一絶，詩示同人

散花禪合老蝯參，一見傾城拜亦甘。從此山中添故事，美人名士恰同龕。

髯道人又稿。

二十八

綠蔭堆積短墻圍，亂石欹斜一逕穿。一樣人間富貴種，到君籬下作神仙。

二十九

亂葉敲窗面面風，擁裘危坐一衰翁。桃花失色李花泣，共爾銷魂煙雨中。

風雨連晨，春寒如臈，擁裘小閣，攬景自傷。爲拈一絶，聊以遣懷。髯。

三十

情慾雖害人，要是自惑溺。吾觀日用事，飲食真勍敵。乃知匕箸間，其禍甚袵席。堂堂六尺軀，勿爲口腹役。

近每患口腹多貪，致多疾病。讀放翁此詩不覺悚然。書此以自警。髯燈下録。

三十一

留將小册付東床，珍重求詩有二郎。休怪老夫遲不報，山

哀水思太滄涼。

此册留梅顛閣二年焉。

三十二

十月十一日，先公九旬冥誕，同伯兄齋宿三峰寺禮讖，夜話感賦

長夜空山語帶辛，誰憐無著與天親。揭來古寺同三宿，爲祝先人正九旬。血淚難忘墮地日，白頭空負百年身。淒涼舊事休追憶，記取今宵樂事真。

三十三

寒食日坐柳下獨酌，看桃花口占

楊柳梢頭鶯坐陪，清明節近雨絲催。掀天一任東風惡，飽看桃花獨引杯。

時有謡喙，邑中遷者頗多。

三十四

扁舟愛向緑楊濱，畫舫團團作四鄰。一幅輕綃裹病骨，卻從艙底看遊人。

三十五

倪燦字闇公，號雁園，江南上元人，康熙丁巳舉人，應博學鴻詞，薦官檢討。乙丑，想其歸里後重赴官也，故石谷有送别之卷。

闇公有《雁園集》。（青溪在秦淮）

三十六

籬根拾得此枯枝，誰識東坡畫裏姿。正是峨眉菩薩竹，隱身苦待趙州知。

三十七

芥子龕落成，詩以志喜（龕在梅顛閣旁）

破竈敲開劫火紅（舊爲爨室），華嚴樓閣一門通。虚空借得團蒲地，便擬花梢結梵宫。繞屋梅花絶點埃，竹窗丈室一時開。而今喜有安身處，芥子龕中瞌睡來。

光緒戊寅季冬非昔居士稿。

三十八

病起，坐古春野屋，對鵑花有懷緘老

草堂久闃寂，錦繡自成叢。樹暗窗窗碧，花開面面紅。地偏容小隱，屋老似禪宫。寄語東城叟，還來一醉同。

髯道人稿。

三十九

種松三十年，居然過屋頂。日日對蒼顔，恰與白頭並。悠悠歲華久，渾忘少年境。樹高嗟不寧，人老抱虚警。際兹天怒時，無人能唤醒。博施病堯舜，世重美人請。未飽中澤鴻，徒使鹿險挺。既無六國印，遽奪田二頃。流恨滿江湖，慨此無盡景。俯仰天地寬，莫冀一身幸。颯然風雨來，頓失長松影。

庚寅閏二月初二日望雨舊山樓對長松寄慨。

四十

利名門路兩何憑，百歲風前短燄鐙。只恐爲僧心不了，爲僧心了總輸僧。

杜荀隺贈僧詩也。此詩田夫野叟皆能誦之，可謂造理有味，惜緇流不能自覺何。

四十一

抱琴榮啓樂，縱酒劉伶達。放眼瞰青山，任頭生白髮。不知天地内，更有幾時活。從此到終身，盡爲閒日月。

此詩讀之，胸懷頓覺灑然。白塵勞日老，風致自是不同，具見前生慧業逐清夢全消。非昔燈下記。

四十二

佛談般若即是人心。靈智云，其體無分而其用廣狹隨時，如登高崗俯察百里形勢，則此智瀰漫百里，及穿針時則束注針孔中，寫字時即於筆尖上透露作無量神變。予喜其語，不獨可爲臨池家三昧，真般若三昧也。

七十翁於燭下録出。

四十三

身色不自在，猶如脆瓦坯。色盡還歸土，神移別受胎。藉如空裏月，輪轉幾千回。掉頭不識面，元作阿誰來。

徐神翁自贊。

四十四

愛住山邊於水邊，名心早已澹如煙。歸舟信泊山塘岸，一抹晚霞日暮天。——姜實節。

閒卧虛堂古石邊，晚看野色一林煙。不知世上繁華夢，飲酒讀書又一天。——褚篆。

多病常居老屋邊，十年一夢醒如煙。笑看萬事如雲散，頗有閒愁問老天。——澹庵。

四十五

少甫表弟出示仲甫先表叔《秋曝廔印譜》殘秩，屬題。表叔歿時少甫當幼，拾得數頁，常藏於篋。庚申寇變，諸物不及取攜，特將此數頁者密紉於衣帶中，流離遷徙，謹守弗失。今全秩無一存者，獨賴此得留片羽。具見純孝根於性成，知寶先人遺蹟出自髫年，尤人所不可企及。因將予所存二印并鈐於上，聊慰其抱殘之餘痛也。謹題三絶句以志敬仰。

秋曝樓前秋草空，爲嗟半畝剩荒宮（予曾乞鐫半畝園印，今失，僅留姓氏兩印）。幸留姓氏親鐫贈，匣底猶看劫火紅。

圖書星散盡堪哀（表叔藏書畫甚富，劫後無一存者），片楮難從衣帶來。那識世間誇纍纍，黄金斗大總塵埃。

亦有先人舊印存（先君有自鐫印石數方，幸存未失），滄桑回首海天昏。分明點點猩紅似，正是孤兒血淚痕。

光緒乙酉仲冬，表姪趙宗建題并識。（次公適在郡中，出示屬書。康報署）

四十六

庚寅佛誕日，清卿河帥召飲，縱觀其彝鼎圖書以及古玉，璀璨一堂，歎未曾有。翌日過城東訪雲壺居士，出示麓臺畫册并北齊造象，爲之驚心動魄，覺昨日所見皆爲壓倒，舉似雲壺，應卜破顔一笑也

北苑河陽世共誇（是日所見有北苑長卷、河陽巨幅），滿堂金玉爛如霞。豈知至寶還遺漏，卻在城東處士家。

四十七

草堂正苦暑，昨夜傳涼信。諸老若清風，出郭咸不吝。小集亦偶然，喜值七夕閏。入坐生古歡，高談轉雄駿。相視各莞爾，九人七白鬢。算逾五百齡，輸彼洛中儁。山厨乏珍羞，勿哂腐飯進（仿蓮衣僧制腐法）。居然水陸呈（以蓮子新栗作饌），分果作孺餕。梅邊醉猶昨，題痕禿如燼。張子負詩逋，往來京國迅。人間別易多，天上會更僅。把酒看雙星，重逢應細認。

四十八

一榻蕭閒自在身，緑蔭深處隔紅塵。疏簾作户籬爲壁，只放花香不放人。

夏日坐花田草堂漫吟。髯道人。

四十九

結草庵，好避名，危崖絶頂少人行，緑樹陰中有鳥鳴。結箇草亭臨水際，最宜雨後聽泉聲。粉墨微茫奪化工，巒光樹色有無中。雲邊隱隱來蕭寺，失卻山門一半紅。

覺阿題文五峰畫册十首之五。

五十

嘉平十日，有郡客攜示蝯叟書東坡詞，筆墨精妙，愛莫能釋。客故高其賈，時囊中所有適如其數，傾囊與之，始爲我有。張諸齋壁，供以盆梅，吟賞之間，詡詡然有仙氣，幾忘歲之將盡也。爲拈一絶，聊自解嘲

梅花笑我老尤顛，不許香囊有一錢。莫問天寒風雪裏，且攜蝯叟話殘年。

非昔居士呵凍稿。

五十一

訪清卿先生於虚霩村居，時荷花大放，而先生獨於牕下臨寫石如畫册。主客忘言，室有仙氣，爲吟一絶，博先生一笑。

水雲重疊隔塵寰，中有仙人暫閉關。萬渠荷花盡回首，看君點筆畫虞山。

非昔稿。

五十二

人自無始來，何者是我有？如何有此身，即爲此身誘。豈獨名利場，著著争先手。役役百年中，不知老將朽。自家有至寶，棄之若敝帚。涉海事遠謀，乃共甘濡首。呀嗟年復年，誰能出科臼。樂此胡不疲，况無錢可守。山家真我師，日醉一壺酒。其樂何陶陶，春風滿户牖。

庚寅除夕酒後賦此，聊當醉歌。髯道人稿。

五十三

煙雨霏微黯不收，闔閭城下一扁舟。六橋三竺知無恙，收入松弦當卧遊。

西湖之遊，因病罷歸，舟泊吴門，適聞松弦館琴，口占一絶寄慨。

五十四

老安國師有言曰，金剛經云：應無所住而生其心。無所

住者，不住色、不住聲、不住迷、不住悟、不住體、不住用。而生其心者，即一切法而顯一心。若住善，生心即善現，若住惡，生心即惡現，本心即隱没。若無所住，十方世界唯是一心，信知曹溪大師云『風旛不動，是心動』，修山主有偈云：『風動心揺樹，雲生性起塵。若明今日事，暗却本來人。』

林間録。

五十五

牕下牡丹盛開，病中久已斷飲，烹舜井泉酌之代酒，漫吟一絶

花開人病兩堪憐，簫管誰家設綺筵（是日有人招賞牡丹）。我是維摩長示疾，只宜酌汝在山泉。

三月十七日雨牕髯道人漫稿。

五十六

鵑花大放，爛漫可觀，望藍輿而來，作半日清話，何如？

專盼專盼。松禪老居士座下。

非昔禾南。

五十七

故人雞黍樂相依，風雨漫山客到稀。小屋如舟剛近水，獨楓若蓋恰當扉。波光繞檻杯流碧，春意娱賓花著緋（庭中牡丹乍放）。出郭方知塵事少，勿辭步屐訪郊圻。

少塵軒主人具酒餉客，冒雨赴約，酒後賦此并示同坐胡氏三表弟。

五十八

一著袈裟便息機，前身應是草堂師。香温茶熟展圖看，卻憶方壺捉麈時（方壺保之室名）。

九月尋秋各放船，登高約上虎邱顛。棕鞋莫踏山塘路，不是重陽亦黯然。

甲午九月，君赴滬，予亦訪郡，相約登高日會於虎丘。是

日與曾君懷比部同泛山塘，遲，君不至。越日，聞君即於是夕
坦化於崑山道中，竟成長别。
日莫塗長未即休，眼看滄海嘆横流。輸君撒手無餘事，頭
白應憐作贅疣（應憐易徒傷）。
題保之遺照。

五十九

提刀挾馬氣何雄，百轉千回路不窮。只向箇中尋故道，盡
人知是一鐙風。
戲詠走馬燈。默覘世人，何一非走馬鐙也！
戊子二年春正二日，非昔居士漫稿。

六十

雨生屬録舊作，俱已散失，僅存閏韻一詩，重爲展視，不
勝惘然。復題三斷句於後，以抒餘痛。末首懷叔平丈也
主客圖成庋不觀，草堂再閏益辛酸（今年又逢閏）。天涯共
負知交淚，灑向黄楊未肯乾。
諸老風流散若煙，當年此地作（去）秋筵。登臨不盡黄壚
感，又向城東一泣然（君梅住城東，又於去冬謝世）。
多病長年守敝宫，看君南北似飛篷。歸來示我翁森句，正
苦相思感别衷（卷中叔平丈七韻一詩寄懷，鄙人作也，故云）。
光緒丁亥秋八月，非昔居士趙宗建録稿。頭眩不能伏案，
命兒子仲舉代書。

六十一

不見叔平丈十三年矣。今秋告歸省墓，相見未久，復即别
去，清夜獨懷，黯然欲絶，爲賦一詩，馳寄滬瀆，以代話别
每因話舊到山家，一宿欣承笑語譁。準擬青鞋陪杖履，哪
堪白髮又天涯。九重優詔還朝早，萬里長風去路賒。咫尺仙源
須記取，草堂相約薜羅遮。
隔墻桃原，澗上舊有隙地數畝，擬筑一室約丈，爲退游
之地。

六十二

雪後坐非昔軒得晋老書漫寄

昨宵急雪響高廔，起看青山尚白頭。小閣香花懶作供，誰家管弦唱世愁。暗雲故弄殘年色，好句難酬卒歲謀。俯仰江天回首處，滄浪亭下愁眠鷗。

六十三

素蘭盛開，乞移玉邁，我煮茗相賞，如何？如肯惠然，望帶雨前茶葉少許爲荷。艸泐。順請雨生仁棣秋祺。可俟便紙。

中秋前二日。

六十四

王唐兩卷奉繳，乞詧入。冬心梅花昨送來，弟頗不愜意，似少精神。君窑杯尚舊，惜其索價太昂耳。弟恙不動不變，實屬昏悶依然，兀坐而已。餘面盡。此候雨生仁兄暑安。期宗建頓首。廿六日。

六十五

伯兄大人手足：

明日弟作化城之游，此行亦於前日一蹶之後，自慶更生而有此念，並酬兒媳將順之意，大約望前後必歸家中，僅留大兒一人，兩孫、一孫女最爲記掛。雖已便爲鋪排，總多内顧，惟望兄嫂互相看視，則弟無憂矣。大兒亦須時加策勵，勿至越度爲幸。宗孫雖已愈，然日内必須二姪往視也。專泐謹，呈兄嫂大人之下。弟建頓首，初三日申刻。

六十六

事也。今夜下輪船可以離此穢濁，以長江之水一洗心腹也。家中想無事，宗孫諒已大愈，弟一如人，以寒暖飲食爲慎重，北門近多酒事，勿常以此爲樂。松侄諒必往來，囑勿妄出。大伯父體中極念，須時過問。予體頗好，想有神助，餘不及。髯付兩見。初五日午刻。

六十七

古寺無僧住，捫碑此暫停。茶香散雲洞（峰側白雲洞，産茶甚佳），泉味愈中冷（寺後有石井，東夏不竭，水極甘美）。擬傍寒岩下，來依祖塔扃（岩下有池，林木蓊翳，地極深邃，上即石揆大師塔，嘗欲結茅習静于此）。十年塵網裹，頭白負山青。

甲申四月同漱青表兄暨諸同人游中峰寺，即次壁間嚴天池，贈洞聞天師韻求正。非昔燈下草藁。

六十八

前日有信由天順局寄，想可接到。日前匆匆，忘却翰卿送東门印分一元，在舡艙書案抽梯内，何只不記矣，即檢出換世侍生箋送去爲要。兩日來又困於酒食酬應，竟不得閒，亦是苦事。清游中之魔，今晨於睡夢中忽聞趙榮之子暴卒於蔣家牌樓，王家亦爲新喪作鼓手也，不勝駭異之至。因即泐數行，雇舡而去，睡眼模糊，心亦如夢，忘囑一語，趙榮前不必竟言其死，恐一時情激，轉生他變，後復寫一紙，追之不及矣。凡事豈可逆料哉！數日之間，百里之遥，一大三之女，再趙榮之子，禍福不測如此，又奇巧如是，令人悚懼，萬事格外謹慎。塲後即歸，如此斷無一等想。予懸繫之至，惟有盼汝早歸也。餘不能盡。船想早到，當即達夜下也。

八月廿六日午刻父字，付二兒閲。

六十九

送來司農畫一軸，乞察入。閲過望即擲還，尚未割絶也。趙又淑畫俟撿出送覽。連日酬應頗倦，不出門，如有興，過我閒話何如？雨生仁兄如晤。次公手白。廿二日。

七十

雨生仁兄足下：

送上牕心三紙（四邊須虚寸許）乞大筆一揮，或山水或梅蘭，隨意爲之可耳。六十若拜領，費神，容謝不盡。此頌秋祺。弟期趙宗建書頓首。

賤恙比前較好，附聞。中秋節。

七十一

昨許唐王畫卷，望即慨借一觀，即奉趙也。（原人帶去計兩件，十四日）昨晚所患甚劇，天之磨我正無窮盡，奈何！雨生仁兄吟案。

令兄令弟均候。期宗建書。十二日。

七十二

再啓者，弟前日病苦之時，曾許山東賑捐壹百元，此項想不必即付，歸後諒不遲也。再上伯兄如見。非昔燭下又啓。

七十三

來信已閱，出學祇多十六元，未聞有二十以外者，此幼章之詭辭也，不必與之急談。趙云子身後事頗有就緒，今將用棺抬出矣。此棺甚奇，適有人多此一具，卧笇於近處而巧湊之事，亦罕見也。髯又泐。

七十四

不晤又數日，念甚。茲附上小印一方，乞刻『不知其他』四字，另扇面一個，係建送人者，隨意抻之可耳（須著色）。新雨連番，緑陰如幄，暇時同升老過我茗談，何如？餘面盡不一。順問雨生老弟大人即安。宗建頓首。十一日。

七十五

雨生仁兄足下：

日前約月初同赴蕩口，刻賤内病，尚未定如何，萬難抽身，擬囑少琴相陪同去一談。文定之期大約緩至明春，當即擇日先行致送也。餘面盡。先此布達，順候吟安。弟趙宗建頓首。初四日。

七十六

過吾一談，升老未知有暇否？并有松雪翁墨蘭卷，頗有可觀耳。茲有便人，聊附一有耳。順問著安，不一。弟期建書。十八日。

七十七

不晤又數日，念甚。明日天晴，擬放自渡航觀龍舟，望早過我同去，何如？專此奉訂，順問吟安。宗建頓首。雨生老弟大人之下。初一日泐。

七十八

煙壺已尋得，昨夜睡著否？茲特送上，即察入。牡丹之約，即在日内再行奉致可耳。此問雨生仁兄早安。期建頓首。廿一日。

七十九

手示具悉，《松壺畫綴》一本收到，周櫟園硯附上。《大西洞硯譜》並無是書，製譜之人亦未悉誰何。手此覆候冬安。小弟趙宗建頓首，雨生仁兄大人，即刻。

八十

昨手示誦悉，賤恙近日雖較前略好，而不見日有起色，相持不下，奈何奈何！附上斑竹兩枝，即詧入。畫卷稍留一二日即趙。天涼尚望過我閒話否？期建頓首。雨生仁兄之下，廿三日。

八十一

手札具悉，刻下諸恙漸退，可慰。綺注升老廿二湯餅會，聞欲改期，未知果否？老弟如有的信，便中望示及。此復。順問雨生老弟大人暑安。宗建頓首，十四日。

扇面收到，近日畫境並進蒼渾，所造不可限量，佩佩。

八十二

久不見，念何如之。初五日康成生日，升老並詠濱兩兄便欲過舍，老弟不可少，務必早來爲望。手此預訂，順問雨生老弟大人秋安。宗建頓首，初三日。

八十三

昨升翁來，知足下必至，而竟不至，悵惘何似。兹送上王元章墨梅卷，乞詧入，幸勿爲外人見。秋色數種並附上，何日過吾，盼切之至。餘不盡。順問雨生老弟大人邇安。宗建頓首。分龍日。

八十四

手示誦悉，近恙雖有起色，而不能速瘉，仍悶悶耳。蘭花卷韻致極佳，但其價太昂，無力得之，已還之矣。天涼當望過吾。手此，復問雨生仁兄吟安。弟期趙宗建頓首。二十一日卯刻。

八十五

須得其形似可耳。書至此適得來諭，何以忽有梁溪之行，能少住行旌否？初二之叙不可少老弟也，應囑至望。《篁村小卷》甚佳，惜無閑款，只好舍之。附上詧入。餘面盡。此問雨生老弟大人吟安。愚兄建頓首。廿九日。

八十六

昨聞詠兄於今晚開行，由蘇赴浙，吾兄同伴否？（令母舅處亦不及作札，乞爲道候，并致拳拳）弟欲托足下至浙，書一香寂齋小扁。三人中不論何人，以必得爲度，並先寄我，勿遲遲也。費神先謝。秦權二枚可否付還，歸後再奉玩，何如？不即去，望過我一談，餘不盡。此頌雨生仁兄大人行安，弟宗建頓首，廿三日。

八十七

日前捧誦佳章，欽佩之至。松壺畫册送覽，日内乏人，故遲遲耳。籬邊秋色漸佳，過吾一面否？手此即問吟安。小弟趙宗建頓首。雨生仁兄大人。七月朔日。

八十八

送上秦權一匣二枚，乞詧入。（拓本不及檢呈，緩之。又及）另附上自製鐵如意墨兩定，聊奉臨池之用，並哂存之。賤恙反覆異常，連日又受痛苦，總之皆爲庸醫所誤耳。餘不盡。雨生仁兄即吾。弟期建頓首。初六日泐。

八十九

錢店浦酒已告瓶罄，如吟滿城風雨詩遇催租吏，令人意興蕭然。頃讀來詩，知足下未悉此情，無怪有叩門之句。然僕素非怪貨自居之人，知足下望佳釀之心甚切，用以奉告。祈諒之。雨生仁槦清睞，可俟便紙。中秋夜。

九十

手示誦悉，升老日前來談竟日，建近不食麵，且多應酬，是日不去矣。日内天涼當入城，即函致足下，借升老處一叙也。近恙稍好，亦未見所長耳。此復。即頌雨生老弟暑安。宗建頓首。二十日。

正欲封函，又得手示梅章，因病未修養，早已仙去，當覓奉清供，何如？銅瓶本無，以瓷瓶奉，假想無不可。梅花當未全放，開時再函致也。餘面盡。再復雨生老弟左右。宗建又言。尊處黄天竹能分贈一枝否？暇當遣人走領，先此致意。

九十一

送上紹酒一甕，聊當杯儀，乞哂存之。製臺畫法鑒以爲何如，□示及，望擲還，俟定奪後再奉覽。今日出城否？盼盼。此候雨生仁兄吟安。□次公拾紙，廿三日。

二、他人所書

九十二

皇清誥贈恭人常熟五品銜太常寺博士趙次侯元配浦恭人墓誌

皇清誥贈恭人趙室浦恭人墓誌銘，中憲大夫候選道安徽鳳陽府知府楊沂孫撰書并盖篆。

吾友趙次侯，麴糵詩書，柒康金紫，豪氣抗古，逸情邁今。攬山水于襟懷，佗友朋爲性命。綜其品概，固吾邑之忼慨奇男子也。迺其綺歲調琴，壯年射雉，感斷機而力學，解襍佩以延賓。所以勖成名業，遠致聲譽者，亦頼得賢内助之力焉。淑配浦恭人，同里名門，舊姻締婦。幼而明慧，早習篇章，長益宛從，勤嫻箴業，逮二八于歸而翁姑不逮。偕彼長姒，服事祖姑。孝謹之忱，晨夕不解。曾不數年而諼庭殂喪，筑裹凋亡。恭人則獨任中閨，裹言泯於斯養連鍾，蘭玉秀采蔚於庭階井臼。旨曰致其精潔，衣裳緊帙，不尚纖靡，禮法無譽，容言並孅，然此乃家庭之順，爲婦道之恒，雖毋譽于梓鄉，可略文于彤管。至夫庚申之變，粤寇披猖，裹樹戈矛，邑嚴刁斗，次侯勇能衛社，志在存城，遑念身家，恥言隱避；而恭人則早度孤城難守，深慮玉石俱焚，乃收拾先代遺書，哀藏鎮家重器，扶老挈幼，束裝登舟，江外葦杭，崇比戢翼，以全一家之命，不煩夫主之心。此其明燭幾先而本堪濟事者也。至夫鄉邦淪陷，士庶流離，次侯欲振阽危，意圖再舉。練兵江上，募士海壖，而饟饋不貲，軍裝無出。謀之恭人，慨爲傾篋，斂先珥以賞士，裂帷帳而爲旗，用能壁壘，重新渡江擊賊，功雖未就，絶無怨尤。此其助夫以義，分人以財者也。至夫天心悔旤，鄉邑投誠，次侯率衆旋歸，經營善後，大吏倚毗，親友因依。東皐舊筑已鞠邱墟，北壄草堂猶存薪木。恭人則重理舊巢，志興堂構，編籬插枳，疊石引泉，共慶生還，歡然偕老，此其高逸之致，慈和之衷，與古媛媲美矣。凡此數端，致爲絶特，非尋常巾幗，足伉儷夫英豪，傳之列女，夫何媿焉！不意平世重逢，良緣難久，慘嬰貞疾，永訣人間，以同治五年十一月二十九日子時奄逝，年僅三十有八。以七年正月初六葬于寶慈里笙字號祖姑錢太恭人新阡昭穴。次侯撫今追昔，睹景傷懷，以爲昔與共憂患，而今不與共安樂；昔則賴之而獲濟，今乃先我而云亡。此其所以顧幼稚而痛心。

封孺人。

夫趙宗建，字次侯，蘇州府常熟縣人，官太常寺博士，以保衛功賞戴花翎，五品銜加一級，隨帶加一級。長子仲樂，聘四品卿銜翰林院編修季念詒女。次子仲經，聘邑庠生錢宗植女。

九十三

趙君次侯德配浦恭人小傳

恭人姓浦氏，明經蔭邨公孫女。父朗齋公，生子女四人，恭人其季也。性明慧，長更淑慎，年十六歸趙君次侯，時舅姑均不逮事，與長姒王同事祖庭錢太君，甚得其歡心。無何，太君棄養，長姒相繼即世。恭人庀內政，能相夫，盡哀禮，居家上下雍睦，戚黨無閒言。顧次侯爲人，任俠有奇氣，不屑爲章句之學，以詩酒友朋爲性命。寶慈里有老屋一區，葺而新之，花竹盈庭，圖史充牣，遇春秋佳日輒與同儕觴詠。其中恭人主中饋，待客必豐。慕宋趙德甫夫婦故事，筑賭茗軒，湘簾棐几，位置精嚴，每陳法書名畫，博觀而評騭之，相期偕隱，殆有終焉之志已。庚申之夏，粤逆躪蘇常，吾邑以孤城抵禦。四月，次侯與團練事，不暇作播遷計，恭人挈稚弱先趨東鄙以避之。迨八月，邑城陷，倉黄北渡，恭人稱娖理棹，蓋已預爲規畫，人尤服其見幾之早云。嗣周太守沐潤廣書，次侯思擊賊以伸義憤，夫人慷慨出千金犒士。十月渡江，不克而還。其明年又於崇川設局練勇，恭人復脱簪珥以助之。比癸亥，城復南旋，寶慈舊盧猶存四壁，次侯與恭人牽蘿補屋，謀棲心焉。甲子二月，賊又竄至，中間復遭流離，轉徙靡定，年餘始得安居，而恭人之心力瘁矣。體素羸，病瘧六載。今年冬，疾益劇，醫禱罔效，遂於十一月杪泊然奄逝，年三十有八。子二，仲樂、仲經，俱幼。

論曰：《易》稱坤道，無成有終。古人有卓絶之行，恒難於闤闠中遇之。恭人雖生長華膴，顧能於蒙難瑣尾之中，不惜捐重貲以襄義舉，非所謂賢豪間者耶？迨次侯膺薦中朝，聲華懋著，方期偕榮紱佩以共享昇平，迺豐其德而遽戚其年，何天之報善人若是之嗇也！余益思次侯之悲有無窮也已。

同治歲次丙寅季冬月同里李芝綬譔并書。

九十四

承惠豌苗椿頭，感謝。僕患痰塞，房妾又患喘不止，昨請君默治之，幸皆㟁癒，不勝喜幸。解仙桃葉治喘，真神效也。復頌次公老弟日佳。沂孫頓首。

九十五

聞有高僧爲令孫女治疾，起死回生，欣然欣然。不知高僧卓錫何處？又聞即要飛去，諸望示其蹤跡，若數處塵凡，亦可延請否？又前有《左宗植集》二本，似吾兄曾攜去觀之，若在鄴架，祈檢還，緣當還張四哥也。此請次公老弟即安。沂孫頓首

九十六

蘭卷收到，灌翁於昨夜往郡矣，俟回與之。承惠象筍，謝謝。致頌次兄大安。沂孫頓首。

九十七

尊詩删改，遂成完璧，欣佩之至。《三公山碑》《亭林集》均奉到，《張東之家墓刻》及《六書通藉》，昨灌翁已將蘭照寫來，亦若重疊前韻之速也。昨吾弟豪興肆發，久矣未見，不勝快活。復請大安不盡。沂孫致白。張帖一墨拓仍在。

九十八

三數一併帶上，其色皆好，尊記點明無誤。吾欲向閣下借《黄山谷詩集》有注者一觀，便間可否攜入城中？此致次公老弟。沂孫頓首，廿一日。

九十九

前日承惠之御米可謂仙糧矣，世人難餉也。若能再惠一二次，竊謂胡麻不足道矣。香港錢大小三枚奉上。此請次兄時安并謝謝。沂孫頓首。

一百

次侯二兄閣下：

旬餘未晤，如三秋矣。前在園中平章雛貍，近想馴駿出虎，特備如意墨一定、皖豪二枝、虎鹽一包，聊將迎聘之禮，惟望割愛，惠我白眉，至感！静兄處久欲報謝，兹送上區區微意，望勸渠弗客氣也。此候暑宜。制沂孫稽首。

一百一

昨談甚愜，岑寂數日矣。雖未肯留酒，幸得奉茶也。今擬聯語，率爾爲之，不識合意否？鋪扇作小楷，又有美情潤宣，不拘常格，方見孝思均激。此頌次翁老弟即佳。濠肅。

近日苦無素菜喫，山中有新菌或他野菜，可分惠些，不必多也。

芹藻貽芬喜爾初桄繩祖武槐榆競爽慰予攀樹發孫枝（槐榆切兄弟，见《淮南》，攀树即王裒事）。

一百二

次侯仁兄大人閣下：

去冬接讀手翰，承許補還《惠批呂氏春秋》書價，足徵周急之意，感何可忘。今歲曾托玉如令郎琢甫寄呈二札，尚未接有復音，未知能達覽否？現在如已寄，即祈示知；如未寄，望即寄於張仁卿兄處，即可接到也。其書原價九元，升蘭所知，今則隨意可也。惟絶糧在即，所望早惠，不至索我於枯魚之肆耳。此請升安不具。

教弟錫籌頓首。五月十一日。

一百三

次侯世二兄執事：

廿年闊別，時切馳思，側聞俠骨熱腸，爲鄉里捍患，不勝銘佩。弟蒙恩謫戍，未知能否有相見之日。而此時萬分窘迫，且慮無以成行。昭文邑侯梁子穀，弟癸卯嶺南通家也。向其通挪二百金，渠即無力亦應假貸，以應吾急。望足下轉達此情，如承其許，謹即由尊處寄京可也。此頌時安。弟制同書頓首。

一百四

次侯仁兄大人閣下：

世變紛紜，豕蛇載道，戚友被難者不勝僂指而數，傷何如也。遥聞避地海隅，闔第興居納祐，曷勝欣慰。去冬貴族祖錫來晤，接誦惠函，深荷注存，并聞盡心王事，毁家紓難；倘得有濟，不獨吾儕受福，並大有造於蒼生也，忻望之至。弟君家玉汝翁同伏處李市西里許，名周孟村周宅。去秋小兒殉難後，困苦之況不堪備述，幸賴鏡之昆仲及瞿太夫人資助，得以敷衍至今，然以下度日甚難。去歲泛覽方書，略有所悟，間爲人視疾，頗多痊可者。如繳天之幸，醫道得行，方能苟延殘喘耳。《吕氏春秋》一書，實屬元刊本之佳者，又有惠氏父子批點，弟得之甚爲珍貴，升蘭兄借去未知已臨副否？今知在尊處，心慶得所矣。倘雅意欲得之，即割愛以贈，補還悉價九番可也。此書得自席登白兄，以何義門批本《全唐人集》《金石苑》二書相易，又找去四番，故合成本錢九番之數，其事升蘭兄知其原委。且何批本僅作三番，亦殊可惜也。倘蒙寄還，原價以濟涸轍之鮒，即懇速致曹韻生兄處，轉寄玉汝翁處，必能確到。或他處見寄，必得確實可靠，如王寶翁處亦可也。專此佈達，敬候。

一百五

園棗五十枚剥奉，前索篆聯，需發款否？示知。自服製茅木後，濕熱大減，唯十餘日不得大解，胃口未開，至今尚未能喫飯，有法否？次侯二兄。沂孫頓首。

一百六

承惠南腿佛手，謝。沂病已癒，昨已出門至价兄宅，惜未獲見也。兩三日間可至尊齋賞秋看桂，先此致謝。即請次侯吾弟大安。沂孫頓首。

一百七

瘧疾又來，體乏殊甚。大便前已獲解二次，近又窒矣。瘧硬住者本非所幸，其重來不變他症。蒙見招未能赴，甚悵悵，且俟異日。叨嘉惠贈蘭，深感清香沁心脾也。復請次侯老弟大安。沂孫頓首並謝。（厚卿聯昨交价兄帶上）

一百八

昨睡醒方知台從惠臨，又蒙體恤不盡。家人喚起，感感！賤體迫難支持，時至則行，不作他適。委書各件，必當振刷精神，於數日書之。雞哺菌領到，謝謝！復請次公二兄大人安。沂孫頓首。

今日稍涼，覺略清爽些。庵中諸字，今日可寫，便可今向晚索取。

一百九

次侯仁兄先生尊右：

市樓痛飲懽茹，平生真有相見何晚之恨。別後承賜札贈詩，適渡江航海，泛無定棲，致稽裁答。邇日安研石浦，始有餘閒，屬題東皋圖，勉成二律。吟思枯寂，未足云詩，肯爲魏公藏拙，閱後付火，勿以示人也。今冬返吳，或買棹奉訪，藉攬海虞諸勝，特恐饑趨四走，未能如願耳。臨潁馳系，不盡所懷。即頌唫綏，諸惟珍重不宣。弟貝青喬謹白於彭姥官廨，肖陶兄均此寄聲致候。花朝後一日。

一百十

屢約肖陶同來奉候，俱因事阻，歉甚。前所作記殊不愜意，兹三易稿成此，特以稿本送閱，望發紙來以便書好奉繳。

附到自集稧帖楹聯，祈察收。餘容面罄不盡。次侯仁兄足下。
愚弟吴鳴翊頓首。廿七日仲。

一百十一

承惠贈秦權拓本，謝謝！扇册略觀大概，就中真妙者，幾愛不忍釋，欲酬直卅番，合計錢數，一件已至一金，倘有可圖，希委曲玉成是荷。如可稍減更妙。然亦不量力矣。耑此，順候次侯阮臺吟祉。容叟白箋。廿六日。

一百十二

招我清游不合辭，黄花紅葉况多姿。病身每怯寒威早，難遇無風有日時。

小詩代簡，奉答次侯阮臺，惟希諒察。杻庭老友手肅。

一百十三

次侯二兄大人閣下：

前肅寸緘，托玉翁令郎琢甫六兄寄上，想已達覽，未奉回玉，懸系之至。弟伏處荒村，差幸頑軀尚健，惟度日甚難。三月後將至饘粥不繼，專望惠寄書價以濟燃眉。倘能速寄，感甚感甚。謹此佈聞。即請升安不備。教弟期季錫疇頓首。三月三日。

一百十四

久疎良覿，結想殊殷，比維動定佳勝。今秋高齋曾藝菊否？回憶去年雙梓堂前勝集，猶往來於懷也。舍弟新齋成家有期而資斧尚裕，擬於知好中聯一十千之會，分年陸續歸楚，虞英仲謙并經允許，兹特奉懇，鼎力或全或半，裁定示悉，以便送柬。如承慨諾，則感同身受矣。順候即祉，再容面頌不宣。淵耀頓首。次侯常傳賢阮閏下。小春初三日。

一百十五

次侯二兄侍史：

前讀手教，就諗吟履清縢，甚慰。所刻《眉叔詩集》足見誼重師林，古道照人，欽佩無已。乞再惠一二部，因相好要者甚多故耳。屬書之件已塗就，微有墨污，另書一紙，君請擇於斯二者。筆資收到，謝謝！此候近佳不盡。和心青頓首。

拙詩向不留稿，相好頗有抄者，彙成七卷，酬應居多，無足觀也。

一百十六

次侯二兄居士侍史：

許久不晤，渴想之至。近惟吟履清吉，著述日富爲頌。□因賓客往來，筆墨酬應日煩，心血消耗，有怔忡之象。不得已閉關習静，屏絶一切，藉以修静業，一舉兩得，左右聞之，諒不以爲非。半載以來，精神稍旺，始知静養之益也。兹有濆者，敝門人孫則莊名周，喜吟詠，詩筆沈鬱，不沾時習，有稿一本，求正於大雅，幸勿吝教。其人自幼失學，習人叁業，今年已廿六歲，欲發憤讀書，而家有老母須養，明年叁店已閉，欲覓枝棲，浮沉市肆，學殖必致荒落。因思尊處帳房如有位置之處，俾得親近左右，常受教益，詩學可以日進，較之市肆，何啻霄壤之别。左右宏奬風流，以汲引人才爲念，如則莊之少年好學，諒不至麾之門外。其如何位置，當乞尊裁。俸之厚薄，彼亦不敢計也。千萬留意爲禱。專此布達，即候吟履。不盡縷縷。和心青頓首。肖陶常晤否？乞道念。何子貞太史於前月來蘇，寓滄浪亭。嘉平三日。

一百十七

次侯詞兄足下：

走訪湖濱，適文從束裝，未遑圖晤，匆促賦詩奉贈，正慮浮沉，乃蒙遥函遠賁，俯和蕪詞，方媿塗鴉，復欣引玉，幸何可言。比稔起居佳暢，定符肊頌。邇際雪意釀雲，梅香破臘，雅懷增勝，錦囊中定添佳句，許惠讀否？瘦青先生常把晤否？乞爲致念。弟歷落如恒，無善可述，盈盈一水，惟冀音問。時通藉申，渴企乘便。泐復，順問吟安。附璧撝謙，不盡神溯，汪鉽叩上。乙卯仲冬八日。

肖陶兄均此道，府居住址便望詳示，以便下次寄信也。又行。

一百十八

常熟趙君次侯，余道義交也。丁丑春，余以事至虞，得讀楊太守沂孫所撰其配浦恭人墓表，且屬一言。余與次侯交三十二年，習聞恭人之賢，猶憶丙午春恭人就醫來崑，居於余家數日，是時吾祖母郎太君尚在，恭人每與談，執禮甚恭，太君以爲天仙中人。言猶在耳，乃太君墓木久拱，而恭人之殁已十有餘年，令吾讀恭人墓表，重有感於三十年來也。

新陽張星鑑南鴻讀。

一百十九

价人大兄大人閣下：

聞台從南旋，高卧北山林泉之樂，兄弟共之。此樂耽隱，固知之。而久居京華，㕓㕓紅塵，乍然到此，如飲清涼散也。羨賀羨賀。弟濫竽志局，亦塵俗事耳，特免折腰銜參，差與人異。前筮仕時承慨湊狐腋得以成裘，後以境窔久未奉繳，兹屬季君翁處移繳，萬千數尚未足，次兄代收，想已詧及。兒子同福需次未久，未能即與權蓌旅費，幸得乃翁挹注，尚可度日也。此頌大安。姻愚弟楊沂孫頓首。次侯兄均此不縷縷。八月十二日。

一百二十

墨拓二紙已題就令侄媳條幅，但雅號記不清楚，望再示悉。（已寫好，即落款奉繳）會款送繳檢清，昨有以胡公壽所畫《小姑山圖》索書，見其佳而有感，爲長古，微有興致，便向請教。即頌次公吟祺。制沂孫頓首。

《白虎通》二本奉繳。

一百二十一

承惠松菌，感謝。僕近日烈無他苦，惟苦不得大解耳。復頌次公即祺。濠復。

一百二十二

昨回尚不昏倦，因玩雅扇，遂賦二詩以報盛饌本要送而尊紀忽并仙方，謝謝。明日示我復言可也。録稿先呈，署款補填兩字發回，以便照寫。此請次公二兄大安，且乞蕭梅數顆。前次卻扇詩，亦望飭郎筆録稿并發。

一百二十三

承惠水蜜桃，謝謝！初五日訣計出城，祝康成先生壽。沂孫頓首。

一百二十四

寒雪不止爲勒梅耳。洋款收到，何亟亟也。《山谷詩》於數句内讀過一遍，極耐咀味，熬不住動筆矣。獲罪如何？復候次兄即祺。沂孫頓首。

一百二十五

前云録示七佛偈，何久不來，豈忘之耶？天氣不十分寒冷，尚可寫也。會錢令同朝來。此致次侯老弟。沂孫頓首。

一百二十六

七佛偈正書屏八幅入後，兩張稍可觀，惜前數張生澀也。並聯一副，今始得報藥長老，望爲深致此意。所遺竃下養是藥翁俗姪，望老弟閲過仍令伊送至山寺。以其人頗老實，故羹得些犒賞以勞之耳。此頌次公老弟即祺。沂孫頓首。冬至後一日。

一百二十七

奉到芳蘭御米，作慈几清供，歿存沾感。舍弟亦得分餉矣。昨適甚，不覺稍倦，浦兄文昨所買者，已是誤以保留之，當引第二也。復謝，即請次翁老弟暑安。制沂孫白。

一百二十八

奉到雞哺菌，謝謝！契儘緩何妨也。頃在孫竹翁歠夷酒，甚美。此復。即頌次公老弟暑宜。沂孫頓首。

一百二十九

奉到羊脯，謝謝！沂處微有可觀之佇，天晴務望過我一觀，方得過年也。此請次侯老弟即安。沂孫頓首。

一百三十

秋氣甚佳，翹望過我小酌，而足音　。然，悵悵！孫竹堂久仰雅望，欲出城訪謁，又恐相左，屬沂先爲致意，務望見納。已屬其明晨來見，萬望午前勿他往也。此致次侯老弟左右。沂孫頓首。

一百三十一

舊墨之不易購，將以易錢刻書，而未遇真知酷好者也。猶冀獲睹一文半字，補所未見。尊藏前者因之未得盡觀，俟之眼福。天氣不晴，諸惟攝重，還問道安不具。弟□拜上。

一百三十二

十年塵甕心先醉，獨夜山城吏不訶。難得詩筵開老子，同稱壽量證彌陀。

甲申彌陀誕日李緘翁。

一百三十三

雨生仁兄大人閣下：

昨自蘅仙處接奉手告，知玉册肯換而不可售，是閣下之重視此物也。但玉册換書畫譜弟尚不愿，今特託夜航將玉册寄上，乞檢收爲荷，緩日再商可也。母舅昨自蘇回，今日又往錫城矣。專此順請著安不一。弟趙元益頓首，十四日。

弟舊藏元刻《圖繪寶鑑》一部，如閣下到之蘇蕩，可以一觀，亦肯換物也。

一百三十四

雪溝瓜宜留自喫，何以更惠及我。既承遠貺，不能卻也。浦兄想是吝教，尊處曾代索之否？約卷刻已讀竟，待至明晨即罷診矣。復謝。即請次兄恙安。制沂孫白。

一百三十五

雨生仁兄大人閣下：

今晨在母舅處得閱手書並玉册一部，此册前半臨定武《蘭亭》甚佳，後半臨東坡《種橘帖》不甚出色，祇值四五番之數，不可易《佩文齋書畫譜》也。本擬即將尊藏玉册奉還，因下午張塘橋蔡君來舍，見此册，願以五元得之，如可脱手，即將此款託航船寄上，如尚不肯，亦祈示知，可以原班帶呈。專此，敬請著安，不一。小弟趙元益頓首。初十日。

《國家圖書館藏未刊稿叢書》總目

日記編

書札編

金石題跋編

國家圖書館未刊石刻題跋輯録　盧芳玉 整理

小蓬萊閣金石目　（清）黄　易 著　盧芳玉 整理

題贊手卷編

明渤海孫氏積善堂題贊手卷　田曉春 整理

中法漢學研究所編

燕京傳薪録

——中法漢學研究所未刊稿研究

孫　俊　程天舒　林世田等 編著

著作編

周易注疏校勘記（全二册）（清）阮　元 總纂

讀相臺五經隨筆（全二册）（清）周廣業 著

經義述聞（全九册）（清）王引之 著

經義考異　（清）方　邁 著

國語解訂譌（外三種）

　國語解訂譌　（清）孔繼涵　孔廣栻 輯校

　白虎通義校稿　（清）吴　騫 輯

　古小學書鈎沈　（清）陳　鱣 輯

　聲系　（清）陳　鱣 著

説文解字考異（全五册）（清）姚文田 輯

四庫全書表注（全二册）（清）李文田 著

登樓雜記（全三册）（清）錢　泳 著

蛾術編（全十册）（清）王鳴盛 著

籀鄦簃雜著（全三册）（清）王仁俊 著